U0685754

0—3岁儿童家庭教育指导

主编 卓萍 程娟

副主编 张万红
　　　 张国华
　　　 马来顺

参编 周颖 赵倩倩
　　 李心宇 王晶 田鹏骏
　　 谷明明 陈敏 陈欢

高 等 职 业 教 育

"岗课赛证" 融通

新 形 态 一 体 化 教 材

中国教育出版传媒集团

高等教育出版社·北京

内容提要

　　本书是高等职业教育"岗课赛证"融通新形态一体化教材。

　　本书以提升家庭教育指导能力为目标，以训练教师家庭教育指导技能为主线，按照"岗位化、场景化、问题化、专业化"原则设计教学任务。内容编排以岗位任务为经，以能力训练为纬，以自主学习为核，以实际应用为要，内容涵盖0—6岁儿童家庭养育指导、0—6岁儿童分段衔接指导、0—6岁儿童家园共育指导，力求加强新时代新思政价值引领，凸显工学结合，知行合一，产教融合，校企双元开发，应用数字资源，拓展自主学习。

　　本书可作为高等职业教育专科、职教本科、五年制高职、继续教育、中职院校学前教育、早期教育、婴幼儿托育服务与管理等专业教材，也可作为幼儿园教师和家长开展家庭教育活动的参考书及培训用书。

图书在版编目（ＣＩＰ）数据

　　0—6岁儿童家庭教育指导 / 卓萍，程娟主编. －－ 北京 ： 高等教育出版社，2023.5
　　ISBN 978-7-04-060237-1

　　Ⅰ．①0… Ⅱ．①卓… ②程… Ⅲ．①学前儿童-家庭教育-高等职业教育-教材 Ⅳ．①G781

　　中国国家版本馆CIP数据核字（2023）第052013号

0—6 Sui Ertong Jiating Jiaoyu Zhidao

策划编辑	张庆波	责任编辑	张庆波	封面设计	张志奇	版式设计	张 杰
责任绘图	马天驰	责任校对	陈 杨	责任印制	存 怡		

出版发行	高等教育出版社	网　址	http://www.hep.edu.cn
社　址	北京市西城区德外大街4号		http://www.hep.com.cn
邮政编码	100120	网上订购	http://www.hepmall.com.cn
印　刷	唐山嘉德印刷有限公司		http://www.hepmall.com
开　本	787 mm×1092 mm　1/16		http://www.hepmall.cn
印　张	22		
字　数	430 千字	版　次	2023 年 5 月第 1 版
购书热线	010-58581118	印　次	2023 年 5 月第 1 次印刷
咨询电话	400-810-0598	定　价	55.00 元

本书如有缺页、倒页、脱页等质量问题，请到所购图书销售部门联系调换
物　料　号　60237-00

前　言

"天下之本在国，国之本在家。"2021 年 10 月 23 日，第十三届全国人民代表大会常务委员会第三十一次会议通过了我国首部《中华人民共和国家庭教育促进法》，开启了我国家庭教育的新纪元。党的二十大报告指出"健全学校家庭社会育人机制"，家庭教育以立德树人为根本任务，以儿童身心发展规律为基本依据，遵循家庭教育特点，贯彻科学的家庭教育理念和方法，保持家庭教育、学校教育、社会教育紧密结合与协调一致，结合实际情况采取灵活多样的措施，以达成培养德智体美劳全面发展的建设者和接班人，让社会主义核心价值观在家庭落地生根的培根固本的教育目标。因此，我国的家庭教育已由家庭内部的 "家事""私事"上升为服务国家发展、民族进步、社会和谐稳定的"国事""公事"，体现了通过家庭教育实现中华民族伟大复兴的"家是最小国，国是千万家"的家国情怀。

新时代的家庭教育充满了挑战，如从独生子女到多子女养育的转变，互联网时代家庭媒介教育的"裹挟"，家长缺乏民主意识，家庭教育中功利主义盛行，家庭教育中道德教育缺失，家长教育方法失当，城乡家庭教育的不均衡等现象。儿童需要什么？家长应该如何看待当今的儿童？教育子女是父母的天赋权利，教育子女的能力却不是与生俱来的天赋能力，家长迫切需要专业的指导和培训。

按照家庭教育促进法提出的"国家鼓励开展家庭教育研究，鼓励高等学校开设家庭教育专业课程，支持师范院校和有条件的高等学校加强家庭教育学科建设，培养家庭教育服务专业人才，开展家庭教育服务人员培训"的要求，高校可以充分发挥自身"专业、平台、资源、师资"等各方面优势，利用高水平学前教育专业群建设契机，培养 0—6 岁托幼一体化师资，承担起家庭教育服务和指导的社会责任。

学前教育专业群是由学前教育专业、早期教育专业、婴幼儿托育服务与管理专业共同组成的专业集群，立足学前教育行业对 0—6 岁托幼一体化专业群岗位能力要求和相关职业资格标准，结合国家学前教育、早期教育技能大赛赛项标准，坚持立德树人，岗位导向，遵循职业教育人才成长规律，培养 0—6 岁一体化高素质复合型、应用型人才。

"0—6 岁儿童家庭教育指导"课程是学前教育专业群的一门共享课程，是应对当前社会"幼有所育"复合型托幼人才需求应运而生的课程。如何适应新时代，适应家庭发展新格局，满足人民群众对美好家庭教育指导的期待和向往；如何通过国家支持、社会协同为父母实施促进未成年人健康成长的家庭教育赋能，提升家庭教育指导服务专业化水平，这是《0—6岁儿童家庭教育指导》编写团队不断审视和思考的问题。

本课程通过"德技并修，育训结合"的方式，使学前教育专业群的学生通过掌握0—6岁儿童身心特点、家庭教育的特点，通过分析学习托育早教机构和幼儿园家庭教育的典型案例，具备家庭教育指导的知识、能力和素养，成长为高素质、专业化、创新型的托幼师资，满足学前教育专业群毕业生面向幼儿园、托育市场和幼教机构的"全方位"选择的现实需求。同时，本门共享课程也体现三个一体化的鲜明时代特征：教育对象0—6岁一体化；专业训练手段理实一体化；教育资源和学习方式线上线下一体化。

本教材主要特色如下：

1. 加强新时代思政价值引领。将师范生"德技并修"作为教材编写的前提和基础，将师德教育、职业教育和专业精神融入教材内容，将要求细化落实到教材内容全过程，践行社会主义核心价值观，达到培养"爱岗之师、敬业之师、匠心之师"的目的。

2. 凸显工学结合，知行合一。按照工学结合与"教、学、做"一体化思路，集工作要素、工作过程及知识技能为一体，紧跟时代发展，对接最新行业、职业标准和岗位规范，以学生实践能力为核心，以具体工作任务为单位，将岗位工作任务贯穿起来，在真实工作情境中培养学生观察、理解、分析、运用、评价、反思的能力，不断提升学生的综合素养和实践能力。

3. 产教融合，校企双元开发。本教材的编写团队是结构化、专业化、专兼结合的双师团队，既有高校教授、副教授，又有省级示范幼儿园中具有高级职称的园长和托育早教机构一线教师。他们紧跟婴幼儿托育及学前教育发展趋势，将岗位对家庭教育指导技能的新理念、新规范、新方法融入教材内容，充分反映典型岗位职业能力的要求。

4. 应用数字资源，拓展自主学习。结合"互联网+"和现代教育教学技术，书中多处附有二维码，融入数字化内容，读者可使用手机扫描二维码查阅内容，拓展了学生自主学习的教学资源，体现了面向未来信息化、智能化时代的新风貌。

本教材编写分工如下：整体框架、内容体例、样章设计、内容提要、前言、统稿由武汉城市职业学院卓萍、程娟、张万红负责；绪论由卓萍、张万红编写；模块一项目一任务一、二、三由武汉城市职业学院周颖编写，任务四由博尔塔拉职业技术学院谷明明编写；项目二由广东江门幼儿师范高等专科学校马来顺编写；项目三由湖北三峡职业技术学院赵倩倩编写；模块一项目四和模块三项目十任务一由华中科技大学附属幼儿园张国华、田鹏骏、程娟编写；模块一项目五和模块二项目六由武汉爱睿婴童成长中心李心宇编写；模块二项目七、项目八由张万红编写；模块三项目九和项目十任务二由武汉城市职业学院王晶、程娟、江西青年职业学院陈敏编写；模块三项目十一由湖北省武汉市蔡甸区教学研究室陈欢、程娟编写。

本教材在编写过程中，参考借鉴了相关的教材和资料，采纳和引用了许多研究者的观点以及媒体的报道和评论，在此特向这些作者表示诚挚的敬意和衷心的感谢。感谢武汉城市职业学院孙凌毅教授的全力支持和精心指导，感谢高等教育出版社在编写大纲、样章修改、二维码资源建设等方面给予的专业指导和鼎力支持。

由于编写人员的学识与经验有限，本教材还存在一些不足和缺憾，恳请各位老师和同学在使用本教材的过程中，把发现的问题和建议及时反馈给我们，帮助我们进一步修订完善。

《0—6岁儿童家庭教育指导》编写组

2023年1月

目　录

绪论

　　"一家仁，一国兴仁；一家让，一国兴让。"办好家庭教育，不仅事关儿童健康成长，更事关公共福祉。"家庭是人生的第一所学校，家长是孩子的第一任老师，要给孩子讲好'人生第一课'，帮助扣好人生第一粒扣子。"这深刻诠释了家庭教育的重要意义。无论是道德品质、文化素养的培育，还是生活技能、行为习惯的养成，家庭教育无疑提供了最初的精神土壤。好的土壤能培植起参天大树，好的家庭教育可以塑造健全的人格。

　　家庭是社会的细胞，也是社会的根基。家庭教育需要科学指导和规范。要想建设和谐美好的家庭，家长首先要学会自我教育，然后才能进行子女教育，同时以家庭建设为起点，建设和谐家庭文化，促进儿童身心健康发展。

一、初识家庭教育

　　家庭是儿童生命的摇篮，是人出生后接受教育的第一个场所，即人生的第一个课堂；家长是儿童的第一任教师，即启蒙之师。2021年10月23日，第十三届全国人民代表大会常务委员会第三十一次会议通过《中华人民共和国家庭教育促进法》，自2022年1月1日起施行，意味着家庭教育从此有了法律依据。

（一）家庭教育的含义

　　家庭教育是指父母或者其他监护人为促进未成年人全面健康成长，对其实施的道德品质、身体素质、生活技能、文化修养、行为习惯等方面的培育、引导和影响。家庭教育应以立德树人为根本任务，培育和践行社会主义核心价值观，弘扬中华民族优秀传统文化、革命文化、社会主义先进文化，促进未成年人健康成长。

　　广义的家庭教育是指家庭成员之间的相互影响和教育。在家庭生活中，父母或其他年长者不仅对儿童实施教育、施加影响，也会受到儿童的教育和影响。

狭义的家庭教育是指在家庭生活中，家长（主要是父母或其他长辈）对儿童进行的教育和施加的影响。不论这种教育是有意识的、自觉的，还是无意识的、不自觉的，都发生在家庭生活之中，并以亲子关系为中心，从德智体美劳诸方面影响儿童，把儿童培养成为适应社会的人。

（二）0—6岁儿童家庭教育的特点

1. 亲情性和感染性

"人之情性莫先于父母"，我国战国时期思想家韩非道明了人与人之间的感情不可能超过父母与孩子之间的感情。父母和孩子的感情越深厚，感化作用就越强，威力就越大；父母和孩子的感情越淡漠，感化作用就越弱，威力就越小。例如，有对夫妇经常当着年幼孩子的面吵架，发展到闹离婚，当幼儿园教师要求幼儿画"我的一家人"时，这个孩子是这样画的：在爸爸（高举拳头，站立）和妈妈（张大嘴巴，站立）中间，有个瘦小的女孩躺在地上。教师不解地问她："这个小女孩在干什么？"她说："这个小女孩快要死了。"教师又问她："为什么这个小女孩快要死了？"她说："因为她的爸爸妈妈马上就要离婚了。"可以看出，孩子对于父母情感的变化非常敏感，并在情绪上受到严重的影响，所以人们常说"孩子的脸是父母关系的晴雨表"。

2. 针对性和随机性

俗话说，"知子莫若父"。针对性是指家庭教育要因人而异、因材施教、长善救失。例如，妈妈在和儿子交谈过程中，发现儿子有口齿不清、发音不准的毛病，就经常和儿子一起练习绕口令，如"山上有块破布，山下有条破裤，破布补破裤，破裤变成破布""鼓上画老虎，老虎抓破鼓，不是鼓补虎，而是虎补鼓"，及时弥补孩子语言发展上的劣势。

随机性是指家庭教育无固定模式和程序，不受时间和空间的限制，可以随时随地进行。例如，为了培养孩子的兴趣爱好和一技之长，父母主动征询孩子的意见："你想学弹钢琴吗？"当孩子"不想学"时，父母又问："你想学画画吗？"当得到否定的答案后，父母继续询问："那你想学什么？"当孩子回答"想学打篮球"时，父母就和他一起上街购买篮球，并和他一起玩，体验打篮球的乐趣。

3. 连续性和一贯性

儿童出生后，家长的言行随时随地教育影响着儿童，其潜移默化的作用相当大，伴随着人的一生。这种终身性的教育反映了一个家庭的家风，而且这种家风往往与家庭成员从事的职业有关，如"杏林世家""梨园之家""教育世家"等。家庭生活的稳定性和连续性本身就是在对儿童进行一致性和一贯性的教育，这种持续不断的、反复进行的教育，有利于儿童形成良好的行为习惯。例如，一对父母对孩子进行理财教育制定了三个阶段的目标：3岁时"能够辨认货币面值"；4岁时"认识到自己无法把商品买光，因此必须做出选择"；5岁时"知道货币面值的等价物，知道钱是怎么来的"；6岁时"能够找数目不大的钱，能够数大量货币"；7岁时"会看价格标签"。

二、重视家庭教育指导

（一）家庭教育指导的含义

家庭教育指导是指相关机构和人员为提高家长教育子女的能力而提供的专业性支持服务和引导。家庭教育指导可以为家长提供教育理念、教育方式和教育内容等，有助于形成家园合力，提高家长教育子女的能力。家庭教育质量的提高，家庭和谐度的提升，对改善儿童各方面的能力与行为具有重要作用。

（二）0—6岁儿童家庭教育指导的原则

1. 思想性原则

坚持德育优先是家庭教育指导的基本原则。实施科学的家庭教育指导，推进家庭教育，在培养德智体美劳全面发展的社会主义建设者和接班人中发挥着重要的基础作用。福禄贝尔曾言："国家的命运与其说是掌握在当权者的手中，倒不如说是掌握在母亲的手中。"这句话很有哲理性，它深刻地表明了家长在教育孩子中所起到的作用。家庭教育指导者要引导家长，明确教育方向与国家利益、人民要求相一致的原则，不能把孩子视为私有财产，要树立为国教子的思想，端正教育目的。

2. 科学性原则

遵循科学教育规律是家庭教育指导的逻辑起点。要想为家长提供科学化、专业化、规范化的指导服务，家庭教育指导机构和指导者就应具备相应的专业资质和能力。例如，一位妈妈发现3岁女儿胆量比较小，在儿童公园里看到一些小朋友在玩滑梯，自己想玩但又不敢上去玩。家庭教育指导者建议妈妈对女儿说："你看那些小朋友玩得多开心呀，他们真勇敢！我想你也会像他们一样大胆地从上面往下面滑的。"就能对孩子产生积极的影响，引导孩子效仿同伴的勇敢行为。相反，如果妈妈对女儿说："你看人家小朋友多能干呀，你再看看你自己，一点出息也没有，连滑滑梯都不敢！"这样就会对孩子造成消极的影响，使孩子更加胆小，可能还会憎恶那些小伙伴。

3. 儿童为本原则

尊重儿童成长规律是家庭教育指导的前提条件。儿童期是人生的重要阶段，有其发展规律，家长在实施家庭教育时不能违背儿童的成长规律。儿童成长既有共性也有个性，家庭教育要依据儿童成长特点，采取科学的教养方式，尊重儿童身心发展规律和个体差异，创设适合儿童成长的必要条件，保护儿童各项权利，促进儿童自然、全面、充分、个性地发展。例如，有的儿童不爱参加活动，不爱与人交流，儿童教育工作者可以指导家长多举办和参加一些家庭聚会，让儿童感受到其中的乐趣。

4. 家长主体原则

增强家长的教育意识是家庭教育指导的重心所在。儿童教育工作者要为家长服务，指导家长不断学习家庭教育方面的知识，提高自身的文化素养，以身作则，为儿童树立一个良好的榜样。家长明确了自己在家庭教育中的重要性，可以为今后在家庭教育指导中的学习起到引领的作用。

在家庭教育中可以利用榜样示范法，家长以自己和别人的好思想、好言语、好行为做示范，潜移默化地影响孩子，树立良好榜样。例如，要求儿童不撒谎，家长就要诚实，讲信用，不说假话；要求儿童爱学习，家长就要经常看书、学习，而不能日日与手机、电视为伍。

三、结识家庭教育指导者

家庭教育指导工作的本质是专业服务，即教师用专业精神、专业知识和专业技能为幼儿家庭教育发展服务。幼儿教师为家长和托幼机构架起了一座桥梁，是托幼机构指导家庭教育的中坚力量，做好家庭教育指导工作是幼儿教师的职责和义务。

（一）家庭教育指导者的角色认知

家庭教育指导是一种服务，首要问题就是要明确为谁服务、为什么服务。家庭教育指导以儿童成长为导向，是为儿童的健康成长、为立德树人服务的。家庭教育指导是通过幼儿教师的专业引导，激发引领家长的成长，通过学校与家庭的合力影响，促进儿童健康成长。

1. 儿童的支持者和引导者

教师是儿童活动的支持者和引导者，要为儿童提供丰富、适宜、安全的生活环境，激发儿童的好奇心和探索兴趣；要为儿童营造和谐、支持性的心理氛围，尊重个体的已有发展水平和个性差异；要认真观察儿童的闪亮时刻，提供适宜有效的支持。这种支持性的角色对儿童健全人格的发展十分关键。

儿童会因遗传、环境、教育等因素而表现出不同的个性和发育水平。所以，幼儿教师要充分重视个体原有的"发育步伐"，跟随每个儿童的成长节奏因材施教；重视儿童与儿童间的个性差异，提供必要的引导，用发展的眼光来看待每个儿童并鼓励他们逐步成长。

2. 儿童家长的支持者

对于家长而言，幼儿教师无疑是他们最信赖的专业支持者。从幼儿教师那里，家长可以了解自己孩子的发展水平，知道孩子需要什么，懂得如何高质量地陪伴孩子，明白如何引导孩子健康成长，如何让孩子更好地适应这个世界。

在家庭中，家长是孩子首先模仿的对象。对于初为父母的家长而言，孩子的一切都是崭新的、未知的。幼儿教师作为专业人员，应该以专业的标准和要求关注儿童的发展，及时与家长进行建设性的沟通和交流。针对家长提出的问题，幼儿教师应给予恰当的建议。

3. 儿童教育的研究者和规范执行者

儿童教育工作具有劳动复杂性，幼儿教师不仅要扮演好基本的教师角色，还要注意对儿童教育工作进行反思和总结，开展对儿童教育工作的研究，灵活地将理论应用到实践中去，并能把实践经验上升到理论高度，不断促进自身专业素养的提升。

儿童的成长是一个长期而复杂的过程，作为专业人员，幼儿教师应理解儿童教育规范，并承担起儿童及其家长行为规范执行者的角色。首先，幼儿教师要理解儿童，尊重儿童的合理需求，但绝不能纵容，要引导儿童，在合理的范围内满足其需求。其次，幼儿教师要面向家长，帮助家长提升育儿理念，指导家长注重自己的言谈举止，掌握科学合理的育儿方法和技巧，提高家庭教育质量。

（二）家庭教育指导者的专业性

家庭教育指导者的重要性源于其专业性。家庭教育指导者的专业意识和专业能力发展关键在于专业核心素养的发展，包括专业伦理、专业理念、专业知识与专业技能四个方面。

专业伦理主要指专业自律和专业自觉：自律源于自觉，即对自己需求、情绪、反应与思想的觉知，能觉察自己面对不同家庭、不同问题时的反应是否恰当；自律在于自我调整，即能及时调整自己的情绪、认知与指导策略，从而更好地引导家庭为儿童健康成长助力。在专业伦理方面，核心是要认识并处理好家庭教育指导者与家长的关系，二者的关系不是教育者与受教育者的关系，更不是训导者与受训者的关系，而是"助人自助"的关系。家庭教育指导者要充分尊重家长作为家庭教育的责任主体。在专业理念方面，要对儿童及其在家庭与学校的发展有基本的坚守，尊重和保护儿童的权利。在专业知识方面，既要有广博的人文知识，又要有学前儿童发展的知识、家庭和家庭教育的知识、家庭教育指导知识以及策略性知识。专业技能是指包括沟通与合作能力、策划与组织能力、个性化指导能力、自主学习与反思能力在内的基本专业能力。

综上所述，只有通过严格的专业培训和不断的主动学习，幼儿教师才可能逐渐成长为一名具有专业伦理、专业理念、专业知识与专业技能等基本教育品质的专业化家庭教育指导者。

模块一

1

0—6 岁儿童家庭养育指导

0—6 岁是儿童早期发展的重要阶段，人的社会化进程开始于家庭，儿童的监护及抚养是父母的责任和义务，家庭对儿童的照护承担着主体的责任。《中华人民共和国家庭教育促进法》中明确提出"父母或者其他监护人应当树立家庭是第一个课堂、家长是第一任老师的责任意识，承担对未成年人实施家庭教育的主体责任，用正确思想、方法和行为教育未成年人养成良好思想、品行和习惯。""未成年人的父母或者其他监护人应当树立正确的家庭教育理念，自觉学习家庭教育知识，在孕期和未成年人进入婴幼儿照护服务机构、幼儿园、中小学校等重要时段进行有针对性的学习，掌握科学的家庭教育方法，提高家庭教育的能力。"家庭对 0—6 岁儿童的养育，不仅关系到家庭及成员，还牵涉到社会发展、经济发展及国家政策法规等多方面。

家庭是儿童出生后的第一个生活环境。在家庭教育中，家长及养护者对儿童实施道德品质、身体素质、生活技能、文化修养、行为习惯等方面的培育、引导和影响，并促使儿童逐渐形成个性。在儿童早期，家庭几乎是儿童发展的全部环境，家庭养育是影响儿童发展的重要因素，它对儿童的心理发展、个性形成、人格发展都有着内在而又复杂的影响。儿童教育工作者要了解家庭养育中的各项问题，才能有效地指导家长解决家庭教育中的实际问题。

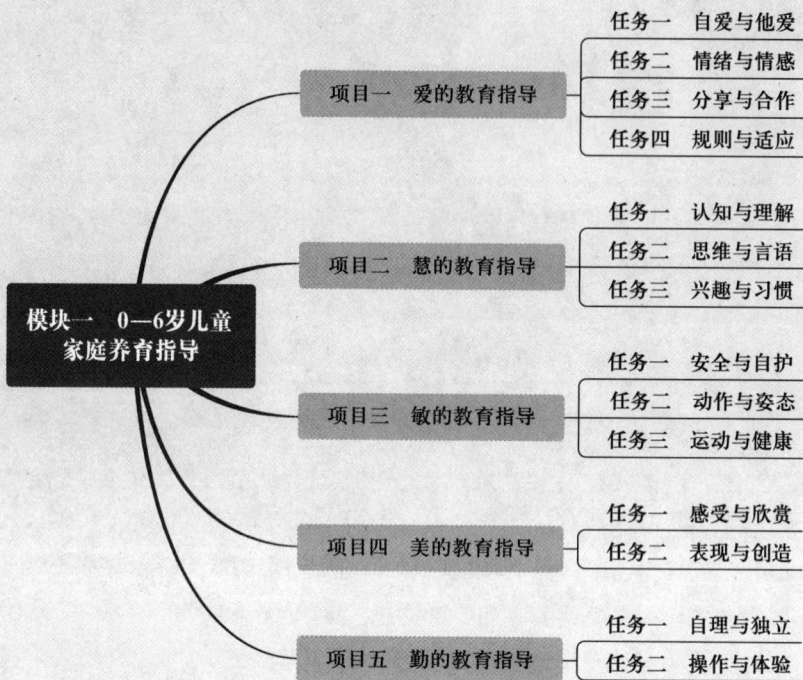

项目一　爱的教育指导
　　任务一　自爱与他爱
　　任务二　情绪与情感
　　任务三　分享与合作
　　任务四　规则与适应

项目二　慧的教育指导
　　任务一　认知与理解
　　任务二　思维与言语
　　任务三　兴趣与习惯

模块一　0—6岁儿童家庭养育指导

项目三　敏的教育指导
　　任务一　安全与自护
　　任务二　动作与姿态
　　任务三　运动与健康

项目四　美的教育指导
　　任务一　感受与欣赏
　　任务二　表现与创造

项目五　勤的教育指导
　　任务一　自理与独立
　　任务二　操作与体验

爱的教育指导

爱是人类永恒的话题。孟子主张"老吾老，以及人之老；幼吾幼，以及人之幼"。墨子主张"兼相爱，交相利""爱人者，人亦从而爱之；利人者，人亦从而利之"。达尔文说"爱是人的一种本能，是人类进化的动力"……爱是什么？真正的"爱"是一种情感，也是一种能力，指的是个体对自身及其周围世界采取的一种积极主动的关心思想、情感与行为的统一体，它涵盖了关切、责任、尊重、给予和奉献等基本要素。

爱是教育的原动力，是教育成功的基础。爱的教育既是教育目的，也是教育手段。在儿童教育中，爱的教育涵盖的维度更是全面而深远的，它既涉及个体之爱，如自爱与他爱、情绪与情感，也涉及他人之爱，如合作与分享，同时还涉及社会之爱，如规则与适应。儿童教育工作者需要了解爱的教育的含义、特点和指导策略，以便更好地指导家长解决家庭教育中的实际问题。

学习目标

1. **知识目标**：掌握儿童家庭养育中爱的教育的含义、特点和指导要点。
2. **能力目标**：能指导家长解决爱的教育中的实际问题。
3. **素养目标**：树立仁爱之心，愿意积极主动参与儿童爱的教育的指导工作，愿意积极与家长沟通。

任务一 自爱与他爱

情境导入

爱打人的明明

明明今年5岁了，是一名好动的小朋友，平时不太懂得和同伴相处。在幼儿园游戏活动中，老师经常听到他因争抢玩具而哭闹的声音，其他小朋友都不愿意跟他交往。久而久之，明明也变得沉默寡言了，不再愿意和其他小朋友一起玩。老师跟明明的家长反映情况，家长总说孩子还小，等孩子长大了就好了。

思考： 1. 5岁儿童自爱与他爱能力的发展特点有哪些？

2. 教师应如何指导家长对幼儿进行自爱与他爱的教育？

知识学习

一、自爱与他爱的含义

爱是一种赋予生命的力量，是生理健康和心理健康的核心要素，爱又是一种复杂的情感体验。爱的教育是培养个体健全人格的核心因素。家庭教育的重点是要培养孩子健全、完善的人格，因此家庭教育的首要内容就是自爱与他爱。

（一）什么是自爱

自爱是一种对自己的生命、幸福、成长、自由的肯定，植根于人的爱之能力，即关心、尊重、责任和认识，是一切爱的基础。弗洛姆认为，人越爱自己，就越爱他人，因为我与他人是同类。"因为我也是一个人，没有一种人的概念是不包括我自己在内的。""从原则上说，我自己必然是我爱的一个对象，就像其他人是我爱的对象。"自爱是人的本能，也是人类生存的前提。

自爱，实质上标志着个人人格意识的觉醒，即在否定原有价值观念的条件下，开始了自己对生命、意义、命运的重新发现、思索、把握和追求。自爱将自己从自我中心的束缚中解救出来，融入非自我中心的人际关系中，以此来实现完整的自我。当自我走出自我中心的束缚，便会感受到周遭他人的存在。从物种进化来说，人类正是源于这种自爱的本能，才使得这一种类在各种自然困境中得以生存繁衍下来，并且创造了今天的文明。

（二）什么是他爱

他爱是指在与外界环境相处中所表现出的利他行为。卢梭说过："小孩子的第一个情感是爱自己，而从这第一个情感产生出来的第二个情感，就是爱那些同他亲近的人。"弗洛姆关于爱的理论也强调，爱除了两性之爱外，还包括他者之爱，如爱自己的父母、爱自己的兄弟、爱他人、爱邻居、爱穷人、爱弱者、爱异乡人、爱整个人类等。

自爱、他爱是动态超越的概念。如果人的自爱仅停留在低层次需要而没有向高层次发展，最终这种自爱就会堕落于自私自利之中。只有那些追求高层次自爱的人，才会走向他爱。当然，爱的层次的发展受人的认知发展制约，因为符号系统的加工能力有赖于人的认知水平。皮亚杰指出，处于感知运动水平的"婴儿把每一件事物都与自己的身体关联起来，好像自己的身体就是宇宙的中心一样——却是一个不能意识其自身的中心"。也就是说，这一时期的认知水平最主要显示出一种根本的自我中心化。所以这种认知水平的自爱的需求及外在表现形式，只能集中于自身的满足。随着人的认知水平的发展，人可以借助符号系统由"我"而联想"人"，并由"人"而反思"我"。于是，"我"被扩展了，"我"中融入了"人"，而"人"中也有了"我"，"我"与"人"不是完全的无关的孤立体，而是一个"我中有人""人中有我"的整体。这时，自爱的外在表现形式就出现了"他爱"的形态。

爱的教育犹如丝丝春雨融入儿童的心田。长此以往儿童由爱父母、爱家庭逐步升华到爱老师、爱同伴、爱周围人，并向更高层次升华，更自觉地爱集体、爱家乡、爱祖国，为日后成为具有爱国之心、报国之志、效国之行的一代新人打下了基础。

二、儿童自爱与他爱的发展特点

爱，是一个拥有丰富内涵的概念，是人类一生都无法回避的话题。对于婴幼儿来说，他们也是在与周围人、事、物相互作用的过程中，不断体验自己、认识自己、了解自己，并在此基础上喜爱自己、愉快地接纳自己，从而学会自爱与他爱的（表1-1-1）。

表1-1-1 0—6岁儿童自爱与他爱的发展特点

年龄	发展特点	典型表现
0—2个月	爱是无理智能力	接受父母的照护和爱
3—12个月	依赖成人并通过成人而实现	如果不愿意服从成人的要求，婴儿只有用哭喊或手足动作表示反抗
1—3岁	出现了独立性的需要	与"我"字的掌握密切联系。"我"字的出现，是儿童自我意识发生的标志
3—4岁	"我"的意识进一步发展	儿童表现自己的积极性很高，力求满足自己的需要而改变周围环境
4—6岁	出现对社会性的"我"的意识	自尊心明显地发展起来，追求在人际关系中取得一些地位

（一）自爱与他爱源自亲子之间的接触和体验

新生儿接受着父母的照护和爱，这个阶段新生儿的爱是无理智能力的，只有通过后天的爱的教育与学习才能获得爱的能力。儿童在和父母的接触过程中，慢慢在父母的关心和爱护中形成了被爱的整体经验，这是一种被动的经验。

在父母真挚的爱的熏陶下成长起来的儿童，具有健康的情感，这对他们品德的培养和发展创造了前提条件。马卡连柯曾经说过，父母必须拿出全部的爱、全部的智慧和才能，才可以培养出伟大的人来。在儿童2岁前，家长要给儿童无微不至的关怀，使其建立安全感。这个时候家长的陪伴比什么都重要。如果从小不在父母身边，或者身边的人不稳定、不固定，儿童很可能没有安全感。出生到2岁是儿童建立信任感的重要时期，如果父母不加以引导，很容易会让儿童产生这样一种意识：得到父母的爱，我不必做任何事情，父母的爱是无条件的，我唯一能做的就是做他们的孩子。

（二）自爱与他爱依赖于自我意识的形成

从个体角度看，每个人爱的产生都依赖于自我意识的形成。自我意识是主体对自己的反映过程。认识的客体就是主体本身，"自我"既是反映者，又是被反映者。在儿童社会性发展过程中，只有对自己有一定的认识和了解，才能逐渐对自己的认知、态度、情感和行为做出适当的调节。

刚出生的婴儿还不能把自己从环境中区分开来，不知道身体各部位是属于自己的。1岁前，儿童的一切行动都依赖成人并通过成人而实现。这时候，儿童不会表达自己的愿望，也不会抗拒成人的意旨，如果不愿意服从成人的要求，儿童会用哭喊或手足动作表示反抗。1—3岁儿童出现了独立性的需要，独立性需要的产生和动作的发展是与"我"字的掌握密切联系的。"我"字的出现，是儿童自我意识发生的标志。3岁后，随着儿童"我"的意识进一步发展，他们表现自己的积极性很高，力求满足自己的需要而改变周围环境。

4—6岁儿童出现对社会性的"我"的意识，自尊心明显地发展起来，追求在人际关系中取得一些地位。"我"的存在是一切道德行为成为可能的前提。所以，无论是他爱还是自爱，最终都必须以"我"的存在、"我"的感受、"我"的需要，"我"的标准为前提。尽管就个体的外部表现及行为结果来看存在着利己与利人的不同，就内部动机来看有着爱人与爱己的区别，但是对于个体来说，利己与利人、爱己与爱人的判断均来源于个体的"我"的意识。

（三）自爱与他爱的对象指向的是主体自身的满足

人首先是动物，就动物的本能来说，他首先关心的是自己的生存、安全，所以这时自爱的对象指向的是主体自身的满足。当然这时也存有他爱，它主要表现为爱那些能满足自己这种需要的人，"婴儿爱给他快感的来源"，他爱他的乳母和保姆是"因为他需要她们，找到她们就可以得到益处"。但是人的自爱并非因此就滞留不前了，因为有了符号系统，人对自己的生存、幸福、悲伤、快乐与痛苦进行了符号的加工，其对人生意义的理解不再局限于动物的原始本能，停留在感觉性的状态，而是赋予了新的意义，上升至意向性的状态，有了更高的追求，而这种追求的结果，必然会走向他爱。

三、儿童自爱与他爱的指导策略

爱是一种动态的创造，是把对人的理解通过自己的行动给予或传递给另一个人，并使另一个人在接受爱之后也成为爱的给予者。弗洛姆认为，"爱是一种体验，是一种每个人都只能通过自身并为其自身而获得的个人体验。实际上，几乎没有人（包括儿童、青年或成年人）能够不通过起码的途径就能获得这种体验。"所以，儿童只有在充满爱的环境中去体验和感受爱，学习和掌握爱的能力。

（一）引导家长树立科学的爱的教育观念，提升儿童爱的体验

正如苏霍姆林斯基说的，儿童是活生生的人，有自己独特的思维方式和精神世界，既不能把他们过于理想化，也不能不考虑他们在感知和情感方面的特性。

1. 爱的教育应以尊重儿童为前提

尊重是指一个人对另外一个人的成长和发展必须顺应其自身规律和意愿，尊重意味着没有剥削，是让被爱的人为自己的目的去成长和发展，而不是为了服务于我。

（1）家长应将儿童看成独立和发展中的个体。从人类群体的角度来看，儿童具有与成人同样的人类的共性；但从儿童发展的角度来看，儿童是处在发展中的未成熟的人，他们有自己独特的个性。因此，在对儿童进行自爱与他爱教育的过程中，应指导家长既尊重儿童与成人的共性，也尊重儿童独特的个性。

在家庭教育指导过程中，首先，应指导家长尊重儿童人格的独立性。儿童自从来到这个世界就是一个独立的个体，与成人一样具有独立的人格，而且随着生理和心理的不断成熟，儿童越来越多地具有独立活动的要求和能力。因此，家长必须尊重他们人格的独立性，要切实把儿童当作一个具有独立人格尊严的人来看待，而不能当作自己的私有产品。其次，应指导家长尊重儿童发展的阶段性。儿童期是人生的一个必经阶段，它既是向成人过渡的阶段，又是一个独立的、充实的、不可省略的阶段。家长在养育儿童的时候，必须了解儿童的年龄特征，走入儿童的心灵世界，学会用儿童的眼光思考问题，这样才能给儿童更多的尊重，儿童也才能够感受到自己的价值和能力，提升自尊感，增强爱的体验。

练一练

红红妈妈是社区工作者，所以红红在社区有很多好朋友。一天，红红问妈妈："妈妈，我可以请小朋友到家里来玩吗？"妈妈说："这个家也是你的，你可以做主。如果请小朋友来玩，你们可以任意玩，但最后得把一切恢复原状。由于是你带来的朋友，所以你要负责。"红红非常开心，邀请了很多小朋友来家里玩。

分析：红红妈妈的做法是否恰当？面对儿童的提问，家长还可以怎么处理？如果是你，你会如何指导家长处理这一问题呢？

（2）家长应为儿童创造获得成功体验的机会。成功的体验是儿童获得积极的自我评价的基础，是儿童自尊感形成的一个非常重要的方面。教育应该让每一个儿童都能够享有成功的体验。当儿童从事某项活动后自我感到成功，就会有一种精神上的满足和喜悦体验，进一步产生"自我激励"的心理状态，从而获得自信的体验，相信自己的能力，并敢于迎接生活的挑战。反之，如果儿童在活动中经常遭受挫折和失败，自我否定就会越来越多，自信心也就随之减弱。因此，家庭教育指导者需要引导家长从大处着眼、小处着手，给儿童创造机会，使每一位儿童都能在原有水平上得到发展，在点滴中获得成功的体验，逐步建立起自信，从而增强自尊感。

2. 爱的教育终极目标是培养儿童爱的能力

弗洛姆指出，"爱，就是以自己的生命力去激发对方的生命力，以自己全身心的爱的能力去引发另一个人爱的能力。"依据弗洛姆的理论，爱是一种能力，是一种克服分离孤独的能力。在家庭教育指导过程中，家庭教育指导者需要从观念上引导家长，让家长明白，自己爱孩子不是因为孩子各项表现优异，也不是因为孩子是大家口中的"好孩子"，而是因为他们是自己的孩子，是现实的存在。在此基础上给予儿童无条件的爱，让儿童在良好的亲子互动中体验爱、感受爱，从而学会爱。

（1）家长要引导儿童学会自爱和他爱。自爱与他爱是构成人与人之间和谐关系的基本网络。所谓自爱，就是爱自己，是对自己本身的尊重和爱护，对自己的生活、幸福、成长以及自由的肯定。自爱是一种高尚的道德感情，是一个人能够正确地认识和评价自己的表现。引导儿童学会自爱就要求家长帮助儿童建立对自己的认知，认识自己是谁，认识自己的长处和不足，不断地发展与提升自己。爱他人，是基于对他人的尊重和爱护而做出的利他行为。一个人只有学会了爱自己，才懂得去爱他人。爱他人的教育就是使人自觉地、心甘情愿地走进他人的内心世界，与他人分享快乐和痛苦，分享成功与失败，从而学会理解人、尊重人、关心人、信任人。

（2）家长要引导儿童学会尊重和关心。有研究者将自爱的要素分为责任、尊重和认识自我，责任和尊重不仅包括对自己，也包括对他人的负责和尊重。因此，在培养儿童爱的能力的时候，首先要引导儿童学会尊重，既要有自尊也要尊重别人。自尊包括对自我的爱护、珍惜和看重，自尊是尊重他人的基础，只有学会自尊才懂得尊重他人。其次，要引导儿童学会关心。关心是指对所爱对象的生命和成长的积极关心，包括对自我的关心、对他人的关心、对周围环境的关心等。在引导儿童学会尊重和关心的时候，家长首先要让儿童感受到来自周围环境的关心，让儿童在潜移默化中学会对生命的积极关心，继而在关心的活动中去培养儿童关心他人的能力。

如何培养孩子尊重他人

（二）帮助家长掌握正确的爱的教育方式，培养儿童爱的能力

当今社会发展迅速，怎样培养一个"真正的人"是很多家长都关心的问题。要建立一个和谐的、温暖的家庭，需要爱的教育；要想社会朝着好的方向发展，需要爱的教育；当代的孩子需要情感教育，需要爱的教育。

1. 加强亲子交流，了解儿童爱的需求

（1）指导家长与儿童建立亲密信任的亲子关系。了解是关怀的前提，家长只有了解儿童，才能给予他们真正的爱的教育。首先，家长要跟儿童进行感情上的交流，和他们建立亲密、信任的友好关系。心理学的研究成果表明，两个月大的婴儿就有情感取向，他们需要经常被爱抚和拥抱，否则很容易产生情感饥渴。法国心理学家

如何培养孩子的安全感

约翰·格特曼曾呼吁："从孩子出生那天起，家长就应当把感情上的交流视为每天必不可少的事情。"

（2）指导家长耐心地倾听与反馈儿童的想法。沟通与交流是了解儿童的重要途径，应引导家长在交流过程中耐心地倾听，并予以公正客观的评价和有益的引导。在儿童看来，能够和大人谈话是一件很有成就感的事情。送给儿童最好的赞美，就是让他们知道，他们说的每一句话，你都认真听了。因此，家长要站在儿童的角度，了解他们的喜好，了解他们行为背后的原因，然后有针对性地进行引导。

2. 树立行为榜样，引发儿童爱的行为

家庭最大的优势就是亲情，家长与孩子之间存在一种天然的以爱为主要因素的亲情，这是人类之爱的一种特殊形式，是任何他人不能剥夺和代替的。亲情是家庭中爱的教育的天然基础和最好的心理条件，它影响到个体的习惯、个性、思想和品格。孩子是家长的影子，家长的品质、人格、言行举止对孩子都会产生潜移默化的影响。如果母亲性情暴躁，动不动就发脾气，孩子可能会"上行下效"，从而出现一个很难制止的恶性循环。

家庭教育指导者在与家长沟通交流过程中，首先应引导家长重视为孩子创造一个良好的家庭教育环境，让孩子在一个和睦的家庭环境中健康成长。其次应引导家长对孩子付出真诚的、全身心的、毫无保留的关心和热爱。这种爱是纯粹的爱，是真正的爱，是根植于本性之中的爱。比如，母亲可以在孩子有需要的时候，立即来到摇篮边；孩子饿了，母亲就给他喂奶；孩子渴了，母亲就给他喝水。母亲对孩子基本需求的满足，使孩子感受到幸福和快乐，以此引发孩子对母亲的信任和爱的行为。另外，家庭成员互相体贴、互相关心、互相尊重、互相理解的和睦氛围，是爱的情感形成和发展的基础。

（三）指导家长采取恰当的爱的表达方式，增强儿童爱的行为

在教养孩子的过程中，家长要重视亲子之间爱的关系。没有满足孩子需求的爱，就会伤害孩子，其他教育也会受到影响。爱孩子，就要表达出来，时刻让孩子感受到被爱。

1. 引导家长及时地鼓励、适度地表扬儿童

人有乐于接受表扬和肯定的天性，儿童更是如此。成人对儿童的积极肯定评价，会使儿童感受到自己的能力和价值，有利于儿童正确地认识自我，从而增强自尊感。因此，家长要善于对儿童进行积极评价，最大限度地肯定儿童的价值，以保护和进一步激发儿童的积极性和主动性。当然，这种积极评价应该是合适的、公正的、客观的和以现实为基础的，而不是随意地给儿童"戴高帽子"，那样会使儿童建立起虚假的自尊感，对儿童的发展极为不利。这种通过追捧而获得的虚假的自尊

感，并没有建立在真实的能力和成就的基础上，当儿童意识到这些评价和追捧的不真实性时，就会对家长产生怀疑，最终也会怀疑自己，其自尊感水平也会因此而急剧下降。

家长对儿童的积极评价必须以客观事实为基础。例如，当儿童做了好事，取得了进步，家长应及时给予表扬；当儿童遇到困难或受到委屈，家长应及时给予帮助和安慰；当儿童做了错事，家长应予以公正的评判和真诚的帮助。另外，家长的积极评价应该具体，不能简单地说"你真棒"，而应该指出究竟"棒"在什么方面。这样，儿童才能够正确地认识到自己的优点，真实地体验到自己的能力和价值，由此而建立的自尊感才是真实的自尊感。

2. 指导家长学会用儿童喜欢的方式表达爱

儿童感受到了家长的爱，也会萌发爱家长的情感。家庭教育指导者应指导家长多陪伴儿童、耐心地倾听儿童，了解儿童喜欢的表达爱的方式，让儿童觉得自己在家长的世界里是非常重要的，家长爱我们，所以愿意和我们在一起。这不仅能促进亲子关系，也有助于儿童建立自信。

（四）帮助家长善于利用爱的教育契机，提高儿童爱的能力

爱是一个抽象的概念，且情感体验居多。因此，家长需要从身边小事着手，根据儿童的兴趣爱好，紧抓每一个以"爱"为前提的教育契机，提升儿童爱的能力。

1. 在日常生活中培养儿童爱的能力

爱的教育离不开生活。裴斯泰洛奇认为，知识是来源于经验而非言语。儿童身心发展尚不成熟，他们对世界的感知是直观的，更是与生活经验相联系的。对儿童来说，只有贴近自己生活，有直接感知经验的事物才是易于理解与接受的，一旦超越了儿童的经验，便意味着陌生。因此，家长应将爱的教育融入儿童的生活之中，让儿童在日常的生活与互动中体验爱、学会爱。比如，在与儿童的交往中多表达自己的爱；经常带儿童到大自然中，让儿童懂得一花一草都是有生命的。另外，也可以通过艺术品或者媒介引导儿童把爱向周围世界扩散，还可以利用儿童的兴趣，多讲一些以爱为主题的童话故事，或者把发生在儿童身边的事情编成故事讲给他们听，以此来熏陶儿童的爱心。

2. 在游戏活动中提升儿童爱的能力

儿童对事物的认识具有直觉性、具体性、个别性的特点。因此，家庭教育指导者可引导家长利用游戏活动，使儿童在具体的形象中获得直觉体验，产生情感共鸣，进而使儿童理解和掌握一定的道德准则。

指导任务书

自爱与他爱指导任务书（一）

案例描述	洋洋刚2岁多一点，最近会说些长句子了，每天早上睡醒都喜欢抱着妈妈的脸说："妈妈好漂亮，好喜欢妈妈！"妈妈也会抱着洋洋，高兴地说："妈妈也很喜欢洋洋！"每次妈妈下班回来，洋洋都会给妈妈拿拖鞋，也喜欢像个小跟屁虫一样黏着妈妈。妈妈每次做完事情都会抱着洋洋，给她讲故事
案例分析	两个月大的婴儿就有情感取向，他们也需要经常被爱抚和拥抱。儿童感受到来自家长的爱，继而才会萌发爱家长的情感。因此，家长应及时满足孩子基本的爱的需求，使孩子感受到幸福和快乐，以此引发孩子对家长的信任和爱的行为。 案例中的妈妈在面对孩子爱的表达时，及时接纳和表达对孩子的爱，并在亲子活动中让孩子感受到来自妈妈的爱，有利于儿童爱的能力培养

指导策略	解决流程	识别儿童行为类型→分析儿童行为原因→培养儿童自爱与他爱能力
	指导方法	1. 识别儿童行为类型：洋洋的行为反映的是儿童时期的他爱行为
		2. 分析儿童行为原因：洋洋他爱行为的出现与妈妈的积极引导和良性互动是分不开的
		3. 培养儿童自爱与他爱能力：引导家长树立科学的爱的教育观念，提升儿童爱的体验；帮助家长了解正确的爱的教育方式，培养儿童爱的能力；指导家长采取恰当的爱的表达方式，增强儿童爱的行为；帮助家长善于利用爱的教育契机，提高儿童爱的能力

自爱与他爱指导任务书（二）

案例描述	一天午餐时，淳淳大叫道："老师，你看，他把这些肥肉都扔在我的碗里！"李老师回头一看，只见俊俊将自己碗里的肥肉都放在淳淳碗里了。见李老师问起，俊俊生气地说："我不喜欢吃肥肉，在家里都是奶奶吃肥肉的！"后来，李老师跟俊俊奶奶交流后才了解到，俊俊从小都是奶奶带的，奶奶特别疼爱孩子，所以什么好吃的都会留给孩子吃
案例分析	爱的教育离不开生活，因此，应将爱的教育融入儿童实际生活中。家长对儿童的爱应是纯粹的爱，是理性的爱，而不是毫无原则的溺爱，这样才能培养儿童真正的自爱与他爱的能力。 案例中俊俊奶奶的做法是一种不恰当的爱的表达方式，最后这种"甜蜜的爱"会结下"苦涩的果"，反而不利于孩子的同伴接纳和爱的能力培养

指导策略	解决流程	识别儿童行为类型→分析儿童行为原因→培养儿童自爱与他爱能力
	指导方法	1. 识别儿童行为类型：俊俊的行为反映的是儿童时期的他爱行为不完善

指导策略	指导方法	2. 分析儿童行为原因：俊俊错误行为的出现与家庭成长环境和奶奶的溺爱是分不开的
		3. 培养儿童自爱与他爱能力：引导家长树立科学的爱的教育观念，提升儿童爱的体验；帮助家长了解正确的爱的教育方式，培养儿童爱的能力；指导家长采取恰当的爱的表达方式，增强儿童爱的行为；帮助家长善于利用爱的教育契机，提高儿童爱的能力

学习任务单

自爱与他爱学习任务单（一）

案例描述		宁宁是一位新手宝妈，孩子6个月时她就重返职场，每天奔波在职场和家庭之间。每次回家，宁宁都非常疲惫，尤其是当孩子哭着找妈妈的时候，宁宁的火气就更大了，经常生气地对孩子吼道："我上班已经很累了，回来还要看你哭，你什么时候能懂事点呢！"家人见状也很无奈
案例分析		
指导策略	解决流程	
	指导方法	

自爱与他爱学习任务单（二）

案例描述		安安今年4岁，上幼儿园中班。有一次，妈妈生病了需要住院治疗，爸爸只好让安安借宿在姑姑家。刚开始爸爸很担心安安不同意，谁知安安立马就答应了，还乐呵呵地跟着姑姑回家。晚上姑姑在做家务，安安跑过来说："姑姑，你累吗？我来帮你吧！你不能像妈妈一样病倒了，妈妈在医院打针很疼的，我以后再也不惹妈妈生气了。"姑姑听了很感动，说："姑姑不累，安安真懂事，妈妈会很开心的，我们也都很喜欢安安。"
案例分析		
指导策略	解决流程	
	指导方法	

课外拓展

推荐图书

［1］福禄培尔.人的教育［M］.孙祖复，译.北京：人民教育出版社，2001.

［2］A.C.马卡连柯.家庭和儿童教育［M］.丽娃，译.上海：上海人民出版社，2011.

［3］内尔·诺丁斯.学会关心——教育的另一种模式［M］.于天龙，译.北京：教育科学出版社，2003.

［4］布鲁斯·佩里，马娅·萨拉维兹.爱的教养：培养孩子的共情力［M］.王佳艺，译.沈阳：万卷出版公司，2011.

资源链接

1. 儿童晚安故事：有声绘本《我喜欢自己》幼儿睡前故事，优酷网。

2. 有声绘本《猜猜我有多爱你》：温暖无数孩子的梦境，搜狐视频。

任务二　情绪与情感

情境导入

妈妈不要离开

　　2岁的莉莉和妈妈在托育机构开心地玩着亲子游戏。这时，妈妈临时有事需要出去一会儿，莉莉在妈妈离开后变得坐立不安，惊慌焦虑，大哭着往门口跑去要找妈妈，老师拥抱和安抚也没有什么效果。等妈妈回来，莉莉冲上去紧紧地抱住妈妈的脖子，还对妈妈发了小脾气。

　　思考：1. 2岁儿童情绪的发展特点有哪些？

　　　　　2. 教师应如何指导家长对儿童的情绪进行引导？

知识学习

一、情绪与情感的含义

　　情绪与情感是个体对客观事物和情境的主观态度和体验，是个性的重要组成部分。相比较而言，情绪是对主观态度和体验的较短暂状态，情感则是稳定、持续的态度反映，如责任感、义务感、道德观、美感等。情绪与情感伴随着人从出生到成长的整个过程，并在不同的阶段以不同的方式表达出来，影响一个人的身心健康甚至一生的幸福。

（一）什么是情绪

情绪是人们对客观事物的态度体验及相应的行为反应，由主观体验、外部表现和生理唤醒所构成。情绪既是主观感受，又是客观生理反应，具有目的性，也是一种社会表达。情绪是多元的、复杂的综合事件，在情绪发生的时候，认知评估、身体反应、感受、表达、行动的倾向等元素会在短时间内协调、同步地进行。比如，在亲子交往中，母亲对婴儿的拥抱、爱抚、逗笑等行为会引起婴儿愉快和欢乐的情绪。

情绪是儿童与生俱来的遗传本能，儿童情绪在出生的原始情绪反应的基础上，在成熟和后天环境的作用下，不断分化并获得初步发展。对儿童来说，情绪是与他人沟通的基本方式。儿童最初是通过情绪来表达自己的需求、情感体验和与他人交往。啼哭表示痛苦、不满意或者有需要，微笑表示喜欢、愿望、需要。随着交往对象的增多，与社会性相联系的情感开始萌芽，儿童表现出爱恋、喜悦、怯生、害怕、愤怒等复杂化的情绪。

（二）什么是情感

情感是人对客观事物是否满足自己的需要而产生的态度体验，是大脑对自己接触的信息分析判断后形成的积淀，是由智力认知长期加工产生的，也是性格的组成部分。情感是深层的内心体验，与智力活动伴随，具有较大的稳定性、深刻性和持久性。

儿童的情感包括他们在参与活动中表现出来的自尊、自信、同情、依恋、羞愧、是非、爱憎等。儿童除了可以形成基本的道德感，还可以形成理智感和美感。比如，他们有着探究的欲望，对自己的成功感到满足，对美的自然环境、艺术作品和社会生活中美好的事物表现出欣赏和赞誉。

二、儿童情绪与情感的发展特点

在个体发展中，情绪反应出现在先，情感体验发生在后。新生儿出生1个月内就会出现愉快、痛苦的情绪反应。他们最初的面部表情具有反射的性质，而随后发生的社会性情绪反应就带有体验的性质，表明他们产生了情感（表1-2-1）。

表1-2-1 0—6岁儿童情绪与情感的发展特点

年龄	发展特点	典型表现
0—6个月	出现满足、厌恶、痛苦、愉快等基本情绪； 能分辨高兴和生气等情绪； 能对情绪做出回应	当母亲表现出微笑的表情时，婴儿也会表现出微笑
6—12个月	出现愤怒、悲伤、恐惧、惊奇等基本情绪； 能运用策略调节自己的消极情绪体验； 向他人寻求感情线索，帮助自己进行回应	婴儿会通过转头、吮吸手指等策略缓和自己的消极情绪； 婴儿会视母亲或其他照料者的脸色来判断面前的陌生人是否安全； 如果陌生人对婴儿微笑，婴儿可能会接近陌生人旁边的玩具
12—18个月	出现嫉妒、内疚、害羞、自豪等复杂情绪； 使用策略来减少不愉快的冲动	当觉得和一个陌生人待在一起不舒服时，儿童会离开陌生人
18—24个月	出现羞耻、困窘、愧疚与尴尬的复杂情绪； 开始有意控制那些他们感到不舒服的人和物； 能理解他人的情绪	当儿童感到尴尬时，会用手把脸遮住，或者低下头； 当与一个同伴发生冲突时，儿童会选择与其他同伴一起玩耍
2—3岁	产生新的情绪调节方式； 能用语言表达自己的情绪	当儿童感受到生气的情绪时，他会和家长描述自己内心的感受和状态
3—4岁	出现骄傲和羞愧等复杂情绪	当儿童成功地完成一项困难任务后，会给自己鼓掌，或和别人说"这是我干的"。
4—5岁	出现评价性的尴尬情绪； 能通过身体动作推断他人的情绪状态	当儿童在相应的时间内不能完成某些任务时，会出现不自然的微笑、自我触摸、目光回避等行为
5—6岁	调节情绪的策略逐渐细化	当与同伴发生冲突时，儿童会通过协商的方式解决问题

（一）0—3岁儿童情绪与情感的发展特点

1. 从基本情绪向复杂情绪逐步分化

基本情绪是指个体出生或在第一年的早期出现的一些情绪，如满足、厌恶、痛苦、悲伤、愉快、愤怒、害怕、恐惧和惊奇等。复杂情绪是个体的自我意识性情绪和自我批评性情绪，部分依赖于认知发展，如嫉妒、内疚、害羞、羞耻、困窘、愧疚等。

在生命的头两年，各种情绪陆续出现。出生时，婴儿会表现出好奇、厌恶和满足的情绪；2个月时，婴儿开始展露出社会性微笑；3个月以后，婴儿的情绪分化为快乐和痛苦；6个月以后，婴儿的情绪又进一步分化为愤怒、悲伤、恐惧、惊奇，比如，婴儿会出现怕生现象，开始害怕陌生人以及陌生物体；10个月的婴儿会用哭泣表示同情、拒绝、排斥、恐惧、倔强等复杂情绪；18个月以后，儿童会出现嫉妒、内疚、害羞、自豪、羞耻、愧疚与尴尬等复杂情绪；到24个月时，儿童可以在快乐的热情中区分出较稳定的欢乐来，也能通过感知他人的面部表情来分辨积极情绪和消极情绪，即能理解他人的情绪。

2. 情绪的社会性参考越来越频繁

刚出生的婴儿会因为身体内部或外部不舒适的刺激出现哭闹等不愉快的情绪，如饥饿或尿湿等刺激。当引起婴儿的刺激消失后，这种情绪反应也就停止了。比如，母亲及时哺乳，婴儿饱腹后便停止啼哭，情绪也随之变得愉快了。

随着年龄的增长，儿童的情绪逐渐与社会性需要相联系。3个月的婴儿不仅能通过母亲的面部表情和相应语调分辨出母亲高兴、悲伤或愤怒的情绪，而且能对母亲的快乐表情做出积极回应，并会因为母亲的愤怒或悲伤而情绪低落。大约6个月的时候，婴儿可以解读主要照料者的表情，并用以调整自己的行为。7—10个月时，婴儿识别和解释情绪表达的能力表现得更为明显，他们开始留心父母对不确定情况的情绪反应，并用这些信息调节自己的行为。

12个月大的儿童已经开始寻求社会性参考，即向他人寻求感情线索，帮助自己进行回应。比如，儿童会视母亲或其他照料者的脸色来判断面前的陌生人是否安全。如果母亲以一种很友好的声音和陌生人讲话，儿童则会对陌生人产生兴趣，并与陌生人进行积极互动。随着成长，儿童逐渐产生人际交往的需求，进而发展出复杂的社会化情绪情感。

3. 情绪调节和情绪控制能力较弱

研究表明，情绪调节能力在1岁前就已经初步发展。3个月左右，早期情绪调节就开始出现，但更多的是无计划、不受控制的状态，主要表现为对偏好刺激的趋近和对厌恶刺激的回避，很多是无意识的。6个月左右，婴儿已经开始能够协调运用注意集中和注意分散来调节自己积极和消极的情绪体验，比如，当感到紧张或害怕的时候，婴儿会吮吸手指，以此缓和自己的紧张或害怕情绪。

12个月左右，儿童开始使用其他策略来减少不愉快的冲动，比如，摇晃自己的身体、用嘴咬东西或避开引起他们不愉快的人或物。18—24个月，儿童开始有意控制那些令他们感到不舒服的人和物，比如，当儿童与同伴发生不愉快时，他们会避开这个同伴，选择与其他同伴讲话。2岁左右时，儿童语言能力的发展会使他们产生新的情绪调节方式，他们开始谈论情绪，可以通过描述自己的内心状态来使他人帮助自己调节情绪。但总体而言，儿童调节和控制情绪的能力不足，当恐惧、焦虑等消极情绪出现时，往往需要成人的及时回应与安抚才能缓和下来。

（二）3—6岁儿童情绪与情感的发展特点

1. 情绪与情感体验逐渐丰富和深刻

从情绪所指向的事物来看，3—6岁儿童情绪的发展趋势是越来越丰富和深刻。所谓情绪的日益丰富，主要是指儿童情绪指向的事物不断增加。

到了3岁，即当儿童能够更好地评判自己表现的优劣时，会出现骄傲和羞愧的情绪。比如，当他们成功地完成一项困难任务后，会给自己鼓掌，或对别人说"这是我干的"。另外，被小朋友孤立，被成人不理解，特别是被人误会、受到不公正对待和批评时，儿童会非常伤心。

4岁左右，儿童会表现出评价性的尴尬情绪，例如，当他们在相应的时间内不能完成某些任务，或无法达到某些标准时，会出现不自然的微笑、自我触摸、目光回避等行为。评价性尴尬源于对自己表现的消极评价，会比受他人注意引发的"单纯"尴尬产生更大的压力。4—5岁时，儿童可以正确地从身体动作推断一个人是否快乐、气恼或悲伤。另外，他们也开始知道一个人当前的情绪状态可能并不是现在的事情所引起的，很有可能是由于他想到了以前的事情。5岁以后，儿童已经能够在没有成人刺激的情况下，对自己的错误行为感到羞愧。

2. 情绪与情感的社会性动因不断增加

婴儿的情绪反应主要是和他的基本生活需要是否得到满足相联系的。在3岁前儿童情绪反应的动因中，生理需要是否得到满足是其主要动因。3—4岁是儿童情绪的动因从主要为满足生理需要向主要为满足社会性需要转变的过渡阶段。

在4—6岁阶段，儿童社会性需要的作用越来越大，他们非常希望被人注意，被人重视、关爱，要求与别人交往。与人交往的社会性需要是否得到满足及人际关系状况如何，直接影响着儿童情绪的产生和性质。不仅与成人的交往需要及状况是制约儿童情绪产生的重要社会性动因，而且，与同伴交往的状况也日益成为影响儿童情绪的重要原因。由此可见，儿童的情绪情感与社会性交往、社会性需要密切相关，儿童的情绪情感正日益摆脱同生理需要的联系而逐渐社会化，其与成人（包括教师、家长）和同伴的交往密切联系。社会性交往、人际关系对儿童的情绪影响很大，是左右其情绪与情感产生的最主要动因。

3. 情绪调节和情绪控制能力越来越强

3—6岁儿童情绪越来越受自我意识的支配。随着年龄的增长，儿童对情绪过程的自我调节越来越强。这种发展趋势主要表现在三个方面。

（1）情绪的冲动性逐渐减少。在日常生活中，儿童的情绪冲动而强烈，比如，儿童看到故事书中的"坏人"，常常会把他抠掉。随着儿童脑的发育及语言的发展，情绪的冲动性逐渐减少。另外，成人经常不断的教育和要求，以及儿童所参加的集体活动和集体生活的要求，都能帮助儿童逐渐提高控制自己情绪的能力，减少冲动性。

（2）情绪的稳定性逐渐提高。随着年龄的增长，儿童情绪的稳定性逐渐提高，但总体而言，儿童的情绪仍然是不稳定、易变化的。到了5—6岁，儿童情绪比较稳定，情境性和受感染性逐渐减少，但仍然容易受亲近的人（如家长和教师）感染。

（3）情绪从外显到内隐。婴儿期和幼儿初期的儿童，还不能意识到自己情绪的外部表现，因此他们的情绪会完全表露于外。5岁以后，儿童能较多地调节自己情绪的外部表现，但能否控制自己的情绪表现还常常受周围情境的左右。

三、儿童情绪与情感的指导策略

家庭是人生的第一所学校，也是人生情感习得的启蒙学校，是人类情感最美好、最丰富的资源所在地。从儿童个体情感发生上来看，他们的情感起源于家长的爱抚和家庭情感氛围的熏陶。情绪情感的理解和调控必须通过学习才能掌握，这种学习又不同于其他的认知教育，而是更多地强调感知、感受、体验、理解和反应，在教育过程中更多地依靠情感经验的积累。所以，从教育途径上看，应充分考虑周围情境的氛围以及整个教育方式的自然性。

（一）帮助家长创设民主的教养方式，营造融洽的情绪氛围

家庭教养方式即家长在日常生活中通过行为表现向儿童传递出的态度、情绪及情感。家长的情绪态度、处事方式等会不经意地对儿童产生影响，这种影响可能会陪伴儿童一生。

1. 鼓励家长与儿童建立良好的亲子关系

良好亲子关系的建立是儿童稳定情绪养成的关键，同时也是儿童发展的重要保障，如母亲的柔声细语、逗乐声能引起儿童的听觉反应，母亲微笑的脸能吸引儿童视觉集中。更重要的是，儿童在与母亲的交往中获得观看、倾听的机会，产生良好的情绪，发展感知觉，学习与他人交往。随着年龄的增长，儿童的情绪情感表达逐渐分化、情绪调控能力逐渐增强。这一时期，家长以朋友的身份与儿童交流互动，能够满足儿童心理上的需求，增进与儿童的距离，从而建构民主、平等的关系。比如，当儿童面临消极情境时，家长应无条件地接纳儿童的所有情绪，引导儿童自己对事情做出判断和选择，给予儿童支持与温暖，与儿童一起正面应对，为儿童创设安全的心理环境。

2. 指导家长将儿童当成独立完整的个体

在家庭教育指导中，家庭教育指导者应指导家长从思想上转变对儿童的认识及

态度。家长要把儿童当成独立、完整的个体,平等地看待自己与儿童的关系,给儿童更多独立、自主的空间,鼓励儿童提出自己的想法,引导儿童独立自主地处理事情。比如,儿童最初尝试整理自己的物品时,家长不应该制止,而应给予儿童独立完成的机会,并肯定儿童的行为。

除此之外,家长应认真倾听儿童的话语以及需求,用平等的态度对待儿童。家长不要认为儿童还小,就摆出高高在上的姿态,而要尽量与儿童建立一种朋友的关系,在需要沟通的时候,一定要认真倾听,用心沟通,在表达的过程中不断地了解儿童。

练一练

在一次家庭聚会上,家里来了很多客人。牛牛妈妈让牛牛和客人们打招呼,牛牛躲在妈妈后面,憋得小脸通红也不敢说话。牛牛妈妈数落道:"怎么这么没用,说叔叔阿姨好也不会吗?"牛牛委屈得哇哇大哭,妈妈气急败坏地说:"你看你,还没进幼儿园就输在起跑线上,将来怎么办?"

分析:牛牛妈妈的做法是否恰当?面对儿童的害怕情绪,家长可以怎么处理?如果是你,你会如何指导家长处理这一问题呢?

(二)引导家长提升情绪管理能力,树立正确的情绪自控示范

班杜拉在社会学习理论中特别强调榜样示范的重要作用,因此,家长在教养儿童的过程中要重视自身的行为,做到言行一致,为儿童起到榜样示范作用。

1. 指导家长在儿童面前保持积极乐观的心态

家庭是儿童心灵的港湾,是让儿童获得安全感的避风港。家庭中弥漫的气息会浸入儿童的生命,影响一生。当家长更多地陪伴儿童时,就为儿童建构了一种安全、快乐的家庭环境,儿童身处其中能更多地体验积极情绪,从而有意识或无意识地将情绪进行完整表达。

儿童对成人以及环境的感知十分敏感,家长每天都应以一种积极向上、乐观开朗的心态去面对生活、面对儿童。这种积极向上、乐观开朗的心态可以传染给儿童,让儿童体会到生活的乐趣,感受到家庭的温暖,从而产生更多的积极情绪。家长还应当重视自己与其他家庭成员甚至邻里朋友交往中的行为方式,以及自己在面对负性情绪时的处理方式,让儿童能够感受到家长与家庭教育理念相一致的处事风格。

2. 引导家长在日常生活中注意自我情绪管理

家长在日常生活中应该关注并理解自己的情绪,具备较强的情绪管理能力。如果家长自身情绪管理能力较差,就会为儿童带来负面的影响。家长应认真了解自己

的情绪，学会合理地表达情绪，当有负面情绪出现的时候，应及时探寻原因，采取相关缓解、控制情绪的方法，逐步提升自我情绪管理能力，从而给儿童良好的隐性影响。

（三）引导家长及时关注儿童的情绪反应，并做出恰当回应

随着年龄的增长，儿童情绪管理能力的各方面有不同程度的发展，家长对儿童情绪的关注及疏导情况会影响儿童情绪情感能力的发展。

1. 指导家长正确解读儿童的情绪语言

情绪是儿童表达自身需要的"最早语言"。新生儿就可以借助面部表情、动作、姿态、声音等，表达自己的身心状态和各种需要。家庭教育指导者应指导家长及时发现并正确解读儿童的情绪。当儿童出现情绪反应时，家长要心平气和地观察他们，看他们的动作、表情，注意观察他们的手、脚、肩膀和脸部，尽可能全面地获取儿童的身体语言，给予及时的反馈与引导，帮助儿童健康、快乐地成长。

练一练

丹丹和外婆感情深厚，每天上幼儿园也是外婆接送。一天离园的时候，丹丹开心地离开自己的座位向门口跑去，看到妈妈来接又退了回来。妈妈走过来抱起丹丹，丹丹哭喊道："外婆呢？我要外婆接！""外婆今天不舒服，不能过来接你。"妈妈耐心地讲着，丹丹越哭越厉害。终于，妈妈失去了耐心，"不想跟我回家就一个人待着，我走了。"妈妈生气地放下丹丹，假装要离开，丹丹哭得更厉害了。

分析：丹丹妈妈的做法是否恰当？面对儿童的消极情绪，家长可以怎么处理？如果是你，你会如何指导家长处理这一问题呢？

---

2. 指导家长积极正面评价儿童的情绪

一个完整的人，应该是躯体、心智、情感、精神丰盈和谐的人，离开了情感，纵使体魄健康、心智聪慧、志向高远，也是一个缺乏趣味和温情的"干瘪的人"。因此，家庭教育指导者应指导家长正面评价儿童的情绪情感。家长正面积极的鼓励和肯定能够促进儿童情绪的理解、识别、调节与表达，将极大地增强儿童的自信心和能力感，有助于儿童积极情绪的产生。相反，如果家长经常采用批评和惩罚的方法处理儿童的不良行为，儿童就会产生更多的消极情绪。

当儿童面临消极情绪的时候，家长应当及时、准确、有效地做出反馈和评价。反馈和评价的前提是正确理解儿童面临的处境。首先，家长可以请儿童通过语言或肢体的形式将自己的情绪描述出来，然后通过儿童能够理解和接受的方式进行沟通。

在沟通的过程中要不断评估自己的用词、语气、态度等是否准确地传达了自己的意思和情感。

3. 指导家长帮助儿童理解自己的情绪

儿童的情绪不具有稳定性，情绪调节能力较弱，情绪表达能力较差，很难做到遇事选择适当的表达方式，很难做到不表达、不宣泄。极其微小的事情也会导致儿童冲动、任性、情绪失控。

在日常生活中，家长可以与儿童谈论他们的情绪，鼓励儿童坦然描述自己的情绪体验，并创造情境使儿童感受自己和他人的愿望、信念、积极或消极的心理状态。当儿童知道自己的情绪是可以被倾听、被接受、被支持、被理解时，他就会渐渐明白自己和他人的情绪在同一种情境中会有相同和不同之分，会尊重和理解他人的情绪。另外，家长也可以在活动中引导儿童学习情绪调节的技能，帮助儿童逐渐掌握积极的情绪调节策略，如亲子阅读就是以图书为媒介帮助儿童掌握积极的情绪调节策略。

孩子总是乱发脾气怎么办

4. 指导家长帮助儿童表达自己的情绪

儿童受语言水平的限制，他们不能直接表达自己的想法，有时会间接地通过一些行为来发泄自己内心的不满，这时家长要引导儿童通过可以接受的方式（如语言、面部表情、身体姿态等）去表达自己的情绪。家长也需要在不断与儿童接触的过程中引导他们学会感知和命名情绪，比如，对儿童说"你生气了""你感到愤怒""你感到委屈""你感到伤心"等，以帮助儿童认识自己的情绪，并学会表达情绪。

家长要认识到自己是儿童情绪能力发展最好的老师，要不断提高自己的情绪理解能力和自身的情感修养，更加合理地表达自己的情绪，对儿童的情绪选择更加适合的反应方式等，并通过角色扮演、移情、识别情境线索、整理复杂情绪、承认他人情绪等方式引导儿童学会表达自己的情绪。

（四）指导家长学习情绪调节策略，教会儿童调节自己的情绪

儿童自我情绪调控能力发展相对较弱，当与同伴发生争执或是情绪失控时，家长应学会抓住教育契机，适时适度介入。先给儿童自己处理的机会，放手锻炼他们的情绪调控能力，在其能力不足时，及时进行引导，使之摆脱负面情绪的影响，增强情绪控制能力。

1. 通过特定的方式方法帮助儿童疏导情绪

帮助儿童情绪情感发展还需要对儿童的消极情绪进行疏导，儿童消极情绪疏导的方法有以下几种。

（1）注意力转移法。对于年龄较小的儿童，可通过物质性的转移方式缓解儿童的负面情绪。比如，当3岁儿童哭闹时，家长可以和儿童一起玩玩具，或给他们讲

故事。对于年龄较大的儿童，则可以通过精神性的转移方式，比如，当5岁儿童陷入负面情绪时，家长可以说："看这里这么多的泪水，就像下雨一样。下雨了，我们多难受啊！"这样既可以疏导儿童的负面情绪，也可以让儿童学会为情绪命名。当然，不管是采取物质性的转移方式还是采取精神性的转移方式，当儿童出现负面情绪时，家长首先需要做的是正确解读儿童的情绪，这样才能更好地关照儿童的情绪状态。

（2）冷处理法。儿童情绪十分激动时可以采取暂时置之不理的办法，儿童自己会慢慢地停止哭喊。当儿童处于激动状态时，成人切忌激动起来，例如，对儿童大声喊叫"你再哭！我打你"或"你哭什么？不准哭，赶快闭上嘴"等。这样做会使儿童的情绪更加激动，无异于火上浇油。对儿童的消极情绪可以采用消退法。例如，当孩子总不愿意把水果分给爸爸妈妈吃，每次爸爸妈妈要吃他手中水果的时候，他总要哭闹。这时，家长可以商量好，当孩子还为此事哭闹时，采取冷处理的方式，不予理睬。第一天吃水果时，家长把一个水果分成几块，孩子拿着水果哭了很久，看着家长不理会他，只好把手中的水果吃了。第二天哭的时间缩短了。以后哭闹时间逐渐减少，最后看着家长把他手中的水果拿去分成几块给大家吃也不哭了。

（3）情境体验法。情境体验是家长依据儿童已有的生活经验，让儿童在有意创设的典型情境中进行情绪体验的一种方法，是家长教育儿童的一种有效方法。

情绪与一定的客观环境密切相连，儿童的情绪更易受环境的影响，所以创设一定的情境容易激发儿童的社会情感体验。这是社会性情感教育的前提。为了达到社会性情感教育的目标，家长应注意创设典型情境，即创设的情境易于诱发儿童的情感，且是儿童在日常生活中熟悉的人和事。

如何引导孩子克服社交焦虑，树立自信

2. 通过游戏促进儿童情绪管理能力发展

游戏是儿童最喜爱的活动。在游戏中儿童可以自由地宣泄自己的情绪情感，不受真实活动所要求条件的限制，充分地展开想象的翅膀，从事自己向往的各种活动，从而获得心理上的满足，产生积极愉快的情绪情感。例如，绘画、玩橡皮泥、玩水、玩沙等都可以使儿童充分表达自己不同的情绪情感，使儿童感到轻松愉快。因此，家庭教育指导者可以指导家长多参与儿童游戏，借助游戏的方式增强与儿童的情感联结。

在游戏的过程中，家长应积极参与和指导。在游戏开始前，家长可以采取与儿童协商的方式制定相应的游戏计划，这样既可以控制儿童游戏的时间，又可以培养儿童自我规范的意识和良好的习惯。儿童面对困难，不停地尝试解决方法，没有放弃的表现时，家长要保持足够的耐心，不要随意干扰和打断尝试中的儿童。游戏活动结束后，家长可以与儿童交流游戏的想法和体验，引导儿童对游戏过程中的心情变化和困难的解决方法进行回顾和总结。

情绪管理的方法

指导任务书

案例描述	西西妈妈发现，2岁的西西好像没有以前乖了。一天早上，西西想要自己穿衣服，可试了半天都穿不上。妈妈看到了，想要过来帮忙，西西生气地喊道："我要自己穿！"在和衣服"较量"了一段时间后，西西放弃了，生气地将衣服扔到一边，说："不要你了。"妈妈见状，耐心地等待着西西的情绪好转，并和西西玩起了"帮小熊穿衣服"的游戏。不一会儿，西西就自己将衣服穿上了		
案例分析	家庭是儿童心灵的港湾，是让儿童获得安全感的避风港。当儿童出现消极情绪的时候，家长要及时察觉并用儿童能够理解和接受的方式进行沟通，在沟通的过程中要不断评估自己的用词、语气、态度等是否准确地传达了自己的意思和情感。 西西妈妈在面对西西生气的情绪时，并不是通过批评或者忽视的方式，而是耐心地观察、等待西西消极情绪的消退，为西西构建了一种安全、快乐的亲子氛围，从而有意识或无意识地将情绪进行完整表达		
指导策略	解决流程	识别儿童情绪类型→分析儿童情绪原因→培养儿童积极情绪情感	
	指导方法	1. 识别儿童情绪类型：西西的行为反映的是儿童时期的消极情绪	
		2. 分析儿童情绪原因：西西的消极情绪主要是因为自己无法独立完成任务而导致的	
		3. 培养儿童积极情绪情感：帮助家长创设民主的教养方式，营造融洽的情绪氛围；引导家长提升情绪管理能力，树立正确的情绪自控示范；引导家长及时关注儿童的情绪反应，并做出恰当回应；指导家长学习情绪调节策略，教会儿童调节自己的情绪	

案例描述	在中班美术活动中，老师发现乐乐不管是画动物、植物还是人物，都只用黑色的笔，每次老师问他画的是什么，他也不告诉老师。老师经过与乐乐妈妈联系后才知道，乐乐的父母感情不和睦，平时在家庭生活中一直处于冷战状态。老师推测乐乐是因为在家庭里感受不到温馨、快乐，心情比较抑郁，所以黑色画笔就像他黑色的心情
案例分析	家庭是儿童生活的主要场所，团结和睦、情感和谐的家庭环境会使儿童的童年生活充满温暖与友爱。反之，如果家庭关系不和睦，家庭成员之间互相指责、情感冷漠，会给儿童幼小的心灵留下痛苦的伤痕。 乐乐的父母感情不和睦，平时在家庭生活中一直处于冷战状态，会让乐乐的童年生活失去原本的色彩。而当乐乐出现悲伤、抑郁等消极情绪时，乐乐妈妈也没有及时地关注和引导，更不利于乐乐的成长

指导策略	解决流程	识别儿童情绪类型→分析儿童情绪原因→培养儿童积极情绪情感
	指导方法	1. 识别儿童情绪类型：乐乐的行为反映的是儿童时期的消极情绪
		2. 分析儿童情绪原因：乐乐的消极情绪与家庭环境、妈妈的忽视息息相关
		3. 培养儿童积极情绪情感：帮助家长创设民主的教养方式，营造融洽的情绪氛围；引导家长提升情绪管理能力，树立正确的情绪自控示范；引导家长及时关注儿童的情绪反应，并做出恰当回应；指导家长学习情绪调节策略，教会儿童调节自己的情绪

学习任务单

情绪与情感学习任务单（一）

案例描述		军军2岁半了，妈妈发现他最近好像变得不那么听话了。只要遇到一点不顺心的事情，他就会大吵大闹，而且越是大声吼他，他越是不听话。一次，军军父母邀请朋友来家里做客，军军突然在客人面前大发脾气，让军军父母和朋友们都特别难堪，军军父母也不知道该怎么办
案例分析		
指导策略	解决流程	
	指导方法	

情绪与情感学习任务单（二）

案例描述		文文是一位脾气暴躁的小朋友，经常遇到一点小事就大发雷霆。据文文妈妈反映，文文在家里也是这样的。一次，妈妈带他去逛街，他在玩具店看见了一支玩具枪，非常喜欢，要妈妈买。妈妈说："家里玩具枪已经有很多了，都放不下了。"文文听了，在玩具店门口大哭大闹，还在地上不停地打滚。妈妈说："文文脾气这么大，我都不知道怎么办了！"
案例分析		
指导策略	解决流程	
	指导方法	

课外拓展

育儿小常识

如何培养孩子的抗挫折能力

1. 接纳孩子的负面情绪，家长不以打骂或责怪的方式回应孩子的负面情绪，而是给予孩子陪伴和接纳，帮助孩子平复情绪。

2. 引导孩子用豁达的心态面对挫折，坚信自己能战胜挫折，并且和孩子一起分析原因、寻找方法，在解决困难的过程中发展能力。

3. 在生活中锻炼孩子的自理能力，让孩子自己的事情自己做，从完成力所能及的事情中获得肯定和信心。

4. 和孩子开展比赛性的游戏，讲战胜挫折的故事，在生活中以游戏化的方式渗透培养抗挫折能力。

5. 鼓励孩子大胆尝试，看到孩子努力的过程，给予肯定，不过分注重结果。

推荐图书

[1] 全国妇联.儿童家庭德育指导手册（3—6岁）[M].北京：中国妇女出版社，2019.

[2] 姜勇，庞丽娟，梁玉华.儿童发展指导[M].北京：北京师范大学出版社，2004.

[3] 马蒂斯·米勒.无法控制的孩子：理解及管理孩子破坏性情绪的辩证行为疗法技巧[M].范鹏，译.北京：机械工业出版社，2021.

[4] 安娜·耶纳斯.我的情绪小怪兽[M].萧袤，王靖雯，译.西安：陕西人民教育出版社，2016.

资源链接

1. 视频《情绪精灵》，冷静下来拯救世界。

2. 绘本《我的情绪小怪兽》。

任务三 分享与合作

情境导入

这是我的玩具

莉莉已满2岁3个月了，平时在家玩玩具，总是喜欢一个人玩。有小朋友来家里玩，她也不愿意将玩具分享给其他小朋友玩。每次和爷爷奶奶到小区玩耍，莉莉只要看到别的小朋友手中有玩具，就会过去抢，抢不到就哭闹，一旦抢到了便据为己有，不愿意和其他小朋友一起玩。

思考：1. 2岁3个月儿童分享行为的发展特点有哪些？

　　　2. 教师应如何指导家长进行分享教育？

知识学习

一、分享与合作的含义

分享与合作是儿童亲社会行为的表现形式，是儿童良好品德形成的基础，是提高儿童道德意识水平，丰富道德情感，形成助人为乐等良好道德品质的重要条件，也是儿童社会化的重要组成部分。分享与合作水平发展较好的儿童，在与他人交往的过程中，会出现更多的亲社会行为。

（一）什么是分享

分享是指个体将自己持有的物品与别人共同使用、享受或彼此拥有。分享作为人们社会生活中不可或缺的重要社会行为，对人与人之间和睦共处，共享自然馈赠、社会福利以及劳动成果起着促进作用，是个体社会性的重要构成部分。

儿童的分享是指儿童将自己拥有的物品部分地与别人相互使用、相互享受，或赠予他人的行为模式及倾向。这一行为模式及倾向可以是玩具、食物等物质分享，也可以是情感、生活经历等非物质分享。对于儿童来说，最常见的分享是物质分享，比如喜欢的玩具、好吃的零食等；其次为非物质分享，比如愉快的情绪、有趣的事情。学龄前儿童间的分享多为物质分享。需要注意的是，真正的分享应该是自愿分享，分享的结果应该是分享者与被分享者共有某种资源。分享对儿童发展具有积极的意义，不仅能减少儿童的自我中心行为，帮助儿童建立良好的伙伴关系，促进儿童社会化，而且有利于儿童健全人格的形成和发展，有利于儿童品德的发展。

（二）什么是合作

合作是指两个或两个以上的个体为了实现共同目标而自愿地结合在一起，通过相互之间的配合与协调（包括语言和行为）而实现共同目标，最终个人利益获得满足的社会交往活动。马克思说过："人同自身的关系只有通过他同他人的关系，才成为对他来说是对象性的、现实的关系。"现代社会，人们都栖息于纵横交织的普遍交往中，为了适应各种各样的环境，人们就必须懂得处理好各种社会关系的重要性，必须学会与他人合作的技能技巧。合作作为一种重要的社会交往能力，是满足人生存需要的基础，是构成人的素质的不可或缺的重要方面。未来的社会，只有与人合作，才能获得发展空间；只有善于合作，才能赢得发展。

儿童的合作是指在游戏、学习和生活中，主动配合、明确分工、协调关系，从而共同完成某一任务的行为模式及倾向。合作是儿童未来生活的需要，是其生存的需要，更是其立足于社会的重要前提。研究表明，参与合作活动有助于儿童获得本群体的文化准则和恰当的行为模式。

二、儿童分享与合作的发展特点

分享与合作是儿童社会性发展的一个重要方面，是儿童建立良好的伙伴关系、形成健康个性的基础。儿童的分享与合作行为随社会交往水平的提高而增多，具体发展特点见表1-3-1。

表1-3-1 0—6岁儿童分享与合作行为的发展特点

年龄	发展特点	典型表现
0—8个月	社会性微笑	会对他人报以社会性微笑，通过与家长的共同活动学习合作
9—12个月	玩具分享；社交游戏	向自己认识的同伴展示自己的玩具，并尝试接受对方的玩具；与他人进行躲猫猫或追逐游戏
1—2岁	合作行为发生；自发地赠送物品和玩具	开始出现与同伴和成人的合作性游戏；把自己的糖果分给别的小朋友吃，或者把自己的玩具让给别人玩
2—3岁	合作游戏出现；能够识别他人的情绪体验并做出反应	根据任务采取相应的相互配合的行为；当有小朋友哭泣时，有的孩子就会关切地询问，还有的孩子会马上把自己最喜欢的玩具给他玩，或者邀请他参加自己的游戏
3—4岁	缺乏主动合作能力	在与同伴交往的过程中，不善于主动与人交谈
4—5岁	同伴交往冲突的解决能力不强；分享意识强于分享行为	遇到同伴冲突时不能采取合理的方式应对，需要成人的指导和介入；知道要分享，但是不一定愿意做出具体的分享行为
5—6岁	能与同伴进行合作游戏；分享水平提高	在与同伴的共同游戏中，能通过分工合作一起完成任务，与同伴发生冲突时能协商解决问题，不因矛盾而放弃共同活动；当物品数量与分享人数相等时几乎都会做出均分反应，当物品不足时表现出慷慨的反应最多

（一）0—3岁儿童分享与合作行为的发展特点

1. 儿童的分享与合作行为处于萌芽状态

在生命的早期，儿童就展示出社会性的一面。出生6周的婴儿就能够对他人报以社会性微笑。9—12个月大的婴儿会向自己认识的同伴展示自己的玩具，并尝试接受对方的玩具，也会进行一些社交游戏，比如躲猫猫或追逐赛，但这一阶段的婴儿基本不能解决合作问题。13—24个月的儿童则开始出现与同伴和成人的合作性游戏。25—36个月的儿童更能根据任务采取相应的相互配合的行为。虽然儿童在共同活动中已经展示出合作行为的共享性特征，但由于儿童认知发展水平的制约以及他们没有发展出高层次的动机系统，所以许多研究者认为1岁左右儿童的分享是一种本能的条件反射，到了2—3岁分享才真正发生。随着年龄的增长，交往经验的增多，儿童之间合作的目的性、稳定性逐渐增强，他们能够为实现共同目标而努力。

2. 源自对他人情绪的敏感而做出的外显反应

儿童对他人情绪的敏感性及其原始的外显行为，包括儿童对他人情绪及情感激起反应和儿童区分他人不同情感表现的能力。例如，3个月大的婴儿就能对友善与不友善做出不同反应，而6—7个月的婴儿能分辨愤怒与微笑的面孔。婴儿在1岁之前就表现出了最初的分享行为，主要是通过指点和姿势来与他人分享有趣的信号和物体，到了1岁半之后，儿童的分享和助人行为更加多样化。例如，一个2岁的儿童会说："她哭了，她想要糖果。"在成人的教育下，儿童会把自己的糖果分给别的小朋友吃，或者把自己的玩具让给别人玩，这些行为反映了他们与他人分享的早期能力。

2岁以后，随着交往经验的积累和生活范围的扩大，儿童的亲社会行为进一步发展。这一时期的儿童逐渐能够根据一些不太明显的细微变化来识别他人的情绪体验，推断他的处境，然后做出相应的安慰行为。例如，2—3岁儿童能够自发地赠送物品和玩具；当有小朋友哭泣时，有的孩子就会关切地问"你怎么了？""你为什么哭"等，还有的孩子会马上把自己最喜欢的玩具给他玩，或者邀请他参加自己的游戏。

（二）3—6岁儿童分享与合作行为的发展特点

1. 儿童分享与合作行为年龄差异明显

小、中、大班儿童之间的分享行为具有很大的年龄差异。一般而言，3岁左右的儿童主动交往意识不强，缺乏与人交往合作的能力，大部分儿童都是自己玩，不善于主动与人交谈，也不善于根据不同的情境运用恰当的词句做出应答。4岁以后，儿童在问题解决意识和是非观念上有所发展，但在同伴交往中解决冲突的能力不强，如在商量、分享、合作等行为上还需成人的指导与帮助。另外，这一阶段儿童的分享意识要强于分享行为，尤其是当他们喜欢某一物品的时候。5岁以后，儿童人际交往能力有很大的提高，他们更喜欢和同龄玩伴一起游戏，与同龄玩伴的关系也得到了迅速发展。在与同伴共同游戏中，他们能通过分工合作一起完成任务，与同伴发生冲突时能协商解决问题，不因矛盾而放弃共同活动。

2. 儿童合作行为最为常见，其次为分享行为和助人行为

儿童生命中最初3年的大多数分享行为是出于非共情的原因，2—3岁才会真正出现分享与合作行为。年龄越大，儿童的分享与合作行为也越来越具有利他性。4—5岁儿童会逐渐从不会分享发展到愿意分享。5—6岁儿童分享水平提高，慷慨行为也逐渐增多，大班儿童的合作行为所占的比例要显著高于中班和小班的儿童。此外儿童分享行为还会受物品的特点、数量、分享对象的不同而变化。比如，当物品数量与分享人数相等时几乎都会做出均分反应，当物品不足时表现出慷慨的反应最多。

三、儿童分享与合作的指导策略

家庭对孩子的影响是自然而然产生的，也是无意识的。在不同的家庭环境下，儿童会形成不同的性格、价值观、世界观及人生态度。在和谐、融洽的家庭氛围下，儿童不仅可以学会分享、合作、友爱、互助等亲社会行为，而且思维、意志、能力等也会得到和谐发展。

（一）帮助家长树立科学教养观，提高家庭支持总体水平

家庭是儿童社会化的第一课堂。儿童早期最重要的社会联系可能就是与父母的关系，父母的教养方式、家庭养育环境将直接影响儿童的行为表现及对社会关系的期望和适应能力。因此，必须将提高家长的科学教养观念作为家庭养育指导的着力点。

1. 鼓励家长探索正确的教养方式

在家庭教育指导过程中，家庭教育指导者应引导家长站在儿童的角度，在尊重儿童需要的基础上，向儿童提出合理的要求，以循循善诱的方式向儿童渗透平等互助、分享合作的意识。另外，家长也应注重与儿童沟通和交流，以鼓励、肯定的态度对待儿童，为儿童提供更多的温暖以及情感支持，引导儿童学会表达自己的情感和需要，学会关心和理解他人的感受，学会与他人分享与合作。

2. 引导家长营造温馨的家庭环境

家庭软环境的亲密度可以正向预测儿童的分享与合作行为。家庭成员相处的气氛融洽、感情外显、语言中渗透着关心和爱护，与儿童的关系也会更亲密融洽。充满矛盾的家庭，则会影响儿童分享与合作行为的发展。在家庭教育指导过程中，家

庭教育指导者应指导家长积极发挥各自的角色特点，父辈祖辈进行联合教养，适度发挥祖辈参与的作用，让儿童在温馨有爱的家庭中成长，促进儿童亲社会行为的发展。

练一练

欢欢的爸爸脾气暴躁，每次遇到不顺心的事情就会冲欢欢大发脾气。一次，欢欢和兰兰在客厅玩耍，突然，欢欢大声抢过兰兰手中的玩具，大声说道："这是我的，不给你玩！"爸爸听到了，生气地朝欢欢走过去，将他拉到一边，怒吼道："你怎么这么自私呢，别玩了！"说完，就抢过欢欢手中的玩具递给兰兰。

分析：欢欢爸爸的行为为什么不恰当？在儿童做错事情的时候，家长应如何处理呢？如果是你，你会如何指导家长处理这一问题？

（二）引导家长善用榜样影响，培养儿童分享与合作观念

社会学习理论的代表人物班杜拉认为，儿童的社会态度和社会行为大多是通过模仿和观察习得的。儿童的分享和合作行为可以通过模仿和观察学习获得，因而榜样的作用就显得至关重要。在家庭教育指导过程中，家庭教育指导者可以从以下方面对家长加以指导。

1. 树立正面榜样示范，培养儿童的分享与合作观念

儿童在成长过程中与周围世界不断接触并受其影响，他们通过模仿与互动两条主要的途径来观察、理解他人的行为，形成自己对社会交往的认识。家长是儿童成长过程中的"重要他人"，家长的品行会直接投射到儿童身上。因此，家长应注重自己的一言一行，展现自己较高的道德水平，与周围人和睦相处、乐于分享、积极合作，为儿童树立良好道德修养的榜样形象，潜移默化地对儿童产生观念和行为上的影响，从而引发儿童更多的分享与合作行为。另外，家长也可以通过优秀的和有教育意义的故事、电影、电视节目，为儿童提供合作、共享、同理心、同情、慷慨、助人等良好行为榜样。

2. 减少不适宜行为，避免对儿童行为造成不良影响

正面的榜样可以带来积极正面的影响，同样，不良的行为一旦被儿童模仿学习，势必影响儿童分享与合作行为的积极发展。因此，在家庭教育指导过程中，家庭教育指导者应引导家长克服、消除不适宜行为，以积极正向的行为引导儿童。同时不要因为儿童的不良表现影响自己的期望、看法、态度及行为，应清醒地把握自己，自觉地控制自己的教育行为，引导儿童体验与人分享与合作的乐趣，从而引发儿童

的分享与合作行为。

> **练一练**
>
> 　　毛毛很喜欢看电视，每次看到电视里的画面都会模仿。一次，毛毛看到电视里的两个孩子在争抢玩具，就邀请外公和他一起玩"抢玩具"游戏。妈妈急忙过来劝阻，外公拦住妈妈说："就一个小游戏能有什么影响，孩子高兴就陪他玩吧！"说完，扭过头对毛毛说："毛毛，看你抢不抢得过我！"毛毛使劲将外公一推，将玩具抢了过来，还咯咯地笑了起来，外公也高兴地笑着，妈妈无奈地瞪了毛毛一眼。
>
> 　　**分析：**毛毛外公的做法是否恰当？在儿童模仿电视画面做出破坏行为时，家长应如何处理呢？如果是你，你会如何指导家长处理这一问题？

（三）引导家长运用多种情境，提升儿童分享与合作技能

　　家庭教育指导的目的在于使家长愿意学习养育方法并且能够学以致用，真正将所学内容运用到养育实践中去。因此，为家长提供一些合适的方法是十分必要的。

1. 在日常生活中引导儿童学习分享与合作

　　儿童通过与他人的共处学会新的行为、技巧和能力，家长应在日常生活中为儿童创造交往的条件与机会，引导儿童学习分享与合作技能。

　　（1）在亲子活动中引导儿童学习分享与合作技能。在家人一起相处的时候，多使用"邀请你……""请你和我一起……""请你帮我……"等语言，久而久之，儿童也会受到影响，学会与他人分享与合作。当儿童主动与家长做出分享与合作行为时，家长应予以肯定，从而促进儿童分享与合作行为的发展。

　　（2）儿童同伴之间的交往最早出现的时间是出生后6个月左右，12—24个月的儿童开始一起游戏，3岁前儿童的同伴交往主要是非社会性的。当儿童3岁左右时，友谊开始建立，标志着儿童同伴交往社会性的开始。无论儿童处于哪个年龄段，家长都可以经常邀请亲朋好友或者儿童的同伴来家里聚会、聊天，并主动拿出物品招待客人，使他们在愉快的氛围中合作与交流，从而获得真实的与他人分享与合作的乐趣和体验。家长还可以在儿童交往的过程中有意识地让儿童互相帮助，比如你帮我擦汗，我帮你换衣服，你看我的书，我玩你的玩具等。在提高儿童人际交往能力的同时，也锻炼了儿童的心理素质，促进儿童分享、合作、助人、谦让、协调等能力，使儿童突破以自我为中心的界限，发展分享与合作行为。

如何让孩子
学会分享

2. 在游戏情境中引导儿童学习分享与合作

一般而言，3岁儿童友谊的焦点是共同参与活动所带来的快乐——一起做事、一起玩耍，但大一些的儿童则更关注信任、支持和共同兴趣等抽象概念。纵观整个学前阶段，一起游戏在所有友谊中均占据重要地位。因此，家庭教育指导者可引导家长以游戏情境为依托，引导儿童学习分享与合作。

（1）在游戏中教会儿童具体的分享与合作技能。家长可以为儿童创设游戏情境，为儿童提供协商和交往的机会。比如，当儿童想要加入他人的游戏时，可以引导儿童友好地询问："我能和你们一起玩吗？""我能跟你一起做这个吗？"当儿童与他人发生冲突的时候，可以引导儿童友好地说："对不起，我让你难受了。"或者引导儿童注意观察其他的小朋友，当其他小朋友需要帮助的时候，可以教儿童主动上前提供帮助。

（2）利用游戏情境提升儿童的观点采择能力。儿童的观点采择能力是指儿童能够区分自己与他人的观点，并以此对他人的观点进行推断和猜测进而做出反应的能力。当儿童在活动中出现霸道、独占等现象时，家长可以此为契机进行正面引导。比如，在亲子游戏中，儿童可能会表现出想独占玩具的行为，家长可以对儿童说"你不拿出这个玩具，妈妈很伤心"，以此引导儿童逐渐站在他人立场上来看待环境和问题，使儿童意识到自己的行为会对他人造成不好的影响，如伤害他人的自尊心等，同时认识到如果同伴也这样对待自己，那么"我也会伤心"，培养儿童的换位思考能力，这就是初步的"观点采择能力"。儿童只有认识到自己的不足才能改正，才能强化与他人分享与合作的意识，感受到分享与合作所带来的乐趣，体会到分享与合作所带来的满足感和成就感，从而更愿意与他人分享与合作。这样，儿童也会表现出更多的亲社会行为，有利于形成良好的性格。

（四）指导家长进行强化训练，巩固儿童分享与合作行为

斯金纳提出的强化理论认为，个体某种行为的出现和养成并不是简单的学习和模仿就可以完成的，强化在行为的养成中起着不可或缺的作用。在儿童分享与合作行为培养的过程中，适当的方法可以激发儿童分享与合作的意识，但只有通过行为的强化才能更好地帮助儿童深入理解分享与合作的意义。因此，对儿童的行为进行及时的强化训练，也是儿童分享与合作技能得以提升的有力保障。

1. 指导家长利用言语和肢体反馈进行正面强化

当分享与合作行为得到家长的肯定时，儿童会产生一种满足感、成功感和自豪感，这些感受可以强化儿童的分享与合作行为。因此，当儿童做出分享与合作行为时，家长应从言语和肢体上给予儿童积极的反馈。例如，当儿童有良好的分享与合

作行为时，家长应及时给予表扬。可以对儿童说"谢谢你，因为你的帮助，我把这件事情完成得又快速又准确"，也可以通过微笑的嘴角、肯定的目光、亲切的爱抚等肢体语言与行为肯定儿童的行为。

2. 指导家长尊重儿童的需求，把握强化的尺度

强化能在一定程度上帮助儿童养成分享与合作的行为习惯。家长在对儿童的行为进行强化时，应注意掌握尺度，尊重儿童的需求，适度表扬和鼓励儿童，不要将表扬和鼓励当作形式。当儿童不愿意分享与合作时，家长需要了解儿童这样做的原因，既要适时地引导、强化儿童的分享与合作意识和行为，也要顾虑儿童内心的需求和情感，避免过分强调分享与合作行为而忽略分享与合作教育的本质和意义。比如，有的儿童可能因为怕他人弄坏自己的物品而不愿与他人分享与合作，家长可以引导儿童告诉他人爱惜自己的物品，或者用别的物品来交换，逐渐消除儿童心中的顾虑和担心，让儿童自愿做出分享与合作行为。

儿童分享与合作意识和行为的培养不是一朝一夕能完成的。面对儿童分享与合作意识和行为上存在的一些瑕疵，家长不要过分焦虑。儿童社会行为的发展有其自身的规律，家长可以通过移情训练、榜样示范等，为儿童创造良好的分享与合作环境，扩大儿童交往的范围，帮助儿童掌握分享与合作的技巧，科学地强化分享与合作的意识和行为，帮助儿童产生分享与合作的内在动机和渴望，从而将分享与合作的品质内化，为其人生的长远发展奠定基础。

指导任务书

分享与合作指导任务书（一）

案例描述	在一次育儿交流会上，贺贺妈妈说："以前，贺贺喜欢什么东西都会据为己有，不愿意和别人一起玩。我们每次看到了总是会耐心地倾听贺贺的感受，再慢慢引导。在平时的生活中，我们也会创造很多分享时刻，比如分享好吃的点心、分享有趣的故事，而且每次贺贺主动和我们分享完之后，我们都会给贺贺点赞，并且告诉他这种行为很好。现在有小朋友到我们家玩的时候，贺贺都能主动把他的玩具拿出来分享。"
案例分析	贺贺的良好习惯与贺贺妈妈平时的教育和引导是分不开的。 首先，当贺贺出现不愿分享的行为时，贺贺妈妈能及时识别。 其次，当贺贺不愿分享的行为出现时，贺贺妈妈总能站在贺贺的角度，倾听贺贺的感受，了解贺贺行为的原因。 最后，贺贺妈妈会利用生活中的小片段引导贺贺学习分享的技能。当贺贺做出分享行为时，妈妈及时的肯定和表扬会让贺贺产生满足感、成功感和自豪感，从而出现更多的分享行为，养成良好的行为习惯

续表

指导策略	解决流程	识别儿童行为类型→分析儿童行为原因→培养儿童良好行为习惯
	指导方法	1. 识别儿童行为类型：贺贺的行为反映的是儿童时期的分享行为
		2. 分析儿童行为原因：贺贺的分享行为与贺贺妈妈的教育和引导是分不开的
		3. 培养儿童良好行为习惯：帮助家长树立科学教养观，提高家庭支持总体水平；引导家长善用榜样影响，培养儿童分享与合作观念；引导家长运用多种情境，提升儿童分享与合作技能；指导家长进行强化训练，巩固儿童分享与合作行为

分享与合作指导任务书（二）

案例描述	莉莉今年4岁了，一天晚饭后，妈妈在洗碗，莉莉在看电视。过了一会儿，莉莉拿了一块毛巾朝妈妈走了过来，说："妈妈，让我来洗碗吧！"妈妈对莉莉的行为感到很吃惊，问道："你在哪里学会洗碗的呢？"莉莉说："我在电视上学的，我也想来试试。"妈妈听了，开心地说："谢谢莉莉，那我们一起试一试吧！"说完，和莉莉一起洗起了碗	
案例分析	儿童会在一些影视作品中习得亲社会行为，成人应及时肯定并为儿童的学习创设良好的环境。 首先，莉莉妈妈注重通过优秀的、有教育意义的电视节目，为儿童提供合作、共享、同理心、同情、慷慨、助人等良好行为榜样。 其次，当莉莉做出合作行为时，妈妈及时的肯定和表扬会让莉莉产生满足感、成功感和自豪感，从而出现更多的合作行为，养成良好的合作行为习惯	
指导策略	解决流程	识别儿童行为类型→分析儿童行为原因→培养儿童良好行为习惯
	指导方法	1. 识别儿童行为类型：莉莉的行为反映的是儿童时期的合作行为
		2. 分析儿童行为原因：莉莉做出合作行为时，妈妈及时的肯定和表扬会让莉莉产生满足感、成功感和自豪感
		3. 培养儿童良好行为习惯：帮助家长树立科学教养观，提高家庭支持总体水平；引导家长善用榜样影响，培养儿童分享与合作观念；引导家长运用多种情境，提升儿童分享与合作技能；指导家长进行强化训练，巩固儿童分享与合作行为

学习任务单

分享与合作学习任务单（一）

案例描述	彤彤是个非常大方的孩子，1岁多的时候就会给来家里玩的小朋友拿玩具玩了，可是进入2岁之后，就变得"小气"起来。只要是她的东西，谁也不能碰，更为夸张的是，有时候遇到好看、好玩的东西，她也会毫不客气地霸占起来，不让他人动，怎么说都不听，妈妈也拿她没辙	
案例分析		
指导策略	解决流程	
	指导方法	

分享与合作学习任务单（二）

案例描述	西西今年4岁了，她很喜欢玩积木，所以爸爸妈妈给她买了很多积木。一天，妞妞和西西在地毯上玩起了"建城堡"的游戏。突然，西西大声喊道："我不要和你一起玩了！"说完还把快要搭建好的"城堡"给推倒了。这时妈妈走过来，大声呵斥："西西你个坏孩子，为什么要欺负妞妞呢？不要玩了。"说完，一把将西西从地毯上拖了起来	
案例分析		
指导策略	解决流程	
	指导方法	

课外拓展

育儿小常识

家有"两娃"总是争吵怎么办

1. 分清争吵原因，抓大放小

年龄差距小的孩子多是为了吃喝玩乐争吵，年龄差距大的孩子多是因为受到了不公平待遇争吵。家长要更多关注老大的心理变化和需要，学会正确传递"爸爸妈妈都爱你们"的信息。

2. 公平对待每个孩子

兄弟姐妹之间提倡"以人为本"的平衡和兼顾，以"牺牲"一个"换"一个的想法并不可取。家长应根据每个孩子的个性特点加以关注和培养，多引导孩子之间学会和谐相处，鼓励和表扬他们的和谐行为，让家里每个孩子都相信"你们在我们心中是一样重要的"。

3. 不轻易当裁判，更不站队

当子女之间发生冲突时，家长不要第一时间就呵斥老大，不要马上站出来做"警察"、当"裁判"，更不能各站一队，袒护一方。家长要鼓励孩子们自己商量解决，特别是要引导老大主动行动，相信孩子们有自己解决问题的能力。

推荐图书

[1] 全国妇联.儿童家庭德育指导手册（3—6岁）［M］.北京：中国妇女出版社，2019.

[2] 姚鸿昌.好家庭 好家教 好家风：智慧家教，赢在"创境"［M］.北京：中国妇女出版社，2016.

[3] 高寿岩.成长型养育［M］.北京：中国妇女出版社，2018.

[4] 郭靖，赵静.害羞的艾米莉［M］.南昌：江西高校出版社，2016.

[5] 相马公平，江川智穗，等.铃木绘本第13辑：3—6岁友好相处系列［M］.彭懿，周龙梅，译.北京：化学工业出版社，2021.

[6]（塞尔维亚）尼古拉塔·诺瓦克，亚历克萨·约万诺维奇.幼儿心智启蒙绘本［M］（全6册）.王亦飞，译.南昌：江西高校出版社，2019.

资源链接

1. 视频：【分享更快乐】教会孩子学会分享，如何做一个大方的宝宝。

2. 视频：早期教育：不会分享就是自私吗？如何引导孩子学会分享。

任务四　规则与适应

情境导入

我要边看电视边吃饭！

5岁的子豪在看《西游记》。妈妈告诉他，晚饭做好了，如果饿了就来餐桌旁吃饭，不饿的话，就看完再吃。子豪要求边看电视边吃饭，妈妈不同意，他就开始发脾气，后来干脆大声哭了起来。妈妈当时真想答应子豪算了，但是她心里有个声音提醒她：如果这次轻易妥协了，孩子以后会更加肆无忌惮。她想了想还是平和而坚定地告诉子豪："去餐桌旁吃完饭再看或者看完再去吃饭。"

思考：1. 案例中子豪的妈妈遇到了什么问题？她是怎么处理的？

　　　2. 教师应如何指导家长帮助孩子建立规则意识？

知识学习

一、规则与适应的含义

规则与适应是评价儿童社会性发展程度的重要指标，是儿童良好品德形成的基础，是提高儿童纪律意识，形成遵纪守规等良好道德品质的重要条件，也是儿童社会化的重要组成部分。

（一）什么是规则

规则是被普遍遵守的共同约定，是一个机构、组织内部成员共同遵守的行为规范或准则。儿童规则教育是儿童社会性发展的重要内容，是儿童全面发展的必然要求，也是儿童从家庭生活走向学校生活、社会公共生活的必需。规则教育通常是引导儿童"做出"及"不做出"某种行为的过程，且往往对儿童提出"不做出"某种行为的规定要更多一些。科学有效的规则教育需要意识到儿童是具有主动理解、体认规则能力的人，意识到儿童是对规则有着内在需要的人，看到儿童主体能动性的发挥及认识参与的价值，相信儿童能自主生成个人的规则意识，逐渐完成自我对规则的意义建构，养成遵守规则的习惯。

（二）什么是适应

人们关于适应的定义见仁见智。适应是皮亚杰认知发展理论的重要概念之一。他认为，个体的每一个心理反应，不管是指向于外部的动作，还是内化了的思维动作，都是一种适应。适应的本质在于通过同化和顺应取得机体和环境的平衡。皮亚杰主要是从认知发展角度阐述适应，而多数研究者对适应行为的理解是把它等同为社会能力和社会成熟。美国智能缺陷协会对适应行为的定义是：个体达到人们期望与其年龄和所处文化团体相适应的个人独立和社会责任标准的有效性和程度。我们一般认为，适应是指个体在与环境的相互作用中不断实现的，包括生理和心理两方面的和谐。人类的适应方式包括改变自身和改造环境，最终达到个体与新环境的和谐。

二、儿童规则与适应的发展特点

（一）儿童规则的发展特点

规则的发展是儿童社会性发展的一个重要方面，是儿童形成良好道德品质的基础，0—6岁儿童规则意识发展特点具体见表1-4-1。

表1-4-1　0—6岁儿童规则意识发展特点

年龄	发展特点	典型表现
0—3岁	初期规则尚不具有社会意义，属于个人惯例或运动智慧，运动的规则不是道德规则的起源；2—3岁出现秩序敏感期，形成初步程序意识、规则意识、独立意识	新生儿出生后不定时地喝奶； 随着新生儿的发育成长，白天睡眠时间逐步减少； 1岁多可以独立行走等； 喜欢把东西排队，按一定的分类摆好； 打开盒子的盖子后，一定要再关好； 毛巾一定要自己挂，还不能挂错地方
3—6岁	儿童规则意识的发展水平具有显著的年龄差异和性别差异，同时受气质类型的影响，3—4岁是儿童规则意识发展的关键期，女孩的规则意识发展水平高于男孩	3岁的儿童可以在家人的提醒下把玩具放回玩具架，4岁、5岁的儿童不仅可以自觉回收玩具，还可以做到分类摆放整齐； 排队游戏时，女孩比男孩队列站得更整齐，秩序也更加有序

1. 儿童规则意识的发展水平具有显著的年龄差异

研究表明，虽然儿童在3岁时就已经具有了一定的规则意识，但4岁和5岁儿童规则意识的发展水平要显著高于3岁儿童；且3—4岁儿童规则意识的发展速度略高于4—5岁儿童的发展速度。

2. 3—4岁是儿童规则意识发展的关键期

Frye和Zelazo（1992）等通过斜坡任务测查了儿童掌握二维合取规则的能力，结果表明，3岁儿童不能灵活使用规则，4岁儿童却能在两种不相容的规则之间灵活转换。研究者判断，这是由于3岁左右的儿童还只能使用一维的简单规则，而4岁以上的儿童已经能够运用二维合取规则了。这些研究结论与赖清文《3—5岁幼儿规则意识发展特点及其与气质的关系研究》一文中关于儿童规则意识发展的年龄特征的结论相一致。儿童对规则的推理认知能力随年龄的增长而提高，到4岁左右儿童的规则推理能力已经达到了较高的水平，而相对的，3—4岁正是儿童发展规则意识的关键阶段，儿童规则推理能力的形成有助于儿童规则意识的发展。

3. 儿童规则意识的发展水平与性别有显著关系

儿童规则意识的发展水平存在性别差异，女孩规则意识的发展水平高于男孩。

规则意识是与自尊发展成正比的，自尊水平高的儿童规则意识一定很强。4岁是儿童自尊发展的转折点，男童在自尊水平上的发展低于女童，女童在生活自立、交往、社会化和自我管理项目上的成绩要好于男童。因此，女童规则意识的发展水平高于男孩。

4. 儿童规则意识发展水平与气质类型有关

在儿童气质的各维度中，社会抑制性、活动性和专注性特质与儿童规则意识发展水平存在着显著相关，社会抑制性强、专注性高、活动性低的儿童，稳定性更强，他们更愿意接受比较固定的社会规则，自觉遵守规则要求，而不愿意违反它们。在有规则的环境中，他们感觉更加安全和舒畅，因此会积极遵守规则、维护规则。相反，活动性高，社会抑制性、专注性低的儿童，其活动强度、活动速度都比较高，自主性强，他们倾向于喜欢不断变化的环境，相对的，对比较固化的规则接受程度则偏低。

（二）儿童适应的发展特点

适应的发展是儿童社会性发展的另一个重要方面，是儿童心理健康的基础。0—6岁儿童适应发展特点见表1-4-2。

表1-4-2　0—6岁儿童适应发展特点

年龄	发展特点	典型表现
0—3岁	此阶段处于婴幼儿早期阶段，主要依靠成年人的帮助满足吃、喝等基本生活需要，对新环境的适应能力较慢，通常通过生理表现如哭闹、精神情绪低落等表现出对环境的不适应	入睡环境改变导致哭闹不止； 遇到陌生人表现出拒绝、大哭等； 通过哭闹、喊叫等形式表达吃东西的需求
3—6岁	能在较热或较冷的户外环境中活动，并随着年龄的增长，活动时间增加； 换新环境时情绪能较快稳定，睡眠、饮食基本正常，能适应车、船等交通工具造成的轻微颠簸； 在帮助下能较快适应集体生活，逐渐融入新的人际关系环境	能在幼儿园独立用餐； 能情绪稳定地过集体生活； 能参加较长时间的户外游戏，如滑滑梯等活动； 能坚持乘车，进行一定距离的参观活动； 换了新的幼儿园或班级能较快适应

1. 儿童适应能力的发展水平具有显著的年龄差异，同时又和家庭、幼儿园的教育培养密切相关

研究表明，随着儿童年龄的增长，对天气、新环境变化等适应能力逐步提高，但有时同年龄段儿童适应环境的能力也呈现出巨大差异。这和家庭及幼儿园是否有意识提供各种锻炼机会有很大的关系。如果家长经常带儿童与小区的小朋

友一起做游戏、幼儿园经常提供外出郊游、参观等学习机会，儿童的适应能力会相对较高。

2. 儿童适应能力既包括对自然环境的适应，又体现在对社会环境中人际关系的适应，其中后者往往需要更长的时间和成人的大力支持

在儿童适应能力的培养中，自然环境的适应往往比较容易，但社会环境较为复杂。成人需要通过观察、谈话等多种形式了解儿童对人际关系的适应表现，对出现的问题要及时与家长或老师主动沟通，寻求解决问题的办法，帮助儿童较快适应人际关系的变化。

三、儿童规则与适应的指导策略

（一）帮助家长树立科学育儿观念

1. 引导家长在生活中树立儿童规则教育的意识

学前儿童家庭教育要讲究方法和策略，家长可以在生活中巧妙融入规则，并不需要严肃或强制进行。可以结合儿童比较喜爱的游戏以及活动增加规则教育，也可以在亲子游戏中融入规则教育，还可以为儿童准备一些有规则教育的绘本故事、儿歌，如绘本《图书馆狮子》《大卫，不可以》、儿歌《好习惯》《不挑食》等，让儿童养成良好的规则意识。在家庭教育过程中，儿歌不需要通过刻板的教学过程强行灌输给儿童，而是以儿童的兴趣为基础，与儿童在亲子游戏中共同去欣赏和吟唱，在无意识中培养儿童的规则意识。

练一练

3岁的贝贝刚入园，老师发现她一点儿也不挑食，什么都爱吃，有时候还边吃边念着"宝宝都爱吃"这样的儿歌。原来，在家里吃饭的时候，贝贝妈妈和贝贝经常一起念不挑食的儿歌。

分析：你怎么看待贝贝妈妈的做法？

---

2. 引导家长逐步提高儿童适应环境变化的能力

对于年龄较小的儿童，家长可以借助婴儿车、小推车等带孩子多出去接触大自然，感受温度、季节的变化，增加儿童对环境的体验感。对于3岁以上的儿童，每天的户外活动时间一般不少于2小时，其中体育活动时间不少于1小时，季节交替时要坚持。气温过热或过冷的季节、地区应因时制宜或因地制宜，选择温度适当的

时间段进行户外活动，也可根据气温的变化和儿童的个体差异，适当减少活动的时间。

> **练一练**
>
> 　　萱萱5岁了，除了上幼儿园，爸爸妈妈很少带她出去参加户外活动，尤其是天气稍微有点变化的时候，更是不敢出门。爸爸妈妈常说："我家萱萱从小身体就不好，外面温度变化大，环境也不好，尽量少出门，孩子也少生病。"
>
> 　　**分析：**这种方式真的能让孩子少生病吗？

（二）帮助家长掌握具体指导方法

1. 帮助家长创造条件，减少儿童违规意识出现

虽然有些儿童已经具备了一定的规则意识，但是在实际生活中违规现象屡屡出现。家长为儿童确立规则时要注重为其创造良好的条件支持，儿童只有在真实的环境中才能认真去执行规则，提高对规则的理解度。

> **练一练**
>
> 　　周末，爷爷带着4岁的小文在小区玩滑梯。小朋友很多，小文等得有些不耐烦了，非要插队，这也引起了其他小朋友的不满，大家嚷嚷着："不行、不行，你不能插队。"爷爷坐在一旁，什么也没说。
>
> 　　**分析：**你觉得小文爷爷的做法是否恰当？你会如何指导家长帮助小文呢？

2. 指导家长以身作则，树立良好规则榜样

在家庭教育过程中，家长承担着主要角色。家长良好的言谈举止是儿童的榜样，能够起到良好的示范作用。儿童具有很强的模仿能力，会在不经意间去模仿家长的各种行为，所以家长要以身作则，在日常生活中一言一行都要为儿童做出榜样和示范，通过身体力行的方式，实现家庭教育的良好效果。在实际教育过程中，很多家长为儿童建立了条条框框的规则，并要求儿童必须遵守，但是家长自己却不遵守此规则，忽视了儿童的模仿能力。如家长告诉儿童，在公共场所不要大声喧哗，但是儿童在购买玩具时出现的哭闹行为，妈妈却没有耐心劝解，而是严厉大声地指责。其实儿童只是父母的一个缩影，在父母的影响下逐渐淡化了规则意识。

3. 引导家长科学合理地评价儿童的规则行为

首先，家长在评价儿童的规则行为时要把眼睛从"别人家的孩子"身上抽回来，放在自己孩子身上。将儿童现在的规则行为与过去的规则行为进行比较，让儿童自身成为规则行为评价的标准，这样才能更好地关注儿童的真实情况和真正需要，才能更加有针对性地培养儿童的规则行为。

其次，家长的评价语言要具体准确。对儿童的规则行为进行具体的评价，能够让儿童明确被表扬的原因。如偶尔有一次，儿童做到了独自吃饭，家长对儿童说："你真是个好孩子！"儿童听到这样的表扬也会很高兴，但是听到类似这样表扬的频率太高了，就会导致儿童对这类评价逐渐麻木，不利于进一步培养儿童的规则行为。若是家长对儿童说："你真是个努力的孩子，已经学会了自己吃饭，妈妈真为你的进步感到高兴！"这样有针对性的具体评价不仅能够让儿童清楚地明白自己为什么受到表扬，自己的哪些行为是好的，而且能够知道今后遇到类似情况该怎么做，怎么才能做得更好。长此以往，这些由于外部动机而产生的行为会渐渐转化为儿童内化的规则行为。评价语言的准确性是要让儿童清楚地知道哪些行为是符合规则的，哪些行为是不符合规则的，不是一味地表扬或者一味地批评。只有这样，儿童才能继续保持规则行为，减少不良行为。

4. 帮助家长通过多种途径锻炼儿童适应的能力

家长要注意观察儿童在新环境中饮食、睡眠、游戏等方面的情况，采取相应的措施帮助他们尽快适应新环境；经常带儿童接触不同的人际环境，如参加亲戚朋友的聚会，多和不熟悉的小朋友玩，使儿童能较快适应新的人际关系。

著名教育家陈鹤琴在其所提出的17条儿童教育原则中指出：凡是儿童自己能做的，应当让他自己做。《3—6岁儿童学习与发展指南》对3—6岁幼儿在各年龄段应达到什么水平做出了合理期望，指明了具体方向。例如：对于3—4岁儿童应当能够在提醒下，按时睡觉和起床，并能坚持午睡；喜欢参加体育活动；愿意饮用白开水，不贪喝饮料；不用脏手揉眼睛，连续看电视不超过15分钟；在提醒下，每天早晚刷牙、饭前便后洗手。因此，家长应在儿童进入幼儿园小班前对其进行如上生活习惯的培养，以便儿童在入园后能快速适应有规律的集体生活。

（三）鼓励家长配合教师的工作

在儿童进入幼儿园后，家长应与教师及时沟通，向教师了解儿童在园中的情况。同时也要积极配合教师的工作，对教师多一分信任，相信教师的专业性。在遇到问题时，及时与教师、园所进行交流，让儿童在多方共育下健康成长。教师反映儿童在园中出现的问题，家长一定要引起重视，观察儿童入园后出现的变化，积极配合教师的工作，和教师一同出谋划策，帮助儿童尽快适应在园生活。

指导任务书

0—3岁儿童规则与适应行为指导任务书

案例描述	明明刚满1周岁，妈妈想培养他早点入睡的好习惯。晚上一到7点，妈妈便喊着"明明，我们去床上啦，准备睡觉！"，说着，关掉客厅的灯，全家人配合着走进各自的卧室，营造入睡的氛围。明明看到了，非常配合地和妈妈去到自己的卧室，躺在床上，妈妈把灯关了，轻轻地拍着明明，他很快就睡着了。第二天，明明醒来，妈妈都会夸他能早早地睡觉，是个听话的乖宝宝
案例分析	明明早睡的良好习惯与明明妈妈平时的教育和引导是分不开的。 首先，明明妈妈能充分意识到早睡对孩子成长是十分重要的好习惯。 其次，明明的家人在日常生活中积极配合，通过自身的行为为明明树立了榜样。 最后，妈妈及时的肯定和表扬会让明明产生满足感、成功感和自豪感，从而出现更多的良好行为，养成良好的作息行为习惯

指导策略

解决流程	识别儿童行为类型→分析儿童行为原因→培养儿童良好行为习惯
指导方法	1. 识别儿童行为类型：明明的行为反映的是儿童时期早早按时入睡，建立良好作息习惯
	2. 分析儿童行为原因：明明早睡的良好习惯与明明妈妈的教育和引导是分不开的。首先，明明妈妈能充分树立"早睡对孩子成长是十分重要的好习惯"这一正确的育儿观；其次，全家人的配合，按时走进卧室、关灯睡觉给明明提供了很好的榜样；最后，妈妈及时夸奖和鼓励强化了明明的早睡行为，帮助明明更好地坚持早睡习惯
	3. 培养儿童良好行为习惯：帮助家长树立科学教养观，如早睡早起；引导家长利用榜样影响，激发儿童建立规则意识，全家人积极配合，关灯睡觉；引导家长学会建立儿童作息习惯的训练方法，主要是建立时间观念、各自走进卧室、及时关灯营造睡眠环境；指导家长进行强化训练，及时巩固儿童良好的作息习惯，如早上起床后家长夸奖儿童能早早地睡觉，是个听话的乖宝宝

3—6岁儿童规则与适应指导任务书

案例描述	3岁的小小就要上幼儿园了，妈妈把她送到幼儿园门口，面带微笑地说："幼儿园里有很多小朋友和玩具，小小想不想去？"小小很开心，说："我先去玩会儿玩具，妈妈下班来接我。"于是，妈妈把小小交给老师。小小在幼儿园过得很愉快，没有表现出哭闹等分离焦虑的情况。老师请小小妈妈分享经验，她说："我觉得培养孩子适应新环境的能力是非常有必要的，孩子入园前，我就经常带她到小区楼下和小朋友一起玩游戏，扩大孩子的交往范围，有时候也带孩子到超市、公园去感受不同的环境，特别是帮助她提前熟悉幼儿园，哪里可以滑滑梯、哪里可以上厕所，我都提前带孩子体验过了，所以孩子能较快地适应幼儿园的生活。"

续表

案例分析	小小能够克服分离焦虑，较好地适应幼儿园的生活，与小小妈妈平时的教育和引导是分不开的。 　　首先，小小妈妈充分意识到适应新环境对小小成长的重要作用。妈妈心态很好，不焦虑、不急躁，为孩子营造了积极的环境。 　　其次，小小妈妈为了帮助小小适应不同的环境，经常带她去楼下和小朋友玩游戏，带她去公园、超市等体验不同的环境，帮助她增强感受性。 　　最后，小小妈妈亲自带小小熟悉幼儿园的环境和生活，让她很有安全感，能够愉快地在幼儿园生活

指导策略	解决流程	帮助家长树立观念→引导家长保持心态→帮助儿童熟悉环境
	指导方法	1. 帮助家长树立科学教育观念，需要不断地扩大交往的环境，提高适应能力。小小妈妈正是意识到了这一点，带着孩子到小区、到公园、到超市等不同的地方，不断帮助孩子扩大活动范围，有利于孩子适应不同的环境
		2. 引导家长保持良好的心态，相信孩子有能力适应新环境，克服焦虑情绪和避免不良行为。小小妈妈态度平和，面带微笑，给了小小极大的鼓励和安全感
		3. 提前帮助儿童熟悉环境，减少儿童因为陌生感而感觉到孤独无助。小小妈妈提前带孩子熟悉幼儿园的环境和生活，极大地减少了小小的陌生感，为小小很好地适应幼儿园环境打下了良好的基础

学习任务单

0—3岁儿童规则与适应行为学习任务单

案例描述		2岁多的苗苗吃饭的时候总是不愿意坐在自己的餐椅上，一会儿去玩玩具，一会儿在沙发上爬来爬去。一到饭点，外婆就不停地追着她喂饭，嘴里喊着："苗苗，快来吃饭啦，今天有你爱吃的胡萝卜和肉肉哦！"可是苗苗怎么也安静不下来，饭菜总是撒得到处都是。一顿饭下来，外婆已经筋疲力尽了
案例分析		
指导策略	解决流程	
	指导方法	

3—6岁儿童规则与适应行为学习任务单

案例描述	"我要妈妈！我要回家！"这是小班3岁的熹熹小朋友在幼儿园经常说的话。熹熹比其他小朋友爱哭，早上入园时总是抱着妈妈不停地哭闹，离开妈妈后就要保育老师抱。集体活动时，她吵着要老师打电话，"老师，给我妈妈打电话，好不好？"她这样反反复复地强调着。午餐时，熹熹又开始哭闹，不肯吃饭。午睡时，她也不愿意入睡，说要等着妈妈来接她	
案例分析		
指导策略	解决流程	
	指导方法	

课外拓展

育儿小常识

培养孩子规则行为的方法

1. 让孩子做有限的选择

有限选择的方法对培养孩子的规则意识非常有效。如果想让孩子不在房间里跑来跑去，就应该让孩子选择现在是看书还是画画，而不是问"现在我们来做什么？"漫无边际的选择会把孩子推到无法控制的规则之外。把孩子必须要做到的事情定为规则，在这个范围内给孩子几个可以选择的方向，这样不论孩子选择什么，他的行为都在规则之中，从而自然而然地接受规则。

2. 家长要及时鼓励和表扬

表扬、鼓励的形式应该是多样的，不仅仅是物质上的满足，还可以用微笑、点头、抚摸、拥抱等，对某一行为的表现表示赞同，这都是一种肯定、都是一种表扬。父母的教育观念要一致、要求要一致、目标要一致，但方法可以是多种多样的，因为每个孩子的特点是不一样的。

3. 适当采用自然惩罚法

规则意识的形成有时还需付出一定的代价才能使孩子从他律到自律。适当地让孩子接受一些自然后果惩罚，是非常必要的，这种方法要有一定的限度，还要与说理引导相结合，要让孩子感受到父母的爱意。晓之以理、动之以情，再加上示之以不同后果，就能使孩子慢慢感悟，变得懂事起来。

如孩子的学习习惯不好，坐不住，注意力不集中，家长可以配合老师，让孩子每天在完成学习任务之后静静地坐10分钟，练习如何集中注意力，反思自己这一天的学习表现。然后家长和孩子交流，及时肯定孩子坐得很好，要求孩子每天活动时就要这样集中注意力。家长可配以《科学家小故事》的讲解，引导孩子学习科学家们小时候是怎样专心学习的。

4. 培养执行规则的技能

有时孩子具备了一定的规则意识，但仍会时常违规。如有时"起个大早，却赶了个晚集"，并非孩子故意拖拉，而是穿衣、洗漱等动作太慢，不得要领。那么，家长就要教孩子做事的方法，培养孩子的自理能力，寻找又快又好的做事方法和规律，提高孩子的生活技能。

推荐图书

[1] 范德赞.1—3岁幼儿行为培养指南［M］.赵萍，译.北京：中国轻工业出版社，2001.

[2] 陈梦敏，星星鱼.幼儿园里守规则［M］.北京：北京科学技术出版社，2018.

[3] 大卫·香农.大卫，不可以［M］.余治莹，译.石家庄：河北教育出版社，2007.

[4] 米歇尔·努森，凯文·霍克斯.图书馆狮子［M］.周逸芬，译.石家庄：河北少年儿童出版社，2011.

资源链接

1. 视频：规则已制定，孩子老想突破规则，这4个步骤帮你坚守规则，我家小孩就是了不起。

2. 视频：给娃娃定的规矩为何没用？什么情况下该制定规矩？原则你晓得吗？

项目二

慧的教育指导

中华传统文化蕴含智慧。孔子说"知之为知之，不知为不知，是知也。""知者不惑，仁者不忧，勇者不惧。"什么是智慧？智慧一般指聪明才智，出自《墨子·尚贤》，"若此之使治国家，则此使不智慧者治国家也，国家之乱，既可得而知已。"在日常生活中，智慧体现为更好地解决问题的能力，涉及认知与理解、思维与言语、兴趣与习惯等方面。

慧的教育是教育者支持儿童运用多种感官探索世界，丰富知识经验，激发兴趣和求知欲，促进其认知发展和言语发展，养成良好的学习习惯的教育。学前期是儿童智慧发展的启蒙期、敏感期和关键期；慧的教育不仅对儿童一生的全面发展具有独特的教育价值，而且直接影响家庭幸福，甚至可间接影响全人类的发展。

学习目标

1. **知识目标**：掌握0—6岁儿童慧的教育的含义、特点和指导要点。
2. **能力目标**：能发现并指导家长解决慧的教育中的困惑与现实问题，帮助家长对孩子的学习与发展形成合理的期待。
3. **素养目标**：乐于思考，善于沟通，积极探索儿童早期思维培养、言语学习与认知发展的内在规律，并与家长交流分享，家园共育促进两代人共同成长。

任务一　认知与理解

情境导入

家长的教育焦虑

王妈妈向园长抱怨："孩子都上了一个学期还没学写字、算术，汉语拼音和英文字母也不认得；幼儿园小班的老师总是带着孩子玩游戏，难道不教知识吗？基础打不牢的话将来怎么考上名牌小学、重点中学和大学？"张爸爸说："是啊，孩子学的知识少，担心上学后跟不上。我儿子的智力是不是有问题？在家背《乘法口诀》时经常背错。"

思考：1. 儿童认知教育的目的和重点是什么？
　　　2. 教师如何指导家长进行家庭认知教育？

知识学习

一、认知与理解的含义

儿童如何认知与理解大自然，如何认知与理解自己，如何认知与理解本民族传统文化以及各种学科知识？这是家庭教育绕不开的课题。儿童认知与理解能力的发生发展，有助于他们逐步深入地理解自己与他人、自然与社会、过去与未来，逐渐掌握知识，培养揭示规律、洞察本质、探求真理的能力。

（一）什么是认知

所谓认知，是指人们认识活动的过程，具体包括感觉、知觉、记忆、思维和想象等心理活动。认知是认识事物的过程，而非结果。其实，在人的一切心理活动中，都有认知的成分。因此，认知是人类最基本的心理过程。

认知发展是儿童学习与发展的中心任务。认知发展是指儿童的认知结构和认知能力的形成，以及随年龄和经验增长而发生变化的过程，是注意、感觉、知觉、记忆、思维、想象、言语、知识学习和问题解决等能力的整合。儿童认知发展的研究是把儿童认知过程作为一个整体去深入考察的。

（二）什么是理解

马克思说："当我们得到理解的时候，智慧是不会枯竭的；智慧同智慧相碰，就迸溅出无数的火花。"理解普遍存在于认知过程中，无论是对事物的知觉，还是对事物内在实质的把握，都离不开理解的参与。所谓理解，就是明了事物的关系、本质，或者说"透过现象看本质""知其然，又知其所以然"。正如你在阅读本书时不仅感知到文字图表，而且看懂了其中所表达的意义。理解也是逻辑思维的基本环节，概念形成、判断和推理都依靠对事物的理解。理解是基于知识经验的认知活动（尤其是逻辑思维活动）的结果，其标志是出现独立的语言和动作，有完整的内在逻辑。可见，认知与理解是交替发展，相互支撑的。

> **练一练**
>
> 某家长认为，"认知""认识"和"知识"都是一个意思，就是一回事。
>
> **分析：**作为学前教育工作者，我们怎样用通俗易懂的方式讲给他听？三者的定义分别是什么？它们之间有什么区别？又有哪些联系？

二、0—6岁儿童认知与理解发展的特点

学前期是儿童生理发育与心理发展最迅速的时期。儿童的认知活动是有规律地由简单到复杂、由低级到高级逐渐发展的。儿童的认知发展受到许多因素的影响，有遗传、家庭、社会和自身因素等。在不同的阶段，儿童的认知发展水平是不同的。在儿童认知发展规律的研究上，心理学家皮亚杰的认知发展理论最为著名，其从科学角度解释了儿童认知发展的过程。他通过大量的观察试验，按照儿童的认知发展水平，把儿童认知发展过程概括为四个阶段：感知运算阶段、前运算阶段、具体运算阶段和形式运算阶段，每个阶段各有特点（表2-1-1）。

儿童的认知发展是一个持续、渐进、不可逆的过程，前后顺序不能跨越，也不能颠倒。所有的儿童都遵循这样的发展顺序。任何一个特定阶段的出现不取决于年龄而取决于认知发展水平。在具体描述各阶段时附上了大概的年龄只是为了表示各阶段可能出现的年龄范围。事实上，由于社会、文化和教育的不同，各阶段出现的平均年龄会有较大差别。

表2-1-1　儿童认知发展阶段及其特征

年龄	认知阶段	发展特征	典型表现
0—2岁	感知运算阶段	靠感觉动作认识世界； 认识到客体永久性	婴儿通过看、抓和嘴的吮吸来探索世界，获得经验； 6个月婴儿无法理解眼前玩具被布盖住时并没消失；9—12个月婴儿玩游戏，大人把玩具藏到遮蔽物的后面，婴儿会到遮蔽物后面寻找，认识到玩具依然存在
2—7岁	前运算阶段	万物有灵论； 以自我为中心； 不可逆性思维； 经验性与刻板性； 缺乏守恒概念	幼儿喂娃娃吃饭，认为洋娃娃不吃饭就会和自己一样饿，认为一切事物都是有生命的； 妈妈过生日，给妈妈一辆玩具车作为生日礼物；认为自己喜欢的东西就是妈妈喜欢的东西； 幼儿知道3-1等于几时，幼儿往往说不知道； 认为女生长发，男生短发，穿裙子的就一定是女生，幼儿做出判断时只能运用一个标准或维度； 将同样多的水倒入一个细长的杯子和一个短粗的杯子里，问哪杯水多，幼儿认为前者水更多
7—11岁	具体运算阶段	守恒观念形成； 具象具体事物支持思考； 思维具有可逆性	将相同大小的橡皮泥做成圆饼状、柱状、球状等，儿童可以辨别出它们的重量是相等的； 假设A>B、B>C，问A和C谁大？孩子难以推断；若问：爸爸比妈妈高，妈妈比你高，爸爸和你谁更高？答：爸爸； 问："你是小红的弟弟，你怎么称呼小红？"儿童答："小红是我姐姐。"
11岁后	形式运算阶段	进行抽象逻辑思考； 理解符号的意义、隐喻； 对事物进行假设	开始进行推理和演绎； 能理解抽象的概念，如成功与失败，爱与恨； 能对与生活无关的事件做出假设，进行哲学思考

练一练

哥哥指着弟弟说："小弟弟每天就知道吃奶、睡觉，不用学习，什么都不会。"

奶奶说："可不是嘛，小孩子就像一张白纸，当然什么都不会啦。"

分析：这些说法对吗？你将如何指导家长了解孩子？

（一）0—3岁儿童认知与理解的发展特点

婴儿期是我们人生的第一个时期，是成长最快、变化最大的一个时期，一些基本的认知能力得到迅速发展，高级认知能力开始萌芽。具体表现如下。

1. 动作发展迅速，依靠感觉动作认识世界

婴儿动作发展迅速，动作的发展既是神经系统发育的标志，也是认知发展的重要表现。动作发展与认知发展密切相关，认知发展离不开感觉和动作，感觉和动作发展是认知发展的基础。婴儿把东西放入嘴里，开启了运用各种感觉器官与肢体对周围环境进行探索的旅程，用行动告诉家长他们有通过直接感知、实际操作和亲身体验获取经验的需要。婴儿用看、抓、咬等动作作为认识世界的手段，吃手指的现象不断出现（不应严厉禁止）；抬头、翻身、坐、爬、站、走等扩大了认知范围和角度，逐渐建构对世界的理解。成人将玩具挂在摇篮的上端，用细绳的两端分别连接玩具和婴儿手腕，婴儿一动小手玩具就会发出声音；当婴儿偶然晃动小手玩具发出声音后，他会继续晃动细绳享受声音。婴儿从先天的无条件反射到形成复杂动作技能的发展过程遵循着一定的顺序和原则，有从上到下发展的头尾原则、由内到外发展的远近原则，还有从粗大动作向精细动作发展的大小原则。儿童一般在3月龄时竖头稳定，5月龄左右会翻身，6—7月龄时会独坐，8—9月龄时可以爬行，10—11月龄时会独站，1岁时开始能独立行走；之后在这些基本动作发展的基础上，儿童逐渐掌握其他更复杂的动作形式。如果儿童在3—4月龄时仍然竖头不稳，6月龄不会翻身，9月龄不会独坐，1岁时仍然不会独站，1岁半时不会独立行走，则被认为是动作发育迟缓，需要给予必要的早期干预，开始干预的时间越早，效果一般越好。

儿童从出生开始就具有主动生长的内在力量和对生存发展有利的行为，表现出强烈的生存意识和不可思议的智慧潜能，好奇而敏感地观察周围的一切事物。智慧的开端始于感觉：视、听、嗅、味、触和操作。新生儿就表现出视觉偏爱，喜欢看人脸及线条清楚、颜色对比鲜明的小玩具和图片，喜欢看熟悉的东西；2个月后婴儿的视觉能进行比较，喜欢看新的东西，对反复出现的同样的东西减少注意和兴趣；6

个月前的婴儿已能辨别大小，具有深度知觉；儿童从学会抬头、翻身，到坐、爬、站、走，甚至到跑，身体行动能力的快速发展，也带来了认知的发展；2岁左右产生最初的回忆能力，无意识记和无意注意均占优势。

2. 通过直接经验来认知理解事物

婴儿处在智慧发展的感知运算阶段。智慧发展由感知运动所产生的直接动作经验所推动。例如，当妈妈告诉孩子热水烫的时候，孩子最初并不理解"烫"是什么意思，当他摸热水杯，感觉温度，用行动体验到了烫，对烫的感受是不舒服，这样的经验帮助孩子形成了关于烫的知识，当妈妈下次再说小心水烫、慢慢儿喝，他就不再急着喝热水了。

3. 社会文化和日常生活影响儿童认知与理解发展

儿童的认知发展与他们所处的文化关系密切，认知发展发生于儿童家庭和社区的特定环境与社会文化背景中，社会文化影响着认知发展的形式。一般而言，智力发展良好的儿童，家里有丰富的教育玩具和书籍；他们的父母是温和的、充满爱的；父母会给孩子提供丰富的语言和认知刺激；父母会通过合理的方式来解决冲突，而不是使用打骂和体罚。在这种种因素中，父母给予的爱和温暖以及鼓励性的语言和较高的学业期望，对儿童智力发展的预测性最好。而缺乏环境刺激或人际接触可能妨碍儿童的感觉、运动、情绪、认知和语言的发展，他们的智力可能会落后于正常儿童。

儿童的许多重要认知技能是在与父母、老师和同伴的社会交往中逐步发展起来的。例如，许多儿童都喜欢"躲猫猫"（捉迷藏）游戏。6个月左右的儿童记忆力得到发展，出现了许多新的本领，能区别熟人与陌生人、寻找消失的玩具物品和熟悉的人；9—10个月的儿童开始认识自己的存在，知道自己的名字；1岁半左右的儿童学会说话并理解一些单词、图像和手势，会拍手表示欢迎，摆手表示再见。工作记忆的发展，或者说对于客体永久性的认识是儿童认知发展的重要里程碑之一。

儿童在与他人的交往中，在与客观事物的相互作用中，通过"人"与"我"和"物"与"我"的比较，逐渐认识到作为客体的外部世界与作为主体的自己之间的区别，从而形成对自己的认识。2岁左右，儿童出现自我意识的萌芽，突出表现为独立行动的愿望很强烈，如喜欢说"我自己来""宝宝自己吃饭"。

总的来说，0—3岁儿童，脑迅速生长发育，是儿童智力发育、语言习得、情感认知的关键期。这一阶段的认知发展不仅为儿童未来的认知发展奠定了基础，而且是其所有能力、技能、情感、行为习惯等发展的基础，为今后的学习求知奠定了基础。

（二）3—6岁儿童认知与理解的发展特点

1. 认知迅猛发展，能够感知、记忆、思考、理解很多事物，并用自己的语言表达出来

3岁以后，儿童的独立性增强，对周围世界充满好奇和探索欲望，喜欢玩各种游戏、画画，观察模仿周围人在日常生活中的言行，体验新的事物，学到很多新的知识。4岁左右的儿童非常好奇好问，一切以自我为中心，喜欢从自己的角度去看待世界，不了解会有不同看法的存在，以为其他人对于世界的看法是和自己一样的。5—6岁的儿童不再满足于通过直接感知和具体的操作去了解事物的外部特征与联系，开始尝试探索事物的内部联系，并表现在智力活动的积极性上，总是提出各种各样的问题，常常把家长问得不知所措。心理学家布鲁姆认为，人的智力发展的速度是不均衡的，假定人在17岁所达到的智力水平为100%，那么儿童在0—4岁时获得50%，4—8岁时能获得30%，8—17岁只增加20%。可见，儿童年龄越小，其智力发展越快。

2. 具体形象性和不随意性占主导地位，抽象逻辑性和随意性初步发展

3—6岁的儿童已能掌握日常生活中的具体概念，如实物概念、简单的数概念等，但很难掌握抽象的关系概念、时间概念、道德概念等。学前儿童注意时间比较短，注意力不稳定、容易分散；记忆主要以无意识记、机械识记为主，凡是感兴趣的、印象生动强烈的事情就容易记住，具有直观的、形象的特点；儿童的想象新奇大胆，缺乏合理性、现实性，与现实易混淆，喜欢夸大想象，把没有亲见的事情说得活灵活现，容易被家长误解为"有意说谎""不诚实"。

练一练

丁丁玩小汽车玩具着迷了，饭也不吃。妈妈说："那你就玩个够吧，别吃饭了。"丁丁就以为真的不用吃饭了。丁丁不能理解妈妈的反话，这是因为儿童理解事物具有（　　　）。

A. 概括性　　　　　B. 表面性　　　　　C. 形象性　　　　　D. 抽象性

---

3. 儿童理解的发展呈现明显的加速趋势

以成人视角观察，儿童年龄越小，理解程度越肤浅、越直接，他们对事物的理解常常是表面的、固定的、极端的、呆板的，不理解相对关系和中间状态，如对儿童来说，不是好人就是坏蛋。从儿童发展角度看，儿童理解的发展具有巨大潜能。概括而言，儿童理解的发展呈现如下趋势：从简单到复杂，从对个别事物的理解发展到对事物关系的理解，从主要依靠具体形象的理解发展到开始依靠语词的理解，从简单的、表面的理解发展到比较复杂的、深刻的理解。教师和家长要积极引导儿童认知从具体形象性向抽象逻辑性过渡，从不随意性向随意性过渡，从而为儿童后继发展夯实基础、做好准备。

0—6岁儿童认知发展参照表

三、儿童认知与理解的指导策略

学前期是认知与理解发展的起始阶段，也是启蒙教育的最佳时期，这个阶段儿童的认知发展往往被某些家长忽视。学前儿童家庭智育的主要任务是促进儿童认知与理解能力的发展，如发展儿童的感觉和知觉能力、观察能力、语言能力、思维能力、想象和创造能力等；同时帮助儿童学习粗浅的知识和技能。

对大多数儿童的家长来说，认知与理解这两个词并不陌生。他们通常将认知与理解视为儿童知识学习的目标或手段，但往往对儿童认知与理解的发展特点、教育规律把握不准，模糊不清，甚至有偏差。

（一）帮助家长树立科学的认知观、全人教育观和全面发展观

家长正确的儿童观、教育观和发展观是儿童家庭教育的灵魂。家庭教育指导者要帮助广大家长做到以下几点。

1. 澄清认知与知识之间的关系

许多家长混淆了知识与认知的概念，认为孩子知识学得早、学得多就是早慧，就是"智力开发"，一味地追求孩子记忆知识的数量，而忽略了孩子认知的发展。其实，认知和知识是不能画等号的。"识"的含义是知道、认得、能辨别。《说文》曰："识，知也。"二者字面意思差不多。但是正如"渔"与"鱼"不一样，认知并不是知识本身，而是运用一种或多种知识观察世界获得新知识的方式。认知能力（智力）的内涵很广，包括观察能力、记忆能力、表达能力、想象能力、创造性思维能力等。同时，如果不是为了能够加以理解和运用，帮助解决问题，获得幸福快乐，"死记硬背"知识（机械记忆）并没有多少实际意义。

认知与知识又有着密切的关系。一方面，认知理解能力发展是获得知识与技能必备的条件；另一方面，知识又是认知世界、理解本质的基础和工具。知识的贫乏与浅薄不利于认知理解能力的发展，而认知理解能力的高低决定知识掌握的深度和运用知识的灵活程度。学习知识、积累知识有助于儿童变得知识渊博，变得睿智、聪慧。

2. 尊重儿童认知发展的规律

儿童的认知特点与成人完全不同，尊重儿童期的价值与特点是家庭教育的根本。

儿童智慧的发展表现出阶段的特征，每一阶段中儿童认知具有特定的性质，这些特定的性质是由不同的认知结构所决定的。而认知结构是在儿童（认知主体）与环境对象（认知客体）相互作用中不断建构的，知识就是主客体相互作用的产物。儿童认知发展的每一阶段都有独特的认知结构，这些相对稳定的结构决定了儿童行为的一般特点。儿童发展到某一阶段，就能从事水平相同的各种性质的活动。认知结构的发展是一个连续建构的过程，每一阶段都是前一阶段的延伸，是在新水平上对前一阶段进行改组而形成的新系统。

认知发展规律向我们揭示了学前儿童与学龄儿童、与成人的不同之处，帮助我们认识到儿童的认知发展不是简单的量的增长，而是有着质的差异的发展过程。儿童是好奇的、积极的探索者，他们主动、积极地建构自己的知识体系。许多家长产生"教育焦虑"，担心自己的孩子"输在起跑线上"，希望"小学化""成人化"的超前教育助力孩子获得抢跑优势及跳跃式发展，同时又担心揠苗助长，可能将孩子"伤"在了起跑线上。教育部颁布的《3—6岁儿童学习与发展指南》为家长对不同年龄段的孩子抱有不同的期望提供了一种基准，同时也为家长选择不同的教育内容、教育方法以适应孩子的发展水平提供了参考。

> **辨一辨**
>
> 有家长说："知识和智慧就是同一种东西，拥有大量知识的人比较聪明。"某报记者报道，一家庭成功培养出"小神童"：孩子零岁启蒙，3岁扫盲，4岁读报，5岁识字数千，6岁背熟《弟子规》和唐诗宋词百首，令人称奇。
>
> **分析：**"神童"现象的背后折射出社会和家庭存在的哪些认知偏差？

3. 促进儿童全面和谐发展

儿童生理发展、认知发展、社会性发展，三大领域并非彼此独立发展，而是相互影响、相互作用、相辅相成的。教育者我们在关注、深入考察儿童每个领域发展水平的同时，也要关注、综合考虑它们之间的相互影响。当前，我国家庭教育面临几个突出的问题有：家长教育水平不高，对儿童期望和要求过高；重知（识）轻能（力）、成绩本位主义严重，轻视对孩子德行的培养；重身体健康，轻心理健康等。错误的家庭教育观念会影响儿童的健康成长和全面发展。如果家长忽视对儿童基本道德人格、基本生活技能的培养，恪守成绩本位，会使儿童只关注学习成绩而不懂得关怀他人。"万般皆下品，唯有读书高"等不科学观念可能会直接或间接影响儿童的行为方式和思维方式，导致很多儿童在成长过程中失去健全人格形成所需要的基本发展环境。

（二）指导家长培养儿童良好的认知品质和个性品质

学前期儿童处于认知发展的敏感期，这是一生中认知发展最关键、最迅速的时期。父母要重视孩子的认知发展，鼓励孩子获取新知识，训练孩子的认知技能，培养良好的认知品质。

1. 培养儿童良好的认知品质

良好的认知品质包括专注力（不分心），观察事物的准确性、敏锐性和细致性，思维活动的速度、广度和灵活性，记忆的广度、精确性和准备性等。培养儿童良好的认知品质比单纯记住某个知识点更重要。学前儿童家庭认知教育依据儿童身心发展的特点，培养学前儿童的注意力、观察力、记忆力、想象力、思维力等，促进儿童认知能力的整体发展和提高。在家庭日常生活中，家长要注意帮助孩子尝试使用认知活动的方法和技能，如，观察事物或现象的方法、分析解决问题的方法、操作的方法和技能等。无数家庭教育实践表明，家长忽视孩子学习品质的养成，单纯追求学习知识的数量、掌握高难度的技能技巧等做法，是短视而有害的。

2. 重视儿童个性品质的培养

认知品质很重要，但一味重视认知发展则有失偏颇，还要重视个性品质（非认知因素）的养成教育。所谓非认知因素，是指人在智慧活动中，间接参与认知过程的心理因素，包括需要、兴趣、爱好、动机、情感、意志、性格等个性心理，对认知活动起着启动、导向、维持和强化作用。认知因素与非认知因素是智慧活动的两个方面，好似两只手，虽有相对的独立性，但也相互联系、相互影响、相互制约。有些家长非常重视孩子认知能力的发展，同时也培养孩子学习的自觉性、主动性、积极性和创造性，对孩子认知品质与个性品质的培养两手都要抓，两手都要硬，这是很有远见的。只有二者相互配合，儿童的认知品质才会养成，学习成绩才会提高。

（三）引领家长有目的地教，为理解而教，提高儿童的理解能力

游戏、玩耍是儿童的天性，儿童在玩中学习，利用已有的知识和经验建构新的知识，发展自己的认知能力。3岁左右的儿童喜欢缠着家长问"为什么"，喜欢探究问题并提出自己的诠释和假设（这代表了儿童当前的理解水平），并在探究过程中产生新的理解。但是，由于知识经验和认知水平所限，儿童的理解能力是比较稚嫩的。例如，孩子想出去玩，妈妈说，外面有新冠病毒，不能出去玩；孩子说，我想和新冠病毒一起玩。他不理解妈妈所说的"新冠病毒"是什么，有没有危险。当爸爸对孩子说电不能摸的时候，还不明白"电"是什么的他很想去探秘。其实，当儿童产生理解偏差的时候，也恰恰是教育的好时机。

帮助家长重视在家庭日常生活中渗透认知教育，着力提高孩子的认知理解能力是家庭教育指导的重点。某些家长对"理解"的理解，大多停留在表面上，将"理解"误解为"认知程度"，将认知现象等同于理解行为。

1. 直接感知，积累表象

儿童对物质世界的认识是感性的、具体形象的。儿童通过直接经验认识事物，思考问题常常需要借助动作和表象的帮助，他们对物质世界的认识必须以具体的事物和材料为中介和桥梁，在很大程度上借助于对物体的直接操作。儿童必须通过尝试采取动作变换物体的状态——丢、敲、混合、掷、推、拉、拆、移动、捏，并观察物体的转换所引起的改变，才能获得知识。简而言之，儿童要了解一种东西就必须去操作它。儿童在操作事物的过程中产生物理认识和数学认知。

儿童理解事物时，需要运用过去感知过、思考过并保留下来的知识经验，或在已有的知识经验基础上掌握新的知识经验。过去知识经验的有无或多少，对理解能否顺利地进行发挥着重要的支持作用。例如，学龄前儿童理解猫的过程就是观察（感知）、记忆（编码）与猫相关的信息的认知过程，一开始是记住猫的长相、叫声"喵喵"，它是一种动物，它的汉语语言符号是"猫"，后来了解猫的习性，还知道猫和虎都是猫科动物等。再如，家长在给孩子念儿歌、讲故事时不难发现，生动形象的描述，把语词与直观形象（表象）相结合，在帮助孩子理解儿歌、故事的内容中有着重要的作用。在某些情况下，单纯记住语词，可能还不足以使儿童完全理解，必须借助表象。积累和激活记忆表象不仅有助于说明所要理解的客体，而且有助于把握其本质。

2. 善于提问，鼓励质疑

理解常以问题解决的方式来进行。对提出的问题所给予的回答，可以表现出理解的不同程度或不同水平。当儿童第一次听说猫和虎都是猫科动物时，往往感到惊讶，他们可能会问：为什么老虎是猫科动物？老虎那么大那么凶猛，而猫那么小那么温顺，它们之间有什么联系？如何用孩子能够理解又符合科学原理的方式回答这个问题，可能一时会难倒许多家长。我们需要陪伴并鼓励孩子进一步探究，从而形成关于猫的完整知识结构，认知逐渐丰富、理解逐渐深入。儿童基于经验对事物不断加深理解与解释，也就是儿童对知识的自我建构过程。

3. 博闻强记，意义记忆

记忆是认知家族的主要成员之一。家长需要明白，处于理解能力发展中的儿童往往习惯于机械记忆，但意义记忆的效果要比机械记忆的效果好。家长在促进孩子机械记忆发展的同时，要重视儿童意义记忆的发展。让儿童有意识地背一些通俗易懂的儿歌是发展儿童意义记忆的一种方法。进入学龄期和成人后我们之所以能培养起对各式各样事物的理解能力，是因为我们在学龄前就建立了一些基本的理解模式。

《3—6岁儿童学习与发展指南》（数学认知）

通过把新事物类比到旧事物上，把新有的理解嫁接到既有的理解上，我们不断丰富、不断更新着我们的理解，从而在这些有限范式构成的框架中，能够不断去理解更加丰富多样的现象。

4. 融会贯通，举一反三

理解意味着把学到的知识灵活地加以应用。对于年幼的儿童，我们衡量他是死记硬背还是真的理解，一个重要的标准就是看他能不能换一种说法，把他认知的事情再说一遍。这就是我们所说的"触类旁通""举一反三"。只有做到这一点，才是真正的理解。

当然，儿童出现一些误解和暂时不理解是其成长路上不可避免的现象，是儿童心灵有活力的体现。家长要理解、包容和接纳童心，而不要嘲笑他们，更不要事事马上批评纠正。

（四）丰富学前儿童的知识经验

学前期是知识储备快速增长的时期，一般来讲，学前儿童的生活经验和知识储备越多，自信心就越强，探索欲望就越高，对周围环境的感知能力、理解能力、分析能力、判断能力也就越强。可见，丰富学前儿童的知识经验，增加知识储备，对于促进儿童认知发展尤为重要。家长帮助孩子丰富知识经验要注意以下几点。

1. 在日常生活中融合认知教育

家庭教育指导者要指导家长重视生活的教育价值，在生活中为儿童提供多种探究和学习的机会。生活即教育。儿童对日常生活最为熟悉、最易理解，从日常生活中得来的知识也是儿童最易感知、最感兴趣、最易接受的，因此，家长应该特别注重日常生活中的认知教育。例如，孩子想吃苹果，家长拿起一个苹果问孩子：什么颜色？什么形状？什么味道？听说苹果里面藏着五角星……再如，家里吃饭前，可让孩子帮忙分发碗筷、摆好桌椅，这样有利于发展孩子对数概念的理解。

2. 创设丰富的教育环境，丰富儿童感性经验

家庭教育指导者要指导家长为儿童创设丰富的教育环境，提供品种、数量适宜儿童年龄水平和认知发展需要的玩具或游戏材料，带领儿童关心周围事物及现象，多开展接触大自然的户外活动，开阔儿童的眼界，丰富儿童的感性经验。家庭教育指导者要指导家长通过居家生活、亲子游戏、种植和饲养、观看影视文化作品、外出游玩、远足参观等多种形式，了解家庭、家乡、风景名胜、风土人情，引导儿童感知生活的美好，培育儿童对家庭、家乡和祖国的积极情感与认知体验。家长可以引导孩子观察周围的自然环境，了解简单的自然现象，如黑夜白昼、阴晴风雨、四

季变化；认识常见的动植物，如花草树木、蔬菜水果、鸟兽虫鱼等。家长还可以引导孩子进行社会常识方面的认知，如附近的商场、书店、公园、科技馆、博物馆、美术馆、儿童活动中心，熟悉的汽车、自行车、火车、飞机等交通工具。在生活中勤于探究学习的孩子出现这样那样的"试误"行为是正常的，需要家长理解、接纳和包容。"尝试错误"行为的出现与认知理解发展同步，有积极意义。

（五）教会家长与儿童一起游戏，陪伴成长

家长要了解玩具与游戏对儿童的重要意义，同时也要在日常生活中给儿童留出一定的时间与空间让儿童去发现自己、认识世界。

家长自身要勤于观察，热爱科学，热爱思考，喜欢学习，喜欢探究，并以身作则，发挥榜样作用，和孩子一起学习科学探究的方法，在高质量陪伴孩子的平凡日子里体现"两代人一起成长"的清醒意识和自觉行为。

指导任务书

0—3岁儿童认知与理解发展指导任务书

案例描述	一位妈妈最近很烦恼，快3岁的孩子"调皮、不听话"。例如，下雨后，越是不让孩子去踩水坑，告诫他水会溅到身上，打湿鞋子，可他却非要去踩。面对一摊烂泥时，他就想知道：如果一脚踩下去，会发生什么事？泥巴踩起来会怎么样？会不会从脚趾间挤上来？紧接着一脚踩上去，以证实自己的想法……多无聊！也不知道小脑袋天天想什么？说也不听，气得妈妈忍不住打了孩子	
案例分析	家长不了解儿童认知理解发展的特点。儿童发展理论告诉我们：婴幼儿通过直接经验来认识事物，婴幼儿时期是促进儿童智力发育、语言习得、情感认知的关键时期，为未来的认知发展奠定基础。因此，了解孩子是教育好孩子的前提和基础，家长应鼓励孩子自由探索	
指导策略	解决流程	识别儿童行为类型→分析儿童行为的原因→培养儿童认知与理解能力
	指导方法	1. 识别儿童行为类型：孩子喜欢踩水坑、泥巴的行为反映的是儿童时期的认知与理解行为，属于正常现象
		2. 分析儿童行为的原因：孩子好奇、好问、好探索是天性，认知理解发展表现为"打破砂锅问到底"，他通过直接经验来认识事物，大胆尝试
		3. 培养儿童认知与理解能力：引导家长树立科学的认知发展观，认识到孩子"尝试错误"行为的出现与认知理解发展同步，有积极意义；尊重和保护孩子的好奇心和兴趣，支持和满足孩子通过直接感知、实际操作和亲身体验获取经验的需要，鼓励孩子大胆探索，丰富感性经验，促进认知发展

3—6岁儿童认知与理解发展指导任务书

案例描述	在一次家长会上，大二班晓晓的爸爸明确要求幼儿园增加学习内容——提前学习拼音：定期组织汉语拼音认读、开展拼音书写描红、布置拼音家庭作业；强化识字教学，开展认读汉字课，要求掌握一定数量汉字，学习书写汉字和生词，并工整地描写、抄写汉字；开展珠心算、国学等热门特色课程。否则孩子学不到东西的话，就要给孩子办退学、转学，要求幼儿园退保教费。还说邻居家的孩子在别的早教机构学了好多特色课程，会好多知识，显得聪明多了！
案例分析	家长不清晰家庭慧的教育，混淆知识与认知理解的含义，不了解儿童认知理解发展的规律；喜欢攀比，希望强化知识技能训练；片面追求知识量、记忆量和学习难度，希望将拼音、识字，以及超出儿童理解能力的速算、国学等列入课程学习；误将学业知识准备当成入学准备，以为孩子能提前学习小学阶段学业知识

指导策略	解决流程	了解家长的期待和愿景→帮助树立科学发展观→利用榜样影响和团体力量→引导转化观念和行为→合理期望，因材施教
	指导方法	1. 接纳、赞赏家长重视孩子的发展及主动与学校沟通的行为
		2. 帮助家长树立科学的认知发展观，树立全人教育观和全面发展观
		3. 帮助家长了解掌握孩子不同年龄段的表现和成长特点，幼儿应该知道什么、能做什么，大致可以达到什么发展水平
		4. 引导家长利用一些典型案例，了解当前学前教育"小学化"的根源、严重后果以及对孩子身心发展的伤害
		5. 开展线上+线下读书分享会、经验交流会，通过优秀家长现身说法、案例教学，发挥优秀家庭示范带动作用；引导家长了解成功人士的家庭教育故事，如岳飞、袁隆平、孟晚舟等
		6. 推荐《3—6岁儿童学习与发展指南》家长宣传册，了解每一阶段孩子的发展目标，根据教育建议从认知理解、科学探究、语言学习、行为习惯等方面加以引导，对孩子的学习与发展形成合理期待，促进孩子身心健康和谐发展

学习任务单

0—3岁儿童认知与理解发展学习任务单

案例描述	豆豆今年2岁了，开朗活泼，他非常喜欢爸爸与他玩捉迷藏的游戏，不论是与玩具躲猫猫，还是与爸爸捉迷藏，都乐此不疲，经常笑个不停。妈妈说："嗨！嗨！重复好多次，有啥好玩的？闹腾、不安全，还不如安安静静地看动画片，那才有意思呢！"
案例分析	

续表

指导策略	解决流程	
	指导方法	

3—6岁儿童认知与理解发展学习任务单

案例描述	傍晚，妈妈带姐妹俩散步时，妹妹说："我走月亮走，我停月亮停。"姐姐说："别瞎说！这怎么可能？"第二天，妈妈为她们榨了两杯同样容量的鲜果汁，分别装在大小不同的玻璃杯里，妈妈让妹妹先拿，妹妹说："我要这杯多的。"姐姐笑她，说："傻瓜，其实两杯是一样多的。"根据姐妹俩的对话和行为，妈妈的判断是，妹妹比较憨，姐姐比较聪慧	
案例分析		
指导策略	解决流程	
	指导方法	

课外拓展

为什么要颁布《3—6岁儿童学习与发展指南》

　　为遏制超前教育，2012年10月9日中国教育部正式印发了《3—6岁儿童学习与发展指南》（以下简称《指南》），以提高广大幼儿园教师的专业素质和家长的科学育儿能力，防止学前教育"小学化"倾向。教育部还特别强调，严禁幼儿园提前学习小学内容。

　　《指南》从五个领域描述幼儿的学习与发展，分别是：健康、语言、社会、科学、艺术。每个领域按照幼儿学习与发展最基本、最重要的内容划分为若干方面。《指南》分别对3—4岁、4—5岁、5—6岁三个年龄段末期的幼儿应该知道什么，能做什么，大致可以达到什么发展水平提出了合理期望。

　　此外，《指南》还根据幼儿的学习与发展目标，针对当前学前教育普遍存在的困惑和误区，列举了一些能够有效帮助和促进幼儿学习与发展的教育途径和方法，同时也指出了错误做法对幼儿终身发展的危害，为广大家长和幼儿园教师提供了具体的、可操作的指导。

育儿小常识

认知与理解能力训练游戏

➤ 配对能力（分辨相同、不同及相似的物品）

➤ 分类能力（识别不同的类别）

➤ 理解先后次序的能力（空间、时间的先后）

➤ 概念的理解能力（物件及其属性的认识）

在家庭中有很多方法可以培养孩子的认知与理解能力，下面介绍几种常用的训练方法。

1. 分辨相同、不同及相似物品

一开始可以让孩子先理解"相同"的概念，能按照物品的形状或者颜色进行配对、分类（如，将相同颜色的找出来）。然后让孩子找出相同用途的一对物品，如，家长给孩子出示鞋子后，要求孩子能够在其他物品里找出袜子放在一起。

根据颜色将不同类型的物品做简单的分类。如，将颜色相似的红色球、红色汽车及红色衣服放在一起，或者是让孩子分辨相似的动物、水果或生活用品等。

游戏可以轻松提升孩子的颜色认知，如"气球砰砰砰"的游戏。这个游戏主要锻炼孩子的颜色认知、视觉搜索和游戏策略的能力。

2. 理解先后次序

让孩子按照次序摆放不同形状的积木：将积木按照给出的提示平放，如由左至右摆放不同颜色、大小的积木。

按照指定的次序做出不同的动作：如吃水果的动作（先洗葡萄、再剥葡萄、再吃葡萄）；利用图片提示儿童做动作的先后次序。

按次序排列图片：如让孩子指出"最初""接着""最后"的图片；用讲故事的形式，鼓励孩子说出图片的先后次序。

3. 灵活切换分类标准

让孩子根据给出的提示选取并利用适当的物品的特征来分类，并且能灵活地在分类标准之间转换。比如，可以让孩子按照颜色或形状将一堆不同的物品分类。比如，将"红色"的放在一起，先教孩子按照红色分类，然后马上变换规则，将"三角形"放在一起，等等。慢慢让孩子适应更改规则，提高孩子的灵活性和对事物整体的认知理解能力，让他们理解到一个物品可以有多种分类方式，分类规则是可变的。

推荐图书

［1］劳拉·E.贝克.儿童发展［M］.8版.吴颖，等译.南京：江苏教育出版社，2002.

［2］方富熹，方格.幼儿认知发展与教育［M］.北京：北京师范大学出版社，2003.

［3］关颖，晏红.家庭教育指导者培训教程［M］.天津：天津社会科学院出版社，2017.

任务二　思维与言语

情境导入

一 则 笑 话

一天，妈妈买了几条金鱼回来，妈妈教宝宝认识鱼，并告诉宝宝："鱼生活在水里，它会游泳。"第二天在农贸市场，宝宝看见市场里卖的鱼，问奶奶"这是什么？"奶奶告诉宝宝是"鱼"，宝宝问："怎么这个鱼和咱家的鱼不一样？"奶奶解释道："在水里游泳的都是鱼！"某日，爸爸带宝宝去游泳，宝宝看着游泳池里的爸爸大声"告诫"道："爸爸不游泳，游泳就变成鱼了！"

这是曾经刊登在某晚报上的一则笑话，虽是笑话，却真实地反映了3岁以下儿童的思维方式。

思考：1. 不同发展阶段儿童的思维方式是什么？有什么特点？

2. 如何指导家长做好儿童的思维与言语教育，促进孩子智慧发展？

知识学习

一、思维与言语的含义

人类的名字：智人，就是"智慧之人"的意思。我们人类引以为傲的演化是在思维和言语的基础上，人类建构了宏大的知识体系，形成了包括理学、工程技术、艺术人文、社会科学在内的学科体系。最终，知识积淀为文化，形成人类心智和认知体系。

认知离不开思维和言语。儿童的智慧往往超出成人的想象，他们会对认知对象做出自己的思考和解释。认知领域智力水平受先天遗传的影响较大，但是研究表明，超高智力水平和超低智力水平的人占同龄人口总数非常少，绝大多数的人是中等上下的智力水平，所以家长不应只关注智力的遗传因素，应更关注后天的教养和培养，在思维和言语能力发展方面给予儿童更多关注。

（一）什么是思维

思维是借助语言、动作、表象实现的，对客观事物概括、间接的认知，是认知的高级形式，揭示了事物的本质特征和内部联系。思维的形式包括概念、判断和推理、问题解决和想象等。儿童先通过分析、综合、比较、抽象和概括，形成各种概念；再用许多概念来组成判断，用判断来推理，产生思想。思维是认知能力（即"智力"）的核心，是获得新知识的必经途径。

练一练

智力的核心是（　　）能力。

A. 想象　　　　　B. 记忆　　　　　C. 观察　　　　　D. 思维

思维不同于感知觉和记忆。感知觉是直接接受外界的刺激输入，并对输入的信息进行初级的加工。记忆是对输入的刺激进行编码、存储和提取的过程。思维则是对输入的刺激进行更深层次的加工，揭示事物之间的关系，形成概念，并利用概念进行判断、推理，解决人们面临的各种问题。但思维又离不开感知觉和记忆活动所提供的信息。通过思维，儿童的认知实现了从现象到本质、从感性到理性的飞跃。思维是一种探索和发现新事物的心理过程，它常常指向事物的新特征和新关系，这就需要人们对头脑中已有的知识与经验不断进行更新和改组。

想一想

为什么能说会道的人通常头脑聪慧、思维敏捷？你怎样理解爱因斯坦说过的话："一个人的智力发展和他形成概念的方法，很大程度上是取决于语言的。"

（二）什么是言语

儿童拥有的最伟大的潜能之一在于学习和运用语言。语言是社会现象，是人类进行思想交流、表达感情、传播信息的主要工具，是由语义、语形、语用构成的符号系统，是人类区别于其他动物的本质特征。人类语言的发展有其继承性，人们通过语言进行精神文化成果的传播、交流，保存并传递给下一代，所以语言既是文化的载体，也是文化的一部分。汉语是全球母语使用人口最多的语言，是联合国主要的工作语言之一，汉语中有许多关于家庭和家庭教育的成语，显示了中国人非常重视这种关系。

言语是个人对语言的具体运用，是口语形成的过程，是有声语言形成的第一步，属于心理现象。言语过程包括：①言语理解，即听懂别人讲话的意图；②言语表达，即用语言将自己的想法说出来。

> **辩一辩**
>
> 情境1：孩子在玩具店里，指着玩具说"车车"。
>
> （语义：妈妈给我买这辆玩具车；语形：简单的口语；语用：渴望、请求）
>
> 情境2：孩子在马路边，指着车流说"车车"。
>
> （语义：马路上有很多车；语形：简单的口语；语用：陈述、感叹）

言语的产生离不开三大系统（呼吸系统、发声系统、共鸣系统）和五个功能（呼吸、发声、共鸣、构音、语音），如果这五个方面功能异常，儿童说话的清晰度和流畅度就会出现问题。

言语是思维的外壳，思维是言语的内核。思维离不开言语，儿童在游戏、思考时常常自言自语，即使在默想时言语和思维也形影相随。如果离开言语，思维活动不能进行，思维成果也无从表达。如果没有思维，儿童无法正确理解和掌握词语概念，听不懂话，无法与人交流。言语影响我们的思维方式，思维和言语是相互依存、相互促进的。

二、0—6岁儿童思维与言语发展的特点

言语不光是会听会说这么简单，儿童言语发展的本质是思维发展的过程。心理学的研究成果为我们指导家长开展有质量的家庭教育提供了理论依据。0—6岁儿童思维与言语发展的特点见表2-2-1。

表2-2-1 0—6岁儿童思维与言语发展的特点

年龄	发展特征	典型表现
0—6个月	无意识发音	本能以哭和笑表达感情，简单发出拟声词，如咕咕、咯咯
6—12个月	有意识模仿发音	重复的音节，如ma-ma-ma、ba-ba-ba，逐渐地将不同音节组合，如ba-ba-gu

年龄	发展特征	典型表现
1—1.5岁	开始理解语言，听懂指令； 开始主动说出有意义的词，以词代句	1岁左右会有意识地说出第一个词，如爸爸、妈妈，能发出部分声母和韵母音，如妹妹、奶奶，但发音不准，单音重叠
1.5—2岁	说出双词或三词组合的句子； 句子简单、不完整、词序颠倒	掌握大约50个单词，开始用组合词表达需要，如"姥姥背""妈妈抱抱"
2—3岁	思维真正开始发生，具有直观行动性，典型方式是尝试错误； 开始说短句，进入言语发展最迅速的时期	2岁左右儿童在直接感知和实际动作中发展思维，理解数量"一""大小""冷热""快慢"等的含义； 能发出大部分的声母，用合乎语法规则的完整句子表达思想，如"我要尿尿""爸爸开车"
3—4岁	保留着动作思维的特点； 儿童开始掌握母语语音	游戏、画画时常常先做后想，边做边想，预先无目的、无计划；会连贯地表达自己的思想，语音逐渐正确，词汇逐渐丰富
4—5岁	具体形象思维逐渐发展，特点是具体性、形象性	思维的内容是具体的，依靠形象来思维；对于具体事物（苹果、梨、葡萄等）的概念容易掌握，对于抽象概念（水果等）较难掌握
5—6岁	抽象思维开始萌芽； 语音、语法、词汇和口语表达能力迅速发展，为入学后书面语言学习打基础	开始逐渐用抽象的方式思考问题，具体表现在：分析、综合、比较、概括等思维基本过程的发展，概念的掌握，判断和推理的形成及理解能力的发展等方面； 从3岁到6岁，词汇量增加了近3倍，词类渐次增多，语法复杂化，已出现大量的复合句

（一）0—3岁儿童思维与言语发展的特点

1. 思维萌芽，具有直觉行动性

一般认为，0—1岁是思维发生的准备期，婴儿感知觉、知觉恒常性和客体永久性的发生发展，为形成初级思维创造了积极的条件。在动作、表象和言语发展的基础上，随着经验的不断积累，儿童开始出现具有一定概括性的思维活动。思维发生需有言语作基础，2岁左右儿童的思维真正开始发生或萌芽，意味着人的智力的开端。婴儿的思维在实物活动中出现了，使整个心理活动发生了巨大的变化。婴儿对事物的认识较多地依靠直接的感知，记忆和思维都是在直接与事物的接触或在活动中进行的，离开了具体的事物，思维便不能进行。婴儿往往先做后想，边做边想，预先无目的、无计划。如婴儿在玩橡皮泥的时候，橡皮泥搓成团就说是包子，搓成条就说是油条，长条橡皮泥卷起来就说是麻花。但婴儿的思维基本上属于直觉行动思维的范畴，思维总是在动作中进行的，离不开对事物的感知和自身的动作，对事物的认识常常停留于事物的表面现象，而难以认识事物的本质。

2. 言语形成，口语爆发式发展

随着与成人的交往日益发展，婴儿主要的交际工具——身体接触、表情等渐渐显得不够用了，而言语交际的优越性越来越明显，这种变化促进了言语的迅速发展。在听懂的基础上，1岁后，儿童开始主动说出第一个词，并逐渐增加。例如，简单称呼"爸爸""妈妈""奶奶""哥哥""姐姐"等，随着言语听觉、记忆和理解的发展，词汇量不断增加，开始掌握一定的语言表达技能。2岁左右，儿童开始用语言与人交往，能说短句，进入言语发展最迅速的一个时期。儿童可以用合乎语法规则的完整句子更准确地表达思想，带着奶气的"婴语"虽然比较简单，却标志着极为重要的掌握人类交际工具的新里程。儿童不仅能理解母语情境下成人对他说的话，而且还能根据成人的言语指示调节自己的行为。言语的形成和发展促进了心理活动的有意性和概括性的发展。2岁以后，儿童的语音意识逐渐发展起来，能辨别自己与他人在发音方面的差异，对别人的发音很感兴趣，喜欢纠正、评价别人的发音；对自己的发音很注意，积极努力地练习发音。儿童发音水平随着年龄的增长逐步提高，语音发展受到方言的干扰与影响。通常情况下，经过短短的两三年，儿童就能初步掌握所处文化背景下的主流语言（母语）。这个时期儿童的口头言语发展十分迅速，不仅可以掌握母语中的全部语音，而且词汇、语法和表达能力迅速发展。言语智能发展比较好的孩子表现在对语言的声音、意义、语调、韵律、词汇的变化和长度非常敏感。

（二）3—6岁儿童思维与言语发展的特点

1. 表象活跃，具体形象思维明显发展

在直觉行动思维的基础上，儿童的具体形象思维逐渐发展，表象在思维中的地位越来越突出，在解决问题的过程中表象代替了操作实物的行动。表象是指基于知觉在头脑内形成的感性形象，包括记忆表象和想象表象。记忆表象指感知过的事物不在面前而在脑中再现出来的该事物的形象。想象表象指对知觉形象或记忆表象进行一定的加工改造而形成的新形象。表象虽然不是实际的事物，但它是直观的、生动形象的，并且逐渐具有一定的概括性。3—6岁儿童头脑中充满了具体形象，它为词的思维提供感性材料。随着年龄的增长，思维中的表象成分日益增长，儿童对事物的概括水平逐步提高到形象层次，思维的具体形象性迅速提高，即出现言语形象思维。这种思维借助鲜明生动的语言作为物质外壳，以形成具体的形象或表象来解决问题，带有强烈的情绪色彩，具有一定的抽象性和概括性，其主要成分是联想。思维的内容是具体的，依靠形象来思维。例如，家长拿苹果问孩子："这是水果吗？"孩子摇头："这是苹果。"此时他们还难以掌握抽象的集合概念和定理。

儿童的思维很具体、很直接，他们不会进行复杂的分析综合，通常只能从表面去理解事物。因此，家长对孩子更要注意进行正面教育，他们难以理解反话的含义，讲反话常常会适得其反。提要求要注意具体化，最好说"眼睛看着妈妈"，而不要说"要专心""注意听讲"，因为孩子不容易接受这种一般性的抽象的要求。

练一练

3岁的丽丽听到妈妈说："这孩子的嘴真甜"，就问妈妈："你舔过她的嘴么？"妈妈笑着摇头表示不解：丽丽为什么这么说？

解析：丽丽对于嘴甜的理解只是表面的味觉理解，而不是说话好听。

2. 判断推理往往不合逻辑

推理是由一个判断或者几个判断推出另一个新判断的思维形式，它是人们间接认识事物特点和规律的必要手段。与学龄期儿童和成人不同，学前儿童最初的推理往往不合逻辑，但这是发展中的思维"特点"，而不是"缺点"。转导推理是儿童最初的推理，是从一个特殊事例到另一个特殊事例的推理。虽然这只是一种类似推理，并不是真正达到了逻辑推理水平（我们通常称之为前概念的推理），但是其对儿童推理的发展起到了重要的奠基作用。

想一想

情境1：小军发现山羊会产奶，奶牛也会产奶，因此他说山羊就是奶牛。

情境2：晓霞判断世界上最骄傲的动物是金鱼，因为金鱼总是摇头晃尾的。

情境3：阿泉见到梅花鹿的鹿角时，对姥姥说，如果天天往它头顶上浇水，那老树枝一定能长出新树叶。

解析：转导推理是两个特殊事例之间的推理，通常情况下都是不符合客观现实或逻辑的，可能的原因在于：学前儿童受年龄的局限，缺乏知识经验；学前儿童不能进行分类、概括等概念性思维加工。

3. 抽象逻辑思维出现萌芽

5—6岁儿童抽象概括能力开始发展。整个学前期，儿童思维的主要特点是具体的、形象的，但是，5—6岁儿童已明显出现了抽象逻辑思维的萌芽，这个阶段儿童对事物因果关系的掌握有所发展，初步的抽象能力明显地发展起来，他们回答问题时，不只是从表面现象出发，还能从较抽象的方面来推断事物的因果关系。4岁前幼儿往往不会比较两个或几个图形的异同，而5岁以后幼儿则能较好地完成任务。因为他们已经掌握了对比的方法，知道可以把图形或图形的相应部分——对应地进行比较。用思维解决问题时，大班幼儿会事先计划自己的思维过程和行动过程。例如，在"迷津"测验中，一些大班幼儿先用视线尝试着走出迷路，然后拿起笔来一气呵成；在绘画活动中，小班幼儿毫不思索就动手去画，大班幼儿则要先想一想，在头脑中先构思以确定有意想象的目标，做出行动的计划，然后基本上按预定计划去行动。由于大班幼儿已有了抽象概括能力的萌芽，所以也应该进行一些简单的科学知识教育，引导他们去发现事物间的各种内在联系，促进智力发展。

4. 语音、词汇、语法、口语表达能力迅速发展

3岁以后，儿童在语音、词汇、语法、口语表达能力方面都迅速发展，会连贯地表达自己的思想，语音逐渐正确，词汇逐渐丰富。3岁左右的儿童就已经能说出由五六个单词组成的复杂句子，可掌握1 000个词汇量；4岁儿童掌握近2 000个词，5岁时为2 200~3 000个词，而6岁时为3 000~4 000个词，从3岁到6岁，词汇量增加了3倍左右，这是一生中语词增长最快的时期；儿童所掌握的词汇，大多以名词、动词为主，代表具体事物和具体动作。由此，儿童可以自由地表达想法，连贯地叙述见闻、感受。儿童口语表达能力迅速提高，他们的讲话逐渐变得连贯、流畅起来，内部语言开始萌芽，内部语言是思考时用的言语，它不是用来同别人交际的，而是对自己发出的言语，学前期出现了出声的自言自语，他们往往一边做游戏，一边自言自语。

儿童的思维发展使其认知过程产生质变，标志着儿童认知水平的提高。思维和言语的发生标志着儿童的各种认知过程已经齐全。

三、儿童思维与言语发展的指导策略

（一）引导家长清晰地认识儿童思维与言语发展的特点和价值

0—6岁是儿童思维与言语发展，特别是形象思维发展和口头言语发展的关键时期，是培养思维能力、学习口语的最佳时期。

1. 促进思维与言语发展是学前儿童家庭智育的核心任务

儿童思维与言语的培养关系到一生的可持续发展，因此，培养儿童的思维、言语能力至关重要。越来越多的家长认同，思维能力是认知能力（智力）的核心要素。语言学习与发展不仅是幼儿园教育"五大领域"内容之一，也是家庭教育的重要内容。家长在对孩子进行认知教育的时候，要格外重视思维能力、言语能力的培养，促进思维与言语发展是学前儿童家庭智育的核心任务。

蒙台梭利提出，0—6岁是思维与言语发展敏感期。家庭思维与言语教育做好了，

事半功倍，错过则可能后悔一辈子。有时候，因为父母不懂孩子思维与言语的发展规律，错过了许多促进思维与言语发展的好时机。

2. 家长要注意儿童思维与言语发展的内在联系

思维的产生发展离不开言语，反之亦然。言语本身是音义结合的符号系统，儿童在学习言语的时候，语音和语义是必须结合在一起学习的，学习运用言语的过程往往就是他们认知事物、开展思维的过程。同时，言语的学习也和儿童思维能力的发展紧密联系在一起，儿童思维的发展通过言语的发展表现出来。思维的发展推动言语的发展，言语的发展又促进思维的发展，在言语学习中培养儿童的思维品质也是核心素养的基本要求之一。

家庭教育指导者要帮助家长理解儿童心理发展的整体性。思维方式向抽象性、逻辑性发展需要有丰富的语言作基础，所以要创造言语发展的环境，鼓励儿童提问，并用尽量完整的句子来回答问题；不断丰富儿童的词汇，尤其要注意家庭教育过程中的整体性、启发性。儿童思维、言语的发展贯穿于各个领域，也对其他领域的学习与发展有着重要的影响——儿童在运用语言进行交流的同时，也在思考和发展着人际交往能力、理解他人和判断交往情境的能力、组织自己思想的能力。通过语言获取信息，儿童的学习逐步超越个体的直接感知，对知识学习、认知发展、身心健康乃至全面发展具有重要的价值。

（二）指导家长掌握促进儿童思维与言语发展的策略、方法

1. "做中学"，促进思维与言语发展

学前儿童思维是主要靠直接感知周围事物和操作摆弄实物的动作发展起来的，在这个过程中需要积累大量表象，所以要尽量增加他们接触玩具材料、认识环境的机会。对于0—3岁的儿童来说，"认字""背唐诗"远远不如运动能力更能促进智力的发展，这是因为运动可以为大脑提供"刺激营养"。对于动作思维能力来说，培养的关键期在3岁以前。儿童在0—3岁时具有最早的思维活动——动作思维，也称"直觉行动思维"。这一阶段，儿童的思维是依靠感知和动作来完成的。儿童的行为包括无意动作、本能动作和智慧动作。其中，智慧动作是灵长类动物区别于一般动物的一大特征，正是由于智慧动作的不断发展，才令猿进化为人。意大利著名儿童教育家蒙台梭利也强调"感官教育"，在生命之初，儿童使用感官去和这个世界建立联系，通过用嘴尝、用手触摸、用眼睛看、用耳朵听去认识自己和世界。"我听过的，我忘记了；我看过的，我记住了；我做过的，我理解了。"

2. "玩中学"，通过游戏培养思维和言语

儿童的思维在2岁左右就发生了，3—6岁得到进一步发展。这个时期，家长如何培养儿童的思维能力呢？通过游戏的方式比较好。例如，家长可以在游戏中适当

地给儿童提问题："为什么汽车能跑，火车也能跑？"通过比较，找相似之处"都有轮子"，有意识地培养儿童的比较思维能力。家长还可以把分别画有人、车、马、虎的四张图片摆在孩子面前，让孩子从中间拿出一张和其他三张不一样的图片来。如果孩子将车拿了出来，就问他："为什么把那一张拿出来？那三张有什么相同的地方呢？"以此来有意识地培养孩子的概括能力。再如，在讲完故事之后，家长可以和孩子分析"乌龟为什么赢""为什么兔子没有乌龟跑得快？"之类的问题，促进孩子分析综合能力的发展。

3. 鼓励提问，自由表达

家长可以运用多种方法向儿童提问，扩展儿童思维的广度和深度。例如，家长可以运用列举法向儿童提问，以提高儿童思维的广度；可以运用追问法向儿童提问，引导儿童进行深度思考，提高儿童思维的深度。扩展儿童思维的广度和深度，可以在一定程度上提升儿童的非言语智力水平，进而提升儿童的词汇水平。

通过提问和鼓励等方式，可引导儿童自由表达自己的观点，从而丰富儿童的词汇储备，进而提高儿童的词汇水平。家长平时要多与儿童沟通交流，多引导儿童表达自己的观点，如谈论儿童经历的事情，或谈论共同感兴趣的话题等。另外，家长要重视提高亲子互动的质量，为儿童提供良好的语言示范，用丰富的词汇表达观点，如在表达"美"时，可以用"美丽""漂亮""俊美""高雅""优美""新鲜""帅气"等词汇，从而丰富儿童的词汇储备。

4. 提高儿童分类能力，掌握概念，促进儿童词汇发展

从儿童最初词汇的获得过程来看，儿童具有较高的思维发展水平，就可能有较高的言语发展水平。究其原因，一方面可能是因为言语发展离不开思维的发展。已有研究表明，思维和词汇水平具有显著的相关性。3—6岁儿童处于具体形象思维阶段，表象起主要作用，此阶段思维的发展能够促进词汇的发展。另一方面，儿童早期分类能力的发展使概念技能得以提高，而没有一个概念是脱离词汇而存在的，因此早期分类能力的发展也促进了词汇的发展。家长和幼儿园教师应通过多种途径提高儿童分类能力，促进儿童词汇发展。例如，在角色游戏中，可以让儿童扮演水果和动物，进行"水果宝宝找家"等游戏，逐渐提高儿童的分类能力，进而提升儿童的词汇水平。

（三）指导家长了解言语学习的目标，在运用中培养儿童言语能力

儿童言语能力的发展是一个循序渐进、逐步累积的过程。儿童掌握语言，从听开始，要掌握语音、词汇、语法，并将其运用成熟，会经历从无到有、积少成多、逐步完善等过程。儿童言语的发展，也称为"语言获得"，指儿童对语言的理解与表达能力的发展。儿童的语言智能是一个自主习得的过程，并不是成人教导的结果。只要儿童对言语活动产生了兴趣和主动性，他的语言智能就会得到充分的发展。

1. 了解0—6岁言语培养的目标

学前阶段言语培养的目标不是让儿童识多少字，背多少诗，记多少知识，而是让儿童学会自由与他人交往，学会倾听他人讲话，会用口头语言来表达自己的想法，会用语言和他人交流情感。有些家长由于专业知识不足，忽略了儿童早期的口语训练，造成儿童发音不标准、说话不连贯等问题，使孩子胆怯害羞、缺少自信。当父母过度对儿童进行强迫性训练时，儿童的精神会更加紧张，导致结果适得其反，甚至造成"口吃"现象。所以，家长要注意为儿童创造一个有趣又丰富的语言环境，让他顺其自然地发展。通过发音纠正、气息练习、说绕口令等训练，使儿童能清晰准确地发音，流利地讲话，大胆地交流。自信是儿童心理健康的重要标志，良好的语言表达能力，可以让儿童清晰地表达自我，宣泄情绪，同时也可以建立良好的人际关系，提升儿童的自信心。

《3—6岁儿童学习与发展指南》（语言）

2. 在交流和运用的过程中培养言语能力

言语能力是在交流和运用的过程中发展起来的。家长应为儿童创设自由、宽松的言语交往环境，鼓励和支持儿童与成人、同伴交流，让儿童想说、敢说、喜欢说并能得到积极回应。

（1）倾听语言的能力。面对怀抱中的新生儿，家长可边做面部表情边和孩子说话，日积月累，孩子就能在情感和言语之间建立牢固的神经联系，较早进入牙牙学语阶段，吸收更多词汇，更易掌握言语表达的技巧。

（2）理解语言的能力。根据儿童语言发展的规律，教儿童说话应从"这是什么"开始，让儿童经历"倾听—理解—模仿—表达"的过程。家长在教孩子学说话时，语调要夸张，语速要慢，发音要清晰，说标准的普通话，及时用语言对孩子做出相应的回应。

（3）运用语言的能力。家长不仅要让孩子记忆、背诵一些词汇和句子，更重要的是能够在适当的场合加以运用。如，在节假日带孩子逛公园时，可启发孩子讲一讲"猴子""老虎"有什么特点，引导孩子说一说"儿童公园"与"口袋公园""沙滩公园"有什么相同点，有什么不同点，鼓励孩子想一想未来的"城市客厅""未来新城"将会是什么样子等。

（4）逐步培养儿童对书面语言学习——识字和绘本阅读的兴趣。家长可以和孩子一起玩字谜游戏，激发孩子的识字兴趣，提高孩子的识字能力。家长也可以为孩子提供丰富、适宜的低幼读物，经常和孩子一起看图书、讲故事，提高孩子的语言表达能力，培养阅读兴趣和良好的阅读习惯，进一步拓展学习经验。

（四）指导家长及时发现儿童言语发展中易出现的问题

在儿童言语发展过程中，由于各种原因会出现发音不准、不会言语表情技巧、口吃等问题，教师和家长应仔细观察，及早发现，分析原因，并给予相应的措施。

1. 发音不准

有的儿童不能准确发出某个单音节的读音。3—4岁儿童，随着发音器官的成熟，语音听觉系统及大脑机能的发展，发音能力迅速地加强。4岁以上的儿童一般能够掌握本民族语言的全部语音，但由于自身发音系统的异常或方言的影响，会出现音准差的问题。为了帮助儿童发音准确，教师和家长应该充分发挥成人语言的榜样作用，尽量做到发音正确、吐字清晰、语言规范。对于儿童语音中的错误和缺点，不要加以嘲笑，不要故意重复错误和缺点，而要给予正确的示范。除了直接发音给他听之外，还可以解释怎么做才能发出这些语音。发音的时候可以故意夸张一点，使他注意你发音时的脸部动作。

2. 不会言语表情技巧

言语表情技巧是指恰当地运用声音的高低、强弱、大小、快慢和停顿等语气和声调的变化，使言语表达更生动，更有感染力。儿童由于经验有限、理解力弱，难以掌握语气、语调的变化。成人应做好示范，多给儿童语言交际的机会，如谈话、念唱歌谣、朗读、讲故事、演讲、戏剧表演等，使其在反复的练习中得到提高。在平时与儿童的交流中，家长要加强儿童语言修辞、思维及反应等能力的锻炼，在儿童已有的词汇和经验的基础上，不断扩大和丰富儿童的语言。每次活动后做一个概括性总结，把正确的最佳表达方式潜移默化地印入儿童的脑海中。

3. 口吃

口吃是一种常见的言语节律障碍，表现为说话时声音不自主地重复、延长或语流中断、阻滞而不流利。口吃是儿童比较常见的言语障碍，多发生在2—5岁阶段，可分为三大类。

（1）发育性口吃。儿童在2—3岁学习说话时，由于言语功能发育不成熟，掌握词汇有限，说话太过紧张，想得比说得快，就不能迅速选择词汇，造成口吃，这是言语发育的正常现象。这时，家长和老师不要指责、训斥或纠正他，以免加重儿童的紧张心理，而应该耐心倾听儿童讲话，并带着他慢慢地说。随着年龄的增长，这种发育性口吃会逐渐消失。

（2）模仿性口吃。有的儿童模仿口吃的小朋友，不自觉地成了习惯，形成口吃。这时，家长和教师应采取"忽略"的方法，使口吃的情形渐渐好转。

（3）社会性口吃。主要是精神刺激（如家庭不和、父母离异、受到了强烈的惊吓或学习等负担过重）引起恐惧、焦虑、愤怒等紧张情绪的结果。这时，家长和教师要多给其温暖和关怀，不要提出不切实际的要求和期望，尽量减少和消除引起精神紧张的因素；消除其自卑的情绪，鼓励其树立信心，多接触他人，创造与人言语交流的机会；进行言语训练，逐字逐句模仿，由易到难，逐渐掌握讲话流利的规律；

避免嘲笑或模仿，避免惩罚或歧视，不要强行纠正，否则会使儿童心理更为紧张，使口吃更为严重。

4. 言语发育迟缓

言语发育迟缓是指由各种原因引起的儿童口头表达能力或言语理解能力明显落后于同龄儿童的正常发育水平。2—3岁儿童中发病率为18%~28%，多表现为言语表达、理解和交流等方面总体落后。临床上分为表达性言语障碍和感受性言语障碍两种。前者能理解言语但不能表达，后者对言语的理解和表达均受限制。个别儿童开始学语时，可发出一些音节，但不能组成词，不能用完整的句子去描述他所需要的东西，言语发展明显落后，如1岁多尚不能叫爸爸、妈妈，4岁尚不能说完整的句子等。对儿童进行智力测验和对言语发育进行准确的评估是判断认知水平、智力水平和言语发育水平的重要依据，以便根据结果及时对儿童进行干预。

言语发育迟缓除既往常见生理因素外，也可能是随着城市发展，电梯公寓替代了传统开放性的带养空间，儿童缺少与同龄人的沟通，大多时间是在父母及家人身边，在无意中脱离了语言环境所致。此外，城市家庭常常普通话、方言并存，如果再过早接受英语学习，多种语言可能使儿童的语言听觉和言语表象发生混乱。另外，男孩对言语的理解和表达都较同龄女孩差，进入言语快速增长期后，家长应传授言语沟通技巧，创造条件和情境，鼓励儿童正确地进行自我表达。家长要尊重和接纳儿童的说话方式，无论儿童表达水平如何，家长都应认真地倾听并给予积极的回应。当儿童因为急于表达而说不清楚的时候，家长要提醒他不要着急，慢慢说；同时要耐心倾听，给予必要的补充，帮助他厘清思路并清晰地说出来。

指导任务书

0—3岁儿童思维与言语发展指导任务书

案例描述	有些年轻人不愿意生孩子，生了孩子也不愿自己带；有些刚成年就做了爸妈，自己都像个孩子，更不知道如何去和孩子交流。有了小孩，大多数时间都是交给老人带，自己偶尔抱一抱孩子，陪他玩一会，但很少有丰富的语言交流，总认为孩子太小，说了他也听不懂。老人习惯讲方言，孩子听不懂也不会说普通话
案例分析	文化背景及语言交流环境影响儿童认知发展。儿童的认知发展受其所处的文化背景制约，在早期的交流经验中不断地对认知进行调整和建构。如果儿童生活环境比较单一，缺乏语言交流机会，会让儿童失去发音的主动性。如果老人溺爱，儿童不需要开口就可以得到各种满足，便会养成懒于说话的习惯。儿童如果少了丰富、规范的言语刺激也会导致言语发育迟缓

续表

指导策略	**解决流程**	了解家庭背景→帮助了解言语发展规律→引导转化观念和行为→丰富语言环境，亡羊补牢
	指导方法	1. 了解家长对儿童发展的愿景，以及儿童成长的家庭状况
		2. 帮助家长熟悉语言获得的规律，教儿童说话从"这是什么"开始，让儿童经历"倾听—理解—模仿—表达"的过程
		3. 帮助家长了解创设一个有趣又丰富的家庭/社区语言环境的重要性
		4. 引导家长开展一些亲子游戏，担负起养育、教育儿童的职责
		5. 开展社区绘本故事会、家长经验交流会，了解言语发展特点和教育经验，采取亲子游戏等形式促进儿童言语感知理解和表达能力的发展

3—6岁儿童思维与言语发展指导任务书

案例描述		4岁的小明聪明伶俐，很多事情都能做好，就是算数不好，经常要想一会儿才能回答。如果让小明算一下3加4等于几，他会感到很困难，但如果问他3个桃子加上4个桃子是几个桃子，他就能很快地回答出来。遇到类似的算数问题，小明都是这样，家长认为他是"数学笨蛋"，要求小明要经过思考再得出答案，可小明却做不到。家长为此感到很苦恼
案例分析		儿童思维发展有自己的特点和规律。4岁儿童还保留着动作思维的习惯，思维借助实物和感知动作就能很好地进行；同时积累了一定的表象，形象思维开始明显发展。4岁儿童抽象逻辑思维还没有萌芽，所以问他3加4等于几，他会感到很困难
指导策略	**解决流程**	识别儿童行为→分析儿童行为的原因→培养儿童思维与言语能力
	指导方法	1. 识别儿童行为：抽象思维尚未萌芽，属于正常现象
		2. 分析儿童行为的原因：4岁儿童还保留着动作思维的习惯，还可借助表象进行具体形象思维
		3. 向家长推荐《3—6岁儿童学习与发展指南》，了解数学认知、言语发展目标和教育建议
		4. 培养儿童思维与言语能力：引导家长保护儿童的学习兴趣，满足儿童通过直接感知、实际操作和亲身体验获取经验的需要，鼓励儿童大胆思考、乐说敢说，促进思维与言语发展

学习任务单

0—3岁儿童思维与言语发展学习任务单

案例描述	航航快3岁了还不爱说话，偶尔一张嘴说话便高度紧张，言语断断续续，尤其是在人多的场合更是如此。虽然家长会提醒、纠正，有时甚至吓唬、惩罚，但收效很小。航航变得十分沉默、退缩、羞怯和自卑。妈妈反映，他们夫妇俩及航航的直系亲属的言语能力均属正常，航航的听觉、发音等器官及相关的言语系统经医院检查也无异常。妈妈十分焦虑、苦恼，不知怎样做才好

案例分析		
指导策略	解决流程	
	指导方法	

3—6岁儿童思维与言语发展学习任务单

案例描述	在动物园里，一个4岁儿童看到梅花鹿时，问妈妈："如果天天往它头顶上浇水，那树枝一定能长出树叶来的，是吧？"又对爸爸说："爸爸，我很喜欢天上的白云，你摘一朵给我吧！"爸爸说："天那么高，叫我怎么摘呀？"孩子说："你站在梯子上摘呀。"爸爸说："站在梯子上也不行。"孩子嘟囔着说："哼，还是爸爸呢，我长大当了爸爸，什么都摘得到。"爸爸妈妈面面相觑，这孩子脑子是不是有问题啊？	
案例分析		
指导策略	解决流程	
	指导方法	

课外拓展

育儿小常识

训练逻辑思维的亲子游戏：说相反

妈妈："大皮球"。(用手比画大的样子)

孩子："小皮球"。(用手合拢，比画小的样子)

妈妈："高高的树"。(一只手比画上方，做出很高的样子)

孩子："矮矮的树"。(身子蹲下来，一只手放低，接近地面，代表很矮)

妈妈："好粗"。[两只手的拇指和示指比画很粗的样子]

孩子："好细"。(拇指和示指变成小圈，代表很细)

这是一个家长和孩子一起玩的、非常快乐的游戏。一边说，一边用手做动作，孩子可以玩得特别快乐。说的时候，一定要注意节奏感，做到抑扬顿挫，边玩边学，这样才会充满乐趣。

训练言语的亲子游戏：你问我答

妈妈："这是什么？"

孩子："这是一朵花。"

妈妈："宝宝口渴了怎么办？"

孩子："我口渴了自己喝水。"

家长经常启发孩子，通过提问的方式和孩子互动交流，可以培养孩子养成思考的习惯。日积月累，孩子不仅会说，还懂得思考，同时还发展了孩子独自解决问题的能力。

推荐图书

[1]（新西兰）玛格丽特·麦克莱根，安妮·巴克利.0—6岁抓住孩子的语言关键期［M］.逯洁，译.北京：九州出版社，2018.

[2]童心布马全脑开发项目组.疯狂大脑思维训练营［M］.北京：北京日报出版社，2019.

资源链接

视频：婴儿在想什么？演讲者：艾莉森·高普尼克【TED】，腾讯视频。

任务三　兴趣与习惯

情境导入

赶场兴趣班

某地周末，芭蕾舞、小主持、英语、奥数、器乐……各种各样的兴趣班人头攒动，孩子和家长跟赶场似的。夸张地说，不是在上兴趣班，就是在赶往兴趣班的路上。妈妈给睿睿报了3个班，围棋、古筝和英语，希望从小培养睿睿的兴趣爱好。可姥爷却说："课外兴趣班太累人，忒贵，小孩子三分钟热情。你自己小时候不也学过古筝，没养成自觉练琴的习惯，没坚持住，还不是白学了。"

思考：1. 家长为什么热衷兴趣班？究竟是谁的需要？

2. 学前儿童兴趣和习惯发展的特点是什么？

3. 教师如何指导家长对儿童进行兴趣培养和良好习惯的养成教育？

知识学习

一、兴趣与习惯的含义

怀特海《教育的目的》中说："什么是教育？当你把受过的教育都忘记了，剩下的就是教育。"什么是忘不掉的？兴趣、习惯就是忘不掉的。兴趣与习惯是相辅相成的，兴趣是带领儿童不断前进探索未知的根本动力，而习惯能帮助儿童维持这种动力并持续下去。

（一）什么是兴趣

兴趣是一个人积极探究某种事物及爱好某种活动的心理倾向，是个性倾向性的一种表现形式。兴趣有指向性、情绪性和动力性，是儿童好奇心和求知欲的内在源泉。

兴趣在人的心理行为中具有重要作用，一个人对某事物感兴趣时，会对其产生特别的注意，对该事物观察敏锐、记忆牢固、思维活跃、情感深厚。它是认识需要的情绪表现，反映了人对客观事物的选择性态度。兴趣使人的探究和认识活动染上强烈的、肯定的情绪色彩，从而使这种活动为人所接受和喜爱。孔子曾说过："知之者不如好之者，好之者不如乐之者。"爱因斯坦也说过："兴趣是最好的老师。"他的伟大成就，用他自己的话说，"只是顺着兴趣做了一点科学探索"而已。可以说，教育的目的之一就是培养儿童的学习兴趣。

（二）什么是习惯

习惯一词最早见于《大戴礼记·保傅》："少成若性，习惯之为常。"意指儿童时期养成的习惯就像人们的天性一样，习以为常，难以改变。我们常说"习惯成自然"。什么是习惯？习惯是一个人在后天影响下，逐渐形成的一种自动化、下意识性的思维方式和行为倾向。习惯就是人的行为倾向；习惯就是行为，而且是稳定的，甚至是自动化的行为。我们每个人身上可能有很多好习惯（如阅读、健身、诚实守信、早睡早起、独立思考），也可能有些坏习惯（如抽烟、酗酒、说谎、拖延）。我们从小养成每天早晚刷牙、按时吃饭的习惯，一旦养成某个习惯之后，到了固定时间点，我们一定会做习惯的事情，这个过程我们不用费力去思考为什么要做。习惯可以解释为大脑自动遵循的行为模式，习惯之所以出现，是因为大脑一直在寻找可以省力的方式。

想一想

在巴黎，有人问一位诺贝尔奖获得者："请问您是在哪所大学、哪个实验室学到了您认为最主要的东西呢？"这位白发苍苍的老人平静地说："是在幼儿园。"

提问者非常惊讶，又问："您在幼儿园学到些什么呢？"

老人耐心地回答说："把自己的东西分一半给小伙伴们；不是自己的东西不要拿；东西要放整齐；吃饭前要洗手；做错了事情要表示歉意；午饭后要休息；要仔细观察周围的大自然。从根本上说，我学到的全部东西就是这些。"

解析：这段对话耐人寻味。从幼儿园学到的基础的东西，直到老年时依然记忆犹新，印象非常深刻。这说明从小养成的良好习惯会伴随人的一生，时时处处都在起作用。在儿童时期，特别是幼儿园和小学期间是养成一个人良好习惯的关键期，也是最佳期。

二、0—6岁儿童兴趣与习惯发展的特点

家长对孩子的兴趣特点往往缺乏理解，常以自己的兴趣和爱好去度量孩子，在引导孩子游玩或购置孩子的图书、玩具、衣物时，经常带有盲目性。0—6岁儿童兴趣与习惯发展的特点见表2-3-1。

表2-3-1 0—6岁儿童兴趣与习惯发展的特点

年龄	发展特征	典型表现
0—3个月	先天性反射，推动感觉运动	与生俱来的感情唤醒，对声光刺激产生反应，支配着婴儿的视觉、听觉、动作、运动和探究活动
4—9个月	再认相似性物体	适宜刺激不断重复引起兴趣、快乐感，进而推动重复性活动，使儿童获得知觉能力，这也是儿童的学习方式
9—12个月	探索新异性刺激	对持续存在的刺激习惯化，不再关注；当新异性刺激出现时，儿童主动做出重复性动作去认识它，试图以不同的方式操作物体，表现出强烈兴趣，拆卸玩具是这一时期的典型表现
1—3岁	多种兴趣开始发展	兴趣逐渐丰富，对能响会动的、微小的物体，突然消失的物体、成人的动作或活动感兴趣；2岁后对语音的兴趣增强，喜欢看绘本、听故事，并有意识地模仿成人说话
3—6岁	兴趣广泛而不稳定、浅而易变、具有年龄差异和个体差异	兴趣广泛，儿童对任何新鲜的事物都感兴趣，对客观世界充满了好奇；游戏兴趣占主导地位；好奇好问，对因果关系的兴趣发展迅速，对动画片、活动的东西产生浓厚兴趣；但兴趣不稳定，开始出现比较明显的个体差异

（一）0—3岁儿童兴趣与习惯发展的特点

1. 天生好奇心强，乐于探索新异世界

儿童有着强烈的好奇心和浓厚的探究欲望，好奇心和探究欲望是与生俱来的。儿童个个都是天生的科学家，正如杜威所说："儿童有调查和探究的本能，探究是儿童的本能冲动，好奇是儿童与生俱来的特点。"

新生儿在睁开眼睛后，就无时不在探寻着这个神奇的世界，每一次对新事物的认知，都会让他们感觉愉悦。而缺乏兴趣的少数儿童，则往往智力迟钝或冷漠无情。从出生时起，兴趣就一直指导看、听、动作、运动和探究，支配感觉与运动之间的协调和运动技能的发展。通常婴儿喜欢注视复杂的图案和立体的、移动的物体，喜欢观察人脸，注意指向和集中于自己的手能够取到、抓握、操作的玩具材料，通过抓握、捏、按压、拍打、拉扯等动作去认知和感受事物。1岁前的婴儿还喜欢不停地用嘴探索身边的一切，将一切能拿到的物品放在嘴里，包括吃自己的手指，这是他们在用嘴来探索未知的世界，成人最好不要阻止。儿童专注于咬东西既是探索世界，也是兴趣发展、注意力集中的一种表现。家长应该拿走尖锐、易碎等危险物品，准备一些消过毒、洗干净的玩具给儿童玩。

1—3岁儿童基本可以较长时间注意某一个物体，他们可以专心地玩一个自己喜欢的玩具，或者注意听妈妈说话，也会注意身边的任何动静。他们的注意力开始受到成人与外界的影响，而这正是培养注意习惯的契机。通常他们在这个阶段喜欢在屋内爬来爬去，对一切有空间感的地方和事物感到好奇，喜欢搭积木、堆放物品，而且每天乐此不疲，家长这时候应多提供类似玩具和孩子一起玩，可以对兴趣发展起到积极作用。

2. 多种兴趣开始发展，关注细微物体

从1—1.5岁开始，儿童的兴趣逐渐丰富起来，尤其对活动的、微小的物体，突然消失的物体、成人的动作或活动以及因果关系感兴趣。家长不理解为什么孩子对小树叶、小钉子、小虫子、小豆子、小石头、线头、纸片、头发丝等细微物体着迷。当孩子在研究这些物品的时候，家长最好别阻止，可陪伴在他身边或与他一起玩，避免他吞食。这个时期是培养孩子观察力的最佳时期，家长要带孩子去亲近大自然，引领他学会观察更多事物，充分利用孩子对细微物体的兴趣，轻松培养孩子的观察能力和探究习惯。

3. 行为习惯带有明显的无意性、冲动性和情绪性

儿童在1—2岁时可能还不会分享、不会说礼貌用语；有的儿童需要情绪依赖、物体依赖（如有的儿童要含着奶嘴睡觉，有的儿童要拿着毛巾睡觉等）；有的儿童会随地乱扔纸屑，还会捡脏东西吃，争抢玩具的现象也时有发生。在和同伴的交往

中明显带有自我中心的倾向，常常以自我需要作为唯一标准，他们会和同伴抢东西，得不到满足时甚至会抓、咬人，2—3岁出现人生的第一个反抗期。他很快意识到自己并非每件事都能做，并非想做就可以做。抗拒性通常在2.5岁之后减弱，但独立性并不消失，仍然渴望获得尊重和自由，他还是想去做自己能做的并且父母认为可以做的事情。

（二）3—6岁儿童兴趣与习惯发展的特点

1. 好奇好问，认知兴趣浓厚

好奇好问是儿童认知的突出特点，尤其是从3岁左右开始，儿童会抓住家长、老师或其他熟悉的成人问个没完，什么都想知道，喜欢"打破砂锅问到底"。他们关心许多科学问题，而且是勇于行动、通过直接经验来认识事物的大胆实践者。儿童最初关心的问题都和自然环境有关，想要知道很多事情是怎么一回事，以及世界为什么会是现在这个样子，他们生气勃勃、精力充沛，不知疲倦地探索周围的世界。

练一练

"我从哪里来？""天空为什么是蓝色的？""小草为什么是绿色的？""风是什么？""为什么会下雨？""为什么冬天冷、夏天热？""为什么月亮住在天上？""太阳为什么不会掉下来？""鸟儿为什么能飞？"……小宝爸爸在育儿日记上写满了孩子的问题。家庭教育指导者说：儿童是天生的科学家，儿童所关心的这些现象，恰恰是最基本的科学问题。儿童的质疑精神和所问问题在本质上与科学家并无差异，只是科学家们在以专业的方式探寻着儿童最关心的问题的答案罢了。

分析：对此，你怎么看？你会怎样指导家长回应儿童"稀奇古怪"的问题？

---

2. 兴趣广泛，容易变化、不稳定

凡是鲜明、生动、变化多样的事物都能引起儿童的直接兴趣，而刻板的事物和对象一般是不讨儿童喜爱的。儿童最喜欢玩游戏、听故事、看电视、逛公园、搭积木、做手工、唱歌跳舞、拍球玩枪，以及和比自己年龄大的儿童一起玩，绝大部分儿童不喜欢随父母一起散步、逛超市，也不喜欢被关在家里单独一个人玩。3—4岁儿童一般不喜欢写字、做算术题。儿童对周围的一切事物都很关心，兴趣很浓，但是兴趣并不持久，只有"三分钟热度"。例如，他们练小提琴时，一首曲子还没拉熟，就去弹钢琴、下围棋了。

3. 直接兴趣多，间接兴趣少

一般来说，能响会动的，可以动手、动嘴、动眼、动耳的事物最容易引起儿童的兴趣，如玩玩具、看电视、听故事等。因为儿童生活范围有限，知识经验有限，理解能力有限，所以常常只对那些熟悉的、能感知和理解的事物感兴趣。如，对幼儿园、公园、商店、医院等场所的人、事、物感兴趣，愿意去观察和模仿老师、警察、医生、护士；而对那些不理解、不熟悉的事物感到无趣和厌烦，如父母滔滔不绝的谈话，听京戏，看电视新闻等。5—6岁儿童抽象思维逐渐发展，开始喜欢玩益智游戏和角色扮演游戏，喜欢观察小动物，喜欢做小实验（如喜欢吹泡泡，喜欢把小纸船、小木片放在水里游）、猜谜语、下棋、写字、做算术题、模仿影视人物等。

4. 兴趣表现出个别差异和年龄差异

儿童对所有事物要刨根究底地问个没完。这是由于儿童对这些事物怀有极大的兴趣，所以就努力观察、学习、询问并尽力想理解。许多儿童也可能对遥不可及，甚至带有神秘感的恐龙、兵器、宇宙飞船、神话人物等比较感兴趣，尤其是男孩。一般男孩喜欢做算术题和玩武打等"偏动"的游戏，女孩喜欢写字和唱歌跳舞等"偏静"的游戏。儿童时期正是对什么都有极浓厚兴趣的时期。因此，作为家长应该尽量培养儿童健康的兴趣，这对孩子一生的智力发育非常重要。

5. 行为重复变成习惯，进而塑造性格和品格

我们常把行为习惯分为生活习惯、卫生习惯、文明习惯、交往习惯、语言习惯、思考习惯、认知习惯、学习习惯等。认知与学习习惯是家长比较重视的习惯。儿童良好习惯的形成有一定的规律。

（1）趋早性。即人的良好习惯萌发于生命早期，儿童的好习惯宜从小培养；相对而言，养成容易、矫正难。

（2）渐进性。习惯的养成非一人一时之功，儿童习惯的形成也是一个循序渐进的过程，内容由少到多，要求由低到高，逐步积累，逐渐定型。

（3）反复性。儿童在习惯形成过程中会出现反复，行为起伏变化，表现不稳定，好习惯的养成需要耐心和时间。

从3岁开始，儿童开始有目的地探索，他们独立活动的能力增强了，行为的目的性也增强了。他们知道越来越多关于什么行为可以表现，什么行为不可以表现的常识。他们逐渐开始能按照父母的要求来调节自己的行为，也开始能比较自觉地控制自己的行为，开始形成一定的行为习惯，规则意识逐渐开始发展，不再像2—3岁时那样冲动。总之，0—6岁是人一生中行为发展最迅速、最关键的时期，这一时期形成的行为习惯会影响终身。

三、儿童兴趣与习惯的指导策略

与其他生物相比，每个人都是"早产儿"，每个人的童年都显得漫长。可以说，童年就是人类专属的智慧发展学习期，它使儿童成为地球上最智慧、最高级的学习者。家长都希望孩子耳聪目明，能有一个良好的开端、较高的起点，为后续学习与发展打下坚实的基础，因此对孩子的智力和学习品质比较重视，期望值相对较高。然而，作为未经培训即上岗的"首席教师"，家长往往难以胜任，需要得到专业的指导。

想一想

"孩子快2岁了，我想教他学东西，但他不爱学。比如，晚上睡觉前讲故事给他听，他不好好听，总是把书抢过来自己翻，翻完了就拿来啃，我都不知道该如何教他……"最近，一位妈妈向专家讲述她的困惑，为了能够让孩子不输在起跑线上，她买了好多育儿书，并按照育儿书上的建议教孩子学习某些知识或技能，但是发现孩子不配合，现在都不知道怎么办才好。

分析：如果请你来做家庭教育指导者，你会怎样帮助这位妈妈？

（一）激发儿童的好奇心和探究欲，培养认知能力

乐于求知是人的天性。荀子曰："凡以知，人之性也；可以知，物之理也。"求知的天性在儿童身上表现得更明显。儿童具有天生的探究兴趣与求知欲。杜威认为，儿童有四大天性，即社交天性、探究天性、艺术天性和制造天性。俗话说，兴趣是最好的老师，当一个人对某件东西感兴趣时，就能很快、很好地掌握该事物。兴趣强烈激发着儿童的认知兴趣，反映着个体对客观事物积极的认知倾向，推动着儿童主动认知、自主探索、大胆表现，是儿童积极探索、主动求知的原动力。兴趣是儿童学习活动的助推器，有了兴趣，儿童才会主动思考，自觉采取行动，再困难的学习活动也会乐此不疲；少了兴趣，再重要的学习活动也会觉得索然无味。因此，能否激发儿童的兴趣是家庭教育成败的关键。

1. 引导儿童参加各种认知活动，激发认知兴趣

如果孩子喜欢梅花鹿，家长可以带孩子到动物园进行近距离的观察，引导孩子观察梅花鹿皮肤的颜色、鹿角的形状、爱吃的食物、进食的方式，进一步引导孩子思索：梅花鹿现在身上有没有花纹？什么时候身上会有花纹？梅花鹿喜欢生活在什么地方？在观察梅花鹿的同时，家长还可以引导孩子关注其他动物，如问孩子"梅

花鹿有哪些朋友？"家长可以和孩子一起在动物园找找看看，引发孩子对各种动物的兴趣。

2. 利用各种资源，提供丰富多样的认知环境

家长应该合理利用各种资源，为儿童提供一个丰富多样、富于变化的认知环境，满足儿童的好奇心和自发探索的需要。例如，给儿童讲故事，带儿童参观博物馆、动物园，游览名胜古迹，听音乐、看电影，以增长知识；安排有意义的游戏和探亲访友活动，以积累经验。家长要因势利导地培养和激发孩子多角度、多层面的认知兴趣。遇到儿童感兴趣的东西，家长要及时引导儿童观察；当儿童对有意义的知识或认知对象本身没有多大兴趣的时候，家长可通过奖赏等外在动机或竞赛方式来引导，以吸引儿童进行有意识的观察，最终体验到观察的乐趣。

（二）支持儿童主动建构自身的知识结构

家长是孩子的第一任教师，应成为孩子学习的支持者、合作者、引导者。家长要善于发现孩子感兴趣的事物、游戏和偶发事件中所隐含的教育价值，把握教育时机，提供适当引导。这就要求家长要尊重儿童的人格和权利，让儿童成为学习的主动者。

人一生的发展离不开知识，儿童的发展需要知识。但儿童对知识的需要是一种非功利性的需要，即儿童需要知识，但不是为了知识以外的其他目的，儿童求知的目的就在于求知自身——满足好奇心和求知欲。儿童求知不为功名利禄，不为取悦他人，而是自发的，他们所做的一切都发自他们的内心。优秀的家长善于把期望孩子学习的内容转化为他们自身的兴趣和需要。

儿童主动建构知识结构的理论，说明了儿童能以自身的方式获得知识——他们是因需要而学，在行动中理解。例如，10个月的婴儿能主动设问与探究，哪怕他们还不能用语言表达自身需要解决的问题；4岁儿童可能不理解蚯蚓的生长环境、再生能力等，但是可以通过自身的探究行动来获得这些知识：在土里寻找蚯蚓时，不小心弄成两截，却发现它仍然活着等。这种生动的学习方式密切了儿童与知识的联系。在儿童心里，知识并不是他人强硬给予"我"的东西，而是"我"正需要的东西；知识不在"我"之外，而成了"我"的一部分，于是对知识的渴求和求知的过程都刻骨铭心。

知识也与儿童密不可分。知识起源于探究，而探究起源于个人与环境交互作用的经验。儿童从一出生就处在互动环境中，他们经历着、探究着。在人类中，只有儿童和科学家才是最富有探究精神的。可见，与儿童关系密切的知识，从一开始就带着儿童经验、情绪情感体验和对知识态度的综合体，如发问的投入与天真、探究过程中的热切期待、发现的惊喜等都内在于知识之中。儿童获得的不再是那种倍感

无聊的东西和无奈的心情，而是一种心理满足感、获得感和可持续发展所需的学习动力。

（三）培养儿童自主探究的兴趣和习惯

儿童的学习都是通过活动完成的，知识起源于儿童与世界之间的探究活动。科学探究也是儿童用以获取知识而进行的各种活动。《幼儿园教育指导纲要（试行）》强调"要尽量创造条件让幼儿实际参加探究活动，使他们感受科学探究的过程与方法，体验发现的乐趣。"在日常解决问题的许多时刻，儿童都在使用着科学探究的方法。然而，由于经验水平和思维特点所限，他们探究解决问题的过程和方法具有很大的试误性。他们对事物特点的认识和对事物间关系的发现需要多次尝试，不断排除无关因素，需要多次、长时间的探索，才能接近答案。家长应调动儿童的原有经验，鼓励他们运用自己的原有经验进行充分的猜想和假设，提出自己对观察和实验的想法和做法，鼓励他们对问题的答案进行推测。

《3—6岁儿童学习与发展指南》（科学探究）

（四）培养好习惯应成为家庭教育的重要内容

0—6岁是人生的最初阶段，是最适合养成良好习惯的时期，是培养儿童各种健全心理的时期，儿童在这一时期的可塑性极强。家长如果抓住这个黄金时期，帮助儿童从小养成良好的生活和学习习惯，改正不良的行为习惯，将会使他们受益终身。

1. 帮助儿童养成专注的习惯

学前期儿童注意的特点仍以无意注意为主。这种无意注意的特点是儿童不会有目的地去注意某个东西，容易被周围的刺激所吸引。生活和游戏中经常可以看到，儿童的注意力难以保持，很容易分散。

（1）培养专注习惯，随时引导。并不是儿童学习时培养专注力，而应该在儿童做任何事情时，如玩游戏、唱歌、跳舞、做手工等活动时，加以引导。

（2）尽量减少干扰，保持环境的安静。由于儿童的注意特点是以无意注意为主，当周围有干扰存在时，他们的注意力就会不由自主地转移。因此，在儿童玩玩具时，家长尽量不要在周围放很多玩具；在教儿童识字时，尽量找安静的环境。当然，有爱的、轻松愉快的家庭氛围也很重要。

（3）要求儿童专注的时间不能太长。发展心理学研究表明，3岁儿童能够集中注意力的时间平均为3~5分钟，5岁儿童平均为10~15分钟，家长有意识地给儿童安排的训练注意力的时间不能太长。时间一长，大脑就会感觉到疲劳，儿童就变得焦躁不安，注意力难以集中。儿童看书、学习一段时间后，应玩一玩，活动一下，再继续。

（4）学会专注的方法。有意注意是自觉进行的，保持有意注意要克服一定的困难。在家长的有意识培养下，儿童可以逐渐学会采取一些有意注意的方法。例如，看图画书时，可让儿童提醒自己"看完这里再玩"，或者用动作来保证注意力，教孩子用手指着看的地方。当下风行的正念练习也值得推荐。

2. 从小培养规则意识

家长要培养儿童的规则意识，增强其社会适应性。家长可以结合儿童的生活实际，为儿童制定日常生活规范、游戏规范、交往规范，遵守家庭基本礼仪；要求儿童完成力所能及的任务，培养责任感和认真负责的态度；有意识地带儿童走出家庭，接触丰富的社会环境，提高社会适应性；在儿童遇到困难时，以鼓励、疏导的方式给予必要的帮助与支持。家长也要科学地做好入学准备，重视幼儿园与小学过渡期的衔接适应，充分尊重和保护儿童的好奇心和学习兴趣，帮助儿童形成良好的任务意识、规则意识、时间观念，学会控制情绪，正确表达自己的想法，逐步培养儿童通过沟通解决同伴问题的意识和能力。

3. 培养情绪调控能力

童年是最有成效的学习时期，是大脑和心智最容易接受新经验的时期。早期教育的重要性广为人知。心理学家把人生的早期看作智慧发展的关键期，大部分的智力得之于人生的早期。现在很多父母辅导孩子学习，或者是请家教、报兴趣班，有时比较浮躁，很容易就陷入了情绪化，粗暴地纠正儿童的某些不良习惯，强硬地把孩子拉过来学习，结果却让孩子产生怕学、厌学的心理。

（五）家长要培养志趣爱好，优化行为习惯

孔子说："少成若性，习惯之为常。"学前期是儿童兴趣与习惯养成的关键时期，家长不要把所有希望都寄托在幼儿园，真正培养儿童积极兴趣和行为习惯的好地方是家庭。育儿即育己，家长想要孩子成为什么样的人，就让自己成为什么样的人，言传身教是最好的教育方式。家长的认知风格、认知态度对孩子的认知兴趣具有重要的影响。家庭教育要遵循孩子的年龄特点、学习规律，了解儿童每个阶段自然的发展规律，不能"目中无人""揠苗助长"。家长应具有家国情怀，爱读书学习，爱大自然，喜欢探索，且情绪稳定，孩子在潜移默化中对外部世界也会倾注更大的兴趣。家长如果使用电子产品上瘾，长时间低头玩手机，或者闯红灯、说脏话、抽烟酗酒，孩子有样学样、积习难改的话，将来就可能难以纠正。所以家长要善于身教，给孩子树立好榜样。从婴儿到幼儿，到少年，到青年，孩子的成长是不可回头的。作为家长，千万别等孩子长大了，才想要弥补孩子成长过程中缺失的指引和陪伴，别把"缺席错位""放手不管"当成"静待花开"，并以此来掩饰自己家庭教育的懈怠、惰性和不作为。

指导任务书

0—3岁儿童兴趣与习惯发展指导任务书

案例描述	2022年"新冠肺炎疫情"防控期间，街上许多饭店不开门，有一些年轻的爸妈不会自己做饭，经常点外卖，一家人吃外卖和零食，吃腻了就带孩子去单位吃食堂。爸妈苦恼的是孩子还不会自己吃饭，习惯用手抓饭，没吃完就玩起来，饭弄得到处都是，还挑食。视频聊天时看到孩子个头瘦小，爷爷奶奶很担心，说这小孙子的营养和身体发育会出大问题
案例分析	学前期是人一生饮食习惯的起点，是影响食物嗜好、养成健康饮食习惯的重要阶段。因此，要重视儿童良好饮食习惯的培养。家长应以身作则，用良好的饮食习惯影响儿童，避免儿童养成偏食、挑食的不良习惯。鼓励家庭膳食、营养配餐。鼓励和引导儿童使用匙、筷自主进餐，参加适度游戏活动，以维持能量平衡，保持合理体重增长，避免儿童瘦弱、超重和肥胖
指导策略	**解决流程** 识别儿童行为→分析儿童行为原因→培养儿童良好兴趣与习惯 **指导方法** 1. 识别儿童行为：儿童饮食兴趣、习惯从小习得于家庭 2. 分析儿童行为原因：观察—记忆—模仿—尝试—表现 3. 培养儿童良好兴趣与习惯：家长以身作则，用良好的饮食习惯影响儿童，逐渐纠正不良习惯 4. 鼓励儿童参加适度游戏活动，以利于促进食欲，维持能量平衡，保持合理体重增长

3—6岁儿童兴趣与习惯发展指导任务书

案例描述	幼儿园墙上的"小红花"掉下来一朵，豆豆捡回家炫耀："今天我得到了一朵小红花！"老师发现，放在桌子上的一个五角星不见了，再三询问，小朋友们都说没看见。 第二天，甜甜妈妈拿着五角星问老师："昨天甜甜带回一个五角星，是您送给她的？"两个孩子正在自由交谈，豆豆说："我爸是军人，很厉害！"甜甜说："我爸是警察，我家还有警犬呢！"（其实她爸爸是一名海员）妈妈听到后生气地批评：小孩不许说谎！万一养成坏习惯那还得了？几句话竟把孩子说哭了
案例分析	作为儿童常见的行为，说谎分两类："有意说谎"是指为达到某一目的或满足某种欲望而有意做出的与事实不符的陈述，是儿童自我中心的表现。可能原因：取悦他人，满足虚荣心；逃脱惩罚，想得到喜欢的东西。"无意说谎"是无意识行为，是一种满足愿望的心理或理解性错觉，儿童常因为将想象与现实混淆而无意识地说谎。儿童由于生活经验少，缺乏知识，记忆不准确，想象容易受情绪支配，对事物认知不清，说谎只是表达愿望，与品德无关。教师应指导家长冷静应对，理智分析原因，给予正面引导

续表

指导策略	解决流程	识别儿童行为→分析儿童行为原因→培养儿童健康兴趣与良好习惯
	指导方法	1. 识别儿童行为：无意说谎，属于普遍、正常的心理现象
		2. 分析儿童行为原因：生活经验少，记忆不准确，想象往往容易受情绪支配，思维比语词跑得快，急于表达心中的愿望；对社会职业分辨不清，遂出现想象与现实的混淆
		3. 结合《3—6岁儿童学习与发展指南》向家长介绍学前儿童认知、兴趣、习惯等领域发展目标和教育建议
		4. 引导家长保护孩子的学习兴趣，支持孩子关注爸爸的职业特点，了解社会分工；培养儿童的观察、表达能力，引导学习区分：愿望与事实、想象与现实
		5. 提醒家长不要用过于严厉的方式来惩罚孩子的说谎行为。应鼓励孩子大胆思考，乐说敢说，促进兴趣、习惯和认知能力整体发展
		6. 用正面的例子说明，成人在日常生活中为儿童树立良好的榜样，以良好的人格魅力影响儿童，帮助孩子养成正直的品性和诚实的习惯

学习任务单

0—3岁儿童兴趣与习惯发展学习任务单

案例描述		浩浩最近突然很爱玩自己的生殖器官，看电视摸、洗澡摸、睡觉前躺在床上也摸。这时候大人们七嘴八舌："看见一次打一次手，打几次以后他就不敢了""这做爸爸的是怎么教男孩子的？是不是让他看到什么不该看的？""在手上涂薄荷油让他知道不能这样"……家长们都很焦虑，不知如何是好！
案例分析		
指导策略	解决流程	
	指导方法	

3—6岁儿童兴趣与习惯发展学习任务单

案例描述	深圳王妈妈反映，"新冠肺炎疫情"宅家期间她家的孩子玩手机上瘾了，平时孩子特别喜欢玩手机和电脑游戏，一玩就是几个小时，根本停不下来。而且有时跟哥哥一起玩"王者荣耀"，买装备花了不少钱，已经严重影响哥俩的视力、睡眠和正常人际交往。疫情停课期间更加严重。马上就要上学了，孩子不爱看书、不爱学习，一天到晚沉迷游戏，说也不听，打也打了，怎么就改不了呢？	
案例分析		
指导策略	解决流程	
	指导方法	

课外拓展

育儿小常识

尊重儿童认知兴趣与习惯，避免陷入家教误区

误区1：过早进行知识传授，伤在"起跑线"上

许多家长望子成龙心切，过早地给孩子背上学习的包袱，在孩子还小的时候就开始强化知识教育，把家庭变成了第二课堂。过早的知识教育，忽视了儿童爱玩、好动的天性，强迫孩子读书写字，容易造成孩子的压抑心理。有些家长总是埋怨孩子不聪明，打击孩子的学习兴趣，使他们对学习产生恐惧心理和畏难情绪。许多家长把孩子送到幼儿园，第二天就问孩子学了几个字，一看孩子在玩，家长就不高兴。其实，学前阶段主要就是玩，在玩中学。在家庭教育中，家长通过精心设计，巧妙地寓教于乐、寓教于游戏，会达到良好的教育效果。如，通过扮演角色做游戏，学习人与人之间相处、交往的正确态度，模仿角色的良好行为，可以培养孩子的好品德、好习惯。"授人以鱼，不如授人以渔"，在学知识的过程中可以培养儿童的学习兴趣和认知习惯，引导儿童多看、多听、多问、多动手、多动脑筋、多思考。家长要尊重和保护儿童的好奇心和学习兴趣，支持和满足儿童通过直接感知、实际操作和亲身体验获取经验的需要，避免进行超出儿童认知能力的"揠苗助长"式的超前教育和强化训练。

误区2：盲目跟风上兴趣班，打击学习兴趣

在许多家长看来，素质教育就是让孩子什么都学、什么都会，所以不惜精力、

财力送孩子上各种兴趣班。选班时，家长往往很少考虑孩子的兴趣、天赋、生理成熟度、发展可能性，甚至不注意孩子生理、心理的承受能力，致使孩子学习负担过重，失去学习兴趣。家长因担心孩子的安全或者避免麻烦，往往不敢放手让孩子做他们喜欢的事。如，不允许孩子玩泥沙，因为太脏；不允许孩子碰剪刀、锤子，因为太危险。儿童探索世界的兴趣一旦被削弱了，好习惯就无法养成，且会阻碍认知发展。

推荐图书

［1］克里斯多弗·威勒德.44个有助于专注、平静、放松的亲子正念练习和游戏［M］.温宗堃，译.广州：南方日报出版社，2014.

［2］玛丽·艾丽斯·摩尔.兴趣与习惯［M］.李思怡，译.北京：印刷工业出版社，2013.

资源链接

教育部《3—6岁儿童学习与发展指南》家长宣传手册。

敏的教育指导

子曰："君子欲讷于言而敏于行。"敏，在本项目中取其本意，即做事动作快捷。英国伟大的哲学家和启蒙思想家约翰·洛克指出："健康之精神寓于健康之身体。"

人们常说"动作敏捷、思维敏捷"，敏是身体健康、运动能力发展的重要标志。敏的教育是全面发展教育的重要组成部分，是促进儿童健康成长和增强体质的教育，它关系到未来的国民体质，是儿童身心发展的特殊要求，也是实施德智体美劳全面发展的物质基础。在儿童教育中，敏的教育涵盖的维度更是全面而深远的，它包含了安全与自护、动作与姿态、运动与健康。对于儿童教育工作者，需要了解敏的教育的含义、特点和指导策略，以便更好地指导家长解决儿童健康成长过程中的实际问题。

学习目标

1. **知识目标：** 掌握儿童家庭养育中敏的教育的含义、特点和指导要点。
2. **能力目标：** 能指导家长解决敏的教育中的实际问题。
3. **素养目标：** 树立健康教育理念，愿意积极主动参与儿童敏的教育指导工作，愿意积极与家长沟通。

任务一　安全与自护

情境导入

我要玩吹风机

元元今年3岁了，近期对吹风机产生了浓厚的兴趣。每次看到妈妈用吹风机，元元都特别好奇，吵着闹着要玩。他经常趁妈妈不注意，拿着吹风机到处去吹。妈妈对此很是苦恼。

思考：1. 3岁的儿童安全与自护能力的发展特点有哪些？

2. 家庭教育指导者应如何指导家长在日常生活中进行安全教育？

知识学习

一、安全与自护的含义

儿童的健康安全和自我保护能力是家长最密切关注的问题，这主要是由儿童生长发育的特点决定的。儿童生长发育迅速，但身体各部分器官与系统发育尚不成熟，对环境的适应能力和对疾病的抵抗能力都较差；儿童可塑性强，但又缺乏独立生活的能力和经验；儿童活动的欲望强烈，但自我保护能力差。

有统计数据显示，意外伤害导致的死亡占我国儿童死亡总数的26.1%，而且这个数字还在以每年7%—10%的速度增长，意外伤害已成为0—14岁儿童健康的第一"杀手"。儿童意外事故有52%发生在家庭，19%发生在街道，12%发生在学校。意外伤害已成为威胁儿童生命的一大问题。因此，家庭与社会都必须将保护儿童生命安全放在首位，让儿童获得安全和自我保护方面的知识及能力迫在眉睫。

（一）什么是安全

在《汉语大词典》中，"安全"一词可以理解为保护、保全、平安、无危险。"安全"是指一种事物主体既在客观上不存在威胁，又在主观上不存在恐惧的状态。

生命安全是儿童成长的保障，他们的身心健康建立在生命安全基础之上。对儿童的安全教育，就是根据儿童动作发展、认知发展及生活经验积累等方面的特点，加强儿童对周围环境中潜在危险的认识，提高其预见性和保护技能，减少意外伤害发生，提高生命质量的教育。它包括身体安全教育、心理安全教育与社会适应安全教育。儿童安全教育的目的就在于帮助他们获得和掌握日常生活中最基本的安全知识和技能，使儿童逐步懂得爱护自己和他人，不断增强儿童自我保护的意识和能力。我们应该树立全面的安全观和安全教育观，为儿童营造一个有助于成长的安全环境，促进儿童安全意识不断加强。

（二）什么是自护

儿童的自护，即儿童的自我保护能力，指个体保护自己免受伤害的能力，包括生理上的伤害（如饥饿、寒冷、流血等）和心理上的伤害（如自卑、怯懦等）。我们可以将其理解为儿童对安全的认知、理解以及对外界环境中各种各样的安全因素的敏感性、判断及其回避等方面的能力。自我保护能力是一个人在社会中保存个体生命的最基本能力之一，为了保证儿童的身心健康和安全，使儿童顺利成长，从儿童幼年起，家长就应该对他们进行自我保护教育，培养和提高儿童的自我保护能力。

二、安全与自护的发展特点

对儿童进行安全教育与自护能力的培养是保护儿童生命安全的重要举措。要对儿童开展安全与自护教育，首先要了解儿童安全与自护能力的发展特点。

（一）对危险因素的认知直接且表面

1. 对危险因素的认知归因是单一维度的

相关研究表明，儿童对意外伤害事故原因的认知以"单维度合理原因"为主，即大多数儿童能够说出可能引发意外伤害事故的某一维度的原因，但仍有很多儿童不能够科学认识引发意外伤害事故的原因。他们所理解的事故原因绝大多数是自己主观想象的，例如"对着镜子看电视会触电""你闭着眼睛走路就会走失"等。

儿童思维发展的具象性可能影响了他们对危险发生原因的认识。儿童在表述危险产生的原因或结果时，大多数只能根据图片情境描述，或将自己知道的各种可能结果一一罗列，很少有儿童能够将同一维度的危险因素进行概括。例如，大多数儿童在面对"小朋友为什么会烫伤"这个问题时，回答"他碰开水、火，还有热汤"，而很少有儿童能够给出"他碰了很烫的东西"这样概括性的回答。

大部分儿童能够识别可能导致意外伤害事故的危险情境。儿童对危险情境的认知具有直观性和浅表性，表现为他们对于那些引发意外伤害事故的直接危险因素的识别度较高，而对于间接危险因素的识别度相对较低。

2. 对危险因素的认知水平随年龄增长逐步提高

随着年龄的增长，中班儿童对危险的认知水平开始逐渐提高，并且开始完善自我保护策略，尽管这种变化幅度仍然较低，但它反映了儿童的思维随着年龄的增长不断抽象化、深入化。研究表明，儿童对意外伤害事故的定义水平、原因认知水平、后果认知水平和危险情境认知水平都存在明显的年龄差异。具体而言，随着儿童年龄的增长，他们逐渐能够从事故原因、事故结果或者具体事故举例的角度来给意外伤害事故下定义；他们对意外伤害事故原因和结果的认知越来越具体化、深入化和客观化；对危险情境以及可能导致的意外伤害事故认知的准确性明显提高。儿童思维发展的这一趋势，导致了儿童对危险认知年龄差异的产生。儿童对危险的认知水平和自我保护策略随年龄增长的不断优化，与儿童思维水平的发展趋势是相一致的。

除了认知水平由浅入深的特点外，儿童在认知的年龄特点上还表现为认知范围不均。例如，面对图片中的各种危险情境，儿童在交通安全和预防受到拐骗等方面的表现要好于走失、家庭基本安全常识、地震和火灾等方面。虽然儿童的认知水平随着年龄的增长有逐渐提高的趋势，但是从整体上看，仍处于较低水平的状态。

（二）儿童的自我保护策略简单且薄弱

研究表明，儿童在日趋复杂的社会中的安全意识和自我保护能力呈现出简单和薄弱的特点。

儿童选择图片情境，不合理的策略要多于科学正确的策略。很多儿童往往依据个人的情绪、兴趣爱好、个人理解等来进行判断，对于能意识到的危险所采取的策略往往简单且不合乎逻辑。这与儿童的生活经历和认知水平有直接的关系，其策略的选择情况在某种程度上也说明了儿童思维的直观性和具体性。

（三）自护意识发展在一定程度上存在性别差异

有研究表明，儿童自我保护意识与能力发展某些方面具有性别差异。具体表现在同一年龄阶段，女孩的自我保护意识发展水平高于男孩。二者关注程度上具有一致性，对于生活活动自护意识方面的关注程度较高，心理自护意识方面的关注程度较低。

三、儿童安全与自护的指导策略

（一）指导家长创设安全的家庭生活环境，提供必要的保护措施

家庭是儿童成长的摇篮，也是他们主要的生活场所。家庭教育指导者要指导家长注重为儿童创设一个安全的家庭生活环境，以促进儿童健康成长。家庭生活环境主要包括物质生活环境和精神生活环境两大方面。

1. 指导家长创设安全的家庭物质生活环境

安全的物质生活环境是保障儿童安全的重要手段，安全物质生活环境的创设有利于降低儿童受伤的严重性。家庭物质生活环境包括家庭衣、食、住、行的条件等，家庭教育指导者要指导家长在家庭活动场地、生活用品、玩具、食物等方面创设安全的生活环境。例如，要把热水瓶、药品、刀具等物品放到儿童够不到的地方；阳台或窗台要有安全保护措施；要使用安全的电源插座；要教导儿童玩小型玩具不能将它们放入口、耳、鼻中，以免造成伤害。此外，还要指导家长为儿童提供必要的保护措施。例如，在公共场所要注意照看好儿童；儿童乘车、乘电梯时要有成人陪伴；不把儿童单独留在家里或汽车里。

在实际生活中要引导家长避免一种误区，那就是家长一旦认为只要物质生活环境是安全的，在一定程度上就会忽略孩子的安全教育，并且容易让孩子暴露在危险之中而不自知。家长更需要告诉孩子如何识别自己的危险行为和所处情境，对他们进行教育，通过积极的手段保护他们。

2. 指导家长创设良好的家庭精神生活环境

家庭精神生活环境主要包括家庭成员的品德修养、行为规范、家庭成员之间的关系、兴趣爱好等方面。良好的家庭精神生活环境非常有益于儿童身心健康发展，家庭教育指导者要指导家长注重优化家庭精神生活环境，让儿童拥有温馨、健康、快乐的成长氛围。例如，家庭成员之间应该互相尊重、互相关爱；要尊老爱幼、邻里团结；父母对子女要严慈相济等。良好的家庭精神生活环境能培养儿童乐观开朗的性格，使他们能够认识自己的情绪并乐于分享自己的情绪，正确面对自己的优缺点。作为家庭教育指导者，我们有责任指导家长为儿童营造一个安全、健康、友好的环境，保障儿童的健康成长。

（二）帮助家长激发儿童安全与自护意识，掌握必要的安全常识

儿童活泼好动，好奇心强，不懂得区分该做和不该做的行为，容易发生各种意外事故。家长要认识到成人对儿童的保护是有限的，在对儿童进行安全与自护教育的过程中，帮助他们建立起安全自护的意识是十分必要的。

1. 激发儿童安全与自护意识

家长要告诉儿童，人身安全高于一切。当遇到危险的时候，以保护生命为第一重要任务，诚实的品质、财物的保全、个人的尊严都可以暂时退后，在有需要的时候可以向别人求助。

家长要了解儿童的想法，不要只是简单地制止、禁令，而是要鼓励儿童在安全的原则下探索环境，并用儿童能够理解的语言说清楚哪些情况会导致危险与伤害。家长要从消极的"保"到积极的"教"。如，父母和孩子说："有爸爸妈妈在场，你和大人有礼貌地问好、打招呼是可以的。但是，如果你一个人在外面玩时，有陌生人和你说话，让你带路，是不能相信的，因为一个大人是不会向孩子寻求帮助的，他可能是坏人，你要拒绝他，并且赶紧向熟悉的人求救。"

2. 掌握必要的安全与自护常识

家长要引导儿童掌握一定的安全与自护常识，这些常识的范围是非常广泛的。在食品安全方面，养成良好的饮食习惯，如不将脏东西放入口中；外出时遵守交通规则，要紧跟成人，不远离成人的视线，不跟陌生人走，不吃陌生人给的东西，不在河边和马路边玩耍。家长要帮助儿童了解周围环境中不安全的事物，叮嘱他们不做危险的事，如不碰热水壶，不玩打火机，不摸电源插座，知道玩电、玩水、玩火的危害性及简单的自救技能，不攀爬窗户或阳台等。家长还要帮助儿童认识常见的安全标识，如小心触电、小心有毒、禁止下河游泳、紧急出口等。此外，家长还要告诉儿童，不允许别人触摸自己的隐私部位等。

练一练

乐乐是个特别喜欢喝酸奶的小男孩，每次只要有人说带他去买酸奶，他总是乐呵呵地跟着去。一天在公园，妈妈遇到了两个朋友，朋友逗乐乐："乐乐，我带你去买酸奶喝吧！"尽管乐乐以前并没有见过她们，依然高兴地要跟着阿姨去。妈妈笑着打趣说："这是一瓶酸奶就可以带走的宝宝。"

分析：乐乐妈妈应如何处理呢？如果是你，你会如何指导家长处理这一问题？

（三）帮助家长掌握儿童安全与自护的训练技能，提高儿童自我保护能力

让儿童学会自我保护，需要教会他们如何单独面对一些状况，尤其是一些需要迅速做出反应的情况。家长不仅要培养儿童的安全意识，还要培养儿童解决问题的能力，帮助他们把知识付诸实践，达到知行合一。

1. 在日常生活中开展随机的教育

　　家庭是儿童成长最自然的环境，家庭教育所具有的自然性和随机性，决定了它不受时间、地点、场合、条件的限制，家长可以利用一切可利用的机会对儿童进行教育。家庭的日常生活中蕴藏着丰富的教育契机，家长要善于观察、捕捉，抓住这些有益的时机对儿童进行教育，这样充满生活气息的随机教育使说教变得生动有趣且富有针对性，符合儿童的心理发展水平，能够取得较好的教育效果。例如，在家庭生活中，吃饭时引导儿童把热汤吹一吹再喝，避免烫伤；吃鱼要把鱼刺挑干净再吃；吃饭不嬉戏打闹，避免呛入气管。在户外活动中，儿童跑得太快摔倒了或者被石头绊倒了，家长除了关心儿童，还要及时引导儿童、教育儿童，让他知道为什么会摔跤，为什么会受伤，以后应该怎么做。这样儿童就能从生活中一点一滴的小事丰富自己的生活经验，及时掌握安全知识。

2. 在游戏活动中进行专门的训练

　　游戏是儿童最基本的活动形式。家长可以运用多种游戏的方式将安全与自我保护的学习内容融于游戏之中，使儿童在轻松愉快的氛围中巩固生活技能。在开展家庭安全常识或交通安全常识教育时，家长可以采用棋类游戏、角色扮演类游戏等方式进行。在开展防拐骗教育时，家长可以通过模拟情境表演使儿童知道不听信陌生人的话，不跟陌生人走。在开展防触电、防中毒的教育时，家长可以通过夸张的肢体动作，使说教的过程变成一种游戏式的亲子互动，增添趣味性。例如，通过情境表演的方式进行练习，让儿童能够掌握自我保护的要领，家长可以设计多种可能发生的场景，开展"如果……你应该……"的情境游戏，通过一问一答的方式向儿童提出问题，测试儿童的反应能力，让儿童对可能存在的问题做出反应。

　　家长还可以采用情绪渲染法、故事引导法等多种方法对儿童进行潜移默化的安全教育。如可以和儿童一起阅读《幼儿安全教育绘本》中的安全小故事，以生动的小动物形象、童话式的场景帮助儿童解决日常生活中遇到的安全问题。家长可将安全知识融入与儿童的互动游戏中，每晚睡前给孩子唱一遍"小兔子乖乖……妈妈没回来，不能把门开"，以增强孩子的安全意识。

3. 在实践锻炼中有针对性地练习

　　蒙台梭利说过："我听过的，我忘记了；我看过的，我记住了；我做过的，我理解了。"安全与自护教育不是家长对儿童口头说说就可以的，培养儿童自我保护的能力还需要常常练习。只有让儿童亲自实践，才能真正提高自我保护能力。例如，家长在对儿童进行防触电教育时，要引导儿童实际操作怎样正确使用家用电器，在发生触电事故时，要练习如何及时切断电源及如何用干燥的木棍、竹竿等不导电的东西挑开电线。在消防安全教育中，要训练儿童简单的自救技能，开展防火自救演练，让儿童模拟练习拨打"119"，用湿毛巾捂住口鼻尽快逃离现场等。通过演习，可以锻炼儿童脱离危险的能力，培养儿童自我保护的意识与能力。

（四）帮助家长主动进行家园合作，把安全教育落到实处

在儿童安全教育家园共育上，教师要帮助家长正视自己的角色，配合托育机构、幼儿园的安全教育工作，深入了解安全教育的内容和方法。在安全教育主题活动开展阶段，家长可以发挥自身特长，为班级提供相关的游戏活动材料，也可以结合自身职业优势，走进主题活动教学情境，拓展儿童的经验和视野，进一步培养儿童探究的兴趣。

儿童是国家的未来、民族的希望。《中国儿童发展纲要（2021—2030）》提出了儿童与安全的主要目标和策略措施。儿童的安全意识与自护能力的培养不是一朝一夕可以完成的，家长要树立儿童伤害可防可控意识，开展安全自护教育，提高儿童及其看护人的安全意识，帮助其掌握安全知识技能，培养儿童安全的行为习惯，最终保障儿童的生命安全与健康成长。

指导任务书

安全与自护行为指导任务书

案例描述	4岁的漫漫表现出比同龄的孩子更强的安全与自我保护的意识与能力。漫漫妈妈说："我们全家特别重视漫漫的安全教育。我们告诉他，插座上的小洞洞不可以抠，不让陌生人触摸自己的身体，不吃陌生人给的食物，小秘密要告诉妈妈等。我们还经常会教他一些安全方面的儿歌、小故事，有时我和爸爸也会陪他玩"小小安全员"角色表演游戏，他都特别开心。"	
案例分析	漫漫的安全与自我保护意识与能力与漫漫妈妈平时的教育和引导是分不开的 第一，案例中的漫漫妈妈从小就重视对漫漫进行安全与自护方面的教育，并从各个方面对漫漫进行引导，有用电安全、自我身体保护、自我情绪保护等 第二，漫漫妈妈不仅重视安全与自护知识的教育，还灵活运用多种形式培养孩子的安全与自护技能，有听儿歌、讲故事、玩游戏、模拟演练等	
指导策略	解决流程	识别儿童行为类型→分析儿童行为原因→培养儿童良好行为习惯
	指导方法	1. 指导家长创设安全的家庭生活环境，包括家庭物质生活环境、家庭精神生活环境，提供必要的保护措施
		2. 帮助家长激发儿童安全与自护意识，掌握必要的安全与自护常识
		3. 帮助家长掌握儿童安全与自护的训练技能，提高儿童自我保护能力：在日常生活中开展随机教育、在游戏活动中进行专门训练、在实践锻炼中有针对性地练习
		4. 家园合作，把安全教育落到实处

学习任务单

安全与自护行为学习任务单

案例描述	3岁的安安经常有一些非常危险的举动。如，趁着妈妈不注意，就会抓起玩具上的小颗粒塞到嘴里；滑滑梯的时候，喜欢头朝下滑下去；跟着爸爸妈妈出去玩的时候，不喜欢坐安全座椅，闹着要站在座椅中间，还经常去按车窗的开关按钮。对此，妈妈非常苦恼	
案例分析		
指导策略	解决流程	
	指导方法	

课外拓展

育儿小常识

一般需要记住的常用报警求助电话

1. 110　大陆/台湾地区报警求助　12110　公安短信报警

2. 119　火警　12119　森林火警

3. 120　医疗急救指挥中心电话，医疗救护时拨打

4. 122　发生交通事故报警电话

5. 999　红十字会急救中心紧急救援电话（这也是香港地区的报警电话）

6. 12395　水上求救专用

7. 12308　外交部全球领事保护与服务应急热线，华人在国外遭遇紧急情况时可以拨打

文件学习

《中国儿童发展纲要（2021—2030年）》（节选）

户外玩耍安全要多用心

网红玩具事故频发，家长如何降低儿童玩具安全隐患？

推荐图书

［1］柳倩，周念丽，张晔.学前儿童健康学习与发展核心经验［M］.南京：南京师范大学出版社，
　　　2016.

［2］季悠，何宜妍，等.给孩子的安全书（全12册）［M］.北京：九州出版社，2020.

［3］稚子文化.儿童安全翻翻书（套装2册）［M］.北京：化学工业出版社，2019.

［4］（英）赫德利·格里芬.自我保护意识培养：危险无处不在（全10册）［M］.刘子安，译.银川：
　　　阳光出版社，2018.

资源链接

1. 音频：幼儿安全教育，学习强国。

2. 视频：儿童安全教育歌系列，学习强国。

3. 视频：自我保护：如何让孩子学会自我保护，学习强国。

任务二　动作与姿态

情境导入

会走但不会爬的"小神童"

　　果果8个月大的时候，奶奶仍旧"爱不释手"，总把果果抱在怀里。果果12个月左右，逐渐学会了走，却仍旧不会爬。果果上了幼儿园，在参加体育运动的时候，身体总是不协调，常常同手同脚。果果奶奶对此感到十分困惑。

　　思考：1. 8个月的婴儿动作发展特点有哪些？

　　　　　　2. 教师应如何指导家长促进儿童动作发展？

知识学习

一、动作与姿态的含义

　　动作与姿态是儿童活动的重要组成部分，动作与姿态的发展是活动发展的直接前提，是儿童身体素质健全与发展的坚实基础，是提高儿童认知水平、养成良好学

习品质的重要条件。动作和姿态发展水平较高的儿童表现出更强的自我效能感，在活动、学习与解决实际问题的过程中，会展现出更加自信的一面，处理问题更加游刃有余。促进儿童动作与姿态发展，有助于儿童身心素质全面和谐发展。

（一）什么是动作

"动作"可以被看作是运动器官、神经系统和心理系统协同活动的过程与结果。从外在层次解析，动作是指肢体、躯干的肌肉、骨骼、关节协同活动的模式，既可以指由多个部分共同构成的完整活动模式，也可以指某一部分的特定活动模式。动作是人类早期生长发育的核心，作为保障个体生存和发展的基本技能，是个体与环境进行有效互动的基本手段。0—3岁儿童以直观行动思维为主，儿童的思维离不开动作，思维依据动作进行；3—6岁儿童以具体形象思维为主，但直观行动思维仍占较大成分。因此，0—6岁儿童动作发展还是认知发展的基础，是其生活、学习活动顺利进行的直接前提。总而言之，动作发展不仅能提升儿童的运动与操作能力，还能促进儿童情绪情感、自我意识以及认知等综合发展。

（二）什么是姿态

姿态是身体呈现的样子。姿态与动作是作用于同一对象的不同方面，常被看作一个不可分割的整体。动作识别对象为动态系统，姿态识别对象为静态系统。如同一帧一帧图画组成的电影片段，对电影画面起着有效影响作用的就是关键帧，姿态就相当于静止的图画，在儿童发展过程中起着里程碑作用的就是关键姿态。一般来说，按照儿童身体结构，可以将姿态分为头部姿态、身体姿态、手部姿态；按照日常生活中身体姿势，可以将儿童姿态分为仰卧位姿势、俯卧位姿势、坐位姿势、立位姿势。为了更清晰地了解儿童动作与姿态的发展，应以儿童动作为基础找准推动儿童发展的关键姿态，即"仰卧位姿势、俯卧位姿势、坐位姿势、立位姿势"四个儿童里程碑式的姿态。正确的姿态不仅有助于儿童的身体健康与形态美观，更为进一步促进儿童情绪、认知等发展提供必要的生理基础。

二、动作与姿态的发展特点

0—6岁儿童动作与姿态发展带来的直接意义是增加感知信息，促进感觉统合能力提升，提升儿童对"自我"的认知，同时带来愉悦的情绪体验，间接影响儿童的认知、情绪、社会性等发展。随着年龄的增长，儿童的动作与姿态阈限不断提升，协调性与灵活性也不断加强（表3-2-1）。

表3-2-1 0—6岁儿童动作与姿态发展特点

年龄	发展特点	典型表现
新生儿时期	原始反射；姿势反射	经典反射动作有觅食反射、抓握反射、巴宾斯基反射、莫罗反射等
2周—6个月	初步适应阶段	从躺到坐，从无条件反射到较好地控制伸手动作
6—12个月	基本适应阶段	从坐到站，视野逐渐开阔；能用手作用于周围环境，但动作目的不明确
12—18个月	主动意识增强	从站到行，逐步学会并自由行走；使用双手的目的明确，但手部动作稳定性较差（如使用勺子时容易外溢）
18—24个月	依赖性较强	能和成人一同蹲起，扶物跳跃，攀爬时手脚不协调；手部动作稳定性强，可以初步握笔与串珠子
24—30个月	独立动作增多	逐步学会独自跳跃，攀爬时手脚基本协调；能用手控制周围环境，独自串珠子，画垂直线，角对角折纸
30—36个月	基本动作发展完善	跑步速度快，姿势基本正确，可以跳跃较远距离，攀爬时手脚协调；能画图，学会使用简单的辅助工具，如糨糊、剪刀等
3—6岁	组合动作技能提升	位移技能：边跑边跳、连续垫跳； 操作技能：用脚停球与用手握球； 控制技能：攀登、钻爬、躲闪等

（一）0—3岁儿童动作与姿态的发展特点

1. 儿童动作与姿态发展日新月异

出生即刻起，儿童便具有先天反射能力，这一能力似乎专为满足儿童的物质与情感需要而准备。正如吮吸反射能力可以让儿童获取营养与能量，同时可以引发照料者的关爱之情。出生后的每一天，儿童的反射动作都在变化着，且以不尽相同的速度消失或保留。

在粗大动作发展方面，3个月的婴儿会抬头，在俯卧位姿势下坚持抬头的时间也越来越长。4—6个月的婴儿能自主翻身与独坐，跨越仰卧位姿势与立位姿势两个阶段。7—9个月的婴儿逐渐学会翻滚与爬行。爬行对儿童感觉统合、大脑发展、树立自信、探索世界都具有非常重要的意义。10—12个月的婴儿开始学习独立行走，是人类个体真正独立的开端。至此，1岁前儿童就已经历数个里程碑式动作与姿态的发展，为1岁后儿童掌握简单以及组合动作技能奠定坚实基础。在1—3岁时，儿童行走、跑步、跳跃、踢球、上下楼梯、投掷、攀爬等粗大动作能力逐渐稳定与娴熟，越来越突出动作技巧性、平衡性与协调性。在3—6岁时，儿童的动作更多呈现为复杂动作组合形式，常在游戏活动中出现。

在精细动作发展方面，0—3个月的婴儿双手从握拳到松开，尝试去抓东西。4—6个月的婴儿能用手取物，且两只手交换。7—9个月的婴儿小手五指初步分化，能捏取物品，单手操作物品以及两手合作的能力也在提高。10—12个月的婴儿动作进一步精细化，开始学习按照事物的属性操作，如拧瓶盖、剥糖纸、倒垃圾等。13—18个月的儿童可以同时使用双手、用拇指和示指取物，随着对事物认识的加深，还能按照事物的功用和特点操作。19—24个月的儿童手部动作在各种玩具和物品的使用上越来越熟练。25—30个月的儿童单个手指的灵活性明显提高。31—36个月的儿童会用大蜡笔画封闭的圆，会用手撕简单的几何图形，还能尝试使用筷子、拉拉链等。

儿童动作与姿态发展在0—3岁时期变化速度最快，可谓日新月异，为后期儿童在生活与游戏活动中的复杂动作技能发展做好了充分准备。

2. 里程碑式动作发展基本完善

0—3岁儿童动作发展不仅速度惊人，发展"质量"同样超凡。在粗大动作方面，前3个月的自发动作练习使儿童的躯干力量明显增强，为了满足自己日益增强的好奇心，儿童需要改变身体姿势，扩大视野，从而收集更多的信息，从躺到坐是第一个重要的转折。为了触及更多吸引人的事物，儿童必须学会移动，随着儿童腿部力量和协调能力的增强，儿童逐渐掌握俯卧位姿态的爬行动作。然而爬行占用了儿童的双手，导致运动与用手探索无法同时进行，因而儿童还需解放双手，直立行走。站立便是锻炼行走时腿部肌肉和平衡的最好过渡。通过反复练习与调整，儿童终将迈出独立的重要一步。在走的基础上，逐渐衍生出更多复杂的动作方式，如跑、跳、攀，以及这些基本动作的组合，这是儿童第一次灵活应对外界的表现。粗大动作的发展加强了0—3岁儿童大脑对身体部位的协调控制，也增强了他们的自信心，为接下来适应真实复杂的自然环境做好了准备。

在精细动作发展方面，用手取物，拿到自己想要的物体是儿童手部动作发展的一个里程碑。这些动作看似简单，对于儿童却是一个挑战，需要儿童具备手眼协调的能力、控制手臂肌肉的能力以及手指与手掌配合的能力。在此基础上，儿童手部动作逐步精细化，两手能够配合，可以同时做不同的动作来完成更多意愿。这使得儿童在用手探索世界的道路上越来越自信、自主，方式也越来越灵活多样。在儿童对手有一定程度的认识且具备基本的操作能力后，手开始成为0—3岁儿童认知的主要工具。

至此，0—3岁儿童已完成基本运动以及操作能力的学习，为日后掌握更为复杂的技巧性动作技能奠定了坚实基础。

（二）3—6岁儿童动作与姿态的发展特点

1. 发展基本动作技能，以粗大动作为主、精细动作为辅

在0—3岁儿童基本运动能力完善的基础上，3—6岁儿童动作与姿态的发展迎来

了基本运动技能形成的关键期，更多地强调动作的技能与技巧、姿态的稳定与美感，以提高儿童动作发展的速度、协调性、灵活性、平衡性与柔韧性。

由于儿童在3岁前，手部动作发展已完成了作为发展工具的历程，所以3—6岁儿童动作技能发展以粗大动作为主，精细动作为辅。粗大动作发展的内容，主要包含位移技能、控制技能以及操作技能。位移技能如跑、单脚跳、垫步跳等，是儿童顺利参与日常身体活动以及未来熟练掌握各类运动、竞赛和舞蹈的基础。人类动作发展研究专家Greg先生，将基本动作技能比作字母或数字，儿童若没有掌握字母或数字，则言语或运算能力的发展就会遇到障碍；同理，如果儿童没有掌握基本动作技能，那么他们完成由基本动作所组成的复杂动作的能力将会降低。控制技能如扭转、弯身等，看似简单，实则与儿童的核心控制能力以及姿态的正确性高度相关。操作技能，指操作棒、球等物体的动作技能，如投掷、接、踢、挥击等，它是未来进行团体球类项目运动或游戏的前提。典型的精细动作技能通常为伸够和抓握动作。

2. 儿童动作与姿态发展的主动意识与能力增强

受环境的影响增强，儿童在与周围环境互动的过程中逐渐掌握基本的动作技能，调整与重塑正确的身体姿态。随着儿童肌肉力量以及平衡性的不断提高，儿童主动提升动作质量参与运动的期望越来越强烈，期待完成某项动作以展示自身的力量。在这个过程中，儿童的主动参与意识与能力都得到了增强。因此，儿童的主动性与逐渐"去自我中心"、审美意识的建立与形成、控制感的增强息息相关。

3岁以前，儿童与环境的关系中，环境的作用大于儿童自身的力量，儿童需要在家长引领下不断尝试新鲜事物。3岁以后，儿童对环境的作用越来越大，儿童尝试利用环境因素解决生活问题，在解决问题的过程中儿童的动作日益发展完善，拥有健康优雅的姿态。因此，儿童动作与姿态发展中的主动意识与能力逐渐增强。

三、儿童动作与姿态发展的指导策略

（一）帮助家长树立科学动作发展理念，营造安全接纳的家庭教养环境

良好的家庭教养环境不仅是物质上的，更是心理上的。面对儿童日新月异的变化，家长既欣喜又焦虑，在这种情感交错的时段，家长更需要保持积极、稳定的心态以及清醒的头脑，才能灵活应对儿童成长中遇到的"麻烦"，给予儿童正确的、适度的、全面的环境创设和关爱。

1. 鼓励家长保持积极乐观的心态，营造良好的心理环境

"望子成龙、望女成凤"既表明了家长对儿童的殷切期待，也隐藏着家长背后焦

急的心态。为使儿童动作与姿态发展有明显的外在效果，家长要正确看待儿童发展中的优势与劣势，并根据儿童的真实需要提供相应的教养支持，耐心引领儿童进一步发展，而不应被负面情绪驾驭，违背儿童身心发展的一般规律，责怪甚至逼迫儿童进行提前的动作与姿态的练习。如，从5个月就开始训练标准坐姿，这种做法不仅不利于儿童脊柱等生理发展，也不利于儿童快乐成长。家长应循序渐进地帮助儿童进行有趣的练习，而不是一味地告诉儿童什么是"正确"的动作技能。家长可以适当地教一些特殊的动作技能，考虑儿童的情绪，多让儿童体会到成就感，多表扬儿童的优异表现，不要过多地干预和批评他们。

只有家长自身保持积极乐观的心态，为儿童成长营造关爱与充分接纳的心理环境，儿童才能受到积极影响，内心宁静且愉悦地发展。

2. 提高家长对儿童动作与姿态发展的重视与认识，营造良好的物质环境

家庭经济是最主要的客观物质环境，经济基础决定了在儿童身上的投入。从日常的儿童营养膳食，到儿童的玩具类型，最后到儿童的教育教学，这些活动直接作用于儿童的动作与姿态发展。家庭教育指导者要帮助家长认识到儿童动作与姿态发展的重要性，知道儿童动作发展与认知、言语以及社会性发展都密切相关。家长应把握儿童动作发展关键期，给儿童提供足够安全与宽敞的活动空间与场地，创设有趣的情境，提供充分的动作练习机会，与儿童共享欢乐的亲子时光，一起进行爬、翻滚、走、跑、跳、攀、转圈等大动作练习。同时，家长要提供丰富的工具和材料，如画笔、剪刀、纸张、面团等，或充分利用各种自然物品和废旧材料，如石块、树枝、泥沙、旧毛线等，让儿童进行抓取、扔、拍、画、剪、折、粘、垒、编织等精细动作练习，促进儿童手的动作灵活协调。

因此，良好的家庭教养环境的创设应兼顾物质环境与心理环境，以使儿童在安全有爱的环境中得到最大程度的发展。

练一练

俊俊奶奶是退休的中学教师，对孩子的学习很上心。假期时嫌俊俊整天玩，于是开始教孩子每天练习书写，可俊俊总也写不好，非常抵触。妈妈的观点是孩子才上小班，要根据孩子的兴趣来，不要强迫孩子。奶奶则认为是没做足功夫，只要坚持练，一定会写好的。看着孩子每天不开心地学习，妈妈特别担心，然而作为儿媳又不好说什么，只能跟丈夫讨论，但丈夫的观点跟婆婆完全一致。

分析：俊俊奶奶的做法是否恰当？家长应如何处理呢？如果是你，你会如何指导家长处理这一问题？

（二）引导家长发挥示范作用，儿童通过模仿发展动作与姿态

儿童天性好模仿，模仿是他们学习的重要途径之一。通过模仿，儿童从成人和同伴那里学到了许多动作。在家庭环境中，儿童接触最紧密的人是家长，家长成为他们观察模仿的首选对象，因此家长有必要发挥榜样示范作用，规避不良行为对儿童造成的负面影响。

1. 树立正面榜样示范，发展儿童的动作

家长作为外显行为准则的榜样，在儿童的成长中十分重要。如果家长尚且无法自律，保持动作得体、姿势优雅，又如何要求儿童达到家长的要求呢？0—6岁儿童的第三位教师是环境，儿童在家庭微观环境中不断接受着潜移默化的影响。除此之外，儿童需要家长做出正确的引领与示范，儿童每天都在接受新事物，学习新动作，迎接新姿态，家长既是养育者，也是儿童成长路上的陪伴者与支持者。例如，家长可以在儿童的视线追溯下分解示范翻身动作，为儿童正确示范拿筷子和握笔的姿势，以及使用工具的方法，在日常生活中注意坐姿、站姿等，树立良好的家长形象。

2. 克服不良姿态，避免对儿童行为造成不良影响

姿态既是身体状态的呈现，又是精神状态的体现。家长保持良好的坐姿、站姿、行姿，潜移默化中会影响儿童的动作与姿态。与此同时，家长饱满热情的精神状态会感染儿童。例如，要想避免儿童吃饭时看电视，家长应示范带头，在吃饭的时候关闭电视，保持专注力。

（三）引导家长掌握儿童动作与姿态的不同发展途径

1. 基本途径：在日常生活中引导儿童动作与姿态发展

一日生活皆教育。0—6岁儿童最重要的受教育场所就是家庭，家庭中的点滴都可以成为儿童发展的机会。教育必须延伸到儿童的整个生活中，与生活共存。年龄越小，教育与生活越不能分开。

儿童日常生活的每一个环节都蕴含着丰富的教育成分。1岁前喂奶、换衣、换尿布、睡眠、起床、玩玩具等，都需要儿童相应身体姿势和动作的改变，这些改变都在促进身体各部分肌肉和动作的发展。1岁以后，儿童开始自己学习吃饭、洗手洗脸、脱穿衣服、解扣系扣、穿脱鞋子、解系鞋带、帮助成人做事情等，都需要一系列协调性的动作来完成。生活中充满动作，生活中处处是素材，随时都可以训练动作，家长应做有心人，将动作发展融入儿童的生活之中。家长应该有计划地培养儿童的独立生活能力，凡儿童想做也能做的事情，家长应该尽量支持、帮助和鼓励儿童自己去做，切不可包办代替，剥夺了儿童动手和练习动作的机会。

练一练

蹇蹇做什么事情都很慢，画画慢，起床穿衣服慢，换鞋子慢，去厕所小便慢，吃饭就更慢了。幼儿园老师多次跟蹇蹇妈妈沟通，可是他妈妈总是会给孩子找到千万个理由，没有意识到问题的严重性。事实上，家里很多日常生活中的事情是由外婆一手操办，蹇蹇和他妈妈一样，都是在外婆的宠溺下长大的。

分析：蹇蹇为什么动作速度慢？应当如何发挥家长的正面榜样作用？

2. 重要途径：在游戏活动中引导儿童动作与姿态发展

游戏是促进儿童动作发展最好的活动形式。0—6岁儿童的游戏以感觉运动游戏为主。感觉运动游戏主要是运用感觉、听觉、触觉、味觉、嗅觉等，结合操作摆弄玩具及动作训练进行游戏。儿童使用玩具，通过感知觉和身体动作获得乐趣和满足，同时在摆弄玩具、绘画、看书、捏面团、团纸团、折叠、搭建、拼拆、剪纸、粘贴等方面，成人应放手让儿童去动手尝试，可以和儿童一起玩，做些必要的示范和帮助，提高儿童操作玩具的技能和兴趣。外出散步和旅行时，成人可根据儿童的年龄特点带上一些玩具和用品。例如，对于1岁以内的婴儿，可带上垫子和小球，让孩子爬着、滚着玩球；对于1岁以上的儿童，可带上球、绳子等开展玩球、钻爬、跨跳的游戏；对于2岁以上的儿童，可以玩围抱树干、在草地上打滚、追逐跑、拾树叶等游戏。

3. 有益途径：在体操和体育游戏中引导儿童动作与姿态发展

体操可以把需要训练的动作融进操节中，训练更为全面。做操时，躯干及四肢的大肌肉有节奏地收缩和舒张，如果能经常在音乐声的伴奏中做操，可以使儿童的动作协调且具有节奏感。适合0—6岁儿童的体操有以下三种形式：婴儿主被动操、竹竿操、模仿操。

婴儿主被动操是在成人的适当扶持下，加入婴儿的部分主动动作完成的。婴儿主被动操的操节主要有训练四肢肌肉、关节的上下肢运动，训练腹肌、腰肌以及脊柱的桥形运动、拾物运动，为站立和行走做准备的立起、扶腋步行、双脚跳跃等动作。主被动操适用于7—12个月的婴儿。这个时期的婴儿，已经有了初步自主活动的能力，能自主转动头部，自己翻身，独坐片刻，双下肢已能负重，并能上下跳动。婴儿每天进行主被动操的训练，可活动全身的肌肉关节，为爬行、站立和行走奠定基础。

竹竿操适合于1—1.5岁的儿童。找两根适合儿童抓握的约2米长的光滑竹竿，父母分坐在两端的椅子上，各用两手握住竹竿的一段，使两根竹竿平行，儿童站在竹竿中间，两手分别握住竹竿，以便借助竹竿的支撑力做操，每次可容纳4—5人，孩子之间保持一段距离。竹竿可用彩色的塑料袋缠起来。竹竿操宜在音乐伴奏下进行。

模仿操是把贴近孩子生活的形象化动作编排成操，既形象又有趣味，再配上与动作性质一致的音乐，使儿童在愉快的情绪中进行大肌肉的锻炼。通常可以模仿一些常见动物的动作，如鸟飞、兔跳；也可模仿日常生活中的动作，如睡觉、起床、刷牙、洗手、洗脸、走步等；还可以模仿交通工具的运动状态，如开火车、开汽车、开飞机、划船等。模仿操适合于1.5岁以上的儿童。

体育游戏是为了培养儿童对运动的兴趣，把基本动作的练习编成有形象性又有趣味性的活动性游戏。如，游戏"捡树叶"适合1岁以上孩子玩耍，家长可以给儿童准备一个小篮子，到室外有树叶的地方去，请儿童把树叶拾起来放到篮子里，可以练习走步、下蹲、伸臂、准确拾起等动作，还可以锻炼儿童全身动作的灵活协调性。

（四）创造多平台支持家长交流学习，不断促进儿童动作与姿态发展

家长树立了正确的儿童动作与姿态发展理念以及参与实际的教育支持后也应保持持续学习，不断吸收儿童动作与姿态发展新知识，掌握更多育儿妙招。为了帮助家长更直观地体验学习，家庭教育指导者应创造多样化的平台支持家长的交流学习，充分利用线上线下优质教育资源。

1. 指导家长应用线上交流平台，获取儿童动作与姿态发展理论经验

线上育儿网站如"婴幼儿教育网""上海学前教育网""科学育儿指导网"等都是知名的教育网站，家庭教育指导者可以指导家长利用闲暇时间学习儿童动作与姿态发展的理论经验，提高对儿童动作与姿态发展的观察力，敏锐捕捉儿童动作与姿态发展的新动态；提高挖掘教玩具资源的能力，充分满足儿童的探索欲望；提高教育活动的支持能力，根据儿童现有发展水平提供适当的支持；提高对儿童动作与姿态发展的评价能力，参照动作与姿态发展检测表对儿童做出适当评估，发现儿童的进步与不足。

2. 指导家长参与线下实操活动，提升儿童动作与姿态发展实践能力

除了线上的理论经验交流外，家庭教育指导者还可以指导家长参与线下实操活动，在教师一对一的带领下提升育儿经验。例如，定期开展家长沙龙，邀请知名家庭育儿专家开展咨询讲座、举办家长经验分享会、参与儿童的感统训练等。

家长沙龙是指教师依据特定家长群体的育儿需求，围绕特定的主题与家长展开系列化话题研讨活动。通过家长沙龙，可以提升家长作为儿童主要教养人的主体意识，增强家长的教育自信心，还有助于分享家庭之间有效的育儿经验。家长沙龙的

主题形式可以是儿童动作与姿态发展的案例分析，或者是有关儿童动作与姿态发展过程中的表现的话题研讨，都属于比较轻松的交流形式。

专家咨询讲座指学前教育及医疗保健领域的专家针对已定的育儿主题以专题讲座或者面对面咨询的形式与家长进行交流。例如，将儿童动作与姿态的发展作为专项主题与家长进行分享，以满足家长特定的需要。

指导任务书

0—3岁儿童动作与姿态发展指导任务书

案例描述	天天处于"细微物体敏感期"，对"洞"有着强烈的探索欲。如，瓶子、纸筒、蚂蚁洞、插板孔，甚至自己的鼻孔都充满好奇，总喜欢用手戳一戳、抠一抠。爸爸发现了这个现象后，将家里有电线插孔的地方都做了安全处理，还将身边能利用起来的物质材料拿出来和天天一起探索	
案例分析	天天的爸爸在生活中细心观察才能发现天天的手部探索动作，知道这是天天认知发展的典型表现，从而为天天创造了一个安全的探索环境，在天天的成长过程中扮演好父亲的陪伴者角色	
指导策略	**解决流程**	识别儿童行为类型→分析儿童行为原因→培养儿童良好行为习惯
	指导方法	1. 根据儿童表现出的具体动作，帮助家长识别儿童行为类型
		2. 创造多平台支持家长交流学习，引导家长分析造成儿童行为的主要原因
		3. 指导家长充分利用儿童动作与姿态的不同发展途径，培养儿童良好的行为习惯，形成正确美观的姿态

3—6岁儿童动作与姿态发展指导任务书

案例描述	佳佳4岁了，父母觉得她方方面面都能自理了，于是决定要二胎。二宝出生后，妈妈发现佳佳仿佛也变成了小娃娃，做事有"倒退"的现象。有时候佳佳会莫名其妙地摔倒，身上因此而受伤，可奇怪的是佳佳在很早之前就学会了走路。但是妈妈并没有迁怒孩子，而是查阅相关书籍，找到专业人士，了解情况后耐心地引导佳佳在生活中逐渐"学习"走路，并逐渐增加难度，逐渐帮助佳佳找到平衡的感觉
案例分析	佳佳重新学会走路与佳佳妈妈平时的教育和引导是分不开的。 首先，佳佳妈非常有耐心，给佳佳营造了良好的物质环境与心理环境。 其次，佳佳妈妈能主动查阅资料，咨询相关专业人士，了解佳佳的动作发展情况。 最后，佳佳妈妈善于在日常生活中引领孩子进行示范练习，掌握了帮助孩子动作发展的基本途径

续表

指导策略	**解决流程**	识别儿童行为类型→分析儿童行为原因→培养儿童良好行为习惯
	指导方法	1. 帮助家长识别儿童行为背后动作与姿态的发展水平，根据实际情况进行适当引导
		2. 分析儿童行为原因，帮助家长树立良好心态，营造安全接纳的家庭教养环境
		3. 发挥家长示范引领作用，帮助儿童通过模仿发展动作与姿态
		4. 创造多平台支持家长交流学习，掌握儿童动作与姿态的不同发展途径

学习任务单

0—3岁儿童动作与姿态发展学习任务单

案例描述	索索满一岁半了，正在学走路。由于胆子比较小，一定要成人牵着手才肯迈步子走，经常走着走着，突然一扭身，双手抱紧大腿，抬起头，水灵灵的大眼睛扑闪扑闪，嘴巴嘟囔着"抱抱，抱抱"。妈妈每次都招架不住，还是向孩子妥协，导致索索很大了也不能稳当地行走
案例分析	

指导策略	**解决流程**	
	指导方法	

3—6岁儿童动作与姿态发展学习任务单

案例描述	糖糖在家里是姐姐。弟弟年纪小，才几个月大，家里人将更多的精力放在了弟弟身上，对糖糖的照顾就相对减少了些。对于糖糖的要求，父母也只能尽量满足她。长期下来，就导致了糖糖没有养成自己做事的能力，与其他孩子相比较运动较少，动作发展缓慢，手脚不协调
案例分析	

续表

指导策略	解决流程	
	指导方法	

课外拓展

育儿小常识

小玩具，大智慧！宝宝的玩具你挑对了吗？

1. 根据性别选玩具？不必！

一般来说，给女孩挑玩具，成人可能下意识地选粉色洋娃娃、毛绒玩具；而给男孩挑玩具一般都是机器人、小汽车。"娃娃=静态，汽车=动态"，如此看来，女孩接触"锻炼空间认知和肢体运动"玩具的机会显然更少。由此可看出，成人给孩子选择玩具的"性别偏见"，在一定程度上会影响孩子能力的发展。这里推荐英国广播公司（BBC）曾经拍过的一个小短片——《性别差异：男孩玩具VS女孩玩具》。

2. 根据喜好选玩具？可以。

每个儿童都有自己的喜好和特点，作为成人要针对每个儿童各自的优劣势，有针对性地选择玩具。如，有的儿童运动能力较好，可以给他买小车或者各类球，有助于其优势的进一步提高；另外，并非只能迎合儿童的兴趣，还需注意"补缺"。比如，十几个月的儿童，家长每日里大多数时间给儿童安排的都是户外运动，这是非常需要的，但不要忽略给儿童买一些套筒、套娃或者各种积木，让儿童也有发展精细动作的机会。

3. 根据年龄特点选玩具？是的！

家长还要根据儿童的年龄特点提供适合的玩具。如，1—2岁是儿童精细动作能力发展极为迅速的时期，这个阶段的精细动作发展以手部的操作动作为主。家长可以引导孩子进行拧瓶盖、剥鸡蛋、串珠子、涂涂画画、套圈、拼图、玩沙、玩水等游戏，以此训练儿童的手部动作。到2—3岁，就要着重训练儿童的手指协调和控制能力，剪纸、折纸、玩橡皮泥、粘贴等都是很好的训练方式。

如何提升儿童的专注力？

如何培养儿童的生活自理能力？

资源链接

视频：早期教育：如何引导6个月的宝宝为爬行做准备？腾讯视频。

任务三　运动与健康

情景导入

不爱运动的安安

最近，妈妈去幼儿园接3岁的安安，老师总是反映安安在幼儿园不爱运动。上午活动时间，小朋友都在练习拍球，安安却说："太累了，我不想玩。"下午，老师带领小朋友一起玩"钻房子"游戏，安安觉得没意思，自己跑去看书了。安安从小体质差，走路时间长了就喊累，久而久之，身体越来越胖，体育运动就更不愿参加了。

思考： 1. 3岁儿童运动发展的特点是什么？

2. 教师应该如何指导家长帮助孩子开展运动？

知识学习

一、运动与健康的含义

人生百年，立于幼学，百年大计，教育为本，悠悠民生，健康为重。"生命在于运动""运动是一切生命的源泉"，这些有关运动的名句，我们耳熟能详，但随着互联网的发展和静态生活的盛行，我们对于运动却越来越忽略。身体健康是一切的基础，锻炼身体素质最好的方式便是运动。运动与吃饭、睡觉一样，是人健康生活必不可少的，关系到家庭生活的质量。

（一）什么是运动

广义上，运动被称为身体活动或体力活动。狭义上，运动是指儿童在自身神经运动系统的支配下，全身上下多个部位或单独某个部位关节骨骼肌肉的收缩活动。

这种收缩活动既可以是精细运动，也可以是粗大运动；既可以是户外运动，也可以是室内运动。研究表明，0—6岁儿童的运动与其骨骼、心肺健康、动作和认知能力发展以及社会心理等健康指标均密切相关，并且也持续影响着儿童成年后乃至一生的健康。因此，运动与营养、睡眠、情绪和亲子关系等要素一起构成了儿童生长发育的最基本条件，运动保健也成为家庭养育的重要任务之一。

（二）什么是健康

不同的群体对健康的认知各有差异。部分家长认为健康就是没有疾病或者不虚弱；有些家长认为能正常生活、工作和娱乐就是健康的。以上对健康的定义有些管中窥豹。早在1948年，世界卫生组织（简称"WHO"）就明确指出："健康是一种身体、心理和社会性的完满状态，而不仅仅是没有疾病或虚弱的状态。"其中，身体方面应当发育匀称，功能健全；心理方面应当情绪稳定、精力充沛；社会性方面应当社会关系和谐，道德健康。按照皮亚杰的认知发展理论观点，学前儿童的道德认知发展处于前道德判断阶段，不具备良好的道德能力，故不宜选取道德指标来衡量学前儿童的健康。同理，学前儿童刚从家庭进入社会，其社会性发展处于起步状态，社会适应也不应作为评价指标。鉴于学前儿童的发展水平，其健康标准通常只包括身体健康和心理健康两个层面。

二、0—6岁儿童运动与健康的发展特点

（一）0—6岁儿童运动的发展特点

不同年龄阶段的儿童，身心发展的水平各有差异，其运动发展特点也不同，而且适合每个年龄阶段儿童的运动类型也不同，0—6岁儿童运动的发展特点见表3-3-1。

表3-3-1 0—6岁儿童运动的发展特点

年龄阶段	发展特点	典型表现
0—1岁	自上而下；由近及远	先会抬头，然后会两手取物，再会独自坐立，再会直立，最后学会行走；先进行近躯干的肌肉活动，然后到肢体远端的肌肉活动
1—3岁	行走与自主行动能力增强	获得走路、奔跑、跳跃等技能；会爬楼梯、串珠子、玩沙等
3—6岁	运动技能逐渐完善	可以进行自主游戏或亲子互动游戏；走、跑、跳等动作的协调性更好；可以进行轻中度运动

1. 0—1岁婴儿——被动运动

0—1岁是婴儿粗大运动发展的关键期，如翻身、坐、行走等。这个时期婴儿的运动发展规律是：自上而下，抬头—两手取物—坐—直立—行走；由近及远，近躯干的肌肉活动—肢体远端的肌肉活动。因其运动能力有限，初期最佳的运动方式是被动运动，且运动时需要根据运动发展规律及身体发育情况选择合适的运动强度。如新生儿阶段的宝宝，他们尚不能自主行动，可以在状态好时每天练习30分钟俯趴，锻炼其颈部、背部和四肢的肌肉。另外，家长可以适当地给婴儿做亲子抚触，这样不仅能增进亲子关系，带给婴儿安全感，对其神经系统发育也大有益处。对于会爬行的婴儿，家长还应鼓励其多爬，每次累计10—20分钟。在这个阶段，建议每日运动时长0.5—1小时。家长需要注意给婴儿提供一个干净、舒适、安全的运动环境。

2. 1—3岁儿童——轻度运动

1—3岁的儿童已具备基本行走与自主行动的能力，可以开展较为丰富的运动活动。这个时期的运动，主要目的在于促进儿童的肌肉发展、增强身体的协调性，并为运动技能的习得奠定基础。总体来说，这阶段以玩为主，适当增加每天的运动量，让儿童在玩中锻炼身体。这一阶段的活动以亲子互动游戏为主，每天间歇进行游戏活动，其中以大运动锻炼为主的身体活动时间至少为60分钟。充满活力的身体运动应贯穿全天，以轻度活动为主，注意动静交替，如爬楼梯、奔跑、扔球、玩滑梯、玩沙、串珠子、搭积木等。需要注意的是，这个时期的儿童还不具备很好的安全意识和自我保护能力，所以家长要注重游戏环境和运动过程中的安全。家长不要以孩子小为由，缩短户外运动时长。实际上，儿童的精力非常旺盛，加之此时他们好奇心强烈，应放手让他们在安全限度内自由探索、运动。此阶段儿童运动时长建议为每日1—2小时。

3. 3—6岁儿童——轻中度运动

随着年龄的增长，儿童大脑发育和身体机能逐渐完善，儿童运动的类型随之丰富起来。家长应充分利用居家生活空间和环境，开展以徒手练习为主、亲子共同参与和增加运动能量消耗的各种运动游戏和亲子活动。3—6岁儿童的运动以游戏为基本活动形式，家长应鼓励儿童积极参与游戏。儿童的运动类型包括日常活动（如家务活动、整理玩具等）、玩耍游戏（如移动类游戏、物体控制和肢体精细动作类游戏等）和体育活动（如游泳、体操等）。具体推荐活动见表3-3-2。学龄前儿童的运动量应适宜，每天身体累计的活动总时间可达180分钟，其中，中等强度的身体活动时间可达60分钟，户外运动时间至少可达90分钟。有研究证明，每天2小时以上的户外运动，能够有效地预防近视。学龄前儿童身心发展尚未完善，对意外情况无法及时妥善处理。因此，运动时需要成人陪同或看护，评估运动风险，并选择适合儿童身体能力水平和健康目标的运动，可以减少受伤和其他意外伤害的风险，但不必过多限制其活动方式。

表3-3-2 3—6岁儿童推荐活动

类型	推荐活动		
日常活动	1. 日常生活技能（用筷子吃饭、系鞋带、穿衣服等）		
	2. 家务劳动（洗小件物品、擦桌子、扫地、整理玩具和自己的物品等）		
	3. 积极的交通方式（步行、上下楼梯、骑车等）		
玩耍游戏	1. 以发展基本动作技能为目标的游戏	移动类游戏：障碍跑、跳房子、跳绳、爬绳杆、骑脚踏车、骑滑板车等；	
		姿势控制类游戏：金鸡独立、过独木桥、前滚翻、侧手翻等；	
		物体控制类游戏：推小车、滚轮胎、扔沙包、放风筝、踢毽子等；	
		肢体精细动作类游戏：串珠子、捏橡皮泥、折纸、搭积木等	
	2. 以发展重要身体素质为目标的游戏	灵敏：老鹰捉小鸡、抓人游戏、丢手绢等；	
		平衡：过独木桥、金鸡独立、荡秋千、蹦床等；	
		协调：攀爬（攀岩墙、攀爬架和梯子等）、小动物爬行（熊爬、猩猩爬、鳄鱼爬等）	
体育运动	游泳、做体操、踢足球、打篮球、练跆拳道、练武术、打乒乓球、打棒球、滑冰、滑雪等		

（二）0—6岁儿童健康的发展特点

0—6岁儿童的身体和心理都处于不断生长发育过程中，他们在与周围环境和人的相互作用中不断地社会化。人们对于健康的理解会随着时间的推移不断变化。研究表明，儿童的健康通常包含身心两个层面，主要体现在身体各个器官、组织的生长发育正常，没有生理缺陷，能有效抵抗各种急慢性疾病，体质不断增强，同时心理发展达到相应年龄组儿童的正常水平，情绪积极、性格开朗、无心理障碍（表3-3-3）。

表3-3-3 0—6岁儿童健康的发展特点

年龄阶段	发展特点	典型表现
0—1岁	身体快速发展；心理初步发展	身高体重增长显著、头围胸围变化明显、消化能力进步快速、身体动作逐渐分化；感知觉功能强弱不一、与人交往的需求逐渐增加
1—3岁	身体发展更加精细；心理发展出现转折	身高体重增长速度放缓、大脑高速发育、大肌肉群动作优先于小肌肉群动作发展；言语真正形成、思维能力开始出现、自我意识开始萌芽

续表

年龄阶段	发展特点	典型表现
3—6岁	身体发展趋于成熟；心理发展更为深刻	体重增长速度落后于身高增长速度、大脑发育趋于成熟，动作灵活性、协调性和准确性增强；认识活动的具体形象性、心理活动及行为的无意性、开始形成最初的个性倾向

1. 0—1岁婴儿健康的发展特点

0—1岁是婴儿身心发展速度最快的一个时期。这一年龄阶段的婴儿在身体发展发育方面呈现出以下特点：①身高体重增长显著。出生后的第1年其平均身高增长25厘米（是出生时的1.5倍），体重增长6—7千克（是出生时的3倍），1岁时身高达75厘米，体重达10千克左右。②头围胸围变化明显。出生时，其头围大于胸围，1岁时胸围接近头围大小。其身体比例仍是头大、腿短，身体重心比成人高，不容易保持平衡。③消化能力进步快速。刚出生时，婴儿不具备咀嚼能力。1岁时，可以吃软烂的各种固体食品，其消化能力接近成人。④身体动作逐渐分化。刚出生时既不能翻身，也不会抬头，仅能蹬腿、挥胳膊。经过1年发展，婴儿学会了抬头、翻身、坐立、爬行、站立，开始蹒跚学步；手部动作发育从无意识地挥动手臂到有目的地抓握，再到用拇指和示指取细小物体。

0—1岁是婴儿心理初步发展的时期，也是为后期的发展做准备、打基础的时期。①感知觉功能强弱不一。刚出生的婴儿能看见物体，对光反应敏感，但视物模糊，仅能看见近物；能分辨不同的声音，嗅觉和味觉敏感。②与人交往的需求逐渐增加。半岁左右，婴儿开始主动地与成人交往，当妈妈不在时，已能自觉地发出各种信号呼唤成人，其中最常用的手段是哭。这时，婴儿的啼哭并非是因为饥饿或身体不适，只是因为无人理睬，妈妈只要把脸凑过来和他们讲话，哭声就停止了。半岁到1岁，婴儿与人交往的愿望更加强烈，交往行为也更为复杂。

2. 1—3岁儿童健康的发展特点

1—3岁为先学前期。在这一时期，儿童的发展呈现出如下特点：①身高体重增长速度放缓。儿童出生后第2年，平均身高增长10厘米，体重增长3千克。②大脑高速发育。主要体现在脑重量快速增加、脑细胞数量增多、细胞体积增大，3岁时儿童的脑重量约为成人的80%。③大肌肉群动作优先于小肌肉群动作发展。儿童从1岁开始摇摇晃晃走路，到3岁时已基本掌握了走、跑、跳、攀爬等基本动作技能，并初步具备系纽扣、用勺吃饭等较复杂的精细动作能力。

1—3岁是儿童心理发展的一个重要转折期，期间出现了许多对人的发展有重要影响的事件：①言语真正形成。先学前期是儿童初步掌握本族语言的重要时期。在短短的两三年时间里，儿童不仅能理解成人对他讲的话，而且能够运用语言比较清楚地表达自己的思想，同时，还能根据成人的言语指示调节自己的行为。②思维能力开始出现。儿童的思维在1.5—2岁发生，先学前期儿童的思维以直觉行动思维为主，其行动具有直观性和行动性，缺乏行动的计划性和预见性。③自我意识开始萌芽。在与他人、事物的交往中，在"人"与"我"、"物"与"我"的比较中，1—3岁儿童形成了对自己的认识。这一时期儿童的自我意识突出表现为"闹独立"。1岁多的儿童产生了独立的需要，如学会走路后，外出时不要成人抱；2岁左右，儿童独立行动的愿望更加强烈，表现为固执、不听从成人的吩咐等。

3. 3—6岁儿童健康的发展特点

学龄前期是指3—6岁进入幼儿园学习的阶段，这一时期的儿童在各方面发展突出。①体重增长速度落后于身高增长速度。学龄前儿童平均每年身高增长5厘米，体重增加2千克。体重增长速度明显比身高增长速度慢，儿童会出现"抽条"现象。6岁时，儿童身体发育比例接近成人。②大脑发育趋于成熟。6岁时儿童的脑重量接近成人，神经纤维完成了髓鞘化，神经纤维传递信息更快、更准确。③动作灵活性、协调性和准确性增强。在运动技能方面，表现出良好的走、跑、跳、爬、跨、攀登、投掷等能力；在手的精细动作方面，3—4岁的儿童能熟练地使用勺子吃饭、用笔涂鸦；4—5岁时能用筷子吃饭、使用剪刀；5—6岁时能使用简单的劳动工具。

3—6岁儿童在心理发展上呈现出了三个最基本特点：①认识活动的具体形象性。这一时期的儿童以具体形象思维为主，儿童主要通过感知、依靠表象来认识事物，具体形象的表象左右着儿童的整个认识过程，其思维活动也难以摆脱知觉印象的束缚。②心理活动及行为的无意性。儿童控制和调节自己的心理活动和行为的能力仍然很差，很容易受其他事物的影响而改变自己的活动方向，因而行动表现出很大的不稳定性。随着年龄的增长，这种状况逐渐有所改变。③开始形成最初的个性倾向。儿童个性表现的范围比以前广阔，内容也深刻多了。无论是兴趣爱好方面、行为习惯方面、才能方面，还是对人对己的态度方面，都开始表现出自己独特的倾向。

三、儿童运动与健康的指导策略

健康是指人的身体技能、体质能力、心理思绪、道德发展都保持一种良好的状态，而运动则是促进健康目的达成的重要途径之一。家庭教育指导者需要在掌握0—6岁儿童运动与健康发展特点及规律的基础上，为儿童运动与健康发展的早期教育指导提供建议和策略。

（一）帮助家长建立科学正确的运动与健康观念

1. 引导家长树立全面的健康观，促进儿童全面发展

时代不同，人们对健康的理解也不相同。以前，人们奉行的是"一维"健康观，认为"无病即健康"。把健康看成是没有疾病，这种对健康概念的认识是消极的，也是不全面的。健康和疾病并非如同一枚硬币的正反两面，而是人的生命状态的两个端点，它们之间存在着无数种不同谱级的状态。现代健康的含义是多元、广泛的，除了无疾病、身体健康外，还包括心理健康、社会适应良好及道德健康。各个维度的健康构成了儿童的全面健康。在儿童的成长过程中，其心理健康最容易被家长所忽略。针对儿童心理健康问题，《儿童蓝皮书：中国儿童发展报告（2021）》指出，由于生活节奏的加快和社会竞争的日趋激烈而引起的家庭结构和功能的改变（如父母离异、高龄二胎问题、农村留守儿童增多）以及社会环境的改变，都在无时无刻影响着儿童的心理健康。因而，在家庭教育指导过程中，家庭教育指导者应帮助家长树立正确的、全面的健康观，在重视儿童身体健康的同时，也应高度重视心理健康。

2. 指导家长避免过度保护，给予儿童运动空间

活泼好动是儿童与生俱来的特性，随着儿童独立性的萌芽，其活动的范围在扩大。大多数儿童是"充电五分钟，待机一整天"的精力狂。他们的精力需要在活动和运动中得到释放。许多家长尤其是隔代抚养的家庭为了保护儿童不受伤害，在生活中怕孩子摔了、磕了、碰了，不让孩子随意奔跑、走动。这种过度保护，实际上限制了儿童精力的释放，不利于其身心的健康成长。过度保护使得儿童鲜有机会去探索和亲身感知，去努力发展和表现运动潜力，致其运动发育落后、运动能力丧失。作为儿童动作发展和运动教育指导的第一任教师，家长应适当将手中的线放一放，给儿童足够的空间，解放儿童的天性。当儿童学会爬行且想爬的时候，家长应提供一块安全的空地让他自由爬行；当儿童蹒跚学步时，家长应多鼓励、多支持。

练一练

虫虫已经2岁了，可是他依然走不稳，也不会跳。妈妈很是着急，于是带虫虫去医院检查。医生一番了解后发现，妈妈孕期健康，足月生产，分娩过程正常，虫虫新生儿期没有任何疾病，身高体重也是正常的。经过详细的检查，没有任何脑瘫迹象，医生详细询问了妈妈平时带孩子的情况。虫虫妈妈说家里有5个人带

孩子，有爸爸、妈妈、爷爷和奶奶，还有一个保姆，平时大家怕虫虫摔了、碰了，所以抱得多，让他活动得很少。

分析：虫虫为什么2岁时还走路不稳，也不会跳？如果是你，你会如何指导家长解决这一问题？

3. 帮助家长遵循儿童发展规律，引领儿童适宜发展

为更好地促进儿童在活动过程中发展体能，养成良好的健康心态和运动习惯，家长要根据不同年龄阶段儿童的发展规律进行引导，尽量做到适切、适度、适量。0—1岁婴儿运动发展的顺序是"三翻、六坐、八爬、九站、周会走"，这一时期婴儿的运动以被动运动为主，家长可根据发展顺序进行各种形式的亲子运动，如婴儿抚触、被动操、被动翻身、扶站等。1—3岁儿童的运动能力迅速提升，灵活性逐步提高。此阶段的运动已由被动运动发展为自主运动。儿童慢慢习得爬上爬下、钻洞、抛球、跟着音乐跳舞等技能。除了训练运动能力，家长还可以训练儿童弯腰捡东西、原地跳跃，锻炼其协调性。3—4岁儿童以感知运动类活动为主，活动内容应简单，动作容易完成，活动量较小，侧重让儿童养成运动习惯，感受运动乐趣。4—5岁儿童体力明显增强，身体运动技巧变得灵活和协调，故家长要提高运动活动的目标和任务难度。5—6岁儿童身体动作更为灵敏，手眼协调和身体各部分关节的调节能力较强，对于运动规则较容易接受和理解，他们对活动的要求不仅停留在玩的层面上，更要求具有挑战性。因此，家长可以开展规则性体育活动。

（二）指导家长帮助儿童养成良好的运动习惯和卫生习惯

1. 指导家长激发儿童内驱力，养成良好的运动习惯

内驱力是心理学中的一个重要概念，是指在有机体需要的基础上产生的一种内部推动力，是一种内部刺激。兴趣是最好的老师，最好的运动内驱力是儿童对运动本身抱有强烈的兴趣和探索欲。在家庭生活中，家长可以借助游戏和正面教育等形式，激发儿童参与运动的兴趣。老鹰捉小鸡、跳房子、踢足球、亲子跳绳、钻山洞……这些体育游戏简单易操作、趣味性强，能锻炼儿童的跑、跳能力，增强腿部肌肉力量。当儿童在运动过程中，因遇到困难而想要放弃时，因摔倒、跌倒而气馁时，家长不要批评、责骂儿童，而应持一种积极的态度鼓励、表扬他，帮助儿童克服困难，坚持到底。

2. 引导家长以身作则，培养儿童良好的卫生习惯

0—6岁儿童的学习方式以模仿为主，他们的习惯养成容易受周围环境和人的影

响。如果家长没有良好的卫生习惯，那么孩子也很难养成良好的卫生习惯。家长是孩子的一面镜子。家长首先要在观念上进行转变，强化自己注意个人卫生的意识；其次要做到以身作则，严格要求自己，发挥家长的榜样作用，用自己的实际行动来带动儿童一起养成良好的个人卫生习惯。如，早晚刷牙、饭前便后洗手、勤洗澡、勤换衣物、勤剪指甲等。

（三）培养家长科学运动与健康养护的能力

1. 提升家长创设良好家庭微环境的能力，助力儿童健康成长

相关研究认为，儿童的运动发展和健康成长离不开周围环境的影响及成人的指导。儿童早期发展的环境主要是家庭，作为家长，创设的微环境质量在很大程度上决定了儿童运动发展与健康成长的方向、速度和水平。良好的家庭微环境特指物质环境和精神环境。首先，家长应创设一个安全、自由、适宜的物质环境。室内应宽敞明亮、干净整洁，购买的家具应该边角圆滑，选择的地板应平整干净，为儿童的爬行、站立、行走、活动提供安全保障。特别是当儿童到了学习爬行、开始站、能走路的阶段，家长不应过度保护，将其束缚在儿童车、狭小的活动围栏里，而应在保障安全的前提下，让儿童自由活动。其次，家长要营造宽松、和谐、温馨的精神环境，如，和谐的亲子关系和夫妻关系、宽松民主的家庭氛围、安全愉悦的心理环境等。在这种良好的精神环境下成长的儿童，更容易产生积极的情绪体验，形成活泼开朗、自尊自信的性格，表现出富有朝气的个性特点。相比于物质环境，精神环境对儿童健康成长的影响将更为深远。

2. 丰富家长的运动防护知识，提升其健康养护的能力

科学合理的运动是促进学前儿童健康的有效手段之一。科学的运动不仅是强健体魄的关键所在，也是促进其智力开发和身心全面发展的重要动力。作为家长，一方面需要掌握一些必要的运动防护知识。因为儿童判断危险和自我保护能力都较弱，在运动时各类意外伤害不可避免地随之而来，家长应扮演好守护者的角色。比如，运动前，儿童需要进行一定时间的热身运动；运动后，儿童不可大量饮水、不可立即洗澡，应进行营养补充；儿童在进餐后、情绪不佳时不宜运动。行源于知，知识对于行动的转变起着先导作用。具备丰富的运动防护知识是保障儿童活动安全的前提。另一方面，家长需要不断提升健康养护儿童的能力。家长可通过阅读一些家庭健康教育方面的书籍，浏览专门的育儿网站来丰富自己对儿童健康养护方面的知识，提升健康养护能力。

指导任务书

0—3岁儿童运动与健康能力指导任务书

案例描述	3岁的小雨两耳有先天性听力障碍，需要佩戴助听器，且小雨性格内向。 　　星期天下午，妈妈带小雨到楼下游乐场去玩。其他小朋友都在和同伴玩着有趣的运动活动。小雨一个人站在旁边，似乎有些不知所措。妈妈走到她身边，询问她想要玩什么运动器械，她却默不吱声。于是，妈妈拿起了一个沙包给她，让她试试投掷游戏，可是没玩多久，小雨就把沙包放下了
案例分析	投掷沙包属于大动作活动。根据小雨的表现来看，她的运动能力发展较弱。 　　首先，小雨性格内向，由于听力受损，她平时可能不太主动与同伴交流，所以她的朋友很少，总是一个人在旁边容易被忽视，在运动时也不太会有同伴来邀请她。 　　其次，小雨性格内向，平时不太愿意和同伴交流，导致其社会交往能力弱，缺乏加入同伴游戏中的交流技巧
指导策略	**解决流程**　识别儿童行为类型→分析儿童行为原因→培养儿童良好行为习惯 **指导方法** 　　1. 帮助家长激发儿童运动的兴趣：利用模仿小动物走路、各种运动项目小竞赛等活动激发儿童兴趣 　　2. 帮助家庭了解儿童的能力：根据身体情况，进行运动能力测试 　　3. 帮助家长培养儿童热爱运动的习惯：家长可采用榜样示范法和正面教育等方式帮助儿童喜欢上运动

3—6岁儿童运动与健康能力指导任务书

案例描述	5岁的笑笑上幼儿园中班。一天，笑笑和小朋友一起玩，不小心摔了一跤，腿上有轻微的淤青。笑笑没有哭，回到班级继续参加活动。下午笑笑妈妈来接他时，笑笑撸起裤腿，跟妈妈撒娇说："妈妈，我的腿好疼啊。"妈妈看了看他的腿，笑着对他说："笑笑不小心摔跤了，很难受，回去后妈妈给你擦点药就不疼了。""好的，妈妈。我以后不想参加幼儿园的体育活动了。"妈妈安慰说："就是因为我们平时运动少了，所以才会摔跤啊。我们笑笑已经是中班的大哥哥了，很勇敢，下次我们注意安全就好啦。"之后妈妈和笑笑一起学习了户外活动的安全知识，他现在很少受伤了，在游戏中还会提醒其他孩子注意安全
案例分析	儿童在运动和活动过程中难免会受伤，当儿童因为遇到挫折就想放弃运动时，家长应鼓励儿童，并和儿童一起探寻解决问题的办法。 　　首先，笑笑动作协调性发展尚未成熟，所以有时候可能容易摔跤，摔跤后容易出现畏难情绪，产生不想再参加活动的想法。 　　其次，笑笑摔跤后，想要获得妈妈的关注和安慰，所以对妈妈说以后不想参加活动了

续表

指导策略	解决流程	识别儿童行为类型→分析儿童行为原因→培养儿童良好行为习惯
	指导方法	1. 帮助家长建立科学和正确的运动与健康观念：全面的健康观，避免过度保护，遵循儿童发展规律
		2. 指导家长帮助儿童养成良好的运动习惯和卫生习惯：激发儿童内驱力，以身作则
		3. 培养家长科学运动与健康养护的能力：创设良好环境，丰富运动防护知识，提升养护能力

学习任务单

0—3岁儿童运动与健康能力学习任务单

案例描述	奇奇现在2岁了，已经学会自己走路了。这天，奇奇妈妈带他到商场买衣服，担心奇奇走丢，所以一直牵着他。奇奇总是闹着要一个人走，不让妈妈牵。奇奇妈妈只好放手，紧紧地跟着他。在经过一个货架时，奇奇不小心被绊倒了，奇奇妈妈没有扶他，而是让他自己爬起来，顺便抓住机会耐心地跟他讲道理	
案例分析		
指导策略	解决流程	
	指导方法	

3—6岁儿童运动与健康能力学习任务单

案例描述	6岁的牛牛喜欢踢足球，于是家里人给他报了足球兴趣班。在幼儿园里，牛牛会带着他的足球，经常在教室里踢来踢去，对其他课程兴趣不大。妈妈决定让牛牛安心学习，暂停了足球课，牛牛很生气。1个月后，妈妈发现牛牛对学习越来越不感兴趣，很消沉。家里人讨论后，认为之前的行为可能伤害了牛牛，让他产生了厌恶。爸爸决定和牛牛一起踢足球，并和他谈谈心
案例分析	

续表

指导策略	解决流程	
	指导方法	

课外拓展

育儿小常识

六种运动过早做易"伤"孩子

1. 儿童不宜进行拔河比赛

拔河是一项对抗性较强的运动，往往会使儿童的手掌皮肤被绳索磨破，甚至由于双方拉扯时间过长，用力过猛，在强烈的外力作用下，容易引发脱臼或软组织受伤，严重的还会引起变形，影响儿童体型健康。

2. 儿童不宜进行肌肉负重力量锻炼

儿童是先长身高，后长体重，且肌肉含水分较多，含蛋白质和无机盐很少，力量弱，易于疲劳。

3. 儿童不宜倒立

尽管儿童的眼压调节功能较强，但如果经常倒立或每次倒立时间过长，会损害眼睛对眼压的调节。

4. 10岁以下儿童不宜玩碰碰车

儿童的肌肉、韧带、骨质和结缔组织等均未发育成熟，受到强烈震动时容易造成扭伤和碰伤。

5. 8岁以下儿童不宜玩滑板车

儿童的身体正处于发育的关键时期，如果长期玩滑板车，会出现腿部肌肉过分发达，影响身体的全面发展，甚至影响身高发育。此外，玩滑板车时腰部、膝盖、脚踝需要用力支撑身体，这些部位非常容易受伤。

6. 儿童不宜掰手腕比手劲

儿童四肢各关节的关节囊比较松弛，坚固性较差，加之骨骼还没完全骨化，易在外界各种不良因素的影响下发生肢体变形。如较长时间用一臂练习扳手腕，可能造成两侧肢体发育不均衡，甚至使脊柱发生侧凸。

儿童运动受伤后的护理

推荐图书

[1] 国家体育总局青少年体育司，国家体育总局体育科学研究所.儿童青少年运动健康促进科普问

答[M].北京：人民邮电出版社，2020.

[2]（美）约翰·瑞迪，埃里克·哈格曼.运动改造大脑[M].浦溶，译.杭州：浙江人民出版社，2014.

[3]黄涛.运动损伤的治疗与康复[M].北京：北京体育大学出版社，2010.

资源链接

1. 视频：引导孩子健康运动快乐学习，乐视视频。

2. 视频：儿童保健护理之适合3岁以上儿童玩的平衡运动，爱奇艺视频。

项目四

美的教育指导

美育是什么？罗曼·罗兰说"艺术的伟大意义，基本上在于它能显示人的真正感情、内心生活的奥秘和热情的世界。"孔子主张运用"诗教"和"乐教"来培养"仁人君子"，老庄则把美育扩展到大自然领域。艺术是人类感受美、表现美和创造美的重要形式，也是表达自己对周围世界的认识和情绪态度的独特方式。

美是人类源于内心的一种本能追求，儿童会发自内心地去探索美的事物，以满足自己的审美需求。美育在儿童全面发展中起着重要的作用，是儿童的一种精神成长性需要的满足，没有直接功利性，并以活动过程本身为目的需要的满足。美育是儿童感性地把握世界的一种方式，是表达对世界的认识的另一种"语言"。美育对儿童更具有促进向善与益智等价值。对于家庭教育指导者，更需要关注儿童的审美感受，指导家长了解审美教育的目标、任务、主要内容和实施途径，对儿童审美心理和家庭美育有更详细的了解。

学习目标

1. **知识目标：** 掌握家庭教育中美的教育的含义、特点和指导要点。
2. **能力目标：** 能发现并指导家长解决美的教育中的现实问题。
3. **素养目标：** 愿意积极主动参与儿童美的教育指导工作，愿意积极与家长沟通，形成充满活力、多方协作、开放高效的美育新格局。

任务一　感受与欣赏

情境导入

小小"艺术家"

团团是一名中班的儿童，但在最近的艺术欣赏活动中，团团变得一言不发，如果问到团团，她也总是呆呆地回答："我不知道。"一天离园时，老师向团团妈妈进行了反馈，可团团妈妈却说："不会的呀，我们从1岁开始就每天给她听各种名家音乐，而且2岁多就开始让她学画画，马上我们还准备让她学钢琴呢！"

思考：1. 这位妈妈在儿童的艺术欣赏教育上有何误区？

　　　2. 儿童的艺术欣赏教育目的是什么？

　　　3. 教师应如何指导家长进行艺术欣赏教育？

知识学习

一、感受与欣赏的含义

美的感受与欣赏是儿童艺术表现与创作的基础。美的感受与欣赏是儿童被自然界与生活中美的事物或者艺术作品所吸引，并调动感知、想象、情感等共同参与的一种艺术能力。美的欣赏教育对儿童的艺术能力发展和心灵健康成长具有重要意义，科学地开展儿童美的欣赏教育有利于促进儿童的各项能力发展，保证儿童的心灵健康成长。

（一）什么是感受

感受，是指接触外界事物得到的影响。儿童对美的感受，即通过审美感官对客体形象从局部到整体的全面感知，是儿童对艺术形象进行感受、理解和评价的思维活动过程。

对于儿童来说，欣赏能力的提高，首先在于感受力的培养，感受是有效欣赏的前提。在各种艺术能力中感受力是最根本的能力，它是儿童从事艺术活动的基础，是儿童艺术能力发展的基石。不论儿童从事艺术欣赏活动还是创作活动，都需要具备一定的感受力。感受力在美术活动中表现为"能感受形式美的眼睛",在音乐活动中则表现为"有音乐感的耳朵",如果缺少了感受力,再富有韵味的美对儿童也毫无意义。

(二)什么是欣赏

欣赏是审美活动的主要形态之一。欣赏者在感受的基础上,凭借自己的体验和想象,对美的事物进行新的补充和丰富,欣赏具有对事物进行再创造的性质。

儿童对美的欣赏一般分四个阶段:一是直觉阶段,即对事物直接感知,只反映了事物某些方面的属性,还不是事物完整的形象。二是再现阶段,再现,即再创造,通过再造想象的心理活动,使艺术形象完整地全部再现出来。儿童凭借作品所提供的直接形象,通过想象把它再现出来。三是深入本质阶段,即在直觉和再现的基础上,通过理性的分析与综合,使认识进一步深化,这时所获得的美感比前阶段更为凝练、深沉。四是再评价阶段,即欣赏者对美的事物的再评价。这个评价可能和创作者的评价一致,也可能相反。

二、0—6岁儿童感受与欣赏能力的发展特点

不同年龄阶段儿童感受与欣赏能力的发展具有不同特征,0—6岁儿童感受与欣赏能力的发展特点具体如表4-1-1。

表4-1-1 0—6岁儿童感受与欣赏能力的发展特点

年龄	发展特点	典型表现
0—12个月	注意力的发展; 感觉器官探索环境; 对音乐、色彩感受力的萌芽	能够注意身边的事物; 会闻、听、看、摸和尝,对身边的物体或声音感兴趣; 如会注意到拨浪鼓的响声,然后被吸引去"摸"声音,用嘴或手去体验拨浪鼓; 能够听音乐并且在音乐中变得平静; 能够专注于明亮或是对比鲜明的颜色; 能够注视图片、照片和镜中的形象
8—21个月	对自然的关注; 通过动作、表情表达情绪	当看到飘动的树叶时会表现出惊讶
18—36个月	自然的感知力发展; 对美的事物有情感偏好; 能发现事物的美感差异	会闻花香,会关注自然中的植物、昆虫; 主动要求放喜欢的歌曲、音乐或旋律; 容易被颜色鲜艳的花花草草所吸引

续表

年龄	发展特点	典型表现
3—4岁	自然美的感受力； 艺术作品欣赏力的萌芽	容易被自然中美的事物所吸引，如看到花丛中漂亮的蝴蝶会随之追逐奔跑； 喜欢听音乐，观看艺术作品
4—5岁	感知特征与变化； 欣赏时产生情绪反应	能够通过各种感官感受艺术作品的特征与变化，如听到音乐的变化后做出相应的动作反应； 听到欢快的音乐时会表现得非常兴奋
5—6岁	美感的分享； 感知作品风格	愿意和别人交流美感体验； 能够感受到不同作品的风格特征

（一）儿童的感受与欣赏力呈现"注意—感知—感受—欣赏"的发展趋势

在婴儿时期，儿童便展现出初步的感受力，但仅仅停留在关注与注意的阶段。0—12个月的婴儿注意到身边的事物，并能够通过一些感官去进行探索，如爸爸妈妈在宝宝耳边有节奏地摇动摇铃，宝宝会用耳朵辨别声音的方位，并用手去抓握摇铃。对事物的关注是婴幼儿感受与欣赏力发展的第一步。

从12月龄开始，婴幼儿慢慢从对事物的注意走向对事物的感知，并通过对事物的感知发现事物在美感上的差异。比如婴幼儿会被栀子花香吸引，并凑近用鼻子闻，从而建立"栀子花会散发香味"的知觉，这为接下来儿童时期感受力的发展打下了坚实的基础。

从30月龄开始，儿童的感受力逐渐开始发展，逐渐有自己喜欢的音乐和艺术作品，如听到欢快的音乐，儿童会随之跳动。4岁左右儿童的欣赏能力开始发展，已经能够通过各种感官感受美的事物的特征与变化。比如听到连贯流畅的音乐时，儿童能够用动作、绘画、语言等多种方式表达自己的感受。到了5—6岁时，儿童已经能够和他人交流自己的美感体验。

（二）儿童对美的经验来源于自然与生活

儿童的思维发展呈现从直觉行动思维向具体形象思维的发展过程，这一思维发展特点决定了儿童对事物的感知依靠于直接经验，因此，无论是0—3岁或3—6岁的儿童对美的经验都直接来源于他们对生活和自然的感知与体验。8—21个月的儿童会对自然中新鲜的事物表示关注，并产生一定的情绪反应，如看到飘落的树叶会表现出惊讶。3岁的儿童也容易被自然中美的事物所吸引，如虫声、雨声，或花丛中飞舞的蝴蝶。3—6岁的学龄前儿童慢慢开始接触一些艺术作品，但他们所欣赏的艺术作品往往都和自然与生活相关，如欣赏美术作品《海底世界》，儿童会迁移自己在海洋馆的经历，与作品的画面及内容产生情感上的共鸣。

（三）儿童对美的感受是通过多种感官进行的

从婴儿时期开始，儿童便通过各种感官开始探索世界，起初是听觉的发展，其次是视觉、味觉、嗅觉、触觉的发展。2个月左右的婴儿可以通过视觉和听觉进行感受，喜欢看活动的物体，喜欢听轻快柔和的音乐；4—5个月的婴儿视触协调能力发展起来，可以通过触觉来探索外面的世界。

随着年龄的增长，儿童的生活经验不断丰富，能够通过看、听、触、嗅等多种感官去对某一种事物或艺术作品的美进行感受与欣赏。如儿童认为春天的公园非常美，是因为公园里可以看到五颜六色的蝴蝶，闻到小花的香味，听到小鸟的叫声。这就是儿童在调动各种感官对自然中的美进行感受。

三、儿童感受与欣赏的指导策略

（一）帮助家长树立科学的艺术欣赏教育观

家长是儿童家庭教育中至关重要的一环，大多数家长对于艺术的兴趣与感受在很大程度上会给儿童带来影响。因此，家长在对儿童进行艺术欣赏教育时首先应当树立科学的艺术欣赏教育观，了解该年龄段儿童的年龄特点与相应的发展目标。

1. 提升家长对艺术欣赏教育的关注

提升家长的关注是实现家庭艺术欣赏教育的第一步。首先，可以利用个别交流、家长沙龙等形式带领家长了解0—6岁儿童的教育发展目标，了解0—6岁儿童艺术欣赏教育的本质，关注儿童对事物感受、思考、探索的过程；其次，应当引导家长了解艺术欣赏教育对儿童心理健康、情感发展、思维认知、言语表达、想象力、创造力等全方位的发展价值，从而引导家长关注并重视儿童的艺术欣赏教育，树立正确的儿童教育观念。

> **想一想**
>
> 有位2岁孩子的妈妈这样说："2岁的孩子不懂什么，只要玩得开心就好了，艺术欣赏，到了幼儿园老师会教的。"对此，你怎么看？

2. 带领家长了解儿童身心发展的规律

了解儿童身心发展规律是迈出艺术欣赏教育的第二步。只有明确了儿童身心发展规律，才能因"材"施教，真正地让儿童在艺术欣赏中获得发展。从指导内容来说，首先，需要带领家长明确0—6岁儿童的学习方式，他们的艺术欣赏教育是通过直接经验，在游戏、生活、自然、情境中进行的，要指导家长带领孩子走进自然，发现自然与生活中美的事物；其次，应当引导家长明确2—6岁是儿童思维与想象力发展的关键时期，这时候所感受到的一切事物孩子往往会加以想象，因此他们表现出的体验往往是奇特且富有童趣的。

练一练

一个周末，爸爸带着3岁的珊珊来到湖边度假，微风吹过，湖面泛起了阵阵涟漪，爸爸问道："珊珊，你看到水面有什么变化吗？"珊珊非常兴奋地拍起手说道："我知道，小鸟放了个屁，水都动起来了。"爸爸这时说："不对，是风把水吹得动起来了。"

分析：你觉得珊珊爸爸的引导是否得当？如果是你，会如何指导家长解读孩子的这句话并进行引导呢？

3. 引导家长明确艺术欣赏教育的目的与重点

首先，需要引导家长明确的是艺术欣赏教育是一种"通过艺术"的教育，它意味着儿童艺术教育是以艺术为媒介进行的教育活动。艺术教育可以培养儿童的道德品质、认知能力、审美情趣，促进儿童心灵、个性、创造性乃至人格的健全发展，因此需要引导家长保护并激发儿童的艺术潜能，促进儿童艺术感受、欣赏能力和人文素养的整合发展。

其次，需要带领家长明确的是0—3岁儿童艺术欣赏教育的重点在于艺术启蒙，而艺术启蒙的重点主要在于让儿童喜欢亲近艺术，喜欢参与艺术活动，更多关注的是对儿童艺术兴趣的激发，继而才是艺术感受与欣赏等能力的初步培养，随后才是艺术活动所需的良好行为习惯、对艺术的习惯性需要和应用等习惯的逐渐养成。对于儿童来说，激发他们对艺术的喜爱是首要的。

想一想

有一位5岁孩子的爸爸说："我家孩子在学画画的过程中，看了好多名家的画，从里面学了好多笔法和技巧，现在都能模仿着画出来了。"对此你该如何解读？如何引导这位家长？

（二）引导家长选择"儿童化"的教育内容

艺术欣赏教育内容的选择对于儿童艺术能力的发展是至关重要的，适宜的素材与内容能够充分地调动儿童的感官，能够激发儿童与艺术作品或事物的共鸣。而适宜的教育内容即来源于儿童的兴趣、符合儿童发展与学习特点的内容。在实践过程中，可以从以下方面对家长进行指导。

1. 关注教育内容的生活化、自然化、情境化

著名的教育家陶行知先生曾说过："一日生活皆教育"，由此可以看出生活教育在儿童发展中的重要性。同理，对于儿童欣赏美的教育而言，其教育内容必定来源于儿童的生活，只有这样，方能与儿童的情感体验产生共鸣。而与儿童生活最为贴近的便是自然与生活中的人、事、物。

庄子曰"天地有大美而不言"，这就恰恰需要去感受、体会，走进大自然就是走进"大美"。儿童很喜欢进行户外活动，他们对于自然中的生命以及各种现象充满了好奇与想象，例如，2岁左右的孩子对飘舞的树叶感到好奇。因此，从艺术体验方面，带儿童到大自然中有助于儿童开阔眼界，更重要的是有助于开阔他们的思想和心灵。家庭教育指导者可以引导家长多带孩子到大自然中去奔跑、游戏，感受并欣赏大自然中的美，并鼓励孩子分享、表达自己的情绪体验，还可以引导儿童发现生活中的美，大到生活的社区，小到家庭生活的一个细节。例如，家里需要购置一批新的碗盘，家长可以将不同的颜色花样呈现给孩子，让孩子来感受并选择。孩子在对比的过程中能够感受到不同花纹、色彩的组合运用。

从教育资源的选择来说，家庭教育指导者需要引导家长充分利用社区中的艺术资源，让儿童接触多种多样的艺术形式。比如，家长可以带领儿童走进艺术现场，如艺术馆、音乐厅、剧场、美术工作室、民间艺人创作现场、创意集市、创意街区、工作坊等；也可以走进一些专门为儿童设计的美术馆、儿童剧场等，让儿童接触丰富的艺术形式，了解各种各样的艺术表达。

辨一辨

有人说："动画片中也蕴含了丰富的人物、色彩、音乐等元素，儿童的许多兴趣点与审美经验都来自动画片。"

分析：我们能不能将动画片作为一种常见的艺术欣赏的素材和内容呢？

---

2. 选择内容尊重儿童的兴趣与发展特点

在艺术欣赏教育方面，家庭教育指导者需要引导家长了解孩子该年龄段的发展

特点，尤其是思维与认知的发展特点。对于4岁前的儿童，家长可以更多地选择直观形象的事物或写实的艺术作品，如欢快活泼或有歌词，有情境的歌曲，或自然中的一些画面；从4岁开始，家长可以选择一些有情绪变化的音乐，或容易理解、色彩丰富，能够激发儿童情感反应和联想的美术作品，抑或是儿童剧等艺术表演。

此外，家长需要结合儿童的个性兴趣有针对性地开展艺术欣赏教育。每个孩子都有自己的个性兴趣，这是开展家庭艺术欣赏教育的重要契机。家庭教育指导者需要引导家长找到孩子真正感兴趣的事物，并以此为依据寻找相关的教育内容。如儿童对海洋动物很感兴趣，家长可以带儿童前往海底世界进行感受、观看水族表演，或参观有关海洋世界的画作展览，也可选择一些幽静的音乐，引导儿童在倾听时用画笔绘制自己欣赏时的情绪感受。

练一练

小雨今年2岁半，因为家里只有一个孩子，所以家人都非常关注这个孩子的教育。小雨的妈妈是一名钢琴老师，她对小雨同样也寄予了很高的期望，从怀孕开始，每天都会播放各种名家古典音乐，一直坚持到现在。但小雨妈妈越来越发现，每次自己播放音乐时，小雨总是自己玩自己的，完全没有被音乐所吸引，对此妈妈心中充满了疑虑：难道音乐素养不是从小培养吗？

分析： 小雨妈妈在艺术欣赏教育上走入了怎样的误区？她可以如何调整教育内容？

在案例中，小雨妈妈没有关注2岁半儿童的思维发展特点。2岁半的儿童处于直觉行动思维阶段，因此他们对事物的感知均是依靠行动和具体形象进行的，这一阶段的孩子往往更适合欣赏一些情境性较强的音乐，如《森林里的小动物》《小兔和狼》等，而小雨妈妈所选择的教育内容并不满足儿童的兴趣和需要，因此孩子的注意力容易被其他的事物所吸引。

（三）引导家长掌握适宜的对话技巧

掌握适宜的对话技巧是开展艺术欣赏教育过程中至关重要的环节。儿童的审美经验提升需要成人的指导，但提升的过程不是成人直接将经验传授给儿童，将答案告诉儿童，而是通过有效的"对话"帮助儿童获得审美经验的提升。

1. 引导家长建立平等的亲子对话关系

（1）需要引导家长学会做一名"倾听者"。对于儿童在感受与欣赏过程中的想法与创意，家长需要有耐心地倾听。在倾听时，可以用面部表情或动作对儿童的表达予以回应。

（2）需要引导家长学会做一名"共情者"。在儿童欣赏艺术作品时，家长要站在儿童的视角去欣赏作品，站在儿童的心理去体验艺术，感受美；在儿童表达自己的艺术感受时，家长应当尝试共情儿童的体验，接纳、聆听儿童的每一次感受。

（3）需要引导家长学会做一名"游戏者"。艺术需要去体验和感知，而学前儿童的思维方式是具体的、形象的，因此家长可以通过游戏的方式带领儿童去体验艺术。例如，在欣赏《顽皮的小妖》音乐时，家长可以和儿童一起，假扮成小妖"跳舞"，连着走一步然后跳一步，这样儿童对于连音和跳音的感觉会更加深刻。

2. 鼓励儿童表达自己的感受与体验

儿童对美的感受与欣赏是通过嗅觉、听觉、视觉等感知的，而儿童在有了欣赏美的感受与体验后，往往会分享自己的感受经历，家长在这个过程中需要多鼓励儿童用不同的方式表达自己的体验。

对于2岁及以下的儿童，由于其言语发展的限制，可以鼓励其尝试用动作、表情等方式表现自己对美的感受；对于3—4岁的儿童，可以鼓励其用语言、动作、情绪等多种方式来表达自己的体验，如在欣赏《调皮的铃鼓》时，可以引导儿童用表情和动作来表现音乐中铃鼓的可爱、俏皮，更可以用语言、动作等方式表现音乐中的休止；对于4—6岁的儿童，可以鼓励他们通过讲故事、编戏剧、绘画等多种方式来与艺术进行对话，如欣赏音乐《天鹅》时，鼓励儿童用线条表现音乐的起伏、变化，或用故事讲述自己对音乐的感受。

3. 引导家长掌握多元评价策略

对儿童感受与欣赏力的评价也是非常重要的一环，科学的评价能够帮助儿童更好地巩固经验，获得艺术感受力的提升。

（1）采用多种评价方式，关注欣赏过程。在儿童感受与欣赏的过程中，家长可以采用口头评价的方式，如对儿童的感受与欣赏结果表示肯定。除此以外，还可以通过录制视频的方式，观察儿童在某一段时间内感受力的变化与提升，并结合0—3岁儿童发展特点与《3—6岁儿童学习与发展指南》对儿童的发展期望进行评估。

（2）进行多维度的评价，关注欣赏兴趣。许多家长在评价儿童艺术感受力的时候往往会采用技能导向，如儿童有没有观察到某幅画作上的具体内容，有没有听清某首儿歌中的内容。而艺术感受与欣赏力的评价应当关注的是儿童的艺术兴趣，如通过儿童感受与欣赏的持久度、专注力、外显的动作、语言表现来评价儿童是否喜欢参与艺术欣赏活动。通过多维度的评价，关注儿童对于艺术欣赏活动的参与兴趣，评价儿童各方面的发展情况。

指导任务书

0—3岁儿童感受与欣赏指导任务书

案例描述	九九今年2岁半了，周围很多小朋友都去了各类艺术培训机构学美术，但九九妈妈并没有这样做。有一次在和小区其他妈妈闲聊时，九九妈妈说道："我觉得孩子最好的艺术教育就是带孩子亲近自然，所以我每周末都会带九九去郊游露营，在自然中她能够看到自然的五颜六色，我还会和她一起去探究为什么自然中有这么多的颜色，怎么把这些颜色运用到我们的生活中。我相信孩子的艺术素养来源于生活，也将运用于生活。"	
案例分析	九九的审美能力来源于妈妈对儿童的理解和尊重。 首先，九九妈妈能够建立科学的艺术欣赏教育观，了解儿童的经验来源于自然与生活。 其次，九九妈妈能够选择适宜的教育内容，带九九走进自然，一起在自然中探究，并将在自然中感知到的色彩运用于生活当中。 最后，九九妈妈非常关注欣赏过程，重视在艺术欣赏过程中对九九进行引导和评价，充分尊重并肯定九九的每一种感受	
指导策略	解决流程	识别儿童行为类型→分析儿童行为原因→培养儿童良好行为习惯
	指导方法	1.识别儿童行为类型：处于2岁半的儿童正是自然感受力发展的高速期，对自然美有着与生俱来的喜爱
		2.分析儿童行为原因：儿童的学习经验来源于自然与生活，而2岁半的儿童对于色彩的认知逐渐发展，因此在自然中体验自然色彩的美非常符合当前儿童的年龄特点与发展规律
		3.培养儿童良好行为习惯：用多种方式带领儿童探索自然的色彩。如用眼睛去观察，用耳朵去聆听，用小手去触摸，调动多重感官去感受、欣赏自然美，并在生活中加以运用

3—6岁儿童感受与欣赏指导任务书

案例描述	棒棒今年3岁半，一天放学回家后，妈妈正在准备晚餐，就打开了音乐。没过一会儿，棒棒走过来说："妈妈妈妈，大黑熊来了。"妈妈听了吓了一大跳，走出来一看发现什么都没有，于是疑惑地问棒棒："哪里有大黑熊啊？"棒棒指着妈妈的手机说："妈妈你听，这就是大黑熊，你带我去动物园的时候，大黑熊就是这样咚咚咚地走路的。"妈妈仔细一听，原来音乐中有一段十分低沉的声音，难怪棒棒会这样说呢！
案例分析	棒棒之所以会产生大黑熊来了的联想，和妈妈平时的教育是分不开的。 首先，妈妈经常带棒棒前往动物园，亲近自然，感受自然，并和棒棒一起探索每一种动物的特点，因此棒棒才会将低沉的音乐特点和大黑熊走路的特点联系起来。 其次，在听到棒棒的回答后，妈妈可以对儿童的联想和情绪反应表示充分的肯定，并顺应棒棒的兴趣，继续挖掘更多的内容，如用动作和声音去进行模仿表现

续表

指导策略	解决流程	识别儿童行为类型→分析儿童行为原因→培养儿童良好行为习惯
	指导方法	1.识别儿童行为类型：棒棒讲的"大黑熊来了"其实源于对音乐特点感知后产生的联想
		2.分析儿童行为原因：小班的儿童尚处于直觉行动思维的发展阶段，对音乐的特点和风格极易产生情绪的联想
		3.培养儿童良好行为习惯：家长可进一步激发儿童的想象，如问儿童"你为什么会有这样的感受？"亦可以鼓励儿童用动作、表情等表达对这段音乐的感受

学习任务单

0—3岁儿童感受与欣赏学习任务单

案例描述		豆豆今年2岁了，是一个非常开朗活泼的男孩，他最近喜欢上了小区里五颜六色的花朵和各式各样的蝴蝶，每当看到鲜艳的花朵，他总是会被吸引过去摘下一两朵，家里已经有了厚厚的一本花朵标本册。而妈妈对此却非常苦恼。有一天她和邻居妈妈说道："男孩子怎么会喜欢这些花花绿绿的东西呢？我应该怎么去引导他呀？这可急死我了。"
案例分析		
指导策略	解决流程	
	指导方法	

3—6岁儿童感受与欣赏学习任务单

案例描述	茜茜今年5岁了，她最喜欢的事情就是参加小区里每周一次的木偶剧活动，她尤其喜欢精巧细致的木偶和色彩缤纷的布景，为此她收集了许多小木偶。除此之外，每场木偶剧表演她一定会按时参加，坐在第一排，听精彩的故事，看木偶的表演。 妈妈对此却很着急，总是埋怨道："茜茜马上上小学了，这些艺术的东西对她小学的学习一点帮助都没有，她怎么就不能多花点心思看看书，为上小学做准备呢？"
案例分析	

续表

指导策略	解决流程	
	指导方法	

课外拓展

育儿小常识

家庭艺术欣赏教育的常见类型及特征

1. 缺乏关注型

这一类型的家长往往缺乏对儿童艺术教育尤其是艺术欣赏教育的关注，一部分人群认为艺术欣赏教育就是听音乐、看一些带图画的书籍或作品。还有一部分人群忽略了儿童在0—3岁期间的艺术欣赏教育启蒙。更有一部分人群认为艺术教育是不重要的，学好知识技能才是关键。

2. 茫然无措型

随着社会的不断发展，大多数家庭对于儿童艺术教育的意识在不断提高，但由于家长的专业素养有限，许多家长对家庭艺术欣赏教育的手段与方法较为困惑，不知该如何实施艺术欣赏教育，如何提升儿童对艺术的感受与欣赏力。

也有一部分家庭由于自己不知道该如何在家庭中实施艺术欣赏教育，所以更倾向于将儿童送往幼儿园或艺术培训机构，这一类家庭对于艺术欣赏教育的实施并没有具体目标，只是盲目地听从早教及艺术培训机构的宣传，认为儿童需要进行艺术教育，但自己并不了解儿童身心发展情况及儿童自身艺术发展状况，这样会导致对儿童教育方向的不明确，没有教育重点，盲目地揠苗助长，儿童可能会产生厌学情绪，甚至逆反心理。

3. 关注技能型

这一类家庭开展家庭艺术欣赏教育，一方面是因为他们的主观原因，想让儿童学习某一方面的知识，掌握相关技能；另一方面是因为社会大环境的要求。时代在发展，家长都不希望自己的孩子输在起跑线上。虽然家庭中开展的艺术教育并不专业，但家长还是希望儿童能在家庭里学到更多关于艺术的内容。以美术欣赏教育为例，有的家庭将艺术欣赏教育等同于艺术认知活动，要求儿童认识艺术品中描绘的事物名称、形状和颜色，并将介绍艺术品的题材或创作背景作为主要教学内容；还有的家庭将与艺术作品有关的趣闻轶事作为艺术欣赏的重点，把艺术欣赏教育等同于读历史或讲故事。这些做法使儿童的关注点转向了与艺术欣赏毫不相干的其他方面，忽视了色彩、线条、构图等艺术语汇自身的独特意味。在这种"异化的艺术欣赏教育"中，培养儿童的艺术感受力只能成为一句空话。

推荐图书

［1］李芳妃.和孩子一起玩艺术［M］.桂林：漓江出版社，2020.

［2］侯令.亲子从家庭美育做起［M］.重庆：西南出版社，2019.

［3］杨景芝，黄欢.润物细无声——谈家庭美育［M］.武汉：湖北美术教育出版社，2020.

资源链接

1. 视频：南京师范大学：儿童艺术与儿童成长，爱课程。

2. 视频：关于全面加强和改进新时代学校美育工作的意见，根据网络资料整理。

任务二　表现与创造

情境导入

我讨厌画画

壮壮是一名大班的小朋友，每次在艺术活动中，壮壮总是能画得惟妙惟肖，妈妈总是很骄傲地说："我从壮壮2岁多就开始让他画画了，他在艺术上确实有天赋，一教就会，以后一定可以当个画家。"

但细心的老师发现，壮壮每次创作时并不开心，听到赞赏更是一言不发。于是有一天，老师询问壮壮："你喜欢画画吗？"没想到壮壮说："我讨厌妈妈让我学画画，我一点都不喜欢画画。"

思考：1. 壮壮妈妈在艺术表现教育上有何问题？

2. 儿童艺术表现教育的目的是什么？

3. 教师应如何指导家长进行艺术表现教育？

知识学习

一、表现与创造的含义

美的创造是通过合规律与合目的的实践活动对人类生活和艺术的创新、美化、完善，是人的特殊的实践活动和心理活动及其结果，包括审美意象的创造和物化形态美的创造。作为教育工作者，我们需要引导儿童接触周围环境和生活中美好的人、事、物，丰富他们的感性经验和审美情趣，激发他们表现美和创造美的情趣，鼓励儿童大胆地用自己喜闻乐见的方式和感兴趣的方式来表达自己的情感，进行美的创造。

（一）什么是表现

表现，又称表达或传达。表现是创作的最后完成。在表现阶段，创作者要把头脑中构思成熟的审美意象运用特定的物质材料体现出来，形成艺术作品。

与此同时，美的表现也是一种创造性的实践活动，它既不同于改造自然和社会的物质实践，也不同于科学思想的传达活动，有着自身的特殊规律。塑造艺术形象必须借助特定的物质材料，因此，创作者不仅要遵循表现的审美创造规律，而且要掌握特定物质材料的特性。创作者进行美的表现，还需要调动一定艺术技巧和艺术手法。

（二）什么是创造

艺术创造通常指创作者以一定的世界观为指导，运用一定的创作方法，通过对现实生活观察、体验、研究、分析、选择、加工，提炼生活素材，塑造艺术形象，创作艺术作品的创造性劳动。艺术创造是人类为自身审美需要而进行的精神生产活动，是一种独立的、纯粹的、高级形态的审美创造活动。它以社会生活为源泉，但并不是简单地复制生活现象，实质上是一种特殊的审美创造。

二、0—6岁儿童表现与创造力发展特点

儿童表现与创造力发展在不同年龄阶段有不同的特征，0—6岁儿童表现与创造力发展特点见表4-2-1。

表4-2-1　0—6岁儿童表现与创造力发展特点

年龄	发展特点	典型表现
0—1岁	声音表情模仿； 抓握、触摸物体； 创造力的萌芽	能够模仿声音或面部表情； 用熟悉的方式来操作新物体或面对新面孔，如试图使木块反弹，对玩具挥手示意再见，发出响声吸引新面孔的注意
1—2岁	多种方式组合； 物品象征想象； 动作模仿； 多种感官探索材料	尝试把玩过的积木平铺、垫高，出现不同造型； 把毛领扮成一条蛇； 能够模仿他人大量不同的动作，会观察并模仿音乐与手指游戏中的手掌运动； 探索认识感官类的材料，使用这些材料创造视觉效果
2—4岁	生活、自然场景模拟； 韵律、节奏的模仿； 简单方式进行创意表达	能够有韵律、有节奏地念名字； 喜欢自哼自唱、涂涂画画、粘粘贴贴； 能够在图画中添加新的色彩和形状，改变音乐的速度和音量； 能用声音、动作、姿态模拟自然界的事物和生活情境
4—5岁	喜欢参加艺术活动； 用自然声音演唱； 用艺术表达情绪； 表达方式多样	喜欢参加歌唱、律动、舞蹈、表演等活动，喜欢用绘画、捏泥、手工制作等方式表现自己的所见所想； 能通过即兴哼唱、即兴表演或给熟悉的歌曲编词来表达自己的心情；能运用绘画、手工制作等方式表现自己观察到或想象的事物
5—6岁	使用工具与材料； 合作表现； 自编自演； 艺术运用于生活	能用多种工具、材料或不同的表现手法表达自己的感受和想象； 艺术活动中能与别人相互配合，也能独立表现； 能自编自演故事，并为表演制作简单的服饰、道具或布景； 能用自己制作的美术作品布置环境、美化生活

（一）儿童对美的表现呈现"模仿—创造"的发展趋势

对于0—3岁的儿童来说，他们的表现方式更多的是以模拟或模仿的方式进行的。12月龄前的儿童往往会模仿声音或表情，如看到妈妈在笑，儿童也会和妈妈一样微笑，再如听到弹舌的声音时，儿童也会跟着吐舌头，这些都是通过视觉和听觉的刺激而产生的模仿；对于8—21月龄的儿童来说，可以开始模仿一些简单的动作，如手指游戏中的手指变化和手掌动作。除此之外，儿童已出现象征行为，如拿着一条毛领当作一条毛毛虫，这就是创造力的萌芽。

对于2—3岁的儿童来说，他们慢慢能够开始模仿学唱短小的歌曲，并且喜欢自哼自唱，能够将声音、动作、姿态结合起来去模拟生活和自然中的一些场景。如看到秋天的落叶，儿童会一边旋转，一边慢慢地蹲在地上，模仿落叶飘落的样子。这样的发展特点会一直持续到3—4岁。

从4岁开始，儿童进入了创造力的飞速发展时期。4—5岁的儿童能够在模仿的基础上有一些简单的创意表达，比如会在图画中添加一些色彩和形状，以表达自己对于美的理解，如在一张画有小鸭子的图画上，女孩会贴上一些亮片，并会把羽毛涂成粉色，在儿童的理解中，这是为小鸭子穿上了亮闪闪的裙子。与此同时，儿童还能够通过一些简单的线条去表征自己的感受和想法。

随着年龄的增长，儿童的认知、表征与生活经验都有了很大程度的发展，他们往往能够借助更多的材料、工具去表达自己的创意想象，比如在表演游戏中，儿童创造性地为小马选择了漂亮的披风，原因是小马要和王子高贵的气质相匹配。由此可看出，儿童在基于现实剧情的基础上能够有创造性的思考和表现。

（二）儿童对美的创造呈现"生活—艺术创造—生活"的发展特点

无论是儿童对于美的欣赏，还是对于美的创造，都是基于生活经验，这些艺术的创造最终也将作用于儿童的生活。

0—12月龄的儿童通过声音、表情的模仿习得相应的经验，并创造性地运用于生活中，如儿童模仿微笑的表情，在看到喜欢的物品和人，或心情愉悦时，便能够表现出微笑的表情。

4—5岁的儿童往往喜欢自哼自唱表达自己的情绪，而这种对于音乐情绪的表达则来源于对生活中不同音乐的感受与体验，如悲伤的曲调、欢快的节奏等，儿童在开心时便会联想到之前的音乐欣赏经验，选择欢快的曲调自哼自唱以愉悦自己的心情。

再如5—6岁儿童的表演游戏，儿童对于舞台的布景经验来源于故事中的人物形象或动画中的画面色彩，他们能够结合自己的想法创造性地加以发挥，最终呈现出来的布景和道具与传统故事和动画画面是有区别的，而这些布景和道具终将运用于他们的表演过程中。

（三）儿童对美的表现方式呈现"感官—身体动作—工具"的发展趋势

儿童对于美的创造可以通过思维和心理活动进行，但对于美的表现则需要借助一定的材料和工具。

对于1岁前的儿童来说，他们对于美的表现便是通过感官进行的，如看到有趣的表情时，他们会发出咯咯的笑声或去模仿这个有趣的表情，而声音和表情的模仿都是通过感官进行的。

对于1—2岁的儿童来说，他们表现美的方式更多的是通过动作进行的。如听到欢快的音乐，他们可以跟着一起蹦蹦跳跳；听到"小兔子"的歌词时，他们会用两只小手比作小兔子的耳朵蹦蹦跳跳。与此同时，这一年龄段的儿童慢慢开始探索身边的材料，如喜欢用筷子敲击物品发出声音，或用妈妈的口红在某个物品上涂颜色，这便是儿童使用工具的萌芽。

从2岁开始，儿童慢慢开始尝试使用材料和工具来进行艺术表现。2—3岁的儿童会使用一些简易的工具或材料，如用粘贴装饰画面、用笔涂鸦，或用一些能发出响声的物体跟着音乐打节拍。随着儿童艺术经验的丰富，4—6岁的儿童能够有意识地将工具和材料进行组合，如用剪刀剪纸、用颜料给纸盒涂色，或用不同的乐器合奏来表现音乐。

三、儿童艺术表现与创造的指导策略

（一）帮助家长科学认识儿童艺术表现教育

1. 帮助家长树立正确的艺术表现教育导向

帮助家长树立正确的艺术表现教育导向是实现家庭艺术表现教育的第一步。

（1）带领家长了解艺术表现教育的功能与目的。《3—6岁儿童学习与发展指南》中指出，艺术是表达自己对周围世界的认知和情绪态度的独特方式。因此，艺术表现教育是一种感性的教育。它不同于科学认知领域的理性学习，而是通过直觉、想象、顿悟的感性思维方式进行经验的获得，在艺术表现中，儿童能够学习用各种方式交流思想和感情，有力地增强自我表达的内涵。因此，儿童的创造意识、创造能力和创造个性才是成人应当关注的教育核心。

（2）帮助家长掌握艺术表现教育的指导关键。充分创造条件与机会，让儿童在大自然和社会文化中萌发对美的感受和体验，丰富其想象力和创造力，引导儿童学会用自己的方式去表现和创造美。因此，无论是技能导向还是认知导向，都不是真正遵循儿童的发展趋势。而科学的艺术表现教育导向应当重点关注兴趣、创造力的培养，以及认知和技能的培养，而认知和技能的发展往往也是儿童在一次次的艺术创造中通过自主观察、自主思考、自主探索不断得到提升的。

想一想

有位2岁半孩子的爸爸说："我们家的孩子可能干了，才2岁多，已经能画很多小动物了，这都归功于我每天让他模仿着画一些，他以后上了幼儿园肯定是班上最会画画的小朋友。"对于这位爸爸的说法，你怎么看？

---

2. 帮助家长充分认识儿童艺术表现的发展特点

首先，需要带领家长了解的第一个特点是儿童艺术表现的自发性，即每位儿童生来都具有艺术潜能。自由哼唱和涂鸦活动是儿童经常采用的艺术表现方式，而他们也是通过自己独特的方式来表达对外部世界的认识和理解，表达自己的情感和意愿。因此要引导家长充分尊重孩子的表达意愿，怀着欣赏的态度支持他们的每一次创造与表现。

其次，家长也需要了解，由于发展的限制技能呈现不那么完美，如画的圆不圆，跳的舞蹈动作没那么协调，儿童自己却是全身心地投入，正因为有这样纯真的童趣，才使得儿童艺术充满了魅力。因此家长要充分倾听、了解儿童艺术表现背后的思想含义，通过追问、肯定、倾听等方式解读儿童艺术表现背后的核心思想，走进儿童的内心世界。

最后，需要家长认识的是儿童的艺术表现不是按照计划进行的，而是依据自己的构思与表达不断进行调整的。因此，儿童的作品中往往会出现一些超常规的、独特的现象，体现出大胆的想象和创造力。这就要求成人要更加关注艺术创造过程中儿童的思维过程、表现形式、语言与材料的使用及探索过程。

练一练

新年马上要到了，孩子们对年符非常感兴趣，并亲手设计了对联（图4-2-1），活动后老师将孩子们设计的对联分享到群里，有家长说："从来不知道幼儿园的宝贝还能够制作对联""虽然是同样的内容，但每个孩子都有不一样的表达，孩子的世界太神奇了"，豆豆爸爸却说："孩子们的对联固然很有创意，但我觉得还是应该引导孩子们画得更具象一些，或是在关键的地方用字表现，要不然我们看不懂，孩子们相互间也都看不懂。"

图4-2-1　儿童设计的对联

分析：对于豆豆爸爸的观点你是否认同？我们应当如何引导豆豆爸爸？

（二）指导家长为儿童艺术表现创造充足的环境与机会

儿童的艺术创造与教育是一种感性的教育，更多来源于儿童对身边环境与材料的感知与探索，因此这就需要家长为儿童的艺术表现创造环境与机会，支持儿童自发的想象与艺术创造。

1. 关注家庭生活中美感环境的营造

儿童的学习来源于生活经验，其艺术的想象与创造也基于生活中的观察与发现，因此，营造具有美感的生活环境有利于儿童艺术创造力与表现力的培养。

首先，家长可以在家庭装饰方面选择一些色彩协调、富有童趣的装饰品或装饰画，如在进门处摆放一把形似小鹿的凳子，选择一只托举盘子的小猫来盛放水果，或选择一些色彩搭配和谐或富有创意的装饰画作为壁挂，抑或在壁挂上展示一些自然界具有形式美的内容，如花草、树木、小石头、贝壳等，这些都有助于儿童在生活中潜移默化地观察与学习，丰富其想象力。

其次，家长可以在家里开辟一块专门的空间用于儿童的艺术创造。家长可以鼓励儿童收集生活中美的东西来装饰与布置这片空间，也可以在这片空间展示各种有情感色彩的艺术作品，包括民间手工艺品、建筑图片等。除此以外，家长还可以为儿童提供各类图书、表演道具或建构材料，给儿童表现的空间与机会。

最后，家长可以根据儿童的年龄特点播放不同类型的儿歌或音乐，并允许儿童随儿歌或音乐创造动作。

练一练

星星的妈妈非常关注星星的艺术教育，在星星还没有出生的时候就打造了一间专门的儿童房，其中有一整面墙都是各种绘画大家的作品，作品内容有人物写生、自然风景，更有抽象画。对此，星星妈妈说道："听专家说要让孩子多欣赏这些艺术作品，她才能画得出来，我希望她以后能成为一名画家。"

除此之外，星星妈妈还给一整面墙留了白，和星星一起用她每次创作的作品来布置墙面。

分析：你觉得星星妈妈在艺术表现教育上，哪些做法可行？还有哪些需要调整？你该如何引导？

---

2. 鼓励儿童在生活和自然中观察体验

皮亚杰曾经说过："儿童看到、听到的东西越多，就越想多看多听。通过这种审美情境的体验，引起儿童情绪上的兴奋，对美好的事物产生敏锐的感知，从而激起他们进行艺术创作的动机。"因此，生活和自然中的观察体验是儿童进行艺术创造的来源与基础。

一方面，需要引导家长多带儿童前往自然中体验，倾听自然中的风声、雨声，观察自然中的昆虫、植物，以及大海、日出、落叶等自然景象，带领儿童发现大自然的神奇之美。与此同时，家长还可带儿童多走进社区，如博物馆、剧院等，感受不同的艺术表现形式，丰富儿童艺术表现的经验。同样，家长可定期带儿童前往不同的地域，尤其是有着悠久民间艺术历史或独特艺术风格的地域，充分感受传统的民间艺术与地方民俗文化，了解不同民间艺术的特点与表现方式。

另一方面，需要帮助家长明确儿童观察体验过程中的指导重点，引导儿童发现各类活动中不同形式的艺术美。如在剧院观看表演时，引导儿童注意演员的身体姿态美、动作节奏美以及音乐的节奏美、旋律美；在自然的体验中，引导儿童观察植物的形态美，以及大自然不同色彩搭配的协调美；在绘本阅读与美术展览中，引导儿童观察画面美、意境美；甚至是在语言交流中体验不同音调、音色的声音美。

练一练

可可妈妈在周末带上可可一起来到东湖寻找春天，她们看到河边的柳树发了芽，小河边的冰也融化了……回家后可可画了一幅画，画里有一棵树，树干上用红笔画了一个开心的笑脸，柳条是绿色的线条，线条上也画了笑脸。可可开心地说道："这是东湖的大树姐姐，春天到了，她的头发长出来了，小鸟都在夸她好看，她的脸害羞得都红了。"

妈妈也很开心地回应道："可可的小眼睛可真会观察，原来这是一个害羞的大树姑娘呀！难怪她的脸都害羞得红了呢！"

分析： 可可妈妈在儿童美的创造过程中有哪些做法值得肯定与借鉴？

---

3. 为儿童提供适宜且充足的工具与材料

根据儿童的艺术表现发展特点，儿童从出生起便开始了对周围物体的探索，而他们的艺术表现形式起初是通过表情、动作、简单的语言进行表达的，随着能力的提升与发展，慢慢开始需要借助一定的工具和材料进行表达。这就需要成人为儿童的艺术创造提供适宜且充足的工具与材料。

一方面，需要引导家长清楚不同年龄段儿童的发展特点，并为其提供适宜材料。如对于1—3岁的儿童来说，家长可以提供图书、照片、儿歌等材料，在环境中可以提供一些留白区域，为儿童涂鸦、拼贴、拼叠创造机会，让儿童产生艺术表现创造的愿望与兴趣；对于4—6岁的儿童来说，家长可以提供一些画笔、颜料、橡皮泥、剪刀、乐器等工具以及自然物、绘本、绘画作品、段式清楚的音乐等材料，为儿童充分的创造提供条件。

另一方面，需要带领家长明确提供材料的时机。儿童的注意力发展处于无意注意向有意注意发展的过渡期，尤其对于0—3岁的儿童来说，基本处于无意注意的发展期，因此他们往往对新鲜事物有强烈的好奇心。多样化的艺术表现工具和材料能够刺激他们的操作欲望，相反，如果总是单调重复的材料难以诱发儿童艺术创造的动机。因此，家长可以根据儿童的兴趣与需要，及时地提供充足的材料。这些材料可以是成品材料，也可以是半成品或废旧材料。如儿童跟着音乐一起跳舞时，家长可以提供一些纱巾、铃铛等材料，支持儿童表现；再如儿童想要制作一辆小汽车时，家长可以提供一些废旧的纸箱、剪刀等材料，支持儿童的创造。

4. 经常与儿童一同进行艺术创造活动

儿童的艺术表现有时是自己独自进行，有时需要有同伴的参与和支持，而家长便是儿童最好的艺术创造同伴。在艺术创造活动中，家长的陪伴不仅可以带给儿童足够的信任感和安全感，更有利于儿童的情感健全与心理健康发展。

一方面，需要帮助家长明确自己作为儿童的艺术创造同伴的角色。家长更多的是作为参与者加入儿童的创造中，因此要避免先入为主的介入与指导，如在儿童创造前提供许多范画供儿童模仿学习；同时家长也要更多地肯定儿童的创意与思考，避免以自己的主观经验否定儿童。

练一练

甜甜今年4岁了，有一天她看着家里蓝色的桌布说道："妈妈，这个蓝色的布好漂亮，我真想把它做成一艘帆船，做好了去航海。"妈妈却说："你好好想一想，布能做船吗？布是不可以做船的，会沉下去的。"

分析：妈妈的引导有何问题？我们该如何指导甜甜妈妈正确地引导？

另一方面，需要引导家长肯定儿童的想象，根据儿童的生活经验，与儿童共同确定艺术表达的主题并进行创造，在创造过程中共同发现，共同提升。在上面的案例中，甜甜产生了用蓝色的布做船的想法，这个想法折射出儿童由色彩特征联想到生活经验而产生的艺术创造愿望，妈妈却将科学认知赋予到孩子的想象中，用浮力的科学知识否认孩子的艺术创造愿望。

因此，家庭教育指导者可以引导家长正确认识孩子的这一艺术创造想法，与甜甜一起确定创造主题——制作帆船，并让甜甜尝试创造，在创造过程中引导甜甜发现布柔软的特性，再与帆船的材料进行对比，如可以选择纸箱等材料制作船身，用蓝色的布进行装饰。通过"创造—验证—思考—再创造"的过程，提升儿童的艺术表现能力。

（三）引导家长用科学的方法指导儿童的艺术表现

儿童的艺术创造需要物质环境的支持，同样也需要心理环境的营造，宽松的心理环境是儿童发挥创造性的前提。因此，家庭教育指导者要引导家长学会用科学的方法指导儿童进行艺术表现，为儿童创设安全的心理环境。

1. 给予信任欣赏，鼓励儿童创造与表现

在指导儿童进行艺术表现的过程中，首先应当给予儿童充分的信任和欣赏，相信儿童有艺术创造与表现的潜能。

一方面，家庭教育指导者需要指导家长学会了解与倾听。在儿童进行艺术创造的过程中，家长要倾听儿童的想法和感受，了解儿童背后的创造意图，解读儿童的创意和思考。除此之外，还可引导家长通过陪伴、观察的方式，解读儿童的表现内容与表现方式，从而走进儿童的内心世界。

另一方面，家庭教育指导者需要指导家长学会欣赏与回应。对于儿童的每一次创造，需要引导家长学会欣赏和回应，肯定儿童的独特想象和创意，赞赏他们自哼自唱、模仿表演、绘画创作等表现方式，尊重儿童的创造意图。

2. 善于创设问题，激发儿童思考与探索

在儿童创造过程中，对他们进行回应十分重要。科学的回应策略有助于激发儿童更深层次的探索与思考，促进他们在艺术能力方面的提升。因此，要指导家长科学地创设问题，在儿童创造过程中，尽可能不给他们提供直接明确的解决问题的途径，而是通过问题情境的创设引发他们的观察与思考，从而更深入地进行学习。

3. 科学评价儿童，促进儿童发展与提升

首先，在对儿童的创意进行评价时，应当引导家长关注评价的发展功能与内在的激励机制，即让儿童能参与艺术创造活动，有进行艺术创造的愿望，因此不能简单地用"像不像、对不对"等成人的标准进行评价。

其次，要引导家长学会纵向评价儿童的发展，即儿童在某一时期内是否有明显的发展，尽可能以鼓励、欣赏的态度评价儿童，找到其进步的地方加以鼓励。要避免家长产生横向比较的心理，将自家儿童与其他儿童，甚至是高年龄段的儿童进行比较。

最后，要引导家长关注艺术表现力评价的要素。对儿童艺术表现力的评价主要包括创造过程中的兴趣、主动性、创造性、专注性、独立性、坚持性、对材料的探索与操作、艺术活动的行为习惯等，与此同时，还包括创造作品独特的表现、形式内容的童心童趣等。家长要让儿童在评价中能够体验成功的乐趣，增强自信心，产生更大的兴趣和创造欲望。

指导任务书

0—3岁儿童表现与创造行为指导任务书

案例描述	棒棒今年2岁了，是一名性格非常开朗的小男孩。棒棒的妈妈非常关注他的艺术教育。虽然家里的墙总是被棒棒涂得乱七八糟，但妈妈总是耐心地听棒棒讲述他丰富的内心世界，并和棒棒一起涂鸦；除此之外，妈妈还经常带棒棒外出旅行，走进自然，走进各个民族，她总是说："我也不指望他以后能够成为艺术家，我现在让他听听音乐，带他亲近自然，鼓励他画一画，跳一跳，对他的身体和心理都有好处，希望他能够健健康康、开开心心地成长。"
案例分析	棒棒的艺术表现力来源于妈妈对他的欣赏与支持。 首先，妈妈能够建立科学的艺术表现教育导向，对儿童的艺术表现能给予儿童充分的信任与欣赏。 其次，棒棒妈妈非常了解这个年龄段孩子，处于绘画的涂鸦期，且往往没有目的，因此遵循了这一发展特点，并与棒棒一同创作。 再次，棒棒妈妈为棒棒的创作创造了良好环境，如家里的墙面，再如经常带棒棒前往自然、民俗中丰富经验，支持棒棒的一切表现行为。 最后，棒棒妈妈掌握了科学的指导方法，在孩子的创造过程中一直扮演参与者、合作者的角色，支持并肯定棒棒的一切创意

指导策略	解决流程	识别儿童行为类型→分析儿童行为原因→培养儿童良好行为习惯
	指导方法	1. 识别儿童行为类型：棒棒在日常生活中热爱涂涂画画，对涂鸦有着浓厚的兴趣
		2. 分析儿童行为原因：2岁左右的儿童小肌肉动作处于快速发展的时期，与此同时，儿童对周围世界的感知能力也在不断发展，因此产生表现美的欲望，并能够通过简单的涂鸦来表达
		3. 培养儿童良好行为习惯：尊重并肯定棒棒的创意，倾听并理解棒棒创作背后的想法。同时提供专门的场地进行涂鸦，在保护兴趣的同时引导儿童在适宜的地点进行创作

3—6岁儿童表现与创造行为指导任务书

案例描述	阳阳今年5岁了，一天放学路上，妈妈和阳阳准备一起去菜场买菜。路上，阳阳突然唱起了《买菜》这首歌。妈妈听了十分有趣，中间的蔬菜部分阳阳还是用方言演唱的，于是妈妈说道："这首歌你唱得真好听，还有方言呢！"阳阳兴奋地说："对呀，这是我们今天刚学的新歌。"这时妈妈问道："可我们今天没有买这些菜呀？你能把我们买的菜唱出来吗？"阳阳马上改口："当然可以，南瓜鸡蛋西红柿，青椒肉丝和青菜，哎呀呀哎呀呀，装也装不下。"

续表

案例分析		阳阳之所以会有这一次的艺术创造，和妈妈的引导是分不开的。 首先，阳阳能够迁移生活经验，自哼自唱，表达自己和妈妈去买菜的开心心情。 其次，妈妈在听到阳阳的歌声后及时肯定了阳阳的表现。 最后，妈妈在听到歌曲由来后调动阳阳的生活经验，通过追问的方式引导阳阳进行新的创编，将生活经验迁移至歌曲的创编中，在尊重孩子年龄特点的基础上，鼓励孩子从模仿向创造更进一步地提升
指导策略	解决流程	识别儿童行为类型→分析儿童行为原因→培养儿童良好行为习惯
	指导方法	1. 识别儿童行为类型：阳阳在生活中模仿学唱了幼儿园学习的歌曲，并用方言创造性地进行了表达 2. 分析儿童行为原因：5岁儿童不仅仅停留在对经验的模仿上，随着想象力和创造力的发展，他们美的表现也可以逐渐从简单的模仿到创造性的表达 3. 培养儿童良好行为习惯：通过生活经验的迁移，引导儿童创编歌词

学习任务单

0—3岁儿童表现与创造行为学习任务单

案例描述		伊伊今年2岁半了，平时他最爱做的事情就是唱歌，每当听到一首歌，他都能在家里唱上大半天，虽然有时音调不太准，但仍然喜欢自哼自唱，有时候还喜欢跟着音乐内容蹦蹦跳跳。可妈妈却十分烦恼："这马上要上幼儿园了，还整天叽叽喳喳像只小麻雀，怎么都安静不下来，我要不要把他送去学画画，培养一下他的专注力？"
案例分析		
指导策略	解决流程	
	指导方法	

3—6岁儿童表现与创造行为学习任务单

案例描述	丝丝今年4岁半了，她最喜欢的事情就是画画。尽管如此，妈妈并不满意，因为丝丝画的画总是很夸张。对此妈妈总是说："她马上要上大班了，以前年龄小，随便涂一涂没有关系，但现在应该要学一些技巧了。你看她画的太阳，要占纸的一半，还在上面画那么多装饰，把下面主要的景色都遮住了一大半。我还是给她报个绘画班，让她学学技巧吧！"	
案例分析		
指导策略	解决流程	
	指导方法	

课外拓展

育儿小常识

家庭艺术创造教育的类型及特征

1. 关注技能型

这一类型的家长在儿童艺术表现的引导上往往以技能发展为导向，关注儿童在艺术表现过程中的技能发展，如绘画的笔法技巧、歌唱的发声方式、舞蹈的动作技能等。

对于关注技能型的家庭而言，需要认识到的是儿童艺术表现教育的重点。儿童表达自己认知和情感的方式有别于成人。儿童独特的笔触、动作和语言往往蕴含着丰富的想象和情感，因此儿童艺术表现教育的重点更多的是促进儿童创造力与情感的发展，辅之以技能的指导。对于儿童的艺术表现不能过于关注技能的发展，更不能为追求结果而对儿童进行千篇一律的技能训练，以免扼杀其想象与创造的萌芽。

2. 自由追随型

这一类型的家庭在儿童进行艺术表现时更多地遵从儿童的自由发挥，由儿童自由想象，进行创造，但对儿童创造过程缺乏关注与指导。

对于自由追随型的家庭，需要注意家庭艺术教育的教育性与自主性之间的权衡，如果一味地追求教育性，便容易走向高控；但如果一味地追随儿童的自由发挥，儿童在艺术表现中便难以得到发展。

　　对于儿童的艺术表现而言，固然需要追随孩子的想象，尊重其每一次创造，但在儿童因为某一项技能缺乏而无法继续进行艺术创造时，或是当儿童的艺术表现能力未达到该年龄段儿童的发展目标时，成人需要在过程中予以关注，并给予适当的指导和支持。

（资料来源：根据网络资源整理。）

推荐图书

［1］苏清华.艺术人生的开端：2—12岁儿童的家庭美育与艺术游戏［M］.济南：明天出版社，2020.

［2］林雨飞.父母是孩子更好的美育老师［M］.南京：江苏凤凰文艺出版社，2021.

资源链接

视频：一堂好课：美育不该只在课堂，美育应该走向生活、社会。

勤的教育指导

"民生在勤，勤则不匮""业精于勤，荒于嬉"……勤劳，是中华民族的传统美德。"幸福是奋斗出来的""撸起袖子加油干"……勤劳，更是中国人民新时代继续奋斗的集体人格和精神力量，是建立文化自信的重要历史基点。

劳动教育是儿童素质教育重要的组成部分。儿童作为未来求知上进的学生、劳动社会的公民，其人生与社会价值在很大程度上取决于童年期的劳动准备。家庭教育指导者，需要了解勤的教育的含义、特点和指导策略，助力家长开展劳动教育，从小为儿童播撒勤劳的种子，从自理与独立的培养开始，让儿童在操作中体验，在体验中建构，促进儿童身心全面发展。

学习目标

1. **知识目标**：掌握儿童家庭养育中勤的教育的含义、特点和指导策略。
2. **能力目标**：能运用相关理论并结合实际个案，指导家长解决儿童劳动教育中的问题。
3. **素养目标**：热爱家庭教育指导事业，乐于运用所掌握的理论知识和实践方法，不断创新、探索家庭教育指导的路径和方案。

任务一

自理与独立

情境导入

聪明的"笨"宝宝

5岁的子涵从小聪明伶俐，特别喜欢阅读绘本和背诵唐诗。这几天，妈妈发现子涵从幼儿园回家后情绪有些低落。在妈妈的关心询问下，子涵说："班上有小朋友笑话我吃饭慢，桌面上、地板上会掉饭粒，还说我笨手笨脚，连上厕所都要喊老师擦屁股……玩游戏的时候，也有小朋友埋怨我没想法，就像个'跟屁虫'……妈妈，我是不是真的很笨啊？"

思考： 1. 小朋友对子涵的评价，反映出什么问题？

2. 妈妈应该怎样面对子涵的情绪和疑问？

知识学习

一、自理与独立的含义

自理与独立，是儿童健康发展的重要基础，是儿童立足社会的基本活动，也是生存教育的根本。自理是独立的起点，自理能力的不断提升，可以促进儿童自主意识的萌芽。形成自理自立的行为习惯，能够促进儿童身、心、脑全面协调发展，有助于增强儿童的自信心，培养儿童的独立性和自主性，帮助其更快地适应集体生活。独立是自理的成果和保障，丰富的独立体验、良好的独立心态，可以帮助儿童养成目标感强，主动、高效的自理习惯。

（一）什么是自理

自理是指个体为维护生命健康和满足自身发展所进行的活动。在《现代汉语词典》中，自理释义为自己承担和料理。儿童的自理，通常包括自理行为和自理能力两方面。

儿童的自理行为，是儿童不依赖他人的帮助，能够达到相应阶段的学习与发展目标并独立完成日常生活任务的行为表现。

儿童的自理能力是基于不同年龄儿童的身心发展特点，在日常生活中自己处理个人事务的能力，包括生活、学习、人际交往、心态调控等多个方面。

（二）什么是独立

独立也称独立性，通常指个体自我决策，独立地寻找解决问题的方式并实施解决问题的行为时所反映出来的个性品质。

独立是一个人自我发展不可或缺的内在动力，是儿童良好心理素质和健康个性的重要组成部分，对儿童的个性发展有着重大的影响。

儿童的独立性发展，是指儿童在自我意识的基础上，在与环境和他人互动中逐步形成的独立意识、独立体验、独立心态。独立意识是以知、情、意为反映形式的重要人格特征之一，包括认知感觉、情绪感受和意志掌控等。独立体验是指儿童主动完成生活、学习、社交的自理行为，通过自主思考、独立行动、亲身经历，从而解决实际问题并产生情感体验的过程。独立心态是在意识与体验的基础上，发展出的自信、自尊、责任感与价值感等。

二、儿童自理与独立的发展特点

学前阶段是儿童日常生活自理能力快速发展的关键期。随着能力的逐渐增强，他们不仅能够学会自我照顾，而且逐渐扩展到为集体做事、为他人服务，在此过程中感受到自我存在的价值。儿童的自理与独立是社会适应能力的重要组成部分。

儿童的自理与独立主要体现在生活、学习、人际交往等方面，通过着装、盥洗、进餐、如厕、睡眠、游戏等贯穿一日生活的具体行为，以及入托、入园的适应性行为来展现。基于儿童生理、心理机制的不断成熟，儿童自理与独立的发展存在一定的个体差异。

（一）儿童的自理与独立和年龄呈正相关

除去显著的个体差异和个别家庭教养方式的影响，通常儿童的自理能力随年龄的增长而逐步增强，独立性表现也随年龄的增长而越来越显著。不同年龄段儿童自理与独立的发展特点见表5-1-1。

表5-1-1　不同年龄段儿童自理与独立的发展特点

年龄	发展特点	典型表现示例
0—1岁	全依赖期	具备新生儿32个无条件反射，可用笑声、哭声表达情绪和需求，依赖于成人的全方位照护

年龄	发展特点	典型表现示例
1—1.5岁	无自理意识； 本能动作发展	用手抓食物吃，拿奶瓶喝奶/水，尝试用勺子，可表达裤子尿湿，手脚配合动作产生
1.5—2岁	自我意识萌芽； 模仿行为产生	能用双手拿杯子喝水，对如厕训练感兴趣，喜欢搬运东西，洗手时会搓手，会拿牙刷模仿刷牙，模仿穿衣服时会找袖子
2—2.5岁	自我意识增强； 自理行为产生； 心理独立萌芽	可稳定用勺子进食，会表达排泄需求，可穿脱宽松裤子，能解开较大纽扣；用言语和行为表达"不"，有意识表现自己，出现真正意义的交往，有任性、发脾气的表现等
2.5—3岁	自理能力增强； 学习行为产生； 性别意识萌芽	可以独立刷牙但刷不干净，会独立如厕小便，可穿脱部分衣物（套头衫需要帮忙）；表现出学习动机，会坚持自己的想法，偶有执拗表现
3—4岁	自理能力进一步发展； 有独立做事的想法； 逻辑思维开始发展	会单手使用水杯，会使用筷子（有时当勺子用），会刷牙，掌握正确洗手方法，会开关水龙头；知道自己的姓名、性别和年龄，有自己的想法、态度和主张，有自己独立做事的意愿
4—5岁	具备更多自我服务能力； 体验更丰富，独立性更强	正确使用筷子，完全独立如厕，可独立穿脱大部分衣物，能理解和遵守日常生活规则，做事情表现出主动性和自信心、责任心
5—6岁	掌握基本的生活自理； 学习自理能力发展； 有一定情绪管理能力	吃饭、穿衣、清洁、如厕、睡眠等均能基本自理；喜欢独立做事和独立思考，与他人看法不同时，敢于坚持自己的意见并说出理由

（二）儿童的自理与独立呈现关键期特点

2—6岁是儿童自理行为萌芽并逐步固化成习惯的关键期，具备儿童发展关键期的基本特点。在这个年龄阶段，儿童的自理呈现出较强的主动性和较好的学习能力，这是自然赋予儿童的生命助力。如果儿童自理的内在需求受到妨碍甚至限制，将会丧失自主学习和良好习惯养成的最佳时机，日后再刻意练习自理行为，培养自理习惯，都要付出更多的时间和精力，会直接影响自理能力的发展水平。

在自理能力发展的基础上，儿童通过不断地认知与体验，心理进一步成熟。与此相适应，3—6岁是儿童独立性发展的奠基期和支撑期，对儿童一生的独立性发展起到基石作用。

（三）儿童的自理与独立受外在环境影响

家庭的养育环境、家长的教养方式、学前教育经历等外在因素，对儿童自理与独立的影响不容忽视。

1. 教养环境和方式的影响

家长的教养方式，对儿童的自理与独立影响较大。如果家长具备科学的育儿观念，善于鼓励、引导儿童参与和尝试，尊重并理解儿童的想法，家庭氛围民主、亲子关系融洽，将适时促进儿童自理与独立的发展。相反，如果家长对儿童身心发展规律缺乏客观认识，生活中采取过分关注、过度溺爱、包办代替、专制控制、一味放任等错误的教养方式，将对儿童的自理能力和独立性发展造成严重的不良影响。

2. 教育环境和方式的影响

儿童入托、入园后，托育机构和幼儿园的照护、教育环境与方式，以及师幼关系、同伴关系等，也是影响儿童自理与独立的重要因素之一。如果育婴师和幼儿教师能够充分挖掘一日生活流程中的教育资源，有意识地通过示范、游戏、竞技等方式锻炼儿童的自理能力，鼓励儿童独立思考和自主表达，儿童的自理与独立水平将得到较大提升。相反，如果照护和教育过程中干预过多，限制儿童动手参与，忽视儿童独立思考和自主意识的培养，则会在一定程度上遏制儿童自理与独立性的发展。

三、儿童自理与独立的指导策略

基本的生活自理能力是家庭和社会对学前儿童提出的一项重要发展任务，对学前儿童的成长发展具有非常重要的意义。

儿童自理能力与独立性发展是相辅相成、密不可分的，同时又是儿童自身与外在环境相互作用的结果。因此，作为家庭教育指导者，既要充分掌握儿童身心发展的普遍规律，又要能够发现当下社会环境和家庭教育中和儿童自理与独立表现有关的现象，学会分析现象的背景因素、时代特点，判别教养方式的典型误区，洞悉儿童不同能力水平表现的内在与外在因素，从而明确不同家庭个案的指导需求。在此基础上，引导家长树立或革新养育观念，协同全体家庭成员，乃至儿童学前教育阶段的园所教师，共同探索和实践更适合当下、更适合家庭、更适合儿童的培养方法。

（一）指导家长认识育儿误区

1. 家庭养育的误区

当下，祖辈和父母在养育过程中对儿童过分关注、过度溺爱、包办代替等现象屡见不鲜。家长往往觉得孩子太小，不舍得让孩子做力所能及的事，在养育过程中面面俱到、事事代劳，这样在无形中剥夺了儿童自理能力发展的机会。孩子在成长中过分依赖家长，也就缺失了主动思考、独立解决问题的经历和体验，自理能力与独立性发展往往不佳。

因年轻父母工作繁忙，隔代养育现象普遍存在。"隔代亲"现象往往体现为祖辈含辛茹苦，孩子乐享其成的养育误区。同时，祖辈和父母也可能因为担心安全、害怕麻烦等心理动机和带养习惯，不给孩子动手锻炼的机会。此外，年轻父母因平时亲子陪伴的缺失，也可能出现在有限的陪伴时间里通过物质上的极尽满足、事务上的包办代替来表达爱意的误区。

2. 家庭教育的误区

家长往往过多地考虑儿童在生活上的舒适、智力上的投资，"重智力、轻能力"等现象十分普遍。很多家长把家庭教育片面理解成智力开发和才艺发展，从胎教到一两岁就教儿童识字、唱歌、学琴、画画等，却忽视了对儿童吃饭、穿衣、睡觉和个人卫生等自理能力的培养。

这种观念和做法剥夺了儿童早日获得自理能力的机会，使儿童事事依赖他人，自然而然形成事事以自我为中心，别人都应当为我服务的自私自利性格。

3. 家园共育的误区

教育部颁布的《幼儿园教育指导纲要（试行）》《3—6岁儿童学习与发展指南》以及《国务院办公厅关于促进3岁以下婴幼儿照护服务发展的指导意见》均有对儿童自理能力和独立性培养的明确要求。然而，在托育机构和幼儿园实际的保教生活中，受家长对儿童保育质量和智力教育有较高期待等因素影响，园所往往将照护与智力启蒙作为重点，针对自理能力与独立性培养的教学活动设计比重较小。部分教师因为顾及家长对保教服务的感受和对教育成果的要求，不得不经常扮演包办代劳的角色。

家庭教育指导者要敏锐地发现可能存在的家园教育理念的不一致性，以便就家园共育促进儿童全面发展方面做出相应指导。

练一练

坨坨小朋友已满3岁，还不会讲话。在家中想表达需求时，会盯着一个方向看，喉咙发出"嗯嗯、啊啊"等含混不清的声音，一旦需要没有及时被满足就会大哭大闹、发脾气。原来，坨坨很少咀嚼，3岁前进餐多以流质或半流质食物为主，口腔肌肉群发育明显迟缓。此外，外公、外婆对坨坨的照护也是无微不至，只要坨坨有任何需要，都会一路小跑满足他。

分析：在自理能力培养上，坨坨家庭存在怎样的误区？

（二）帮助家长明确指导需求

1. 观念认知的指导需求

家庭教育指导者经常会面对家长认知方面的偏差。关于儿童自理与独立，家长在认识方面的需求主要体现为以下几点。

（1）对儿童自身发展规律缺乏科学认知，不了解儿童在不同发展阶段的敏感期特点，片面地认为儿童尚不具备从事自我服务劳动的能力，对儿童主动模仿和要求进行生活自理活动，主动表达想法、观点等正常表现忽略不见，没有及时肯定和鼓励，甚至加以阻止和否定。

（2）认为成人要身体力行，有责任和义务为儿童做好一日生活起居的照料工作，甚至把家长付出型人格的表现视为爱的责任。

（3）认为孩子在儿童阶段应该以心智启蒙为主，一切养护应该为智力开发和才艺成长服务。

家庭教育指导者在家庭个案咨询和指导服务中，需及时发现家长在观念更新、认知转化上的需求，即使需求是潜在不自知的。近年来，大量孩子在青春期甚至成年后出现的"巨婴现象"，为家庭教育提供了鲜活的反面教材。家庭教育指导者可通过事实案例转变家长观念，循序渐进地帮助家长发现孩子成长的规律和特点，从正面引导着手，经过长期、耐心的具体指导，助力家长逐渐感受孩子成长的喜悦。

2. 教养协作的指导需求

在儿童自理能力与独立性发展方面，家庭养育观念和方式的不一致性，一方面体现在父母之间，原生家庭、性格气质、受教育程度、成长经历等不同导致彼此之间出现对孩子教养方式的不一致性。

另一方面，年轻父母与祖辈教养方式的不一致性，也可能会增加家庭矛盾，严重影响儿童自理与独立能力的发展。有研究表明，隔代养育的儿童自理能力发展水平普遍低于年轻父母养育的儿童。这和老年人的"隔代亲"心理有关，也和受儿女托付的看护责任意识以及由此衍生出的教养方式、教养习惯有关。祖辈可能在允许儿童，特别是低龄段儿童尝试自理行为方面持反对意见。在儿童独立性发展方面，祖辈往往比较依赖人生的养育经验，从而出现忽视儿童自我成长的需求信号、过度保护和干预不当的现象。一旦年轻父母和祖辈之间发生养育观念与方式的冲突，呈现出祖辈认为受委屈、吃力不讨好，年轻父母又感觉无可奈何的局面，就会形成双方不情愿的抵触、对抗或妥协的状态，三代人的亲子关系也可能会因此导致失谐、失衡。

此外，如前文所述，如果家庭教养方式与托育园所的一日生活常规及教学活动等方面，在对儿童自理能力与独立性的培养上出现不一致性，也可能会养成"双面孩子"。某些儿童在托育园所主动能干，家中却事事依赖，或在家中可以做一些力所能及的事，在托育园所却十分依赖老师的代劳和照护。

家庭教育指导者一旦发现育儿家庭存在养育协作的需求，要充分运用心理学知识，对家庭进行指导，努力帮助家庭成员之间、家庭与园所之间形成彼此理解，协同一致的教养环境。

3. 知行合一的指导需求

在信息化高度发达的今天，随着80后、90后、00后父母成为育儿家长主体，家长在先进育儿理念的涉猎、科学育儿方法的获取等方面，具备前所未有的渠道和速率优势。然而，很多家长在接收了大量育儿理念，学会了较多的育儿知识与方法的情况下，仍然无法在养育中做到科学培养儿童的自理与独立能力。知道与做到之间的距离，使得一些家长往往对科学的教养理念认知并认同，却在生活中仍然沿用很多不利于儿童发展的方式与方法。

面对这种相对隐性的指导需求，家庭教育指导者要及时转变指导工作重心，不要盲目停留在理念传播与方法给予上，而要在与家长取得一致的前提下，通过具体、可操作、便于坚持执行、便于及时反馈的阶段性方案，创新借助调查、评测、行为观察、阶段性反馈等指导工具，促进家长在日常教养方面知行合一，并逐渐形成良好的教养习惯。

练一练

家有2岁半女儿的巧燕，是单位有名的育儿达人。每当她头头是道谈起育儿经，同事们都很佩服她。

周末，几位同事带孩子到巧燕家聚会。同龄宝宝都能自己独立玩耍，女儿却一直缠着巧燕。午饭时间，别的孩子几乎都能尝试自己吃饭了，巧燕却一勺一勺地喂给女儿……同事们很错愕，巧燕不是说应该从小培养孩子的自理能力吗？巧燕尴尬地说："总不能让孩子饿着啊。道理是一回事，自己的孩子还得自己疼！"

分析：巧燕在育儿方面出现了什么问题？在孩子自理能力培养上，存在怎样的指导需求呢？

（三）引领家长树立全面发展的育儿观

培养儿童的自理能力与独立性，需引导家长树立全面发展的育儿观。儿童的全面发展，包括心理、社会、教育、实践等多个层面。通俗而言，应定位于"德智体美劳"的全面发展。自理与独立作为自我服务的劳动能力，是全面发展不可或缺的重要组成部分。

1. 启发家长了解儿童发展规律，正确认知儿童的能力水平

面对家长养护方式不当，过于保护、不肯"放手"的家庭教养行为和习惯，家庭教育指导者要积极引领家长通过系统学习，正确掌握0—6岁不同年龄阶段儿童的身心发展特点，特别是认知、语言、精细动作、大运动等在不同年龄阶段应有的发展水平与标准，以及儿童表现出的敏感期特点。

对儿童能力发展水平的科学认识达成一致后，一方面，家庭教育指导者应帮助家长了解孩子在相应年龄阶段应有的能力，不应过分怀疑和担心孩子能力不足，同时允许孩子尝试、探索，甚至允许在无重要安全隐患下试错。进而，引导家长知晓感官学习是儿童发展的必由之路，操作体验是促进儿童身体、心理、脑神经共同发育，提升综合能力素质的最佳途径。另一方面，家庭教育指导者要运用恰当的方式，使家长认识到，不当的养护行为无情地剥夺了孩子自我建构、自我成长的机会，阻碍了孩子的全面发展，家长需要切实转变观念并付诸行动，将宝贵的早期经验还给孩子。

2. 帮助家长树立全面发展观念，认识自理与独立的重要性

家长的育儿观念，受时代背景特别是社会意识形态的影响，有鲜明的时代特色。现阶段，引导家长树立全面发展的育儿观，真正的难点并不在于家长对儿童全面发展的认知与认同，而在于对全面发展所涵盖的各项内容的重要性的权衡。

家庭教育指导者要帮助家长认识到：儿童的自理与独立，是儿童劳动教育最为重要的组成部分，同时又与儿童的身体、心理发展休戚相关。在自理能力与独立性发展中，儿童的感觉统合能力、逻辑思维能力、情绪管控能力等都将同步得到提升。相反，如果儿童缺乏与年龄相适应的自理能力，事事依赖他人，没有独立主见，必然影响儿童的情商发展，也会影响儿童的智力发育。家庭教育指导者要创新传播形式、灵活运用载体，将自理与独立和儿童智商、情商发展的关系呈现给家长，引导家长充分认识到自理与独立的重要性。

（四）引导家长探索自理与独立的培养方法

家庭教育指导者要积极倡导和引领家长，在育儿方法上不懈探索和创新，并坚持实事求是，具体问题具体分析。

1. 0—3岁儿童自理与独立的培养方法

（1）促进儿童感觉运动的发展，为自理与独立奠定基础。0—3岁是感觉运动发展的黄金期，这一阶段最根本的方法就是创设丰富的养育和教育环境。家庭教育指导者要指导家长给予儿童充分的发展空间，不可因照护方便，阻止儿童对适应环境和驾驭自己肢体的探索。

同时，2岁是自我意识萌芽和安全感建立的关键期。家庭教育指导者要指导家长

在创设安全环境，鼓励儿童探索的同时，努力克服育儿焦虑，做好自身的情绪管理，给予孩子充分的陪伴和支持。

（2）充分运用游戏法，鼓励儿童主动模仿和操作。儿童2岁前的游戏活动是感觉器官刺激输入最好的时机。家庭教育指导者要指导家长让儿童通过生活环境中的物品，获得视、听、嗅、味的感官体验，练习抓、捏、抠、撕、拽、拖等感觉动作。这些动作的发展，是儿童具备自我服务劳动能力的前提条件。

2岁以后，可指导家长鼓励儿童模仿成人的角色和行为（图5-1-1），通过各种物品或举止动作达到模仿目的并获得愉悦。通过游戏锻炼孩子的自理能力，培养自理习惯。

（3）抓住秩序敏感期，做出自理与独立的表率。家庭教育指导者要引导家长，正确认识0—3岁儿童会经历的秩序敏感期，不要对儿童的执拗表现过分关注和焦虑，同时身体力行地做好榜样和表率，培养儿童主动进行自我服务的好习惯。

2. 3—6岁儿童自理与独立的培养方法

（1）进一步固化自理行为，敢于放手并及时反馈。家庭教育指导者要与家长达成共识，3—6岁儿童自理与独立培养的根本方法，在于进一步固化自理行为，形成习惯。与0—3岁注重游戏方法、促进模仿操作不同，这一时期的养育重点在于充分放手，培养儿童自己的事情自己做的好习惯，并给予儿童及时反馈，包括认同、肯定、鼓励与赞美。作为儿童成长中重要的心理营养，及时反馈也将为儿童独立性发展提供充足的动力（图5-1-2）。

图5-1-1　鼓励儿童模仿成人　　　　图5-1-2　自己的事情自己做

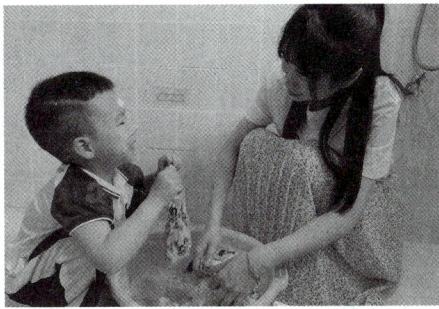

（2）建构家庭、园所、社会的立体化培养模式。儿童入园后，社会性发展拥有了更广阔的舞台。鉴于不同园所的教育理念和养护方式不同，家庭教育指导者要及时提醒家长，通过各种家园互动载体，与托育机构、幼儿园保持密切沟通，真实告知园方孩子在家自理能力的发展水平，明确表达对孩子自理与独立培养的需求，同时协助老师在任务意识、责任感、荣誉感方面对孩子进行全面培养。此外，在带领孩子参加各种人际交往活动时，家长也应注意与成年亲友达成一致，为孩子的自理与独立营造良好的外部环境。

（3）坚持尊重与平等，培养独立精神。与培养自理能力相比，培养儿童的独立精神，困难更多一些，其核心方法在于要引导家长，以尊重、平等、宽容、鼓励的态度面对孩子，允许或鼓励孩子对那些应该关心的、有意义和价值的事情，有自己的想法、态度和主张。

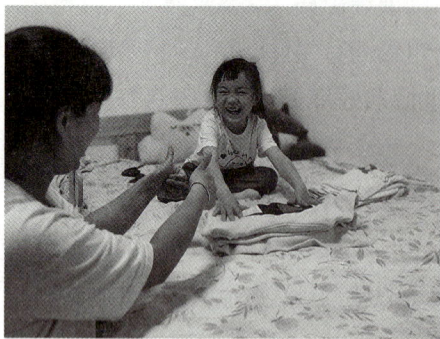

图5-1-3　及时肯定孩子

为了养成独立自主的品性和习惯，凡是孩子感兴趣的事情和需要孩子关心、知道的事情，应指导父母认真地、平等地和孩子讨论，鼓励孩子说出自己的想法，尊重孩子的意见尤其是孩子的不同意见，让孩子逐步学会思考和明辨是非。对于孩子正确的看法要支持，不正确的看法可以通过启发、引导、说服等合适的方式进行纠正。对于孩子因为坚持正确的看法、做法而取得的进步与成功，家长要及时、具体地肯定（图5-1-3）；对于孩子因坚持不正确的看法、做法而出现的问题，家长要宽容接纳，积极地和孩子一起去面对解决，而不要埋怨、指责，甚至惩罚孩子。

指导任务书

0—3岁儿童自理与独立指导任务书

案例描述	托育中心的亲子沙龙上，老师邀请糖果小朋友的妈妈分享孩子爱吃饭的秘诀。糖果妈妈说："我其实没做什么，就是三个不。1岁时，他用手抓饭，吃得满脸、满餐椅都是的时候，我不会去阻止他；1岁半时，他尝试用汤匙，经常把菜汤撒得满衣襟都是，我也不会去责怪他；2岁时，有段时间他吃饭喜欢折腾，还会撒娇、要人家喂，我不会去迁就他，告诉他大家都吃完时，如果他吃不完，我会收走。" 彤彤小朋友的妈妈若有所思。彤彤现在2岁半了，还完全不会独立吃饭。孩子已经形成的习惯，该怎样改变呢？
案例分析	托育中心组织亲子活动，旨在引导家长锻炼宝宝独立吃饭的能力。可见，2—3岁儿童不会独立吃饭的现象，具有一定普遍性。 部分家长"怕麻烦、过分在意清洁、担心孩子吃不饱而喂饭……"此类错误的观念和做法，反倒迟滞，甚至阻碍了孩子自理能力的发展。 正面、直观的案例，生动诠释了放手让孩子练习和探索，是培养独立吃饭的最好方法。 家长在横向比较中，出现一定焦虑情绪，期待专业指导

续表

| 指导策略 | 解决流程 | 安抚彤彤妈妈的焦虑情绪→具体分析彤彤在独立吃饭习惯培养上的问题→指导召开家庭会议，统一全家人的观念，制定具体可实操的执行流程→跟踪执行情况，关注儿童及家庭成员的反应，分别给予指导→以周、月为单位，及时进行总结反馈 |
| | 指导方法 | 1. 指导家长理性对比，汲取正面经验，具体问题具体分析

2. 帮助妈妈选择合适的沟通方式，统一家庭成员观念

3. 从餐饮品相、沟通方法、示范引导、操作坚持等方面入手，确立实操流程

4. 对儿童和家庭成员在改变习惯过程中的反应做足预案

5. 及时总结反馈，对孩子进行正面管教，给家人理解支持 |

3—6岁儿童自理与独立指导任务书

案例描述		深夜，家庭教育指导者周彤收到一位妈妈的微信：这学期，幼儿园老师多次和自己沟通，说孩子都4岁半了，却事事依赖老师，自理能力明显低于同龄小朋友，建议家长配合引导。孩子一直是爷爷、奶奶帮忙照顾的，在家里也是"衣来伸手、饭来张口"。为此，自己和丈夫都曾多次和爷爷、奶奶沟通，但老人坚持认为孩子还小，大了自然什么都会了。爷爷还生气地怪幼儿园老师不作为，说要给孩子换一所幼儿园……为此，家庭氛围也不如从前，自己很苦恼
案例分析		幼儿园老师发现儿童自理能力的问题，及时与家长进行沟通，在家园共育方面尽职尽责。 年轻父母认同孩子自理能力培养的重要性。 案例反映出典型的隔代养育误区现象，在教养观念上，祖辈与父母存在不一致性，妈妈表现焦虑，存在潜在家庭矛盾，有教养协作方面的家庭教育指导需求
指导策略	解决流程	帮助父母找到适合与祖辈沟通的方式→引导祖辈树立全面发展的育儿观→努力让祖辈意识到自理与独立能力培养的重要性→指导父母对祖辈的转变表示感谢→给予祖辈具体实操的家庭培养方法→及时让全家看到孩子的进步成果
	指导方法	1. 与孩子父母商定隔代养育中与祖辈沟通的原则和方法，找到恰当的与祖辈沟通的方式，必要时可借助第三方或媒体资源，努力帮助其认识到过度照护的危害 2. 抓住祖辈在意孩子聪明与否的机会点，潜移默化地让祖辈了解自理与独立能力和智商、情商发展的关系，了解能力培养的重要性 3. 充分了解孩子在家一日生活常规的照护方式，结合具体环节与祖辈共同制定循序渐进的培养方法 4. 跟踪教养方式转变后孩子的接受度与反应，及时进行方案调整，并及时发现孩子的进步给予鼓励

学习任务单

0—3岁儿童自理与独立学习任务单

案例描述	豌豆小朋友2岁1个月了。这天，趁妈妈下楼取快递，豌豆立马来到厨房"大显身手"。她踩着凳子爬上操作台，把调料架上的每个瓶瓶罐罐都打开，分别倒一些到碗里，然后学妈妈的样子搅动起来。妈妈回来后，看到豌豆满脸满身都脏了……一把将豌豆"拎"下来，生气地说："豌豆！你这不是在帮忙，是在捣乱……厨房台面上还有刀，太危险啦！"豌豆被妈妈的吼叫声和动作吓到了，委屈地哭了起来。 妈妈和豌豆到底谁做错了？面对越来越调皮的豌豆，应该怎样给妈妈支招？	
案例分析		
指导策略	解决流程	
	指导方法	

3—6岁儿童自理与独立学习任务单

案例描述	茜茜小朋友刚满5岁。一天，老师拿着一个大橙子，来到茜茜面前，问："请你仔细闻一闻，闻到了什么气味？"茜茜摇摇头。老师把橙子举高，晃了晃，又问："哪位小朋友闻到了橙子的气味？"有一位小朋友举手说："我闻到了，是香香的！"接着，第二位小朋友说："我也闻到了，是香香的！"然后是第三位、第四位……老师大声说："请闻到气味的小朋友举手！"茜茜急忙也举起手说："老师，我也闻到了，是香香的气味！"老师笑着说："小朋友们，这个橙子是假的，是仿真水果，什么气味也没有哟！不要因为别人的说法，影响了自己的判断！"	
案例分析		
指导策略	解决流程	
	指导方法	

课外拓展

育儿小常识

要注重0—3岁儿童自理能力的培养

家庭教育指导者要有意识地指导家长注重0—3岁儿童自理能力的培养。具体应该怎样做呢?

1. 宝宝自己吃饭

(1)宝宝还在吃母乳的时候,不妨在喂奶前,尝试将乳头搭在他的上唇上,让他不得不抬起小脑袋主动去吸奶。

(2)对开始用奶瓶的宝宝,家长不要直接将奶嘴塞进宝宝口中,可以拉起他的双手,请他抱住奶瓶后再放入。随着宝宝能力增长,父母慢慢撤力,终有一天,他会自己抱住奶瓶。

(3)在开始添加辅食的时候,宝宝小手的动作能力也得到了快速的发展,此时可以让他自己拿着食物吃。大一些以后,可以让他学着用杯子喝水、用小勺吃饭。父母要给予耐心和鼓励,经过几个月的锻炼,孩子就可以自己吃完一顿饭。

2. 穿脱衣服

脱衣服比穿衣服容易,可以从脱衣服练习开始培养。孩子1岁多的时候,可以开始让他完成脱衣服的某一个步骤,比如最后脱下来的动作。随着动作的熟练,可以渐渐让他独立脱衣服。在此基础上,可以让他练习穿衣服的单个动作,并渐渐学习自己独立穿衣服。

3. 自我清洁

1岁多的孩子可以练习扔尿不湿;2岁的孩子可以练习收拾玩具;3岁的孩子可训练自我服务的各项本领,如吃饭、洗手、刷牙等。

4. 独立睡觉

在3个月左右婴儿睡眠规律逐渐形成后,就可以通过规律的睡前仪式,帮助婴儿建立条件反射,培养良好的睡眠习惯。在此基础上,培养儿童独立睡觉。

推荐图书

[1]杨霞.培养孩子从做家务开始[M].北京:朝华出版社,2018.

[2]珊瑚海.儿童心理承受能力养成课[M].天津:天津科学技术出版社,2019.

[3]凯瑟琳·G.纳多,查尔斯·贝尔.我能管好自己:让孩子独立的自我管理课[M].李甦,译.北京:化学工业出版社,2019.

资源链接

1. 视频:怎样培养幼儿的自理能力。

2. 视频:如何培养孩子独立性。

任务二　操作与体验

情境导入

帮电动玩具狗洗澡

　　1岁半的萌萌有个好朋友"汪汪"，是爸爸给他买的电动玩具小狗。聪明的萌萌已经学会了，只要在汪汪的脑门儿上拍一拍，汪汪就会摇着尾巴走起来，还不时叫两声。

　　傍晚，刚下班的妈妈看到萌萌在哭鼻子。他红着眼睛指着汪汪说："汪汪病了。"原来，萌萌把汪汪放在洗手池里洗了个澡，还有模有样地放了沐浴露揉搓，现在不管他怎么拍，汪汪也不走不叫了。

　　思考：1. 萌萌给电动玩具狗洗澡反映了孩子怎样的天性？

　　　　　2. 妈妈应该怎样面对孩子的行为？

知识学习

一、儿童操作与体验的含义

　　意大利儿童教育家蒙台梭利说："我听过的，我忘记了；我看过的，我记住了；我做过的，我理解了。"苏联著名教育家苏霍姆林斯基说："儿童的智慧在他的手指尖上。"我国著名教育家陶行知先生说："教、学、做应以'做'为中心。"

　　对于儿童来说，做，更多的是探索、操作与活动。要解放孩子的双手，还孩子一双自由的手。我国现代儿童教育家陈鹤琴说："做中教、做中学、做中求进步，要将幼儿的操作贯穿到整个教学过程中。"古今中外的儿童教育研究成果表明，儿童智力的发展，往往是通过动手操作来实现的。

　　儿童认知、学习的特点是在做中学、玩中学、生活中学，通过直接感知、实际操作和亲身体验来学习。可见，操作是体验的前提，体验是操作的升华。在操作中体验，在体验中建构，是儿童最佳的学习成长方式。

172

（一）什么是操作

操作是个体通过手脚等肢体动作与活动，作用于特定的对象来反映和表达大脑中的主观意图和客观要求的活动。个体的操作活动，往往反映其思维发展水平，也是了解其思维过程的窗口。

儿童的操作，主要是指伴随儿童脑神经发育逐渐成熟，运动能力特别是手部精细动作能力的不断发展，肢体协调、手眼协调能力的逐步提升，在客观环境的刺激和影响下，产生的自我服务、游戏探索、认知学习、团队协作等活动的统称。对儿童来说，智慧源于操作。操作活动是儿童发展的内在需求，能够促进大脑的发育，培养观察力、创造力、运动企划能力、逻辑思维能力、解决问题能力等，通过操作实践可以为儿童带来真实、直观的直接经验和认知，以及意志、情感等方面的多重体验，增强儿童的自信心和成就感。

（二）什么是体验

体验是个体的亲身经历，即外界事物、情境引起"我"的亲身经历过程，以及借由原有经验和亲历过程共同引发的内心感受、感悟、体会、省察等结果。体验是一种被激活了的经验，是主体心灵与外部世界的沟通。

儿童的体验是以儿童为主体，通过儿童全身心投入的亲身经历，经由反复观察、感受、操作、探究，对认知、情感、行为产生心灵感悟和内省体察，进而习得技能、提升能力、养成习惯，并逐渐形成观念、情感、态度乃至心理品格的过程，是儿童一切心智活动的前提和基础。

从哲学的角度看，体验是意义的建构、存在的澄明与价值的生成。从心理学的角度看，体验是个体对愿望、要求的某种感受。从教育学角度看，体验是学习者通过自身亲历的学习与探究活动，从而认识事物、获得情绪感受的过程，也是由活动操作和直接经验产生的意识结果。

我国《幼儿园教育指导纲要（试行）》明确指出"社会学习具有潜移默化的特点，尤其是社会态度和社会情感的学习，往往不是教师直接'教'的结果，而是幼儿通过在实际生活和活动中积累有关的经验和体验而学习的。"

二、儿童操作与体验的发展特点

儿童学习成长的最佳途径是游戏和操作活动，儿童心智成熟的最佳模式是体验和自我建构。受自身发展因素和外在环境影响，0—6岁儿童的操作与体验有着显著的阶段性特点，同时遵循个体操作的基本属性特征，不同年龄阶段呈现不同的体验类型。

儿童的操作与体验受自身因素和外界环境的影响。从养育和教育者的角度来看，操作与体验的进阶式发展，对照护和教养方式、方法提出了更高的要求。

（一）0—2岁儿童操作与体验的发展特点

1. 操作处于感知运动阶段

0—2岁的儿童主要依赖感觉、动作来认识周围世界。操作活动是儿童与生俱来的本能，是人体神经系统逐渐成熟的外显性表现。就算看似无意识、目的性不强的操作活动，也是儿童内在发展的需求。这也就意味着，儿童的操作具备动作性、主动性、探索性的特点，依赖于肢体动作能力，特别是手部精细动作能力的发展。例如，通常儿童从6—8个月开始，直至2—3岁，都处于手部精细动作发展的敏感期（表5-2-1）。在这一时期，儿童会主动和重复去做抓、抠、捏、撕、揉、按、拧等动作，部分儿童对柔软、黏性的物品表现出特别的兴趣。再如，儿童1岁以后进入空间知觉敏感期，喜欢扔东西、转圈圈、钻洞、爬高等。上述儿童反复、乐此不疲地做成人眼中毫无趣味的动作，就是一种本能的操作性学习。

表5-2-1 儿童手部精细动作发展参考

月龄	手部精细动作发展表现
1月龄	握紧成拳，把大拇指攥在手心里
2月龄	无意识地握住很细的玩具
3月龄	手掌大部分时间半张半合，能握住摇铃，但不会摇动
4月龄	用一只手抓东西；能摇晃手中的玩具；伸手拿东西
5月龄	能准确抓握；把东西打翻；把纸揉成团
6月龄	可以双手分别抓握；能很好地拿出奶瓶；握住玩具往嘴里塞；手能把脚送进嘴里
7—8月龄	会把东西从一只手倒到另一只手
9—10月龄	逐渐从一把抓过渡到用拇指、示指捏较大的物品
11月龄	用示指指出物体；自如地张开、合拢手掌
12月龄	会撕纸（拇指和示指捏）；会鼓掌
15月龄	能准确地递东西；能用全手握住蜡笔；会翻书
18月龄	能堆起两块积木；会脱鞋袜；会串大颗粒串珠
21月龄	能堆起三块积木；会使用勺子（一把抓）；会用蜡笔涂鸦
24月龄	能堆起六七块积木，洗手时会搓手

2. 多为被动型、感知型体验

一方面，在2岁前，儿童还难以将主客体区分开来。虽然儿童的操作具备自发性、探索性的特点，但从体验的主体参与水平来看，仍属于被动型体验。这一时期，儿童往往遵循自身发育的需求本能，或根据成人的指令和示范进行模仿，属于被动的状态，没有明确的目的性、选择性和创造性，也无法形成丰富的内心理解和感悟。

另一方面，2岁前儿童的体验，基本是运用眼、耳、口、鼻、舌等感觉器官，认识和辨别事物的过程，主要活动方式是运用感知觉获得对事物外部特征的直接经验，缺乏对事物或现象内部特征与关系的深层认识过程，感知型体验处于"粗浅性"的发展水平。

（二）2—6岁儿童操作与体验的发展特点

1. 操作的主动探索性增强

随着儿童自我意识增强，操作活动中的主体地位进一步凸显。操作活动往往有意识地由兴趣引发，目的性更明确，能够在家长和老师的启发、指令或协作下独立开展完整和连贯的操作活动。

2岁以上的儿童，在家庭或托幼园所的生活和操作活动中，可以了解操作环境和操作材料的相关特性与功能，进行主动的观察和思考，并能够对肢体动作进行合理的掌控，有了日渐增强的运动企划能力。这个时期，儿童操作的探索性，还体现在已经具备一定的原有经验，这些经验在新的操作活动中得以运用、迁移和延伸。

2. 操作充分体现脑体并用

与2岁前无意识操作居多、大脑和身体协调性不够完善相比，2岁以上儿童的操作充分体现出脑体并用的特征。这个时期的操作已经不仅是肢体、器官的参与，更重要的是大脑对动作的掌控与配合。

儿童运用自己的主体认知和原有经验进行操作活动时，操作客体也会发生改变。这种改变会引起操作主体的应变和方法改进。在大脑的充分参与和调动下，儿童会产生新的认知经验，探索出新的操作方法，肢体动作也会更加熟练和协调，以此在生活学习中不断循环，促进心智的发展。

3. 主动型、探究型体验得以发展

2—6岁儿童在原有感知型体验为主的基础上，主动型体验和探究型体验得以进一步发展。儿童的主动型体验表现为选择性、自主性、能动性和创造性等各个方面。

在这一时期，虽然儿童因自我意识发展，在日常生活中会出现以自我为中心，有些"叛逆"的现象，对养育者的育儿方法，特别是教养方式提出了更高的要求，但对儿童的心智发展起到不可或缺的促进作用。相对无意识状态下或在家长主导的被动状态下的体验，儿童在主动型体验中，能够自由选择体验对象和体验方式、方

法，可以自主支配和调节体验的过程，更能发挥参与操作活动的积极性和创造性。

三、儿童操作与体验的指导策略

（一）指导者要正确理解儿童的操作与体验

1. 立足家庭教育，拓宽理解维度

家庭教育指导者要努力与家长达成共识：儿童的操作，不能狭义理解为学前教育范畴的操作性学习；儿童的体验，也不能狭义理解为教育活动与教学目标的达成、教学结果的呈现。家庭教育指导者需立足家庭教育，拓展操作与体验的外延，充分利用家庭教育这一宝贵的阵地，指导家长重视0—6岁儿童的操作与体验，将操作与体验的外延扩展到家庭生活中。

2. 放下学术概念，生动形象传播

家庭教育指导者一方面需要深刻理解儿童操作与体验的基本含义和发展特点，具备扎实的理论基础、自洽的逻辑体系；另一方面又要合理地转化和"翻译"，以更接地气、更生动形象的方式，传播科学的育儿理念。

简而言之，从家庭教育角度看儿童操作，就是引导儿童做事，就是让孩子动起来。在家庭中，儿童可做的事情有很多，包括生活自理、游戏（所有肢体动作参与的游戏）、协助做家务、养殖、种植等。孩子动起来了，就是符合儿童操作动作性的特点；事情是孩子做的，不是家长代劳的，就是符合儿童操作亲历性的特点；孩子在做事的过程中有思考、有计划、会调整，就是符合儿童操作探索性和大脑并用的特点。同样，从家庭教育角度看儿童体验，就是儿童在家庭生活中，对所有事情的亲身经历和真实的感受。

（二）指导家长正确认识儿童的学习与成长方式

1. 儿童通过感官认知学习

儿童的学习方式不同于成人，感官学习是0—6岁儿童最重要的学习方式，操作与体验是感官学习的主要途径。

因缺乏对儿童学习方式的正确认知，很多家长将学习狭义地理解为"听说读写"，对游戏、操作等调动全身心参与的活动重视度不够，对活动结果过于看重，忽略了儿童在过程中的体验。家庭教育指导者要普及和传播"玩"和"做"就是学习的观念，帮助家长重新认识儿童的学习（图5-2-1）。

2. 心智成熟有赖于感觉发展

家长都希望培养聪明的孩子，却并不完全清楚耳聪目明、心灵手巧的孩子依赖

于视觉、听觉、嗅觉、味觉、触觉、前庭
觉、本体觉等感觉的发展，以及各种感觉之
间的统合与协调。

图5-2-1 儿童动手操作

家庭教育指导者要传播科学的早期教育
观念，帮助家长认识到，想要给予儿童丰富
的感觉刺激、全面发展儿童的感知觉、促进
儿童大脑和身体之间的相互协调，仅仅依靠
知识灌输是行不通的，必须通过儿童亲身参
与的操作，并在操作中观察、思考、行动、
反思、调整，才能够内化成自身的经验。因此，从某种意义上说，在0—6岁，训练
感觉就是训练大脑。

练一练

张女士向家庭教育指导者小章发牢骚说，儿子才3岁7个月，就已经看出不是
学习那块料了。小章询问张女士为什么这样说，张女士回答，只要让儿子看书学
习，哪怕是看绘本、学儿歌，甚至是听智能机器人讲故事，他都坐不住，最近却
喜欢在外面玩土、玩沙子，经常弄得一身脏兮兮的。这几天迷上了拧螺丝，昨天
翻出家里的工具箱，用螺丝刀把门把手都卸下来了，这长大是要做修理工吗？气
得孩子爸爸把他揍了一顿。

分析：张女士育儿中的苦恼反映出什么问题？如果你是小章，将怎样进行
指导？

（三）引导家长重点培养儿童的动手能力

1. 创造良好的动手环境

家庭教育指导者要引导家长将儿童动手
能力的培养充分融汇到家庭生活中，而不仅
局限于积木、拼插玩具等玩教具的使用。根
据儿童不同年龄段的能力特点，家长可以有
意识地创造安全、舒适的环境，选取与年龄
匹配的材料，为儿童动手操作提供机会（图
5-2-2）。

图5-2-2 动手操作

2. 激发儿童的动手兴趣

儿童动手的兴趣来源于好奇探索，来源于问题挑战，来源于获得感与成就感。家庭教育指导者要引导家长通过巧妙的、积极的、正面的问题与情境设计，激发儿童的探索欲望和动手兴趣。家务劳动中动手兴趣的激发，关键在于儿童不知不觉，家长有知有觉。注意尽量不要以布置任务的形式要求儿童，而要从描述动手行为的正面体验、展现动手的成果和意义的角度出发。

3. 给予陪伴、协作和示范

培养儿童的动手能力，要坚持以儿童为操作主体。家庭教育指导者要引导家长不做动手操作活动的主宰者和控制者，时刻明确自己陪伴者、协作者、示范者的角色定位，在动手活动前、活动中和活动后，都要倾听儿童的想法，适度给予示范和帮助。

4. 让儿童体验到成就感

儿童在动手操作中，成就感来自家长的鼓励和支持，更来自通过动手解决问题、克服困难、获得成功的心理体验和满足。家庭教育指导者要引导家长让儿童体验成就感，注重孩子的心理感受，善于发现孩子在动手过程中的闪光点，不流于形式地只关注成果，更不可空洞、敷衍地表扬和赞美。

练一练

爸爸给5岁半的昊昊买了一套"北京天坛"的立体拼图。晚饭后，昊昊就一边看示意图，一边拼起来。

转眼2个多小时过去了，拼图还没有完成一半。有个地方怎么拼插都感觉不对，昊昊急得满脸通红。这时，外出刚回到家的妈妈，看到昊昊拼的作品，高兴地竖起大拇指："哇，昊昊你拼的是什么啊？快给妈妈看看，这亭子可真不错！你真棒！"

没想到，妈妈的一番夸赞并没有让昊昊开心。他气呼呼地把拼图一推说："什么亭子，这是北京天坛！哼！爸爸买的是个坏东西，我不拼啦！"

分析：昊昊在立体拼图的操作中，体验到了成就感吗？妈妈对昊昊的夸奖有错吗？

（四）帮助家长开展家庭中的体验式教育

家庭教育指导者要让家长认识到，家庭是儿童操作与体验的最佳场所。同时，还要落实具体的体验内容，包括基本生活体验、情感交流体验、运动体验、自然体验等方面。在实际操作中，家长要尊重儿童自由选择体验的权利，尽可能为儿童创造主动体验的机会，充分调动儿童体验的积极性和创造性。

1. 在基本生活体验中培养劳动能力

（1）自理体验。指导家长要学会和孩子做朋友，以伙伴的身份介入，和孩子比赛穿衣、吃饭等，看谁的动作又快又好，这样可以逐步培养儿童独立自主的能力。由于儿童能力发展快慢的不同，在儿童进行自理能力体验过程中，家长要学会等待，让儿童不断尝试。

（2）感觉体验。指导家长发现儿童有喜欢观察事物、品尝味道、感知温度等主动欲求时，要及时抓住机会鼓励儿童进行各种体验，不要因安全顾虑，完全阻止儿童的感觉体验行为，要积极创设安全环境，同时加强安全教育。

（3）劳动体验。指导家长要主动邀请儿童参与家庭劳动。随着儿童年龄的增长，家长还可以有计划地给儿童安排适量的家务劳动，比如动手洗一双袜子、刷一次碗等，使其在实际的操作体验中感受劳动的辛苦，珍惜劳动成果。

2. 在情感交流体验中发展亲子关系

（1）体察情绪。指导家长在家庭生活中关注儿童的心理感受，尊重儿童的情绪表达。

（2）亲子交流。指导家长积极主动和儿童进行亲子交流，注重沟通方式，特别是要加强情感交流，及时了解儿童的内心感受。

（3）亲子共读。指导家长在共读过程中，让儿童说出自己的感受、评价，并展开丰富的想象，也可结合角色扮演培养儿童丰富的感知能力。

3. 在运动体验中锻炼健康体魄

（1）粗大运动发展。指导家长尽可能拓展运动空间，创设运动条件和氛围，特别是要注重儿童平衡能力与肢体协调能力的发展。

（2）精细动作发展。指导家长抓住儿童手部精细动作发展的敏感期，在儿童动手操作过程中，将手眼协调游戏充分运用其中。

4. 在自然体验中开展审美启蒙

（1）走进自然。指导家长通过参观、郊游等形式，尽量拓展儿童的视野，科普自然知识，培养儿童热爱自然、热爱劳动的良好品格。

（2）拓展价值。指导家长发现自然体验的教育价值，给予儿童愉悦的心理投射，同时启发儿童通过语言、绘画等方式，培养热爱大自然、崇尚劳动的审美情趣。

指导任务书

0—3岁儿童操作与体验指导任务书

案例描述	刚满1岁的嘟嘟小朋友被开水烫伤了，胖乎乎的左手红肿得像个小红薯，还有两个大水泡……在医院，医生边处理边提醒嘟嘟妈妈，一定要注意安全，幸好没烫到脸部和眼睛。 从医院回来的路上，嘟嘟妈妈又心疼又气愤，心里不禁纳闷儿，自从嘟嘟会走以后，自己不止一次提醒他，开水壶是不能碰的，里面有滚烫的开水，被烫到会很痛。都怪粗心的爸爸，冲奶粉后把开水壶放在客厅茶几上，及时放回厨房就好了
案例分析	0—6岁均属于儿童空间知觉敏感期，特别是宝宝会爬、会走后，有较强的空间探索欲望，对安全养护提出了更高的要求，爸爸存在一定的照护疏忽。 妈妈担心嘟嘟烫伤，曾反复通过说教的方式强调开水壶不能碰，初衷是好的，却可能增强了嘟嘟想要感受、体验的好奇心，育儿方法认知不够全面。案例中"烫伤"的事实后果已产生，并非父母的主观意愿
指导策略	**解决流程**：安抚父母双方的情绪，确保和谐一致→普及育儿知识，具体分析造成嘟嘟烫伤的原因→探讨育儿家庭安全环境创设和执行要点→以教会幼儿"温度体验"为例，给予实操方法→促进家长在确保安全的前提下，给予幼儿操作体验，从而拥有学习生活技能的机会 **指导方法**： 1. 共情嘟嘟妈妈、爸爸各自的感受 2. 强调及时、可控的正面处理，凸显不幸中的万幸 3. 帮助家长了解0—3岁儿童的敏感期特点 4. 引导家长深刻理解、认同通过实际操作体验学习成长 5. 和家长一起制定家庭育儿环境安全注意备忘录 6. 演示"50度开水触碰法"，教会家长体验式教育

3—6岁儿童操作与体验指导任务书

案例描述	爸爸发现天天小朋友最近吃饭的时候总要剩一点，很浪费。爸爸皱着眉批评道："你是幼儿园大班的孩子了，怎么还剩饭？"天天不以为然地说："我吃不下了嘛，剩点饭怎么啦？班上有些小朋友比我剩得还多呢！我看超市里的大米都堆成小山了，妈妈还说现在大米便宜了，有什么稀罕的！" 爸爸生气地起身说："你表舅家就在农村，改天就让你去稻田里插一天秧，看你不累趴下！"天天来了劲："好啊，好啊，田里有蝌蚪吗？有蚂蚱吗……"
案例分析	家长发现5—6岁的孩子出现习惯性剩饭的浪费现象。 父子对话表明，爸爸对孩子节约意识的教育，主要采用说教的方法，事实上忽略了操作与体验是儿童认知的根本路径。 孩子从小生活在优渥的城市家庭环境中，对农业劳动没有操作的机会，缺乏认识和体验。 孩子缺少接触大自然的经历，对未知的自然和生活有主动体验的兴趣和向往

续表

指导策略	解决流程	肯定爸爸关注生活习惯的教育意识→引导家长意识到儿童操作与体验的重要性→与家长商量创造孩子走进自然、参与劳动的机会→抓住机会放手让孩子自主操作和体验，包括面对困难和挫折→孩子参与劳动的过程中，家长给予适度、及时、有针对性的指导→辛苦劳动后，引导孩子自主分享直接经验和感受
	指导方法	1. 达成让孩子亲近大自然，参与劳动体验的共识
		2. 鼓励、督促家长利用可能的资源，有预设地创造让孩子劳动体验的机会
		3. 教会家长怎样面对孩子各种可能的表现。孩子畏难、怕累时，家长要及时指导和鼓励
		4. 避免说教，在孩子自身体验的基础上，与孩子分享劳动感受，挖掘教育价值

学习任务单

0—3岁儿童操作与体验学习任务单

案例描述		皮皮1岁11个月，最近迷上了用手指抠洞洞。一天，妈妈看他用小手去抠墙上插座的插孔，吓出一身冷汗，赶紧用胶带把他能够得到的插座都粘上了，又在网上买了很多插座保护套。清晨，妈妈去洗漱，发现洗面池的下水孔堵住了。皮皮爸爸拆开下水盖板才发现，是皮皮把娃娃的橡胶手套塞进去了。皮皮妈妈很纳闷儿，这孩子是怎么了？这么小就学会恶作剧了吗？要叮嘱家人把他看紧点！
案例分析		
指导策略	解决流程	
	指导方法	

3—6岁儿童操作与体验学习任务单

案例描述	张女士向家庭教育指导者咨询：儿子今年5岁半了，自己和爱人商量，想让孩子开始学习做点力所能及的家务。可是，令家人苦恼的是，孩子对帮助父母做家务很抵触。有时候让他帮忙做一点事，比如倒一杯水、拿一双鞋子等，他要么不情愿地磨蹭拖拉，要么故意把事情弄糟，比如把杯子摔碎，气得爸爸打了他好几次，但情况还是没有改变

续表

案例分析		
指导策略	解决流程	
	指导方法	

课外拓展

育儿小常识

在家怎样对孩子进行劳动教育

1. 培养劳动光荣的观念

每天清晨，宇轩都和爷爷奶奶去绿化公园锻炼身体。每次路过草坪，爷爷都会说："这些枯叶子，把草坪都弄脏啦！要是把它清理干净，环卫工人会很惊喜！"一天，宇轩从家里带来垃圾袋，细致地捡枯叶送到垃圾箱。刚捡完一片草坪的枯叶，环卫工爷爷来了，环卫工爷爷对宇轩竖起大拇指："谢谢你，从小就这么能干，真是不简单！"宇轩心里美滋滋的。让孩子以劳动为荣，孩子就会有成就感，就会增强自信心。

2. 父母以劳动习惯作表率

父母要从自我做起，积极参加劳动。如果家里不收拾，摆放得一塌糊涂，早晨不能及时地为孩子做饭，很长时间不叠被子，对孩子的行为不会有好的影响，孩子也不会有什么好的生活习惯。父母做好榜样，才可以鼓励孩子参与到家务劳动中。有了切身的感受和体会，孩子才会尊重劳动，珍惜劳动成果。

3. 创造机会让孩子快乐劳动

让孩子积极参与生活，对于保持一个整齐、干净的家显得格外重要。这里不仅是要让孩子懂得收拾自己的物品，更主要的是要做出安排，制造机会，让孩子参与家务。这不但可以让孩子体会并分担父母的辛劳，还能让孩子学到许多做事的方法，从中培养孩子体贴、负责的心，使家庭的气氛和谐、融洽，促进亲子关系的发展。

4. 根据能力进行指导示范

父母必须考虑到孩子的实际承受能力，并进行具体而耐心的指导或示范，教给孩子怎样一步一步地完成其所承担的任务。比如，让孩子收拾卫生间时，要教他先清除垃圾，再刷洗浴缸，最后擦拭地板等。让年幼的孩子做简单的事情，这样孩子才有信心去完成。

5. 及时给孩子赞赏和鼓励

孩子做家务劳动，既是操作学习的过程，又是锻炼体验的过程，在这个过程中自然会有成功和失败。这就要求父母应当教育孩子战胜困难、不怕失败，树立信心和决心，让他很快地学会做自己力所能及的事情。当孩子做完一件事后，不管这件事是大是小，父母都应该对此表示高兴，可以具体表扬孩子的努力，让孩子知道你很肯定他的工作。

推荐图书

［1］陈长海.儿童社会启蒙认知体验立体手工书［M］.济南：山东人民出版社，2020.

［2］（美）劳伦斯·科恩.游戏力［M］.李岩，译.北京：军事谊文出版社，2011.

［3］（美）约瑟夫·克奈尔.与孩子共享自然［M］.叶凡，刘芸，译.天津：天津教育出版社，2013.

资源链接

1. 视频：孩子一学就会的动手游戏。

2. 视频：幼儿动手操作。

模块二

2

0—6 岁儿童分段衔接指导

　　入托、入园、入学是 0—6 岁儿童成长过程中面临的一个重大的转折期，解决好幼儿教育与托育机构、幼儿园、小学教育的衔接问题，对于促进儿童的可持续发展，提高教育质量具有重要意义。2021 年 3 月 20 日，教育部发布《关于大力推进幼儿园与小学科学衔接的指导意见》，针对长期以来存在的幼儿园和小学教育分离、衔接意识薄弱、过度重视知识准备、衔接机制不健全等问题，提出了一系列有针对性的重要举措。

　　0—6 岁儿童在入托、入园、入学准备和适应上家长需要做哪些方面？家长的教育理念转变是分段衔接教育工作成功的关键。首先，家长应正确树立主动学习的意识，了解儿童成长发展的心理规律，和幼儿教师探讨在儿童成长过程中遇到的困惑，端正教养观念。其次，家长应主动和幼儿教师沟通交流，对儿童学习习惯、学习能力、适应能力、课程衔接等与教师进行互动交流，建立起反馈机制，最终达成教育共识。

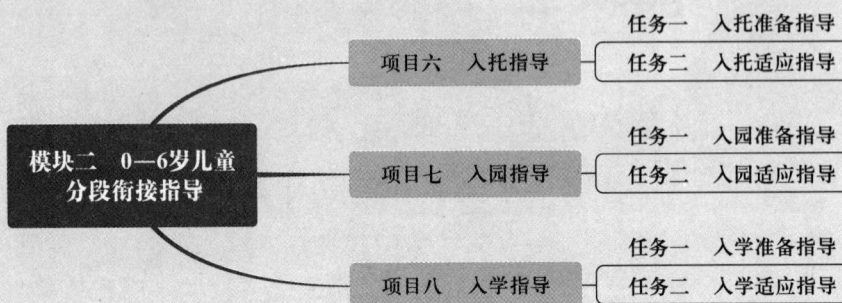

模块二　0—6岁儿童
分段衔接指导

项目六　入托指导
任务一　入托准备指导
任务二　入托适应指导

项目七　入园指导
任务一　入园准备指导
任务二　入园适应指导

项目八　入学指导
任务一　入学准备指导
任务二　入学适应指导

入 托 指 导

尊老爱幼是中华民族的传统美德，从"幼吾幼，以及人之幼"的先贤思想，到当今社会"婴有所养，幼有所育"的国家政策支持，可见对儿童的充分养育与照护是中华民族文化传承的体现，也是社会文明进步的重要标志之一。

入托，是指家长将0—3岁婴幼儿委托给家庭以外的团体或机构进行照护，基于科学养护和早期教育两个方面，充分发挥托育服务功能，从而保障婴幼儿身心健康发展，降低家庭养育难度的社会行为。

入托准备与适应指导，是在国家人口战略的宏观背景下，为发掘和满足家庭的托育需求，在认知、心理、能力等方面，帮助家长树立科学养育观念，增强理性的托育服务认知与意识，掌握不同年龄段婴幼儿入托的选择、准备与适应能力。

学习目标

1. **知识目标：** 了解托育服务的基本内涵，了解国家托育政策与托育服务供求现状，初步掌握入托准备与适应的指导策略和要点。
2. **能力目标：** 能指导家长运用分段衔接的相关知识分析、解决实际问题，能指导家庭进行充分的入托准备，指导家长帮助婴幼儿顺利适应入托生活。
3. **素养目标：** 热爱家庭教育指导事业，初步具备分析和解读案例的能力，帮助家长解决婴幼儿入托问题的职业素养。

任务一   入托准备指导

情境导入

宝宝几岁入托好

欣欣 1 岁 11 个月了。爸爸妈妈工作忙，一直是 60 多岁的奶奶帮助照顾欣欣。这几天，奶奶腰椎病又发作了，欣欣爸爸提议送欣欣入托，可是这么小的宝宝托育机构会收吗？欣欣能适应入托生活吗？宝宝满 3 岁才能去幼儿园，到底几岁的宝宝入托更好呢？

思考：1. 年龄是衡量宝宝达到入托条件的唯一标准吗？

2. 宝宝入托要做好哪些准备呢？

知识学习

一、入托准备的含义

0—3 岁是儿童发展的启蒙和奠基阶段，也是终生教育的起点。婴幼儿入托的根本目标在于保障婴幼儿的身心健康、全面发展，从而实现对家庭养育的有益补充。进行科学、充分的入托准备，是帮助婴幼儿顺利适应入托生活，实现托育目标的重要前提。

入托准备，是指为 3 岁以下婴幼儿顺利入托并适应托育生活进行的所有准备的总和，一般包括侧重认知心理的家长准备与侧重身心发展的婴幼儿准备两个主要方面，同时涉及必要的环境准备与物质准备等。婴幼儿年龄较小，心智成熟度较低，尚不具备准备意识与独立准备的能力，入托准备有赖于家长对婴幼儿发育水平的判断和基础能力、衔接能力的培养，有赖于家庭教养的优化，因此家长准备的权重较大。

二、入托准备的内容

（一）家长的认知与心理准备

家长对托育服务的认知、对自身托育需求的分析、对托育服务类型与机构的选择、自我心理建设等，将影响孩子入托的适应性，乃至最终影响入托目标的顺利实现。简而言之，家长需要知道托育服务是什么、明确自己想要什么、了解怎样选择和适配、科学管理入托的期望值。

1. 科学认知托育服务

对托育服务的科学认知，是家长入托准备的起始。

在国家大力发展托育服务事业，力图通过降低育儿难度、减轻育儿压力等系列政策，实现人口战略中鼓励生育、优化人口结构等目标的宏观背景下，普及对托育服务的科学认知，提升家长借助托育服务的意识，指导家长帮助婴幼儿适应托育生活的方法，具有鲜明的时代特色和普遍的现实意义。

（1）托育服务具有补充功能。《国务院办公厅关于促进3岁以下婴幼儿照护服务发展的指导意见》（国办发〔2019〕15号）明确了我国现阶段婴幼儿照护服务"家庭为主，托育补充"的基本原则。儿童监护抚养是父母的法定责任和义务，家庭对婴幼儿照护负主体责任，托育服务为家庭提供科学养育指导，是家庭教育的补充。联合国将托育服务定义为：因环境造成家庭照顾儿童功能不足，儿童必须每天有一段时间离开父母和家庭的照顾时，需要有组织化的服务，以补充父母的家庭照顾。

（2）托育服务兼具教育属性。0—3岁是婴幼儿认知与情感发展、社会性发展的关键期。科学的托育服务，要按照儿童优先的原则，最大限度地保护婴幼儿，确保婴幼儿的安全和健康。同时也要遵循婴幼儿的成长特点和规律，促进婴幼儿在身体发育、动作、语言、认知、情感与社会性等方面的全面发展。"寓教于养、教养平衡"是婴有所养、幼有所育的重要标志。近年来，大量关于托育服务需求和获得感、满意度的调研显示，家庭对科学育儿的需求，远高于基本的生活照料。

同时，家长也要理性地认识到，托育服务的教育属性是融于生活的，首先是以儿童为本，而非以成人和社会期待为本，是满足婴幼儿需要、与婴幼儿成熟度相适应的教育，而非异化的幼儿教育或学生教育。

（3）托育服务的核心价值。托育服务的核心价值在于坚持以人为本，是生命影响生命的呵护与照顾，是人类亲子之爱的接续与传递，同时须与家庭教养协同，与学前教育衔接，与国情、社情相符，这些并不是简单引进国外的理念、兴建奢华的场所能够取代的。

2. 自我分析入托需求

对入托需求的自我分析，是家长入托准备的重要组成部分。

从家庭角度看，是否选择入托、什么时机入托、选择什么托育类型、选择怎样的托育服务机构、入托后是否有满足感和获得感，都与自身实际的托育需求密不可分。

家庭托育需求的产生有十分多样的因素。比如家庭成员在时间、精力、能力等方面的养育困难；比如父母对孩子的早期教育，特别是认知与社会性发展方面有更高的期待，希望借助托育服务实现更好的教育；比如孩子年满2岁后，为顺利进入幼儿园，希望通过入托完成衔接过渡；比如祖辈带养，家庭成员教养观念不一致，甚至产生家庭矛盾，希望通过孩子入托得以缓解等。不同的托育动机，决定了家庭对托育服务不同的基本需求，具体表现在入托意愿度、入托年龄、托育费用及意愿成本、托育类型选择等方面，同时也决定了家长对托育服务机构的品牌、环境与设施、便利性、师资力量、保育质量、家托共育、政府支持等维度不同的需求程度。

3. 理性选择托育机构

对托育机构的理性选择，是家长入托准备组成的关键环节。

在托育机构的选择上，首先要将婴幼儿的健康安全放在首位，将机构是否符合设置标准与管理规范、卫生评价是否合格并进行备案、场地设施是否符合建筑设计规范等作为首要考量条件；其次要充分结合自身的托育需求，注重机构核心的托育服务主张与特色、托育服务质量、育儿课程与活动设计等与自身需求的适切度；最后，要注重师资力量的专业性，考量区位的便利性、托育时间的灵活性等。

4. 及时调整心理状态

孩子入托，不仅是孩子身心适应的过程，家长同样要做好充分的心理预设和准备。妈妈或主要照护人，原本天天待在孩子身边，突然每天有6~8小时的分离，难免会有失落、不舍、担忧等心理反应和情绪表现。特别是孩子入托伊始，经常会出现哭闹、拒绝入托，甚至频繁生病等适应困难的表现，家长（特别是妈妈）在面对孩子表现时的心态调整，以及由此表现出来的态度和行为尤为重要。

家长以平和而坚定的心态面对孩子入托后的一系列变化和困难，积极学习和探索帮助孩子的调适方法，保持与托育机构的沟通与互动，可以及时安抚孩子不安的情绪，给予孩子爱的滋养与支持，帮助孩子勇敢迈出面对人生挑战的重要一步。

（二）儿童的发展与衔接准备

在我国现阶段，婴幼儿入托的年龄区间为6个月至3岁，入托时机更加灵活。不同年龄段入托，对婴幼儿身心发展的能力要求有所不同。不同年龄段婴幼儿的发育商水平与入托表现关系密切，包括认知、动作、情绪、社会性发展等多个衡量角度。简而言之，婴幼儿达到相应年龄段基本的生长发育指标，在家庭中建立良好的依恋与安全关系，是入托准备的重点内容。

1. 基础能力准备

基础能力是基于发育商水平核定的，是不同年龄段婴幼儿入托准备的普遍参照与要求。发育商也称为DQ，是用以衡量婴幼儿心智综合发展水平的核心指标之一，主要包括大运动、精细动作、认知适应能力、语言和社会性发展等几个方面。

国家卫生健康委发布的《托育机构设置标准（试行）》在托育机构的人员规模方面明确规定，托育机构一般设置乳儿班（6—12 个月，10 人以下）、托小班（12—24 个月，15 人以下）、托大班（24—36 个月，20 人以下）三种班型。因家庭需求度不同，选择婴幼儿入托的年龄也不同。

本任务参照国家卫生健康委发布的《0—6 岁儿童发育行为评估量表》，结合婴幼儿入托三种班型的年龄段划分，以列表范例的形式列举了不同年龄段入托婴幼儿除身高、体重达标之外，需具备的基础能力。需要注意的是，表 6-1-1 中仅是评估场景中有代表性的能力举例，并非该年龄段婴幼儿能力的全部。家长可在入托前准备相应的测试玩教具，根据婴幼儿所处年龄段自测，并根

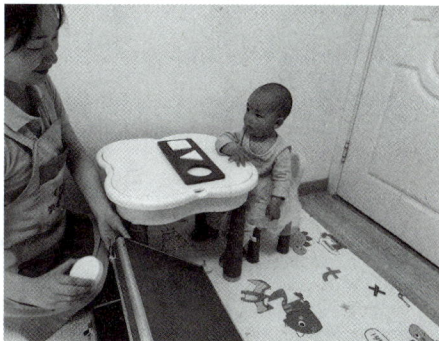

图 6-1-1　为宝宝做发育商测评

据测评结果有目标地培养和准备（图 6-1-1）。该表仅作为儿童相应年龄的发育商水平的评价参考，并非能否入托的判断标准。如有部分能力水平未完全达标，入托时可与托育机构充分沟通，通过家托共育，逐步提高婴幼儿的基础能力。

2. 衔接能力准备

基于心理发展和生活自理的衔接能力，是指 0—3 岁婴幼儿因生活环境、照护人员、家庭养护习惯、生活规则机制等发生变化，为尽可能适应变化所进行的，侧重于心理的能力准备与迁移。这种能力的准备与迁移往往不是婴幼儿单方面自发的，而是在家庭养育中逐渐形成的。正如英国精神分析学家温尼科特所言："从来没有婴儿这回事，当你看到婴儿的时候，一定同时看到他（她）的母亲。"儿童生命早期的亲子关系，特别是充足的心理营养、恰当的沟通方式、合理的养护引导等，都是帮助婴幼儿具备入托衔接能力的重要因素。

入托的衔接能力，包括从依恋到分离的能力、从任性到适应约束的能力、从依赖到适度自理的能力等诸多方面。与基础能力不同，衔接能力更注重 0—3 岁婴幼儿的心理发展特点与情绪引导，同时兼顾个体差异，如独立吃饭、喝水、如厕（或表达如厕需求）、"平行玩耍"与互动社交等方面的能力培养（图 6-1-2）。

图 6-1-2　培养婴幼儿入托衔接能力

本任务结合婴幼儿入托三种班型的年龄段划分，以列表范例的形式，列举不同班别入托婴幼儿的心理发展特点和家庭培养衔接能力的方向及着力点（表 6-1-2）。

表6-1-1 入托年龄及基础能力准备

入托年龄		入托基础能力准备				
班别	月龄	大运动	精细动作	适应能力	语言	社会行为
乳儿班	6	仰卧翻身，会拍桌子	会撕揉纸，能扒弄桌上积木	两手拿住积木，会寻找失落的玩具	叫名字转头，理解手势	自喂食物，会躲猫猫
	7	悬垂落地姿势，独立直坐	扒弄到小丸，能自取一块积木，再取另一块	积木换手，伸手够远处玩具	能发dada，mama等无所指的声音	会抱胸玩，能认生人
	8	独坐自如，双手扶物可站	拇他指捏小丸，试图取第三块积木	有意识地摇铃持续用手追逐玩具	能模仿声音，可用手势动作表达需求	懂得成人面部表情
	9	会爬，拉双手会走	拇示指捏小丸，从杯中取出积木	积木对敲，拨弄铃舌	会欢迎，会再见	表示不要
	10	自己坐起，保护性支撑	拇示指动作熟练	能拿掉扣积木的杯玩积木，寻找盒内东西	模仿发语声	按指令取东西，懂得常见物名称及人名
	11	独站片刻，扶物下蹲取物	可将积木放入杯中	能打开包积木的方巾，会模仿抱娃娃	有意识发一个字音，懂得"不"	会从杯中喝水，会摘帽子
	12	独站稳，牵一手可走	全掌握笔留笔道，试着把小丸投入小瓶	会盖瓶盖	叫爸爸妈妈有所指，向他（她）要东西知道给	穿衣知配合，可以共同注意
托小班	15	独走自如	自发乱画，从瓶中拿到小丸	翻书两次，盖上圆盒	会指眼耳鼻口手，会说3—5个字	会脱袜子

续表

入托年龄		入托基础能力准备				
班别	月龄	大运动	精细动作	适应能力	语言	社会行为
托小班	18	扔球无方向	模仿画道道	积木搭高4块，正放圆积木入型板	懂得3个投向，说10个字词	白天能控制大小便，会用汤匙
	21	会用脚尖走，扶楼梯上楼	水晶线穿扣眼，模仿拉拉链	积木搭高7—8块，知道红色	能回答简单问题，会说3—5个字的句子	能表达个人需要，会进行想象性游戏
	24	双足跳离地面	能穿过扣眼后拉线	会逐页翻书，倒放圆积木入型板	说两句以上诗或儿歌，说常见物用途	会打招呼，会问"这是什么"
	27	独自上下楼	模仿画竖道，会对拉锁	认识大小，正放型板	理解指令，说7—10个字的句子	会脱单衣或裤子，开始有是非观念
托大班	30	独脚站2秒	穿扣子3—5个，会模仿搭桥	知道1与许多，倒放型板	会说自己名字，说出图片10样	来回倒水不洒，知道扔果皮位置
	33	会立定跳远	模仿画圆圈，会拉拉锁	积木搭高10块，连续执行3个命令	能说出性别，会分清"里""外"	会穿鞋，会解扣子
	36	双脚交替跳	会模仿画交叉线，会拧螺丝	懂得"3"，认识两种颜色	说出图片14样，发音基本清楚	懂得"饿了""冷了""累了"，扣扣子

表6-1-2 入托年龄及衔接能力准备

入托年龄		心理发展特点	基于心理发展的衔接能力准备
班别	月龄		
乳儿班	6—12个月	与母亲的共生中分化出自己的身体表象，有一定的注意力；刚刚经过全能自恋期；从绝对依赖过渡到相对依赖期；发现过渡性客体；对陌生人有焦虑反应	母亲情绪稳定，夫妻关系和谐；家庭养育给予无条件的爱；帮助婴幼儿建立安全感；越有安全感的婴幼儿，越能够适应分离
托小班	12—24个月	展现出开放的内心世界；依赖表现更强，从生理依赖发展到精神依赖，认知发展迅速，自我意识逐渐形成，学会说"不"，情绪更加丰富，性格开始萌芽	进一步帮助建立稳定、可控的安全感，练习适当、适度、有仪式感的分离；营造自由但规律的生活环境，培养秩序感，引导正向积极的性格品质。进行以感官游戏为主的益智游戏，丰富的心智启蒙，简单的生活自理能力引导
托大班	24—36个月	自我意识充分发展，情绪情感更加复杂，可能出现执拗和叛逆；依恋与渴望独立并存；客体我产生，有了自我形象的认知；逐渐认知客体的恒常性	家长在与儿童沟通相处中注重关爱与规矩并举，和善而坚定；着重培养生活自理能力，进而注重自信心、自豪感、同情心等性格品质的培养

三、入托准备的指导策略

（一）引导家长理性看待托育服务，树立协同照护的理念

1. 树立科学养育观念，承担主体责任

指导家长认识到，0—3岁作为婴幼儿成长的黄金阶段，是儿童未来成长的基石。3岁前婴幼儿的照护和养育，本身就是融于生活的教育。儿童基于本身特有的吸收性心智状态，潜意识的身心成长，对其一生的发展起到奠基作用。家长作为孩子成长的直接负责人，有责任在婴幼儿阶段为其准备良好、适宜的成长环境。

无论是因为不得已的刚性需求，还是出于更优质早期教育环境的考虑，都要"看见"婴幼儿有接触同伴、接触其他成人、接触社会的需求，托育服务在满足这种需求方面具备一定的优势。同时也要引导家长了解，孩子在家里也在接受教育，也在获得发展。婴幼儿与父母及其他亲人的关系，对孩子的成长也是不可缺少的。婴幼儿与父母，特别是与母亲的情感联结，是无法因机构的教育服务被替代和终止的。

只有家庭给予儿童充分的身心营养，儿童才有足够的身心能量去面对更复杂的外界环境。家庭教育指导者要指导家长树立托育机构与自身协同照护的理念，家长只有将托育机构的照护者视为自己的合作者，才能更好地整合与利用环境和资源，促进婴幼儿全面发展。

练一练

全职在家带孩子的茜茜妈妈为重返工作岗位，把女儿送到某知名品牌的托育机构。熬过了入托适应的前两周，茜茜妈妈晚上把孩子交给婆婆带，开始不分昼夜、全身心地投入到工作中。

一天中午，老师打来电话，建议茜茜妈妈下班回家后还是多陪陪孩子，因为虽然茜茜在托时间不哭闹了，可是最近情绪很低落，做游戏活动时也很少笑了，还会经常说"妈妈不要她了"。

分析：请你给茜茜妈妈出出主意，怎样协调工作和家庭，帮助孩子开心入托？

---

2. 了解托育利好政策，优化家庭养育

过去20多年里，家庭已经形成了父母照护或祖辈照护、亲人照护的育儿习惯，在国家"将婴幼儿照护服务纳入经济社会发展规划，加快完善相关政策，强化政策引导和统筹引领，充分调动社会力量积极性，大力推动婴幼儿照护服务发展，优先支持普惠性婴幼儿照护服务机构……"等一系列政策的引导、支持与监管下，家庭教育指导者要引导家长，充分、客观地认识到政策的利好，以及由此在社会公共服务层面为家庭育儿带来的切实帮助。

同时，需要引导家长关注，享有托育服务的权利并不仅仅局限于选择托育机构入托，对家庭婴幼儿早期的发展指导，包括入户指导、亲子活动、家长课堂、在线学习等适应需求的多元化方式，都是为家长及婴幼儿照护者提供婴幼儿早期发展指导服务，增强家庭科学育儿能力的有效方式（图6-1-3）。

图6-1-3　送宝宝到托育机构

（二）指导家长根据自身需求，做好三步抉择

1. 是否入托，看实际需求

家庭教育指导者要基于普遍影响入托决策的因素，包括儿童年龄、家庭结

构、家长年龄、家长学历、照护人组成、家庭月总收入、照护人时间与身体情况、育儿支付意愿与能力等，与家长共同分析是否存在刚性需求。家庭教育指导者要指导家长根据自身对托育机构资质、硬件设施、托育服务及课程活动设计特色、教师专业性、距离便利性、家托互动、托育费用等需求维度进行定位与排序，选择入托类型（全日制、半日制、计时制、临时托），并给家长提供建议。家庭教育指导者的分析和建议起辅助作用，最终由家庭决策者按实际需求进行抉择。

练一练

　　陈女士和丈夫是双职工，有个刚满1岁的男孩。家庭结构为主干家庭共同居住、协同带养宝宝，核心家庭月总收入为15 000元左右。宝宝出生后前半年，以陈女士自己带养为主。复岗工作后，陈女士因和宝宝的奶奶育儿观念不一致，多次发生家庭矛盾。目前奶奶54岁，时间充裕，身体情况良好。陈女士所在社区内10分钟左右的步行距离处开办了一家公办普惠托育机构。陈女士是宝宝养育的实际家庭决策者。

　　分析： 请你帮助陈女士分析一下目前的入托实际需求，并提供建议，辅助决策。

2. 入托时机，看双向准备

　　在婴幼儿准备方面，首先要关注婴幼儿的身体健康指标（含年龄段的身高、体重等入托体检项目），进而要关注婴幼儿的发育商水平，比如社交发展是否进入"平行玩耍"的阶段。所谓平行玩耍，是指婴幼儿在玩耍中不再对其他儿童熟视无睹，即使各玩各的，也能表现出对其他儿童的兴趣，乐意与玩伴在一起。

　　在家长准备方面，重点是指导家长在心理与情绪上的准备。注意指导家长，首先要克服自身的分离焦虑，不要在家庭关系不和谐、身心疲惫并有"急于脱手"的心态时送孩子入托，因为孩子入托前几个月甚至半年的适应期，给家长制造的"麻烦"不会少，需要家长有稳定、成熟的心理建设作支撑。

练一练

　　叶子是两个宝宝的妈妈。大宝2岁7个月时，二宝出生。本想有了小弟弟，大宝应该会更懂事乖巧，没想到每天照顾两个宝宝身心疲惫的叶子，还要面对大宝经常的"捣乱"、争宠、无理取闹……于是，叶子果断地将大宝送到一家全日制的托育机构。可是事与愿违，入托两周了，大宝每天在托育机构哭闹、不适应，就连夜晚睡觉时也会经常惊醒大哭，闹着要找妈妈。在老师的关心和照护下，大宝终于不再全天间歇性哭闹，却不巧又患了一场重感冒……此后生病成了大宝的"家常便饭"。转眼入托两个半月了，大宝真正在托的时间连一个月还不到。叶子很困惑，为什么大宝入托这么难？是自己做错了吗？

　　分析： 请你结合案例，分析一下大宝入托准备出现了什么问题？

3. 机构选择，看匹配程度

　　家庭教育指导者要指导家长认识到托育服务具备"托"和"育"两方面的功能，本质是一种补充性服务。托育机构是教育服务产品的供给者，婴幼儿及其家长是教育服务产品的使用者。托育机构与家庭的关系具备二重属性，既是教育者与被教育者的关系，也是服务者与被服务者的关系。

　　在家、托协同照料理念的指引下，家长要充分了解托育机构的教育理念、发展目标与发展任务（图6-1-4）。在优先考量机构规范备案等服务资质之后，如果更注重条件设施的规范和与幼儿园的衔接性，可以选择以幼儿园开办的托班或公办普惠托育机构；如果更注重教育服务理念的国际化、前沿性，可以选择早教中心或民营早教托育机构；如果更注重接送的便利性，可以选择社区托育服务站点等。

图6-1-4　家长与托育机构教师沟通交流

　　家庭教育指导者要指导家长，理性看待托育机构的商业宣传，不要盲目追求高端奢华，不可将0—3岁婴幼儿的教育等同为学前教育，要回归到生活教育与照护服务的本质。同时，家长要做好自身的期望值管理，不要将以平等、互信为基础的教育服务委托误解为普通的教育消费。

（三）帮助家长关注孩子发展，做好入托的衔接准备

　　儿童教育工作者要熟练掌握儿童发展评估的相关知识，指导家长助力孩子达到相应年龄段的生长发育水平，为入托做好基础能力准备。根据入托年龄段，指导家长培养婴幼儿相应的衔接能力，包括表达需求的能力、配合哺喂或自主进食的能力、一定的社交能力等。应特别注重婴幼儿的心理发展，指导家长通过陪伴、关注和回应，努力在入托前帮助孩子建立较好的安全感。

1. 乳儿班（6—12个月）

（1）做好全面的物资准备，包括奶粉、奶瓶等哺喂用品，罩衣、围兜、湿巾、地板袜等卫生用品，安抚玩具用品等。

（2）就儿童的饮食起居习惯、游戏玩耍习惯、日常情绪表现等与托育机构保育人员进行真实和充分的沟通，帮助老师充分了解儿童的个性特点。

（3）克服陌生人焦虑，尽可能创造儿童与亲人、同龄玩伴的接触机会，预先带孩子到托育机构熟悉环境。

2. 托小班（12—24个月）

（1）在基本物质准备和沟通的基础上，家长要帮助儿童进行心理准备，可以提前上一些亲子课程，通过参观体验、绘本阅读等营造入托的期待和想象，进行有承诺和仪式感的时段分离训练，有条件的家庭可给予儿童逐步延长时段的"临时托"体验等。

（2）培养儿童规律的吃饭、喝水、午睡、如厕、洗手等行为习惯。

（3）培养儿童口头语言的表达能力，引导儿童可以适时表达需求。

3. 托大班（24—36个月）

（1）在环境、物质和沟通准备的基础上，培养一定的自理能力，包括一日常规的生活行为，自主性是这一阶段培养的重点。

（2）培养角色感、性别意识和一定的社交能力，努力帮助孩子建立与他人的情感链接，进一步克服分离焦虑。

（3）培养孩子听受指令、适应规则、融入集体生活和活动的能力。

指导任务书

入托准备指导任务书

案例描述	汤圆妈妈是小区里公认的"温柔淡定妈"，在育儿陪伴方面很有心得。如果汤圆牵手邀请她一起玩，她就陪着玩一会儿，若是汤圆不邀请她，她也不打扰，安静地陪在旁边。有段时间，汤圆特别黏人，一会儿要自己跑到一边玩，一会儿又跑回来要妈妈抱，汤圆妈妈也不急躁。 刚满2岁的汤圆入托后适应得很好，有时还会劝慰哭鼻子的小朋友，说妈妈下班就会来接他的
案例分析	1. 汤圆入托适应较好，得益于日常养护中妈妈情绪的稳定。 2. 案例场景中，汤圆玩一会儿就跑回来要妈妈抱，是幼儿验证母爱稳定、可控的典型表现，是3岁以下幼儿潜意识对安全感的求证。 3. 妈妈娴静的个性，心平气和的照护，给孩子提供了较好的安全感。安全感吸收得越充分，孩子越能适应分离

案例分析		4. 妈妈情绪稳定的背后，或有夫妻关系、家庭关系的和谐作为支撑。 5. 入托准备不是一时之举，须融入日常养育。家庭养育的科学优化，是婴幼儿入托衔接的必要条件
指导策略	指导流程	发掘正面典型案例→强化亲子陪伴与安全感建立的重要性→阐明案例蕴含的入托准备原理→举一反三，拓展认知
	指导方法	1. 指导家长做好孩子入托的认知心理准备 2. 指导家长关心、助力孩子身心发展准备 3. 掌握入托准备的技巧：优化家庭养育、培养安全感等

学习任务单

入托准备指导学习任务单

案例描述		静怡小朋友2岁半了，一直是妈妈在家全职养育，平时比较黏妈妈，妈妈单独出门都要趁静怡睡着时偷偷离开。 　　为了让静怡将来能更好地适应幼儿园生活，妈妈决定先让她上一学期幼儿园开办的托班。最近，妈妈带她做了入托体检，还采购了一堆衣服、鞋子、隔汗巾、小书包、毛绒小玩偶等，感觉已经为静怡入托做好了细致、充分的准备。静怡入托，妈妈准备好了吗？
案例分析		
指导策略	解决流程	
	指导方法	

课外拓展

育儿小常识

孩子入托前的六项基本准备

1. 熟悉新环境

从家庭到托育机构，孩子的不适应感普遍较强。因此，父母就应该在开学前给孩子做些心理准备，多讲些托育机构的趣事给孩子听。比如，托育机构里能认识新朋友，老师会教好多本领，还能参加非常有趣的活动等。目的是培养孩子入托的愿望，同时，最好父母能够带孩子先去托育机构参观一下，看看里面的设施、玩具、图书，再让孩子认识一下将来的老师，消除孩子对托育机构的陌生感。

2. 调整作息时间

托育机构有自己的作息制度和要求，入托前父母可为孩子制定一个作息时间表，告诉孩子每个时间段该干什么，如按时进餐、睡眠、盥洗、活动、娱乐，让孩子在家按照这个作息制度生活一段时间，以便进入托育机构后较快地适应新生活，同时也能使孩子从小养成遵守时间的好习惯。

3. 自己解决大小便

孩子的大小便问题一般过了18个月就该训练了。如果孩子想要大小便还不能告诉大人，或者还在使用纸尿裤，就要注意了。入托前应该重点教会孩子说"我要小便，我要大便"这样的话，免得给老师增加负担，也避免孩子受不洁之苦。此外，培养孩子定时排便的习惯也是一个很好的方法。

4. 学会自己喝水

对于那些习惯于用奶瓶当水杯的孩子，使用小杯子喝水有一定难度。可是托育机构里，小朋友们都用水杯喝水，这是托育机构和家里不同的地方，也是孩子应该在入托前必须学会的本领。刚开始练习喝水时，可用塑料杯，水倒得少点。父母要教会孩子怎样控制好杯子的倾斜度。另外，关于吃饭的问题也该在家就学会。

5. 学会自己穿衣服

午睡后能否自己穿衣服是孩子自立能力强弱的一个重要标志。大多数孩子脱衣服没问题，而起床穿衣服就麻烦了，还时常会闹出笑话，穿错鞋、穿错裤子、漏穿或穿反衣服都是常有的事。所以，父母最好为孩子选择那些穿脱方便的衣服。鞋子的大小也要合适，鞋底要软、跟脚、轻便。对于年龄较小的孩子，父母可以适当为其多准备几套衣裤，以便孩子尿湿裤子、呕吐弄脏衣服时更换。

6. 学会交朋友

托育机构生活是孩子人生中的第一次集体生活，能否与其他小朋友和睦相处很重要。入托前应该尽量让孩子与邻居接触，与邻居的小朋友玩耍和交往。入托后，父母可以利用接送时间，认识本班一个或者几个小朋友，互相介绍后，鼓励孩子拉拉手，玩一玩。

推荐图书

［1］吕云飞，钟暗华.婴幼儿心理发展与教育［M］.郑州：河南大学出版社，2010.

［2］侯魏魏.1岁宝宝的关键教养［M］.北京：北京理工大学出版社，2020.

［3］侯魏魏.2岁宝宝的关键教养［M］.北京：北京理工大学出版社，2020.

［4］丹妮勒·格拉芙，卡嘉·赛德.叛逆期关键养育［M］.潘璐，译.北京：朝华出版社，2020.

资源链接

1. 视频：做好这些准备，宝宝入托更顺利，腾讯视频。

2. 视频：在家就能做，超实用宝宝入园入托准备课，腾讯视频。

任务二　入托适应指导

情境导入

寸步不离的凯凯

今天是 2 岁 3 个月的凯凯小朋友入托的第一天。早晨，他在托育机构门口哭闹，不肯进门。

妈妈走后，他一整天都紧跟着抱他入园的保育师周老师，不时地要周老师抱抱。一转眼看不到周老师，他就大哭起来，非常排斥班级的另两位老师。有时周老师想抱一下其他小朋友，他就跑过来挤到周老师旁边，把别人的手推开。

思考：1. 凯凯寸步不离周老师，反映出婴幼儿入托怎样的现象？
　　　2. 怎样帮助凯凯尽快适应托育生活？

知识学习

儿童入托适应，既关系到托育服务事业的健康发展，也关系到儿童学前阶段的心智储备乃至一生的社会适应能力建构，同时关系到育儿家庭的满足感、获得感和幸福感。因托育服务的对象涉及孩子和家长两个方面，入托适应的成果也就受婴幼儿自身适应和家长适应两方面因素的主导。

一、入托适应的含义及内容

（一）入托适应的含义

入托适应属于社会适应范畴，是指 0—3 岁婴幼儿进入托育服务机构初期对环境与生活逐渐习惯的过程。其实质是婴幼儿在进入托育服务机构后，因照护人员、生活环境、活动内容、角色身份、人际关系等发生变化，从而打破原有家庭养育形成的身心平衡状态，需要通过家托共育，帮助婴幼儿再度完成自主建构并趋于身心平衡的过程。具体表现为，婴幼儿在生理、心理和行为上，对托育生活从陌生到熟悉、从抗拒到接纳，最终到融入愉悦的转化。

与学前教育阶段入园适应不同，入托儿童年龄较小且入托年龄也不相同，对成人照护的依赖程度和心理依恋程度更高，对陌生环境的适应能力和自理能力更弱。因入托前能力发展有限，入托适应性表现与家庭养育模式的关联度更强，需要克服更大的障碍。儿童入托适应通常以生活适应、身体适应、人际关系适应、情绪适应、角色与身份适应等形式表现出来，本任务从心理、能力、行为三个维度进行归纳阐述。

（二）入托适应的内容

1. 心理适应：从依恋到分离

入托的心理适应，主要指婴幼儿克服分离焦虑情绪，从依恋到可以实现分离的过程。心理学研究表明，7—24个月是婴幼儿建立社会性情感联结的重要阶段，大多数儿童已经对最亲近的人产生了依恋，对依恋对象的存在和离去已经非常敏感，较长时间与亲人或主要照护人分开会产生分离焦虑。根据托育服务不同班型所处的年龄段，将0—3岁儿童依恋发展阶段与分离焦虑表现的基本特点概括总结如表6-2-1。

表6-2-1 0—3岁儿童依恋发展阶段与分离焦虑表现的基本特点

班型月龄	依恋发展阶段与分离焦虑表现
乳儿班（6—12个月）	处于有差别依恋发展阶段（能够区分熟人和陌生人）到依恋关系单一化阶段（与最近关系人产生强烈依恋）的过渡发展期。儿童自我意识尚未完全形成，虽有陌生人焦虑、分离焦虑的典型表现，但在丰富、适宜的照护环境下，相对更容易实现依恋的转移和向分离的过渡
托小班（12—24个月）	处于分离焦虑表现逐渐达到峰值的年龄段，入托后普遍会经历分离焦虑较为完整的三个阶段，从反抗到失望，再到超脱并适应，也是入托心理适应障碍相对较多的班别阶段
托大班（24—36个月）	社会情感联结已经基本建立，能够认识"客体恒常性"，但认识还属于"自我中心化思维"，仍会表现出不同程度的分离焦虑情绪，需要家托共育的引导和帮助，才能实现依恋对象伙伴化，从而逐渐适应托育生活

此外，婴幼儿先天气质类型的差异、家庭养育模式、照护方式的不同、入托适应期家长的心理调适能力等，也会影响婴幼儿入托的心理适应进程。

2. 能力适应：从依赖到自理

通常情况下，0—3岁儿童的自理能力发展历经从全依赖期（0—1岁）到自理意识萌芽、模仿行为产生（1—2岁），再到自理行为产生、自理能力增强（2—3岁）三个主要阶段。

一方面，优质的照护服务是婴幼儿成长的必需条件，入托婴幼儿对照护人、照护机构及环境的依赖，是构成托育服务的基础，也是形成新的依恋关系的前提。另一方面，从兼顾健康安全与全面发展两个角度看待入托，儿童发展又必然存在从依赖向自理转变的内在需求。从某种意义上分析，乳儿班（6—12个月）婴幼儿能够适应新的照护人进行的哺喂进餐、帮助盥洗、辅助如厕、呵护睡眠等照护行为，也是自理能力发展的基础之一。从托小班（12—24个月）开始，直至托大班（24—36个月）托育生活结束，婴幼儿都需在一日生活常规中，汲取由照护人的榜样示范产生的替代性经验、同伴作为强化物刺激产生的社交互动等信息，不断发展自理能力。婴幼儿入托时的自理能力越强，入托后自理能力发展越快，越能够适应托育生活。

3. 行为适应：从任性到约束

婴幼儿入托前的作息规律、生活方式、游戏方式等多以儿童为中心，遵循家庭的养育方式而形成。入托后，遵循托育机构的一日生活常规安排，遵守游戏活动的规则，适应人际关系与交往的要求等，都需要婴幼儿完成从任性到约束的转变，构成了婴幼儿入托行为适应的基本内容。

参照0—3岁婴幼儿身心发展规律和特点，乳儿班（6—12个月）的婴幼儿自主行为模式在照护规则中完成逐步建构，适应难度较小。托小、托大班（12—36个月）的婴幼儿，正处于自我意识形成的人生第一个"叛逆期"，受家庭与托育机构照护差异的影响较大，适应难度也较大。

二、入托适应障碍的典型表现

婴幼儿入托后，出现不同程度适应障碍的心理因素主要是分离焦虑，生理因素主要是因生活、活动变化引发的适应能力不足。适应障碍表现从时空上可分为在托表现和在家表现两个主要部分，在类型上涵盖生活、心理、情绪、社交、学习活动等多个方面（表6-2-2）。

表6-2-2　入托适应障碍的典型表现

类型	典型表现	举例描述
在托表现	送托哭闹	不愿去托班，在托育机构门口哭闹
	进餐困难	不肯饮水或饮水量少，拒绝吃饭或不肯自己吃饭，全靠照护人喂；含饭不下咽、喂到口中的饭会吐出来；在托育机构吃不饱，回家肚子饿

续表

类型	典型表现	举例描述
在托表现	排泄异常	有排便需求不说，尿/拉在裤子上；不停表达要尿尿，如厕又没有；排便在衣物上不说并试图隐瞒
	难以午睡	不肯午睡，被要求睡觉会抗拒、哭闹；勉强到床上也不能入睡，不停哭闹，影响其他小朋友午睡
	情绪不稳定	情绪不稳，隔一会儿就要找妈妈，间歇性反复哭闹，甚至会有情绪暴躁和肢体动作，会夺门向外跑
	过度黏人	过于黏某位照护人，不允许其他小朋友与依恋对象有亲昵行为
	拒绝互动	不要照护人抱，拒绝参加游戏，甚至会推、打、踢、咬照护人，不听受指令、不回应，不参加游戏活动
	攻击行为	集体生活中不接受任何碰触，对同伴有突然的攻击行为
	沮丧少话	虽不哭闹但情绪低落，同照护人或同伴的语言较少
在家表现	表达拒绝入托	回家后反复表达不去托育机构的意愿，念念不休，得不到允准即情绪失控
	食宿反常	在家晚餐时，暴饮暴食或食量过小，与入托前的饮食量和饮食习惯相比，出现较大差异
	情绪反复波动	在家情绪也不稳定，快乐与悲伤、欢喜与愤怒等情绪经常反转
	反感提及	拒绝与家人谈任何与托育机构有关的事情，提到入托明显表达反感

三、入托适应的指导策略

（一）指导家长做好入托的心理与物质准备

从家长的角度，入托准备既包括对托育服务、对自身托育需求、对托育服务机构等全流程和各环节的理性认知，也包括为避免婴幼儿入托出现各种不适应现象所做的全面、充分且极具个性化的准备。与适应直接相关的准备主要包括心理准备和物质准备两个维度。

1. 心理准备

（1）悦纳依恋。即使家长对孩子入托后可能出现的各种不适应表现（比如哭闹、情绪低落、拒绝参与活动等）已经有了充分的认知，也并不代表理性认知能够战胜自身的情绪感受。

儿童教育工作者有必要在儿童入托之前帮助家长强化"依恋是0—3岁儿童心智发育趋近成熟和家庭亲子关系良好的真实表现"的正向观念，并通过共情、转移注意力等方式，引导家长把已有的心理准备进行后延性实践。需要让家长明确，家长的焦虑情绪不但不能实现对孩子的关爱，相反，自身的焦虑情绪会潜移默化地影响孩子，家长对孩子入托后的不当态度与行为将会延缓甚至迟滞儿童的入托适应。

练一练

多米小朋友2岁1个月，入托第二天开始间歇地哭闹，并且出现不停找妈妈、发脾气、拒绝吃饭、拒绝参加集体游戏等表现。

第三天早上送托后，多米妈妈一直躲在教室的窗外，观察孩子的一举一动，手机与托育机构的摄像监控系统同步直播……一点一滴都看在眼里，时刻为多米揪心。

下午接多米时，多米妈妈眼泪瞬间奔涌而出，冲上前去抱着孩子说："对不起，对不起，妈妈错了，妈妈再也不和你分开了……"

分析：多米入托，妈妈准备好了吗？作为托育园教师，你会给多米妈妈怎样的帮助？怎样能够让多米妈妈接受你的建议呢？

（2）建立互信。婴幼儿进入托育机构后之所以会出现各种不适应，本质原因在于变化，这一变化使得婴幼儿出生后建立的养育平衡被打破，成人需要相当长的时间，辅以适宜的环境和照护，帮助其重新进行自我建构。与学前教育年龄段儿童已经有了足够的游戏、互动的社交经验储备不同，0—3岁婴幼儿对养育人和养育环境变化的反应更加单一、纯粹并敏感。

这一阶段，家长与托育机构建立互信和协同尤为重要。倘若家长对托育机构的人、事、物等综合养育系统缺乏足够的包容和信任，则极易出现因为爱孩子导致的情绪过激、协同不良、矛盾激化，最终影响孩子的入托适应。教师要指导家长注重给予婴幼儿均等、开放地适应环境的机会。

入托适应的家庭教育指导，关键在于对家长心态的帮助、疏导和抚慰。在"精养时代"，家庭教育指导者要有策略地向家长传达"别的孩子能够适应，自己的孩子也一定能够适应"的养育理念，适时、适度地提醒家长不要以自我为中心，苛求物质环境的标准化和精细度。家长只有与托育机构互信、与孩子互信，充分放手，才能够让孩子在集体环境中发展良好的生活自理能力、行为自控能力和社会能力。

练一练

浩辰刚满2岁4个月的时候，妈妈选择了一家早教托育机构，送他入托。入托后，妈妈发现浩辰每天在家吃晚饭时都会狼吞虎咽，还说在托育机构吃不饱……

为此，浩辰妈妈多次和老师交流，老师说浩辰吃饭表现很好，每餐都吃得并不少。两周后，将信将疑的浩辰妈妈到托育机构办理了退费手续。转眼，同一批入托的宝宝都能开心地适应托育生活了，浩辰还是每天在家和保姆在一起，并且越来越任性了。浩辰妈妈有时会纳闷，是自己选错了托育机构，还是不该让孩子退园呢？

分析： 对于浩辰入托，妈妈做好准备了吗？你会怎样指导浩辰妈妈呢？

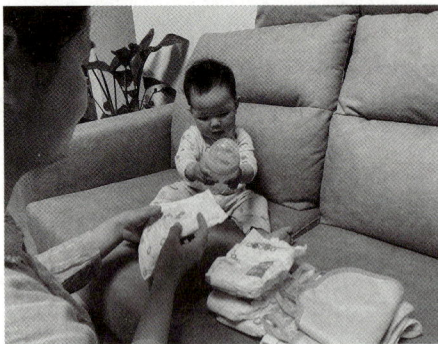

图6-2-1 为孩子准备入托物品

2. 物质准备

随着物质生活水平的提高和家庭养育个性差异的分化，每个家庭养育的物质条件、精细化程度差别较大。为了让孩子更快地适应新环境，家长在入托前要尽可能为孩子做好物质准备（图6-2-1），并与托育机构充分沟通，努力实现婴幼儿养育环境变化的"软着陆"。

练一练

爸爸说，豆芽小朋友长得像个"小豆芽"，很瘦弱。乳糖不耐受体质，加上很多未知的过敏原，导致豆芽添加辅食后很多食物不能吃。刚满2岁的豆芽入托前，爸爸妈妈详细地将豆芽食用后有过敏反应的食物列表，和托育机构充分沟通、交代。同时，考虑到不让其他小朋友有比较和落差，家长还常为豆芽准备有差别的食材，与托育机构老师、营养师、厨房师傅巧妙地制定了豆芽和同伴餐饮的"一致性计划"。转眼，豆芽入托快3个月了，体重明显增加，适应状态良好，更让豆芽妈妈欣喜的是，以前有过敏反应的食物，有些也逐渐脱敏了。

分析： 豆芽小朋友入托适应良好，得益于家庭和托育机构怎样的协同配合？

（二）指导家长帮助孩子克服分离焦虑

帮助家长全面了解关于分离焦虑的成因、表现类型和家托共育的重要性等内容，灵活运用各种方式、方法，进行重点指导。

1. 亲子沟通，激发入托期待

营造入托期待的方法有多种，比如常向孩子讲述家长自身的入托、入园趣事

（图6-2-2），描述入托和同伴玩耍的美好场景，带孩子去托育机构熟悉环境，参加亲子活动，选上亲子课程，通过绘本故事、视频影像等寓教于乐的方式进行引导……此外，家庭教育指导者要帮助家长认识到，孩子安全感的建立并不是入托后不哭不闹，而是能够继续保持良好的亲子沟通渠道。这个渠道的建成是在入托前使孩子明白："我沟通，我提出需求，有人会来回应我，可以是爸爸妈妈，也可能是同样爱我的老师。"

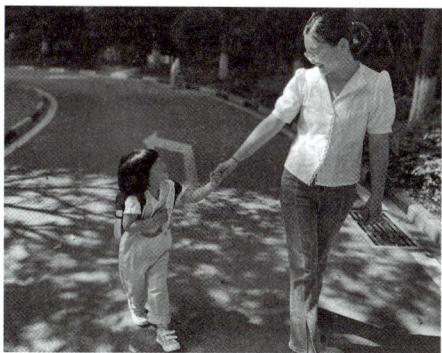

图6-2-2　开心入托

2. 配合家访，建立亲密关系

家庭教育指导者要指导家长认识到托育机构入托前的家访对于孩子与老师以及其他照护人建立亲密关系的重要性，预先与老师沟通细节，在家访过程中注意孩子的情绪反应。

练一练

托育机构的老师按照预约时间到俊俊家进行入托前家访。俊俊全家热情接待了老师一行人，妈妈仔细阅读了《入托须知》，认真填写了《宝宝入托调查表》。

俊俊刚开始很调皮，把玩具撒了一地。细心的老师发现，俊俊一边玩玩具，一边不时偷偷用眼睛余光看老师。于是，老师来到俊俊面前，蹲下说："听妈妈说，俊俊有6个变形金刚朋友，能变出几十个造型，太厉害啦！能变给老师看看吗？"俊俊一下来了精神，拉着老师坐下，把变形金刚一个个摆好"战队"……家访结束时，俊俊拉着老师的手说："还有几天才到9月1日呢，我去找你玩好吗？"

分析：俊俊家长对家访工作的配合，有什么值得借鉴的地方？

---

3. 梯度入托，缓解焦虑强度

婴幼儿气质类型不同，分离焦虑的表现程度也不同。必要情况下可以指导家长与托育机构协同合作，采取梯度入托的形式，逐渐帮助婴幼儿缓解分离焦虑，直至孩子完全适应入托。

梯度入托，是指为了缓解入托焦虑，在入托形式和时段上采取的分阶段、层层递进、逐步过渡到全日制托育的模式。如从入托准备课程过渡到计时托，再从计时托过渡到半日托，最终从半日托过渡到全日托。与时间进程结合，如第一周参加3次1小时入托准备课程，第二周每日2小时计时托，第三周每日8:00—11:30半日托，第四周全日入托。需要向家长强调的是，梯度入托的最终目标是达成适应，梯度不等于随意。规律向前递进是必须要坚持的原则，在孩子无生病等不可控因素影响的情况下，不可因梯度入托而忽略规则培养，否则将前功尽弃。

4. 以身作则，树立行为榜样

家庭教育指导者要帮助家长将入托心理准备落实到行动，为孩子适应托育生活做榜样。可以从以下几个方面进行指导。

（1）控制好自身情绪。送孩子入园时不要表现出过度不舍，不在孩子面前对照护老师过度叮嘱，不在接孩子时表现过度亲昵或询问强化儿童焦虑的不当问题。

（2）调整家庭饮食起居规律，努力与托育机构作息时间相吻合。周末或假期不要对孩子"补偿性宠溺"，鼓励孩子的自理行为，避免过分关注、包办代替。

（3）如果对托育机构有意见或建议，要避开孩子与托育机构进行沟通，不在孩子面前评价、指责、抱怨。

（4）平和而坚定地面对孩子在家出现的"拒绝入托""反感提及"等焦虑表现，不为缓解一时的情绪而虚假承诺不送托。

（5）和谐处理夫妻、家庭、亲属、邻里、同事之间的人际关系，为孩子适应集体生活、养成良好社会化行为习惯树立好榜样。

（6）婴幼儿有分离焦虑表现期间，如遇免疫力下降引起感冒、发热等生病的情况，家长应遵医嘱，并配合托育机构的卫生防疫要求进行治疗。家庭照护方式与未生病时保持一致，不要在生病期间对孩子的行为、习惯过分娇宠和纵容，痊愈后应及时恢复入托。

指导任务书

入托适应指导任务书

案例描述	2岁9个月的思琪小朋友入托一周以来，每天早晨都会在门口大哭大闹，非要奶奶进入托育机构陪她，老师劝奶奶交接后离开，奶奶每次都会逗留很久。 进班后，老师抱思琪，她会反抗并用力打老师，用手指抠老师手臂。中午不肯吃饭，还把饭菜撒在地板上，也不肯午睡。老师和思琪的父母沟通，妈妈说就是希望通过入托改掉她的坏脾气
案例分析	1. 思琪家庭养育人单一，奶奶教养观念不当，对她过分宠溺。 2. 年轻父母缺乏责任主体意识，孩子养育依赖祖辈，试图将性格培养责任转嫁给托育机构。 3. 思琪从小被娇生惯养，入托后与单一依赖的奶奶分离，陌生的环境和照护人使她缺乏安全感，出现"不信任"和"警觉"的心理导致"对抗"的焦虑情绪。 4. 思琪奶奶的性格比较强势，与托育机构协同共育的意识不足。 5. 案例不仅反映出思琪分离焦虑的问题，也反映出家庭养育方式、入托动机与准备的问题

| 指导策略 | 解决流程 | 与思琪父母深入沟通，就养育的主体责任达成共识→建议思琪爸爸与奶奶初步沟通，肯定奶奶带养的付出，同时注意有技巧地提出建议→整合奶奶信任的第三方资源（亲人/朋友/行业专家等）辅助与其交流，给予育儿建议→时机较成熟后，组织召开家庭会议→家庭主要成员与托育机构进一步沟通，头脑风暴探讨缓解思琪入托焦虑的方法，明确责任人，做好备忘→必要时可采取梯度入托的方法 |
| | 指导方法 | 1. 指导家长统一认识，重新做好入托准备

2. 指导家长结合孩子实际情况，建立家托共育机制

3. 掌握缓解入托焦虑的策略，给予方法和建议 |

学习任务单

入托适应学习任务单

案例描述		安安小朋友刚满2岁就入托了，第一周哭闹比较厉害。一周后，虽然在家也会表达不去托班，但还是能够配合入托，在托期间也没有大哭大闹等对抗情绪。 　　第二周，妈妈发现安安每次回家眼睛都有些红，向老师询问后得知，安安虽然不大声哭闹，但比较沉默，不爱说话，和老师的交流多是点头、摇头，游戏活动时不太合群，经常会默默流泪。 　　安安的分离焦虑期过去了吗？这样的入托表现，家长和托育机构应该怎样协同共育？
案例分析		
指导策略	解决流程	
	指导方法	

课外拓展

育儿小常识

儿童入托适应困难原因分析

1. 母婴依恋

母婴依恋的形成，是婴幼儿情绪社会化的一个重要标志。在与主要抚养者的相互作用中，儿童与母亲有着最亲近、最密切的情感交流，并逐渐与母亲建立了一种特殊的情感联结，对母亲产生了强烈的依恋。母亲在身边，能使他得到最大的安慰，反之则会使他感到最大的痛苦。

2. 分离焦虑

分离焦虑是指儿童与他所依附的人或最初照顾他的人分离时，就会表现出伤心、痛苦、拒绝分离。

3. 陌生人焦虑

面对面的亲子关系是任何关系都无法取代的。而在托育机构或幼儿园中，儿童面对的是陌生的老师和小朋友，交往对象的变化性和非固定性使他们之间的关系变得不固定，无法形成像家庭那样相对不变的关系。

4. 儿童生活规律、方式的变化

在家里，儿童的生活缺乏一定的规律，随意性很大。托育机构或幼儿园有规律的生活使儿童感到很不习惯。

5. 家长焦虑情绪对儿童的影响

儿童刚入托时情绪压抑紧张，常有哭闹、念叨回家等表现，会牵动家长的恻隐之心。有的家长难以控制情绪，会和孩子一起流泪，不忍离去。有的家长在门口或窗外窥看。家长自身情绪对孩子有很大影响。

入托适应的
阶段进程

推荐图书

[1] 卡罗尔·泽温，罗娜·西尔弗布什，乔恩·戴维斯.再见，再见！帮助孩子克服分离焦虑［M］.

张露霞，译.北京：化学工业出版社，2021.

[2] 小杨叔叔，隋莹莹.可以不去工作，一直在家陪我吗［M］.北京：新世界出版社，2021.

资源链接

1. 视频：孩子分离焦虑如何缓解，好看视频。

2. 视频：分离焦虑症，有妙招解决，腾讯视频。

入 园 指 导

　　孔子曾说："少成若性，习惯之为常。"古希腊哲学家柏拉图也说："凡事开头最重要。特别是生物，在幼小柔嫩的阶段，最容易接受陶冶，你要把它塑造成什么形式，就能塑造成什么形式。"可见，幼时的奠基对一个人的成长有着重要的作用。上幼儿园是年幼的儿童正式离开家庭、走上社会的第一步。第一次离开父母的怀抱，独自到一个陌生的环境过群体生活，儿童那么小，他能适应幼儿园的生活吗？入园之前都需要准备些什么呢？这是家长非常关心的问题。

　　入园前做好充足的准备是很有必要的，有位幼儿园园长说："物质准备是一方面，更重要的是家长要做好儿童的入园心理准备和基本生活技能准备。幼儿初次来园，因环境、人员的变化，会产生恐惧心理和种种不适应，这是正常现象，每个儿童都有大约一周的适应期，希望家长信任老师，能够坚持送孩子入园。"

学习目标

1. **知识目标：**掌握入园准备与适应的指导要点。
2. **能力目标：**能指导家长运用分段衔接的相关知识分析、解决实际问题。
3. **素养目标：**愿意积极主动参与小班年龄段分段衔接指导工作，做有准备的人，树立开放和创新的专业精神。

任务一　入园准备指导

情境导入

妈妈的担忧

要开学了，妈妈开始为3岁的东东入园做准备。东东第一次离开家去融入一个新集体，没有了家人的呵护，在幼儿园能适应吗？在家习惯了衣来伸手饭来张口的生活，在幼儿园要一下子独立，他能做到吗？

思考：1. 幼儿入园时需要具备哪些能力？

2. 可以指导家长从哪些方面做好入园准备？

知识学习

一、入园准备的含义

广义的入园准备包含三层含义：一是指幼儿有没有做好准备，即幼儿的发展是否达到入园的条件，能否适应幼儿园新的生活和学习；二是指父母是否做好必要的准备，包括父母自身的准备和为幼儿所做的准备；三是指幼儿园是否为幼儿入园做好了相关工作。狭义的入园准备指父母为幼儿顺利地适应幼儿园，入园前为幼儿在情感、能力、语言、认知等方面所做的准备。本文中入园准备特指幼儿、家长在入园前所做的相关准备。

二、入园准备的内容

（一）心理准备

认知过程是人最基本的心理过程，包括感知觉、记忆、思维、想象、言语等。人对事物的认知开始于感知觉。情感过程是人在对事物认知的基础上产生的喜欢、厌恶、高兴或悲伤等情绪或情感的过程。这里的心理准备主要包括两个方面：家长的心理准备和幼儿的心理准备。

1. 家长要有入园准备的意识，调整好心态，积极暗示幼儿。入园前，帮助幼儿在情感和认知方面做好准备，为幼儿入园奠定良好的心理基础。

2. 激发儿童入园兴趣，缓解入园焦虑。儿童的分离焦虑受很多因素影响，如分离的时间长短，分离是否有计划、是否可预期，以及儿童的年龄、性格、已有经验等。因此，家长应该有意识地提高幼儿对幼儿园的认识和了解，激发幼儿的入园兴趣，这非常有利于缓解幼儿入园后对陌生环境的焦虑和不安情绪，缩短幼儿的入园适应过程。在入园前，让幼儿做好一定的心理准备，对缓解分离焦虑，迅速适应新的环境有很大帮助。

如何让幼儿调整心态，更好地融入幼儿园这个大集体中，是家长十分关心的问题。教师可以指导家长从如下方面来评估幼儿是否做好心理准备：入园前是否有早教经历（如是否上过托班或者亲子早教班）？是否对幼儿园有所了解（如家长是否向幼儿描述过幼儿园的生活美好，儿童是否了解入园后家长会离开，儿童是否有去幼儿园参观、玩耍的经历）。

（二）能力准备

为了让幼儿更快地融入幼儿园集体，入园前家长要训练幼儿的各项能力，做好入园准备。

1. 生活习惯及自理能力

生活习惯及自理能力是一个人应该具备的最基本的生活技能。幼儿生活自理能力的形成，有助于培养幼儿的责任感、自信心及自己处理问题的能力，会对幼儿今后的生活产生深远的影响。幼儿期是培养幼儿良好生活行为习惯的关键时期，幼儿良好行为习惯的形成将会对幼儿入园适应乃至幼儿一生的发展打下坚实基础。

幼儿的生活习惯及自理能力包括：入睡方式、是否能自己吃饭、是否能自己脱穿衣服、是否能自己如厕、是否养成良好的卫生习惯、是否能自己整理物品、是否了解幼儿园作息时间并据此调整在家的作息时间。家长应培养幼儿良好的生活习惯及自理能力，为幼儿入园做好准备。

2. 言语能力

《3—6岁儿童学习与发展指南》在语言领域明确指出："语言是交流和思维的工具。幼儿在运用语言进行交流的同时，也在发展着人际交往能力、理解他人和判断交往情境的能力、组织自己思想的能力。通过语言获取信息，幼儿的学习逐步超越个体的直接感知。"幼儿掌握语言的过程，就是幼儿社会化的过程。幼儿通过语言交流来表达自己的动机、需要、不满和见解。语言是幼儿融入社会和集体生活的基本工具。

教师可以指导家长从能否清晰地讲普通话、能否独立与他人交谈这两个方面来评估幼儿语言发展的能力。

3. 社会交往能力

社会性发展是指儿童与社会生活环境相互作用，逐渐掌握社会的道德行为规范与社会行为技能，发展社会行为，适应周围社会环境，由自然人发展成为社会人，逐渐步入社会的过程。其核心内容就是人际关系的建立。家庭是儿童最开始的生活和活动场所，儿童的社会交往能力首先是在家长的影响下发展的。

家长可以引导儿童记住自己的学名，被老师喊到名字时，应立刻知道是在喊自己。鼓励幼儿勇于和别人交往，掌握一些礼貌用语，包括"你好""再见""谢谢""对不起""请"等。告诉幼儿一些主动结交朋友的方法，如把自己的玩具、食品拿出来与其他小朋友一起分享，主动和小朋友商量游戏的玩法等。

家长可以从幼儿与家人沟通的现状、幼儿面对陌生人和新环境的反应等方面来考察幼儿社会交往的能力，也可以通过有意增加幼儿与他人接触的机会来培养儿童的社会交往能力。

（三）环境准备

为了让幼儿勇敢地迈出第一步，更快更好地融入幼儿园的新生活，在幼儿入园前，家长需要帮助幼儿适应新的生活环境。对于一个准备入园的幼儿来说，新环境包括两大方面：一是物质环境，包括幼儿园的内外建筑，装饰环境及教育设施、用具等；二是心理环境，包括幼儿园里的人际关系及氛围。如果这两方面幼儿熟悉并适应了，那么幼儿就会顺利入园并愿意和老师、小伙伴友好相处。

三、入园准备的指导策略

家长是否帮助幼儿做好入园准备是影响幼儿入园适应的关键因素。

（一）激发幼儿对入园的向往和兴趣

1. 参观幼儿园

家长应该有目的、有计划地带领幼儿去幼儿园参观或玩耍，让幼儿从感知觉上去认识幼儿园并尽情地体验幼儿园所带来的快乐和趣味。

2. 创设物质环境

家长可以在家里为幼儿创设一定的物质环境，如创设活动区，和幼儿一起玩过家家、点心店游戏等；家长可以与幼儿玩角色游戏，如爸爸、妈妈、孩子分别当老师、小朋友，让幼儿提前感受幼儿园的情境；家长可以带领幼儿一同采购入园所需的物品，并在购买过程中给予幼儿充分的选择权，如挑选自己喜欢的小书包、小毛巾等，让幼儿体验即将入园的幸福感和自豪感。

3. 分享入园趣事

家长要经常给幼儿讲入园趣事，通过"我要上幼儿园"主题的绘本或动画片，告诉幼儿幼儿园里有很多好玩的玩具，还有小伙伴和他一起玩，让幼儿对幼儿园产生向往之情，进一步激发幼儿入园的积极性。

总之，家庭应该把入园当作一件大事来对待，通过不懈努力，为幼儿入园做好充分的心理准备。

（二）培养幼儿入园的生活能力

1. 培养幼儿的生活习惯和生活自理能力

家长应该从小培养幼儿各方面的良好习惯和生活自理能力。在日常生活中让幼儿尝试自己穿脱衣服、独立进食、独立如厕。生活中的每个环节都包含着许多学习与发展的机会，在这些环节中渗透生活自理能力的指导非常自然且有效，家长可以在日常生活中引导幼儿反复体验、学习、练习和实践，逐渐习得有益于健康的行为，获得能力上的发展。

（1）家长要鼓励幼儿自己的事情自己做。让幼儿大胆尝试去做自己能做的事情，不管幼儿做得好与坏，要给他以赞赏和表扬。例如，幼儿刚开始尝试自己吃饭时，经常会弄脏衣服和桌子。很多家长就会阻止幼儿的这种尝试行为，而是包办代替，这不利于儿童自理能力的培养。家长应尊重每一个幼儿自己尝试和探索的权利。

（2）为幼儿制定合适的作息时间表。在生活作息方面，家长可以仿照幼儿园的作息时间，结合幼儿的自身情况来制定一个合适的作息时间表，但是不要期望幼儿一下子就能完全遵照作息时间表执行，要注意循序渐进。

（3）要给幼儿创设良好的家庭氛围。父母和其他家庭成员通过良好环境的示范和影响，锻炼幼儿自我服务的能力，让幼儿学会洗脸、穿衣、进餐、如厕等日常生活事务，培养午睡的习惯，帮助幼儿养成有规律地摆放物品的习惯，教会幼儿基本的礼貌用语和礼貌行为。

家长如何指导孩子作息规律？

2. 提高幼儿入园前的言语能力

幼儿的言语能力是在环境与教育的影响下形成和发展的，因此家长要重视在实践中发展幼儿的言语能力。

（1）丰富生活经验。家长要丰富幼儿的生活经验，为幼儿语言的发展提供丰富的条件。家长要经常带幼儿走出家门，广泛地认识周围的社会和自然环境，开阔眼界，丰富生活经验，使幼儿真正地"有话可说"。

（2）积极鼓励幼儿。家长要多鼓励、表扬幼儿，使幼儿树立起敢于讲话的自信

心。在日常生活中，家长要耐心倾听幼儿的表达，当幼儿表达不清或者不完整时，家长要引导和鼓励幼儿把话讲完。只有幼儿具有了言语表达的主动性和自信心，他们才能真正地做到"有话想说"和"有话敢说"。

（3）教幼儿学会倾听。家长要教会幼儿简单的礼貌用语，并培养幼儿的倾听能力，使幼儿能"有话会说"。幼儿不会倾听，交流就无法继续。因此，学会倾听是提高幼儿言语能力重要的一部分。家长应该经常给幼儿讲故事、念儿歌、玩游戏，逐渐培养幼儿的注意力、坚持性和理解能力。

3. 扩大交际范围，培养社交技能

幼儿在交往中可以培养互助、合作、分享等优良品质，养成对社会、他人的亲近合作的态度。因此，家长要注重培养幼儿人际交往的能力，让幼儿体验人际交往的乐趣，在人际交往中不断促进幼儿社会性的发展。

（1）扩大幼儿人际交往范围。父母要为幼儿尽可能多地提供各种人际交往的机会。例如，常带幼儿去早教机构、幼儿园、幼儿娱乐场所、超市、广场等，为幼儿社会性发展创造条件。

（2）引导幼儿掌握人际交往技巧。父母要引导幼儿掌握一定的社会规范和人际交往的技巧，比如礼貌和规则、分享与合作等，使幼儿在交往中获得一定的能力基础。家长可以邀请亲朋好友来家里聚会，让幼儿招待大家；或邀请新结交的小朋友来家里做客，让幼儿理解与人友好交往、结识新的朋友是令人高兴的事。

（3）发挥家长榜样作用。父母要为幼儿树立一个好的榜样，好模仿是幼儿的天性，如果父母守规则、懂礼貌、爱分享、善合作，孩子也会养成这些好习惯。

练一练

　　心心能自己做的事，父母尽量不插手，比如穿裤子、扣扣子，虽然做得慢，但妈妈也会表扬她，给予适当鼓励。3岁时，妈妈就有意识地锻炼她自己去小区超市购物，培养她与人交往的能力。在妈妈的放手培养下，她逐渐具备了基本的生活能力，也愿意替父母分担一些简单的家务。

　　分析：心心妈妈的做法是否合理？在家庭中如何培养儿童的生活能力呢？

（三）建立良好的家园合作关系

家长是幼儿的第一任老师，是陪伴幼儿时间最长的老师。每位家长都想给幼儿选择最好的幼儿园教师。其实家长和幼儿教师都可以做孩子最好的老师，但需要把家庭教育和幼儿园教育紧密结合，为幼儿创造更轻松愉快的成长环境。在入园准备

上同时需要家园共育准备。

1. 家长对待幼儿入园应该保持信任和合作的态度

家长要了解幼儿园的保教工作,理解幼儿园的教育理念和模式,与幼儿园建立良好的合作关系。

2. 家长给幼儿积极的暗示

如家长可以告诉儿童"你表现好以后才能上幼儿园",而不是吓唬儿童说:"你不听话,我明天把你送到幼儿园去"。不能把上幼儿园当作是惩罚儿童的措施。教师可以通过表7-1-1来指导家长进行入园准备自测,及时掌握儿童入园前各项能力的水平。

评一评

表7-1-1　幼儿入园准备项目评价表

评价项目		评价指标		
心理准备	是否有早教经历（如是否上过托班或者亲子早教班）	有	无	
	是否对幼儿园有所了解	有	无	
	家长是否向幼儿描述过幼儿园的美好	有	无	
	是否了解入园后家长会离开	有	无	
生活习惯及自理能力	是否有去幼儿园参观或者玩耍的经历	经常	偶尔	没有
	入睡方式	独立入睡	稍哄能入睡	陪伴才能入睡
	是否能自己吃饭	不能	能用勺子吃饭	能用筷子吃饭
	是否能自己脱穿衣服	能	不能	自己不会穿
	是否能自己如厕	依靠成人观察帮助	会主动示意	自己能上厕所
	是否养成良好的卫生习惯	好	尚可	不好
	是否能自己整理物品	好	尚可	不好
	是否了解园中作息并据此调整在家的作息时间	有	无	

续表

评价项目		评价指标		
言语能力	能否清晰地讲普通话	能	尚可	不能
	能否独立与他人交谈	能	尚可	不能
社会交往能力	幼儿与家人沟通现状	良好	一般	不与家人沟通
	幼儿面对陌生人和新环境的反应	好奇	平静	恐惧
	家长有意增加孩子与他人接触机会	有	无	

指导任务书

入园准备指导任务书

案例描述	陈女士是位细心的妈妈，女儿入园前她实地考察了四所幼儿园。入园前两个月，陈女士就有意识地给女儿讲与幼儿园有关的故事。她还扮演上幼儿园的小熊，背起书包与大熊说再见……女儿在一边看着呵呵笑，还不停地问妈妈，在幼儿园都看到了什么。陈女士将自己在幼儿园参观时看到的事物讲给女儿听。果然，陈女士的女儿入园很顺利，适应也很快		
案例分析	女儿对幼儿园的适应与陈女士做了充分的入园准备分不开。 　　首先，陈女士具有入园准备的意识，通过讲故事为女儿入园做好了心理准备。 　　其次，陈女士通过角色扮演激起了女儿对幼儿园的兴趣。 　　然后，陈女士实地考察园所并分享给女儿，唤起女儿对幼儿园的向往之情		
指导策略	解决流程	帮助家长树立入园准备的意识→把握入园准备的内容→掌握入园准备的技巧	
	指导方法	1. 帮助家长树立入园准备的意识：入园需要且必须准备	
		2. 把握入园准备的内容：心理准备、能力准备、环境物质准备	
		3. 掌握入园准备的技巧：激发兴趣、培养能力、家园合作	

学习任务单

入园准备学习任务单

案例描述	雯雯3岁，是家里的"小公主"，平时在家里总是衣来伸手饭来张口。马上要上幼儿园了，家人积极考察园所，第一次带她来参观幼儿园时，爸爸妈妈、爷爷奶奶前呼后拥地一起来送她，当教师牵她进教室时，她要家人一起进去，不然要和爸爸妈妈一起回去，怎么哄都不起作用，小孩哭大人也一起哭，教师只好先让家人把雯雯暂时带回家	
案例分析		
指导策略	解决流程	
	指导方法	

课外拓展

育儿小常识

幼儿入园前需要准备吗？

幼儿入园前有很多准备工作需要做。入园是孩子从家庭踏入社会的第一步，孩子能适应吗？为了上幼儿园，家长该做哪些准备呢？

说起孩子上幼儿园，有的家长云淡风轻："孩子到了年龄就去上呗，有什么可准备的？"有的家长焦虑万分："孩子从没离开过家里人，这要去幼儿园不得哭上一整天啊，可咋办？"还有的家长胸有成竹："我家宝贝调皮得很，什么都不怵，上幼儿园肯定没问题！"真的是这样吗？

入园是孩子从家庭踏入社会的第一步，对此，家长既不应该坐视不管，让孩子"裸"着入园，也不需要过度担心，整天坐立不安，而是要有针对性地帮孩子做好入园准备。一方面，家长要了解入园适应是每个孩子都要经历的过程，只是孩子不同，其表现也不一样，适应的时间也有长有短。另一方面，家长要帮助孩子从心理、作息习惯、自理能力、人际关系、入园物品等方面提前做一些准备，帮助孩子更快地适应幼儿园。

（资料来源：根据网络资源整理。）

推荐图书

[1] 沈佳慧.宝宝要入园，妈妈早准备——孩子上幼儿园家长必做的心理建设 [M].北京：北京理

工大学出版社，2020.

[2] 李跃儿.宝宝入园那些事儿——李跃儿园长写给妈妈的"入园指南"[M].北京：北京理工大学出版社，2019.

[3] 晏红.孩子入园，爸妈必须知道的事[M].北京：中国妇女出版社，2018.

[4]（法）塞尔日·布洛克.我爱幼儿园[M].张艳，译.北京：北京科学技术出版社，2018.

[5]（加）葆拉·艾尔.幼儿园，我准备好啦[M].李钰荃，译.北京：北京科学技术出版社，2018.

[6] 蓝草帽.聪明宝宝入园攻略（全3册）[M].银川：阳光出版社，2019.

资源链接

视频：资深园长给你的入园准备课（9集），优酷网。

任务二　入园适应指导

情境导入

我不上幼儿园

每年幼儿园开学的时候，我们都能看到一些小班幼儿，在幼儿园门口使劲拽着家长的手不放，大声哭喊："我不上幼儿园！""我要回家！""我要妈妈！""带我回家！"。

思考：1. 你如何看待这种现象？

　　　2. 教师可以指导家长从哪些方面做好幼儿的入园适应？

知识学习

一、入园适应的含义及内容

（一）入园适应的含义

入园适应是指幼儿在进入幼儿园之后，为了维持其身心愉悦所做出反应的过程。小班幼儿初次入园后，主要生活环境由家庭向园所逐渐过渡，幼儿对园所、班级环境、教师和同伴的认知逐步发生变化，幼儿在心理、行为和情绪上，从了解、熟悉、接纳到愉快地做到幼儿园日常生活所提出的行为规范所必经的转化过程即是幼儿的入园适应。

从家庭进入幼儿园是幼儿首次脱离父母、独立与外界建立联系。幼儿需要在短时间内适应幼儿园的新环境，建立新的人际关系。大部分幼儿在进入幼儿园的初期会出现不同程度的不适应，例如情绪不稳定、进餐困难、拒绝活动等表现。让幼儿适应并喜欢幼儿园的新环境，不仅是《3—6岁儿童学习与发展指南》对幼儿提出的学习与发展目标，更是出于幼儿园教育实践的切实需要，这对幼儿、教师和家长都是一项巨大的挑战。

（二）入园适应的内容

1. 生活活动适应

幼儿入园后的生活活动是其一日活动的重要组成部分。幼儿园的生活活动主要包括入园、进餐、饮水、盥洗、如厕、睡眠和离园等环节。幼儿园生活活动能够锻炼幼儿自理能力，培养良好的生活习惯。大部分幼儿入园后会出现适应困难的表现，一般在入园后的第二周逐步适应，按照教师的要求正确有序地参与各环节的生活活动。

2. 人际关系适应

人际关系是一种社会人群因交往而形成的相互依存和联系的关系。根据人类发展生态学理论，幼儿从出生至入园前，对其产生影响的微观系统主要是家庭和社区，所建立的人际关系以单一的亲子关系为主。幼儿入园后，人际关系中新增加了师幼关系和同伴关系。因此，幼儿要想良好地适应入园后的生活，必然要对新的人际关系进行调整与适应。良好的人际关系能够帮助幼儿获得爱和归属感，利于幼儿的身心健康，促进幼儿智能发展。

3. 角色身份适应

角色是个体在社会群体中的身份，个人要依据所处身份履行相应的行为规范。个体在某一环境中所承担的角色及相应的角色活动对其未来的发展具有重要意义。幼儿在复杂的社会关系中也承担着不同的角色。幼儿对于自己身份的转换一时之间无法适应，便会出现情绪不稳定或是违反班级秩序的现象。幼儿需要在教师和家长的共同帮助下，逐步适应家园之间角色的变换，进而真正适应幼儿园。

二、幼儿入园不适应的典型表现——入园焦虑

（一）识别幼儿入园焦虑的表现

儿童离开了熟悉的家庭环境，进入一个陌生的地方，接触陌生的人，并且还要

逐渐学会独立照顾自己，产生分离焦虑是正常的。入园焦虑是家长和教师共同要面对的问题，儿童的入园焦虑心理表现为：哭闹，拒绝入园；入园后要求爸爸妈妈一起陪同，或不肯让爸爸妈妈离开；默坐，孤僻，不合群，不和人交流；对教师过度依赖，教师走到哪跟到哪；不吃饭，不睡午觉等。

（二）分析幼儿入园焦虑的原因

1. 幼儿缺乏基本的独立意识和自理能力

儿童入园之前一直在家人的温暖庇护下生活，家人对他们倾注了所有的关爱，但过度的包办代替也直接导致孩子缺乏基本的独立意识和自理能力。

这个时期幼儿的语言表达能力比较弱，很多小班幼儿入园之初不会表达自己的正常需求，当自己的心理需求得不到有效顺畅的表达、遇到困难没有得到及时解决与帮助时，他们内心的焦虑情绪会激增。入园后要学会遵守相应的规则，开始学习独立生活，因此就会遇到生活上的一系列问题，如不会自己吃饭、不会穿衣如厕、不会与同伴分享玩具等，面对这些方面的压力和不适应，幼儿只能采用一些消极的办法来发泄情绪。

2. 幼儿自身的焦虑情绪

从内因上讲，分离焦虑源自幼儿的依恋情绪。由于幼儿一直受到家长无微不至的关怀和保护，对家长以及家人有着很深的依恋情绪。幼儿从家庭进入幼儿园，生活环境、人际关系、角色身份发生巨大变化，面临的问题也变得复杂。幼儿心理安全的天平被打破，产生"分离焦虑"和"陌生焦虑"。"分离焦虑"使幼儿产生一种离开家长的不安全感；"陌生焦虑"使幼儿因为接触新环境和新老师、新同学而感到紧张，所以对亲人的依恋感更强。新的环境对幼儿提出了新的要求，这种新要求与幼儿原有的心理发展水平往往会产生矛盾，形成心理冲突。从心理学角度看，这是幼儿成长过程中常见的现象。

3. 受家长的焦虑情绪影响

在入园初期，家长总有许多不放心的理由，把幼儿送到幼儿园门口还是恋恋不舍，总希望再抱一抱；长时间在教室门口、窗口张望，生怕有个闪失。其主要原因是家长对幼儿园还没有建立信任态度，总是担心教师责任心不强、没有爱心，担心幼儿在幼儿园得不到悉心的照顾。幼儿回家后，家长出于"补偿"心理，在物质和精神上过分迁就或无原则地满足儿童的要求，导致幼儿对家庭的依赖加深。

（三）行为干预幼儿入园焦虑

1. 通过家园共育培养幼儿的自理能力

幼儿园与家庭双方在消除小班幼儿入园焦虑方面都负有不可推卸的义务与责任，

且各有各的侧重点与方法技巧。只有加强家园联系与合作，共同呵护与引导幼儿的入园情绪，才能让幼儿对幼儿园的学习与生活充满期待。

家长要配合幼儿园与教师，尽快教给幼儿基本的生活技能，帮幼儿树立自己的事情自己做的意识，培养基本的生活自理能力。当幼儿顺利表达了自己的合理需求时，家长和教师能够给予他们及时的帮助。当幼儿掌握了用餐、如厕、穿脱衣服鞋袜等生活技能后，他们面对的困难将大大减少，内心的不安、胆怯和焦虑情绪也会得到较大缓解。教师可以结合各领域的教学，渗透幼儿生活自理能力培养的教育，让家长与幼儿一起完成，通过学习打卡等方式来潜移默化地培养小班幼儿独立意识与自理能力。

2. 通过心理疏导帮助幼儿消除焦虑情绪

家长和老师要想方设法满足儿童新的心理需要，消除焦虑，帮助儿童尽快进入群体环境，恢复到原来的心理需要结构层次上来。家长和老师保持清醒冷静的头脑，悉心了解、分析情况，从发展的大局出发，相互信任，密切配合。例如，从报名到入园的几周时间中，家长需要持续为儿童的入园做好思想准备。

（1）调整作息时间。在作息时间上做好调整，做到早睡早起、不赖床，以适应开学之后的作息时间。

（2）帮助了解幼儿园。家长要继续强化儿童对幼儿园的认识与积极情感，通过绘本、儿歌、动画片等了解幼儿园的学习生活。

（3）做好心理预设。家长平时要有意识地与儿童围绕幼儿园进行对话交流，灌输积极的亲近幼儿园的心理。

通过这一系列的心理准备，让儿童消除对幼儿园的陌生心理，对幼儿园学习生活产生向往。

3. 调节家长的情绪，给幼儿正能量的信息

家长调节情绪做好入园接送。入园前，家长要告诉幼儿，幼儿园是安全而温暖的，老师像家长一样；入园的早晨，要用鼓励、赞美的语言来激励幼儿，如"宝贝真了不起，今天要上幼儿园了！"送完后坚定而温柔地离开，不要反复、隐蔽地"偷"看幼儿。如果幼儿哭闹，家长要摆正心态，告诉他要和小伙伴一起学本领了，哭闹也不行。家长离开幼儿园时，最好告诉幼儿接回，晚上准时接幼儿回家，及时表扬、赞美幼儿。

多给幼儿正能量的信息。例如，"今天在幼儿园是不是吃了很香的饭菜？""是不是有了新的朋友？""幼儿园的玩具一定比家里多吧？一定很好玩吧？"这些正能量的提问会让幼儿觉得上幼儿园是一件开心的事情。不要问"老师有没有批评你啊？""有没有受欺负？"这些负面问题。

练一练

小龙3岁半了，在幼儿园里不能独立吃饭、如厕，言语能力发展缓慢，只能说单个词，不能和同伴正常交流。小龙在家时由奶奶照顾，奶奶担心孙子年龄小，排斥送孩子入园。经过教师家访、沟通，帮助奶奶缓解了成人分离焦虑后，送孩子入园比较积极，接孩子回家后也愿意配合老师锻炼孩子自己吃饭、脱裤子等基本的生活自理能力。几周后，小龙有了明显进步。

分析：奶奶的行为是否恰当？在培养儿童生活自理能力时，家长和教师应如何处理呢？

三、入园适应指导策略

入园适应是幼儿在心理与行为等方面做出系统改变的过程，也是他们融入新环境和适应新角色的过程。良好的入园适应应该是幼儿基于对环境和自身角色变化理性认知而产生的一种主动调适。因此，要从不同层次、不同维度来关注和支持小班幼儿的入园适应。

（一）家长及时调整心态，保持家园一致

入园初期，多数幼儿都会出现各种各样的适应困难问题，只是程度有所不同。

1. 调整自我

家长应该减轻自己的依恋心理，不要幼儿稍微出现一点问题就急着接回去。每个幼儿的身上多多少少都会出现一些适应困难，如果一遇到困难家长就心软、舍不得，问题就会一直得不到解决。

2. 做好沟通

家长和教师的沟通对幼儿的帮助十分显著，家长应该经常与教师交流和沟通，互相告知对方幼儿在家和在园的表现，找出幼儿身上存在的一些问题，共同商量解决这些问题。如果家长要让幼儿保持家园一致，那么在幼儿园教师是怎么要求幼儿的，在家里家长也要一样要求幼儿。如果家长在家任由幼儿想做什么就做什么，那么教师在幼儿园里的努力就白费了，或者说教师要花费更多的时间和精力去教导幼儿，会出现"5+2=0"的现象。

（二）家长和教师帮助幼儿建立角色认知

幼儿对新环境的适应水平在一定程度上取决于他们的心理与能力的准备程度，当幼儿形成了关于幼儿园的积极概念且具备独立生活和交往的能力时，他们就能更快地适应幼儿园。

1. 统一角色认知

家长和教师应该对幼儿的入园形成一致的角色认知，坚定幼儿对幼儿园生活的积极信念。教师应该帮助家长了解幼儿园教育的特点与规律，引导家长在家庭中有意识地培养幼儿乐于上幼儿园的观念和能力。

2. 激发入园兴趣

幼儿园可以向即将入园的幼儿开放，引导他们切身地感受幼儿园的环境，通过让他们了解和参与幼儿园丰富的活动来激发他们对上幼儿园的兴趣。在为幼儿开展入园适应工作之前，教师应该充分了解即将入园幼儿的特点及其成长环境，从而保证为幼儿准备的活动具有针对性和适宜性。

（三）为家长提供教养困惑解答与策略支持

在幼儿入园前，教师可以对家长的教养效能感进行有效评估，给予家长有针对性的教育支持，迅速建立家园合作关系，以利于幼儿入园后的顺利适应。教师可以通过幼儿园的微信公众号平台回答家长关心的教育问题，也可以通过举办专业的在线讲座，讲述幼儿入园前常见适应行为问题以及对策，让家长做好教育策略上的准备。

在幼儿入园后，教师与家长之间应保持联系，及时反馈幼儿的入园适应情况。家长根据教师反馈的情况，结合自身情况评估是否具备解决幼儿入园适应问题的能力，向教师提出教育方面的建议或需求。

教师作为家长育儿的重要合作者，可以利用班级群或发挥家长委员会的带领作用，动员家长针对常见的幼儿入园问题在班级群中进行教养经验的分享。比如，面对幼儿入园时哭闹问题、吃饭问题的教育小妙招，帮助幼儿"喜欢上幼儿园"的方法等。通过家长之间的互动，教师一方面可以了解家长关于幼儿入园适应行为问题的教养困惑和效能感，另一方面可以为家长会提供有效信息。对家长而言，他们之间的互动也能提供学习机会，持续增强各自在教养过程中的信心。

指导任务书

入园适应指导任务书

案例描述	菲菲是全家的"掌上明珠",入园后一段时间菲菲话很少,只在提要求时才说最简单的话,如"我想尿尿"。她非常注意观察老师和其他幼儿,尤其是老师的言行。她不习惯幼儿园里的集体活动规则,害怕做错事情而被老师批评,开始拒绝上幼儿园	
案例分析	菲菲不合群、不和人交流,以及拒绝入园是典型的入园焦虑表现。她的语言发展很好,但是她担心交流会给自己带来意外的麻烦。她默默地观察周围,揣摩老师的要求,行动小心谨慎,循规蹈矩。面对这种行为,家长和教师要分析原因并积极干预	
指导策略	解决流程	识别入园焦虑表现→分析入园焦虑原因→行为干预入园焦虑
	指导方法	1. 识别入园焦虑表现:菲菲的一系列行为反映出她有入园焦虑的情绪
		2. 分析入园焦虑原因:幼儿缺乏自理能力、自身焦虑情绪、受家长焦虑情绪的影响
		3. 行为干预入园焦虑:培养幼儿自理能力、消除焦虑情绪、调节家长的情绪

学习任务单

入园适应学习任务单

案例描述	彤彤上幼儿园了,开始有点胆小,她很想与别人交朋友,却不知怎么表达。在幼儿园老师的建议下,妈妈积极给予引导。在小区里玩耍时,彤彤想要加入小朋友的游戏,妈妈悄悄告诉她,我们可以说:"我可以跟你们一起玩吗?"渐渐地,彤彤愿意主动去结交小伙伴,也越来越爱上幼儿园了	
案例分析		
指导策略	解决流程	
	指导方法	

课外拓展

育儿小常识

解读幼儿入园前后异常行为

新生幼儿入园，可不是一件简单的事。幼儿从熟悉的家里来到一个看不到亲人的陌生环境，诸多不适应在所难免，甚至在家长离开的时候，会疯狂地喊叫哭闹，让家长手足无措。那么，幼儿怎样尽快适应幼儿园的生活呢？

1. 异常行为一：幼儿哭闹入园难

有的幼儿入园特别难，哭天喊地，抱着家长的腿就是不让走，家长欲走不忍，欲留不能；有的家长听到孩子哭闹很不放心，便躲在墙角、门后、窗外观望；有的家长为防孩子哭闹，送孩子上幼儿园"三天打鱼，两天晒网"，甚至长时间将孩子留在家里。

支招一：家长不要怕孩子哭。孩子是哭给大人看的。家长送完孩子后要赶紧离开。其实家长走后，孩子大多能停止哭闹，老师会有许多平息孩子情绪的办法。家长的心不要太软，只要孩子不生病，家长就要坚持将孩子送到幼儿园，千万不要因为孩子的哭闹而中断。家长要明确告诉孩子："你已经长大了，该上幼儿园了，就像妈妈上班一样，这是任务。"千万不要说"不听话就把你送到幼儿园"等灰色语言，这样会让孩子感到幼儿园是一个可怕的地方。另外，家长在送孩子去幼儿园的路上，不要反复叮嘱孩子要懂礼貌、守纪律、唱歌大声、画画要好等。这些过高的要求、禁令或者劝告，也会使孩子望园生怯，甚至产生焦虑情绪。

2. 异常行为二：回家以后发脾气

有的孩子从幼儿园回到家后，变得爱发脾气、闹情绪，家长就以为孩子在幼儿园里受了天大的委屈，对此不知所措。

支招二：孩子在家里习惯了任性而为，初入幼儿园，对于诸多规矩难以适应，如想玩玩具时老师不让玩，不想睡觉时老师非让上床。回家后，孩子彻底放松了，发一点小脾气也很正常。所以，当孩子发脾气时，家长先不要去管他，让他把脾气发出来，然后再去安抚，并讲清道理。如果孩子哭闹得异乎寻常，家长要主动与老师沟通一下，向老师询问孩子的情况，让老师多给孩子一点儿鼓励，进行正面教育。对于孩子无原则的哭闹，家长千万不能一味迁就，要有原则，不该做的事情就是不能去做。孩子哭完后，要给孩子喝点水，以免上火。

3. 异常行为三：穿衣、如厕都不会

有些家长，特别是老人，对孩子太过溺爱，孩子在家里的所有事情一律包办。这些孩子进入幼儿园后，连吃饭、穿衣、如厕都不知如何应对。

支招三：在孩子1.5—2岁的时候，家长应该有意识地培养孩子的动手能力，帮助孩子养成良好的生活习惯，让孩子自己上厕所，自己穿衣服，自己吃饭。入园后结合幼儿园的要求，家长要配合幼儿园的老师，教孩子学会漱口、洗手，用毛巾擦手、擦嘴，用勺子吃饭，认识自己的衣服、鞋子等。同时，教孩子学说一些日常生活用语，使孩子能较清楚地表达自己的意愿，如饿了、渴了、热了、上厕所等；该说话的时候要讲话，有事情要大胆地告诉老师。这样可以使家庭教育与园中教育协调一致，还可以让孩子产生自信心。

4. 异常行为四：幼儿园里不午睡

有的孩子不习惯在幼儿园午睡，不但自己没睡好，还影响了其他小朋友休息。

支招四：家长可以给孩子带一个在家常玩的、心爱的玩具，孩子抱着它睡觉，可以减少孤独感。对于不睡午觉的孩子，家长可以让他在小朋友都午睡的时候，帮老师做点事情，然后跟他说："如果你睡醒午觉再帮老师做事，那就更好了，老师会谢谢你的。"

5. 异常行为五：缺乏朋友孤独少语

入园前跟小朋友接触少的孩子，入园后难以融入小朋友之中，不愿参与游戏，群体生活似乎与他无关，表现比较孤独。

支招五：家长可利用入园和离园时间，让孩子认识本班的一个或者几个小朋友，互相介绍后，鼓励孩子拉拉手，一起玩。同时，家长也可以主动请老师为孩子介绍一个活泼大胆的朋友，带动孩子活泼起来。在家的日子，家长要尽量找一些邻居的小朋友跟孩子玩，以培养孩子的群体意识。总之，家长要多给孩子创造与外界接触的机会，时间一长，孩子熟悉了幼儿园，朋友就会越来越多。

（资料来源：根据网络资源整理。）

推荐图书

[1] 王翠霞.接手幼儿园小班——帮助孩子快乐入园［M］.北京：中国轻工业出版社，2021.

[2] 莫琳·弗格斯.幼儿园里不用妈妈陪［M］.石婧，译.北京：北京科学技术出版社，2018.

[3] 滨田桂子.幼儿园里我不哭［M］.汪婷，译.北京：北京科学技术出版社，2017.

资源链接

视频：帮助宝宝度过入园适应期新手父母分离焦虑指南（10集），优酷网。

项目八

入 学 指 导

　　幼儿园与小学是两个不同的教育阶段，大班儿童面临毕业，很快就要升入小学。怎样做好入学准备，帮助幼儿适应小学生活，顺利从幼儿园过渡到小学生活，是家长非常关心的问题。

　　教育就像养花一样，一边用心灌溉，一边静待花开。蒙台梭利曾言："我们对儿童所做的一切都会开花结果，不仅影响他一生，也决定他的一生。"皮亚杰说："智慧的本质从生物学的角度来说是一种适应，适应既可以是一种过程，也可以是一种状态。"因此，在入学指导的过程中，家长要学会用儿童的眼睛去观察，用儿童的耳朵去倾听，用儿童的兴趣去探寻，用儿童的情感去热爱。家庭教育指导者要帮助家长树立正确观念，认识到儿童身心发展规律及其年龄特点，正视自己的角色定位，认识到入学准备的价值，为儿童入学适应营造良好的家庭环境，为儿童的身心健康和未来发展奠定良好的基础。

学习目标

1. **知识目标**：掌握入学准备与适应的指导要点。
2. **能力目标**：能指导家长运用分段衔接的相关知识分析、解决实际问题。
3. **素养目标**：愿意积极主动参与幼小衔接指导工作，树立正确的幼小衔接观念和可持续发展观念。

任务一　入学准备指导

情境导入

凯凯要上小学了

　　自从凯凯进入大班以后，妈妈就开始为他上小学焦虑，到处打听有哪些名校；家人也一直讨论并纠结是进公办小学还是进民办小学，还经常出些题目来考考凯凯，以备入学面试；饭桌上经常说起小学学习如何严格，说别人家的孩子报了幼小衔接班，学识字、拼音，做算术。妈妈常对凯凯念叨"该收收心了，光知道玩，上小学就该吃苦头了""看人家小孩都已经认识很多字了，你怎么办呀"……

　　思考：1. 儿童入学时需要做哪些准备？

　　　　　2. 教师可以指导家长从哪些方面做好入学准备？

知识学习

一、入学准备的含义

　　从幼儿园到小学是儿童人生第一次重要跃变，如何顺利地实现幼小衔接成为社会关注的热点。幼小衔接是幼儿园、家长、小学围绕儿童尽快适应小学生活所做的准备。入学准备正是为幼小顺利衔接所提出来的概念。

　　在我国，"入学"指年满6周岁儿童进入小学一年级学习。入学准备指学前儿童在接受小学教育前应具备的基本素质和能力，包括儿童的身体素质、生活习惯、学习意识、学习品质、语言能力、人际交往能力、情绪管理等多个方面。

　　儿童的入学准备可以分为一般准备和专门准备两个方面。一般准备是指儿童在入学之前需要达到的身心全面发展的水平，包括健康的身体、正常发展的智力和社会性、良好的行为习惯，这是幼儿入学的基本准备。专门准备是指做好学习适应和社会适应的准备。

二、入学准备的内容

入学准备应该准备些什么，这是社会、家庭和学校都比较关注的问题。科学做好入学准备工作，能有效帮助幼儿适应接下来的小学生活，促进幼儿各方面能力的发展。

（一）家长的入学准备

1. 科学认知入学准备

家长要准确把握入学准备的内涵。幼儿入学准备是以促进幼儿身心全面和谐发展为目标，注重身心准备、生活准备、社会准备和学习准备几方面的有机融合和渗透，不应片面追求某一方面或几方面的准备，更不应用小学知识技能的提前学习和强化训练替代全面准备。

（1）入学准备要避免片面性。在入学准备承担的主体上，一些家长认为入学准备是幼儿园教师的责任；在入学准备的内容上，一些家长把入学准备片面地理解为知识的准备，为儿童报了很多社会上所谓的"幼小衔接班"，如拼音识字班、数学班、英语班、硬笔书法班等，错误地认为只要儿童储备了很多知识，就是做好了入学准备。

（2）入学准备要避免小学化。在学习内容上，不要提前教授小学一年级的内容；在行为规范上，不要要求幼儿园每天给儿童布置作业；在评价考核上，不要要求幼儿园进行考试和成绩评定等。

（3）入学准备要避免盲目性。一些家长在儿童入学准备过程中比较盲目，常常听这个家长说这么做有道理，听那个家长说那么做有必要，于是一段时间很注重培养儿童的阅读能力，另一段时间很注重提升儿童的注意力，但缺乏持久性和目的性。

练一练

孩子马上要上小学了，即将从以游戏为主的快乐宝宝变身为有学习任务的小学生。于是，很多家长准备给孩子报学前班或幼小衔接班，还有一些家长开始后悔没有教孩子识字算术，有的家长甚至买了一年级的课本准备在入学前自己教孩子……

分析：家长的行为是否恰当？在儿童入学前，应如何做好入学准备呢？如果是你，你会如何指导家长科学地做好入学准备？

2. 科学认识小学

"双减"政策出台后，许多家长都在担心，不上幼小衔接课程，儿童上小学后能否跟得上。按照《教育部关于大力推进幼儿园与小学科学衔接的指导意见》的要求，很多地区将小学一年级上学期设置为入学适应期，开展为期半年的适应性教育，让学生逐渐适应小学的学习和生活环境，并坚持"零起点"教学。因此，家长要了解小学一年级上学期的课程与教学情况。例如，家长可以通过幼儿园召开的大班家长专题交流会，向小学的校长、班主任、一年级教师等了解小学课程教学的内容和要求，了解小学生在校的学习情况，尤其是了解一年级刚入学时可能面临的困难和问题，对小学有一个初步的了解。

3. 充分分析儿童在园情况

家长应充分理解和尊重幼儿的学习方式和特点，把入学准备教育目标和内容要求与幼儿园游戏活动和一日生活相结合，支持幼儿通过直接感知、实际操作和亲身体验等方式积累经验，逐步做好身心各方面的准备。例如，家长可以借助幼儿园举办的现场观看活动、召开的座谈会、播放的视频等，了解幼儿是如何通过日常生活、教师有组织有计划的活动以及自发的活动来学习，尤其注重了解幼儿是如何通过自主游戏来学习，进而对幼儿的学习有一个全面正确的了解。

入学准备教育是一个循序渐进的过程，家长应从小班开始逐步培养幼儿健康的体魄、积极的态度和良好的习惯等身心基本素质。同时，家长应根据大班幼儿即将进入小学的特殊需要，围绕社会交往、自我调控、规则意识、专注坚持等进入小学所需的关键素质，提出科学有效的途径和方法，实施有针对性的入学准备教育。

（二）幼儿的入学准备

2021年3月，《教育部关于大力推进幼儿园与小学科学衔接的指导意见》发布，首次提出幼儿园和小学双向衔接，对幼儿园如何开展入学准备教育和小学如何开展入学适应教育提出了具体的要求。其中，《幼儿园入学准备教育指导要点》围绕幼儿入学所需的关键素质，提出身心准备、生活准备、社会准备和学习准备等四个方面的内容。

1. 基本能力的准备

基本能力是儿童快速适应小学生活的能力。北京师范大学钱志亮从儿童入学成熟水平的概念入手，从生理学、心理学、教育学等多学科视野将入学成熟水平分为视知觉能力、听知觉能力、运动协调能力、知觉转换能力、数学准备能力、语言沟通能力、社会适应能力、学习品质共八个方面。

2. 幼儿入学准备的内容

幼儿入学准备并不是仅从幼儿园大班才开始的，而是在整个学前教育期间身体、情绪、认知、社会适应等各方面所做的准备（表8-1-1）。

表8-1-1 幼儿入学准备的内容

准备内容	发展目标	具体表现
身心准备	向往入学	初步了解小学，对小学生活充满期待；希望成为一名小学生，愿意为入学做准备
	情绪良好	能经常保持积极、稳定的情绪；遇到困难和不开心的事情，不乱发脾气，不迁怒于他人
	喜欢运动	积极参加多种形式的户外活动；能连续参加体育活动半小时以上
	动作协调	手部动作协调，能使用简单的工具和材料
生活准备	生活习惯	保持规律作息，坚持早睡早起、睡眠充足；保持良好的个人卫生，有自觉洗手的习惯，有保护视力的意识
	生活自理	能按需喝水、如厕、增减衣服；坚持自己的事情自己做，能分类整理和保管好自己的物品；有初步的时间观念，做事不拖沓
	安全防护	能自觉遵守基本的安全规则和交通规则，有自我保护的意识；知道基本的安全知识，遇到危险会求助
	参与劳动	能主动承担并完成分餐、清洁、整理等班级劳动；能做一些力所能及的家务劳动
社会准备	交往合作	能和同伴友好相处，乐于结交新朋友；能与同伴分工合作共同完成任务，遇到困难互帮互助，发生冲突时尝试协商解决；能主动向老师表达自己的想法和需求
	诚实守规	能遵守游戏和日常生活中的规则；知道要做诚实的人，说话算数
	任务意识	理解老师的任务要求，能向家长清晰地转述并主动去做；能自觉、独立完成老师安排的任务
	热爱集体	喜爱自己的班级和幼儿园；愿意为集体出主意、想办法、做事情；初步形成爱家乡、爱祖国的情感
学习准备	好奇好问	对身边的新事物感兴趣，有好奇心和探究欲；喜欢刨根问底，乐于动手动脑
	学习习惯	能专注地做事，分心时能在成人提醒下调整注意力；能坚持做完一件事，遇到困难不放弃；乐于独立思考并敢于表达；做事有一定的计划性
	学习兴趣	对大自然和身边的事物有广泛的兴趣，努力寻找答案；喜欢阅读，乐于和他人一起看书、讲故事，遇到问题经常通过图书寻找答案；对生活情境中的文字符号感兴趣，愿意用图画、符号等方式记录自己的想法和发现；愿意用数学的方法尝试解决生活和游戏中的问题，体验解决问题的乐趣
	学习能力	在集体情境中能认真听并能听懂他人说话，有疑问时能主动提问；能较清楚地讲述一件事情；能说出图画书的主要情节，并有自己的理解和想法；在绘画、拼图等活动中，能识别上下、左右等方位；能认识并书写自己的名字；能在教师指导下，尝试运用数数、排序、简单的统计和测量等数学方法解决日常生活中的问题

三、入学准备的指导策略

（一）更新教育理念，遵循规律准备

1. 指导家长及时更新教育理念

教师需要明确幼儿身心发展规律，遵循幼儿年龄特点，坚持游戏化教学，杜绝"小学化"，切实扭转过度强调知识准备的认识偏差。针对这些偏差，引导家长通过家长学校专题讲座、微信公众号、专家咨询活动、班级家长会等多种方式了解这种偏差给儿童带来的危害。

2. 指导家长遵循儿童发展规律

处于直观思维阶段的幼儿主要通过亲身体验、动手操作来理解知识，获取经验。超前学习的最大问题就是，让幼儿付出更大的意志、努力去学习以后轻而易举就能学会的知识。当儿童不易理解超越他们年龄的知识时，特别是成人因孩子理解和接受很慢而发出叹息或责怪时，儿童就会认为自己真的很笨。这种"习得性愚笨"的想法一旦产生，非常不利于儿童的后继学业，导致他们在入学以后容易对学习产生被动、排斥、反感的情绪，遇到学习上的困难也会懒得动脑、动辄放弃，甚至会认为自己永远都学不好。所以，正确的做法是让儿童做适合其年龄特点和符合其发展规律的事，让他们在游戏中体验成功，获得经验，对学习永远充满乐趣。

练一练

娜娜刚上大班就被家长送进了奥数班，提前学习了小学生才可能接触的数学应用题。奥数班不是靠听力理解（大人读题），就是看图猜题，因为缺少了真实情境的体验和实物操作，娜娜经常因为不理解题意而做不出题，于是耳边经常充斥着"笨，真笨"的责骂声，以至于她偷偷地把作业本和铅笔藏起来，以为那样就可以逃避作业。但妈妈总能买来新的作业本和铅笔，娜娜依旧要在责骂声中做完规定的作业。

分析：娜娜家长的行为是否合适？家长在帮助儿童做入学的知识准备时，应该怎么做？如果是你，你会如何指导家长处理这一问题？

（二）明晰准备内容，做好科学准备

家长要清楚儿童入学应该做好哪些准备以及该怎么准备，家长需要重点理解，入学准备应贯穿到3—6岁全过程，要关注儿童的身心健康和学习品质，关注儿童的

情感和社会适应，关注儿童的语言表达和理解能力的发展，养成良好的生活习惯和自理能力，激发学习兴趣。

因此，在幼儿身心准备方面，家长可以通过云参观、在线交流、拍照等方式帮助幼儿了解小学生活，对小学充满期待；在生活准备方面，家长可以注重培养幼儿自主喝水、物品整理等能力，支持幼儿在生活方面做好准备；在社会准备方面，家长可以利用社区开展的小组活动，促进幼儿分工、合作、解决问题的能力，提高社会适应能力；在学习准备方面，家长可以在家里开展探究式主题活动，支持幼儿持续性探究行为，培养良好的学习习惯与品质。总之，家长要尊重幼儿的特点，将入学准备问题渗透在日常生活中，开展适合的生活化、自然化、游戏化的活动，为幼儿进入小学做好准备。

（三）倾听儿童心声，做好积极准备

在入学准备中，儿童是主体，家长要以儿童为视角去进行入学准备。所以，走进儿童，了解其心声也是科学入学准备的关键。可以引导家长通过访谈、作品分析等方法，围绕着"上小学我所担心的事情""我想不想上学"等话题与儿童交流，了解儿童对上小学的心理顾虑，分析儿童内心的想法。据研究，大多数儿童都能画出并描述自己上小学担忧的事情。例如，没有一起玩耍的小朋友、会有很多做不完的作业、学不会老师教的内容、考试成绩不好、会被同学欺负等。其中，考试考不好、上课听不懂是儿童最为担心的事情，儿童因此对小学产生了负面情绪。为此，要引导家长放松心情，淡定地面对儿童的入学问题，避免自己的消极情绪给儿童带来负面影响；要让儿童认识到上小学是自己成长必经的一个阶段，要以一种积极的心态迎接入学，并指导儿童掌握上小学后遇到困难或问题可采用的解决办法。

（四）引导家长自评，做好素质准备

什么是科学的入学准备，很多家长是模糊不清的。儿童在什么年龄段发展到了什么程度，可以学习什么，在教育上应该做些什么，在《3—6岁儿童学习与发展指南》（以下简称《指南》）里阐述得非常清楚。家长可以通过幼儿园了解《指南》的精神，以《指南》为指针，进行入学准备，从而确保科学育儿，确保儿童身心健康和谐地发展。2019年，教育部制定的全国学前教育宣传月的主题为"科学做好入学准备"，旨在引导全社会，特别是家长，树立科学的理念，尊重幼儿的发展规律和学习特点，关注幼儿身心健康全面发展，为幼儿今后的学校生活和终身发展做好全面的素质准备。学前教育宣传月的活动组印发了有关科学做好入学准备的小册子，在这本小册子里附上了一个自评表，家长可以运用《家庭为孩子做好入学准备的自评表》（如表8-1-2）进行自评，祖辈家长和父辈家长可以分别进行自评。家长运用这

份自评表进行自评，可以了解自身为孩子所做的入学准备是否科学、合理，由此掌握科学的入学准备内容，从而重视幼儿的阅读兴趣、解决问题能力、时间观念、自理能力、表达与讨论等方面的培养，避免迷失方向，走进误区。

表8-1-2　家庭为孩子所做入学准备的自评表

序号	内容	是	基本是	否
1	我经常陪孩子阅读，培养他（她）的阅读兴趣			
2	我经常在陪孩子玩游戏的过程中渗透一些学习的内容			
3	孩子遇到困难时，我总是先让他（她）动脑筋想办法			
4	我一直注意培养孩子守时的时间观念			
5	生活中只要孩子自己能做的，我基本不帮忙			
6	我经常带孩子去参观各种博物馆			
7	我带孩子去超市购物，常常会与他（她）一起做购物清单			
8	我和孩子外出活动后，我们会一起回顾活动的情况			
9	我总是耐心回答孩子提出的各种问题，或与他（她）一起寻找答案			
10	我常常提出一些生活中的常见问题与孩子一起讨论			
11	我经常带孩子接触大自然			
12	我常常引导孩子观察周围环境的变化			
13	我会教孩子认识周围生活中经常出现的符号或标志			
14	孩子即将入小学时，我会激发他（她）上学的欲望			
15	我会坦然面对孩子入学初可能遇到的暂时不适应			
总分				

注：填"是"得2分，填"基本是"得1分，填"否"不得分。得分越高，说明入学准备做得越好。

谈一谈

　　小学一年级学生微微性格开朗、爱好阅读、善于动手，被小学班主任选为顺利入学、适应良好的成功案例。微微妈妈回忆女儿在幼小衔接阶段时表示，抓住幼小区别以及孩子需要加强的关键点，即阅读、操作、规则、情绪而开展入学准备工作，尤其重要。

　　分析： 微微家长的做法科学吗？这个例子为家长提供了哪些启示？

（五）积极参加活动，做好衔接准备

作为家长，可以从两个方面来帮助孩子做好科学的幼小衔接准备。一方面，通过家长会、与教师的日常交流（面对面、微信、电话等）主动了解幼儿园和小学正在开展的入学准备教育和入学适应教育情况，积极参与、配合；另一方面，可以在幼儿园、小学教师的指导下，学习教育部发布的《幼儿园入学准备教育指导要点》《小学入学适应教育指导要点》，按照两个"指导要点"的建议，在家庭教育中科学地帮助孩子做好幼小衔接准备。

曾有人说过："当家长越界，把教育全部推给老师，那对老师来说是负担；而当老师越界，把教育全部推给家长，那对家长来说也是灾难。"入学准备，是一个系统的工程，它需要幼儿园、家庭、小学和社会取得共识，谋求一致，形成合力，共同帮助儿童顺利地度过这一人生重要的转折点。

指导任务书

入学准备指导任务书

案例描述	从幼儿园小班开始，父母坚持陪伴小雅一起运动、游戏、聊天、阅读等。每天尽量抽时间带小雅一起看绘本、讲故事，遇到一些小雅感兴趣的问题还会相互提问。此外，小雅父母还放手让小雅做自己力所能及的事情，如摆碗筷、整理玩具等，鼓励小雅发展自己的兴趣爱好。为了更好地帮助小雅做好入学准备，从大班开始，小雅父母逐步调整小雅的作息时间，积极参与学校的幼小衔接活动	
案例分析	小雅一家从小班开始做入学准备，大班调整作息时间，把握了入学准备循序渐进与重点把握的原则。父母在入学准备观念、内容、方向上都很正确。父母的陪伴能给儿童安全感与归属感，有助于积极的亲子依恋的形成，这是儿童心理健康的基石。陪伴不是包办与替代，放手让孩子做自己力所能及的事情，这一过程本身也是学习	
指导策略	解决流程	更新理念→明晰内容→倾听心声→引导自评→参加活动
	指导方法	1. 更新教育理念，遵循规律准备
		2. 明晰准备内容，做好科学准备
		3. 倾听儿童心声，做好积极准备
		4. 引导家长自评，做好素质准备
		5. 积极参加活动，做好衔接准备

学习任务单

入学准备学习任务单

案例描述	自从上了大班，远远每周末都被妈妈带着去培训班。看到小区里好多小朋友在玩，远远也想去，还想自己在家玩玩具，还想爸爸给他讲故事……妈妈逼着他去各种培训班，他觉得很无趣！原来妈妈当年没有机会学，认为"不能输在起跑线上"，希望明年远远上学后，能够在学习上不吃力，自信地走好第一步	
案例分析		
指导策略	解决流程	
	指导方法	

课外拓展

育儿小知识

专家建议：幼小衔接，这三个方面的培养不容忽视！

全国人大代表、江苏省南京市浦口区霞光幼儿园园长蒋宇霞接受中国教育报刊社"两会E政录"视频连线，在回答有关幼小衔接，家长需要注意哪些问题时，蒋宇霞建议，为了孩子能够较好地过渡到小学，家长需要做好三个注重：一是注重孩子快乐情绪的培养，通过陪伴、接触和引导，激发孩子积极向上、快乐的情绪；二是注重孩子良好习惯的培养，良好习惯包括生活习惯、学习习惯和行为习惯；三是注重孩子自我服务和自我约束能力的培养。做好幼小衔接，幼儿园、小学、家庭，一个都不能少！

（资料来源：中国教育新闻网。）

使用学习软件不如真实体验

现在儿童学习软件层出不穷。使用这种学习软件成为许多家长对孩子进行教育的重要方式。那么，学习软件能够替代孩子在真实生活情境中的学习吗？

儿童主要通过亲身体验和探索感知、了解世界，他们积极调动自己的感官，在与周围环境的互动过程中，获取知识，积累经验。

软件或许有多彩、动态的图像，或许有设定好的层层递进的精美程序，但在将实物抽象成符号的同时，也抽离了立体且丰富的感官体验——那些无法用言语、图像来描绘的知识，那些只能在游戏和生活中传递的经验。而这些知识和经验是孩子无法通过学习软件获取的。这些知识和经验对于孩子的成长十分重要，他们借此理解周围的生活世界，掌握语言，体验人类的交往并形成自我。

当与学习软件的互动取代了人与人之间的真实交往时，孩子在真实关系中成长的机会被剥夺，孩子学习人际交往的敏感时机被错过。

今天我们越来越强调学习者的主体性，但这些学习软件大多是在推着孩子向前走，孩子被动地接受大量信息却无暇进行主动的思考，无法成为积极的行动者。

学习软件以"学习"为噱头，却并未真正理解何为孩子有意义的学习。不假思索、没有节制地将它们带给孩子，只会让孩子远离自然成长的轨迹，割裂他们与赖以生存的地球之间的亲密联系。

从文化传承以及人与自然共生的角度看，学习软件从来都不是、也不应成为孩子真实体验的替代品。（华东师范大学教授、中国学前教育研究会游戏与玩具专委会委员郭力平）

（资料来源：《中国教育报》。）

推荐图书

［1］钱志亮.入学早知道：儿童入学必备的8种能力［M］.长沙：湖南教育出版社，2021.

［2］刘健屏.今年你七岁［M］.武汉：长江少年儿童出版社，2020.

［3］（英）卡罗琳·斯科瑞斯.涂涂怪系列之绘画［M］.那宇晶，译.沈阳：辽海出版社，2020.

［4］鲁鹏程.有准备的一年级：做好幼小衔接，不急不躁上小学［M］.北京：机械工业出版社，2021.

［5］马利琴.6岁入学期，陪孩子做好幼小衔接［M］.北京：中华工商联合出版社，2018.

［6］余伟，唐辉.一年级，我来了：幼小衔接家长手册［M］.北京：中国妇女出版社，2018.

资源链接

1. 视频：家长学校专题讲座：要为孩子入读小学做好充分准备，爱奇艺。

2. 视频：幼儿数学入学准备：思维比计算更重要，腾讯视频。

任务二 入学适应指导

情境导入

"郁闷"的小学生青青

青青是小学一年级学生。在还没上小学之前，青青特别兴奋，妈妈给她买了新书包、新文具。现在她却非常想念幼儿园的生活，幼儿园都是唱歌、跳舞、画画、做手工，回到家里要么是玩，要么是看动画片。上了小学，每天白天要上六节课，晚上还有一堆作业，爸爸妈妈都要问：今天学了什么东西？……这让青青十分"郁闷"。

思考：1. 青青这种情况是什么现象？
       2. 教师可以指导家长从哪些方面帮助儿童做好入学适应？

知识学习

一、入学适应的含义及内容

（一）入学适应的含义

小学一年级是儿童接受正规学校教育的初始阶段，是儿童成长的关键转折期。入学适应是指儿童进入小学后，面对新的学习生活环境，调动自我调控系统，以尽快适应当下学习生活的过程。入学适应包括学习适应、行为适应、情绪适应、人际适应、对学校的态度五个方面（表8-2-1）。

表8-2-1 小学生入学适应的指标

入学适应的指标	指标的含义	适应的良好表现
学习适应	儿童自我调整以达到学习要求。如适应老师的语言表达方式、课堂节奏，其中常用的指标是学习成绩、成绩的进步幅度	在学校能安心学习，在课堂上能认真听讲，能独立、按时、按要求完成作业，对学习有关的活动感兴趣，能做好学习准备（如课前准备），能掌握需要掌握的知识

入学适应的指标	指标的含义	适应的良好表现
情绪适应	儿童对学校相关的主观情绪体验，如愉悦、满意、焦虑、孤独、无助等	在学校或谈及学校相关的事物时，大多数的情绪体验是积极的，如高兴、开心，而非沉默、不满
人际适应	儿童在学校与老师、同学的关系是否和睦、亲密	与老师有积极的互动，喜欢老师、有能玩在一起的同学
行为适应	儿童在学校是否有积极的社会行为，是否有行为问题	在学校表现出一些积极的社会行为，如合作、助人、分享，没有或极少出现问题行为，如打架、破坏纪律
对学校的态度	儿童对学校的态度是喜爱，还是逃避	认为学校有趣，喜欢参加班级、学校的活动

（二）入学适应的内容

《小学入学适应教育指导要点》以促进儿童身心全面适应为目标，围绕儿童进入小学所需的关键素质，提出身心适应、生活适应、社会适应和学习适应四个方面的内容（表8-2-2）。

表8-2-2　入学适应的内容

适应内容	发展目标	具体表现
身心适应	喜欢上学	能记住校名和班级，知道自己是一名小学生；愿意了解校园环境，积极参与学校和班级的活动
	快乐向上	能保持积极、快乐的情绪；对学习、生活中遇到的困难，愿意尝试自己解决问题
	积极锻炼	喜欢参与多种形式的体育活动；养成坚持参加体育锻炼的习惯
	动作灵活	精细动作发展协调，能熟练使用常用工具
生活适应	生活习惯	养成早睡早起的好习惯，能够逐步适应从幼儿园到小学的作息转变；具有良好的生活和卫生习惯，能主动喝水，学习保护视力的基本方法
	自理能力	不用成人的提醒和帮助，能做基本的自我服务，照料好自己；学会及时收纳、分类管理好自己的物品，做好课前准备
	安全自护	认识安全标识，学会简单自救和求救的方法；能安排好课间活动，不做危险游戏
	热爱劳动	主动参与班级劳动；能分担力所能及的家务劳动；做事认真负责，有始有终

续表

适应内容	发展目标	具体表现
社会适应	融入集体	知道自己是班级的一员，能逐步融入班集体；积极参加集体活动，能感受集体生活的快乐
	人际交往	愿意主动接近老师，有问题能找老师寻求帮助；能与同伴友好相处，有经常一起玩的小伙伴；能与同学分工、合作完成任务，互帮互助，发生冲突时会协商解决
	遵规守纪	了解并遵守《小学生日常行为规范》和校规的基本要求，有明确的规则意识；能积极参与班级及各类活动规则的制定，想办法扩展游戏或推进活动
	品德养成	能初步分辨是非，做了错事能承认和改正；喜欢集体生活，爱护班级荣誉；具有爱家乡、爱祖国的情感
学习适应	乐学好问	在观察、阅读、互动讨论等情境中，能发现问题、提出问题；有好奇心，能够对不懂的现象进行追问和探究
	学习习惯	做事专注，能有意识地调整注意力；做事有一定的计划性，逐步学会合理安排生活和学习；遇到困难经常积极寻找解决办法
	学习兴趣	对新知识、新环境感兴趣，积极参加各类活动；喜欢到图书馆或班级图书角看书，积极参加与阅读有关的活动；愿意用数学的方法解决生活中的简单问题
	学习能力	在日常生活和课堂教学中，能领会同学和老师说话的主要内容，并能积极做出回应；喜欢阅读，对感兴趣的人物和事件有自己的理解和想法，能随着作品的展开产生相应的情感体验；能较完整地讲述小故事，能简要讲述自己感兴趣的见闻；乐于在阅读语境中识字，学习认识汉字的笔画和间架结构，初步掌握写字的基本笔画、笔顺规则；能在日常生活中发现并提出简单的数学问题，尝试用不同的方法解决

二、入学适应困难的典型表现

　　从幼儿园到小学，学习环境、学习内容、学习形式、学习时间、行为规范、人际交往等方面发生了很大的变化，结束"以游戏为基本活动"的幼儿园生活，开启以学科学习为主要目标的小学生活，将会引发儿童在身心、生活、社会、学习等方面出现不同程度的不适应状态。

（一）情绪不稳定，情绪适应困难

　　一年级儿童进入全新的陌生环境，在开学初期会有焦虑、心神不宁、紧张等情绪的出现。一年级儿童情绪外露、较少掩饰，且容易起伏不定，因为他们的情绪容易受外界的影响，包括学校的环境、班级的氛围、老师对自己的评价等。有时老师简单一句"某某同学没有注意听讲，回答错误"，儿童都会郁闷好长时间，甚至不想上学；有时前一刻儿童还跟同桌闹别扭，下一刻就跟同桌开心地玩在一起。

（二）认知发展受限，学习适应困难

一年级儿童易受外界环境的影响而分心，注意力集中时间较短，一般为20分钟左右。因此，他们在课堂上容易坐不住，不适合较长时间而又缺乏变化的课程与教学。另外，儿童的注意力分配较差，不适合同时专注两件及两件以上的事，如边听课边做笔记。一年级儿童多运用机械记忆，以"死记硬背"为主，因此，他们记得快，忘得也快，不适合记忆太复杂、太长的内容，需要经常"温故而知新"。一年级儿童从具体形象思维向抽象逻辑思维转变，此时形象思维占主导地位，对儿童的学习产生影响。如家长读题，儿童会做题，而儿童自己读题却不会做题，思维发展的局限导致一年级儿童读不懂题，因此不会做题。

练一练

小雨刚上小学一年级，每周家长都接到老师的"投诉"。不是忘交作业就是上课注意力不集中；课间总是安静地坐着，不和同学玩，也不说话；老师和她谈话，她除了摇头就是点头。

分析：小雨这种入学表现产生的可能原因有哪些？假如你是老师，你会如何指导小雨父母处理这种情况？

（三）以自我为中心，人际适应困难

进入小学阶段，儿童开始逐步克服自我中心，但一年级儿童仍带有学前期的特点，仍生活在自己的"王国"里，不太懂得换位思考。他们与同伴的关系简单、不稳定，以能否一起玩、别人是否顺从自己为衡量朋友的标准。因此，一年级儿童可能会显得比较"自私"，容易推卸责任，同伴间闹"矛盾"常有发生，并喜欢向老师打"小报告"。例如，与同学擦肩而过，对方不小心碰到自己，儿童就会很生气，并马上向老师报告："老师，他撞我！"一副不可饶恕的样子。

（四）自理能力差，行为习惯适应困难

许多家长认为一年级儿童的首要任务就是学习，对于儿童生活包办代替，不能

放手，尤其是祖辈家长，更是对儿童体贴入微，这样容易导致儿童习惯依赖他人，自理能力较差。主要表现在：一年级儿童自主整理个人物品的意识薄弱，衣着穿戴不整齐，不会系鞋带，对于一些简单的家务不会或很少能够自己做。儿童卫生习惯差，在没有教师或家长的提醒下，儿童不能做到饭前便后洗手，没有自主打扫卫生的意识。

说一说

一年级新生乐乐每晚都要在父母的陪同下做作业。乐乐要写字，妈妈赶紧给他拿笔本；铅笔断了，爸爸连忙给他削；一会儿要喝水，一会儿要上厕所……每天晚上11点多，乐乐才做完作业去睡觉。第二天因为起床晚，上学总是迟到，常常被批评。

分析：乐乐父母这种做法合适吗？假如你是老师，你会如何指导乐乐父母处理这种情况？

（五）处于他律阶段，缺乏自我管理

一年级儿童处于他律阶段，缺乏自我管理意识，不能自觉遵守学校和班级的规章制度，需要成人反复强调。在入学初期，儿童容易"不经意"违反纪律、给老师"捣乱"。其实这些"突发状况"，并不是儿童有意为之，只是受到发展水平限制，经常需要成人的监督和提醒。有的儿童学习主动性差，缺乏自主学习的意识，多数儿童不能自觉完成作业或老师布置的任务，需要家长或老师的督促。如果老师没有布置任务，儿童就不知道自己应该做些什么。

测一测

家长测测孩子的入学适应情况

阅读下面的描述，判断描述是否符合孩子的实际情况。如果符合，请在括号中打"√"，如果不符合，请在括号中打"×"。

1.（　　）孩子喜欢上学。

2.（　　）孩子喜欢老师。

3.（　　）孩子基本理解作业的要求。

4.（　　）孩子喜欢班里的大部分同学。

5.（　　）孩子上课能认真听讲。

6.（　　）孩子在学校很开心。

7.（　　）孩子在课堂上积极回答老师的问题。

8.（　　）孩子遵守学校的规则、纪律。

选择"√"越多，说明孩子在学校适应得越好。针对打"×"的题目，家长可以与孩子谈谈，了解孩子不能达到的原因，并一起商量解决办法。

三、入学适应的指导策略

（一）激发儿童喜欢上学的愿望

家长可以与儿童一起寻找学校里令儿童开心的事情，帮助儿童找到喜欢上学的原因。例如，好动的儿童可能会喜欢体育课和自由活动时间，爱好艺术的儿童可能会喜欢上音乐课和舞蹈课，喜欢思考的儿童可能会期待上科学课。在儿童入学初期，家长要多和儿童沟通，与儿童一起分享学校中的故事，帮助儿童交朋友，让儿童逐渐喜欢上学。小学一年级儿童已具备一定的表达能力，家长应鼓励儿童敢于与同学交流，多参加集体活动。

（二）注重儿童早期习惯的培养

1. 在成长中培养学习习惯

进入小学以后，对学习能力提出了更高的要求：学会倾听，听懂老师的课堂要求和新知识；学会参与，积极开动脑筋，与老师进行互动；学会合作，与同学一起完成任务，取长补短；学会反馈，按时完成课后作业。在儿童的成长过程中，家长要用心培养，养成儿童倾听的习惯，明白倾听是尊重他人的表现，家长也要做到倾听儿童；有意识地在日常游戏和亲子互动中渗透小知识或小挑战，鼓励儿童学会思考，突破难关；注重儿童读写姿势的培养，养成工整书写的习惯，在细节中保护儿童的身体健康。

2. 在日常生活中培养自理能力

自理能力的培养不是一朝一夕的事，家长应该有意识地锻炼儿童的自我服务能力，如自己穿叠衣服、收拾物品等；鼓励儿童参与简单的家务劳动，如擦桌子、扫地等，在提高儿童动手能力的同时促进自我服务意识的养成，进而达到培养自理能力的目的。不同儿童的个人学习能力与性格爱好不同，家长要理解儿童间的差异，做到耐心地陪伴与教导，为儿童创造自己动手的机会，适时提供相应的帮助，教儿童学会，而不是帮他完成。

3. 在教育中培养人际交往能力

家长在为儿童创造集体活动机会时，要鼓励儿童结交新朋友，并对儿童的人际交往做出正确的引导，帮助儿童学会与他人相处，学会包容与理解。同时，家长应该关心儿童的情绪状态，鼓励儿童分享一天的学校见闻，并帮助他们答疑解惑，塑造健康的人际交往方式。例如，有些儿童性格比较内向，不善于表达自己，在与老师、同学交流时紧张怯懦，家长应该多与老师沟通，及时了解儿童在校情况，帮助儿童做好情绪的疏导，引导其逐渐适应新的交际环境，融入新的集体。

4. 在细节中培养行为习惯

家长是儿童的第一任老师，儿童的性格和习惯常常与家庭环境以及成长过程有关。儿童会模仿家长的言行举止，因此家长也应该注意自己的言行举止，为儿童做好榜样，在细节之处体现良好的教养和正向的观念。家长要做到言传身教，正确地处理儿童出现的小问题，细心观察儿童的情绪，耐心疏导儿童的困惑，在潜移默化中告诉儿童遵守规则的重要性。

（三）家长积极调整，主动配合

1. 积极调整

面对儿童入学适应困难的问题，家长要积极调整心态。首先，要相信教师和学校，他们有经验且有能力化解适应困难；其次，要相信儿童，培养儿童积极、乐观、向上的态度；最后，家长要学会自我调节，不要在儿童面前长期表现出负面情绪，家长的情绪和态度会影响儿童的潜意识。家长学会放手，有助于培养儿童的独立能力和自理能力，让儿童自己去探索，自己去发现。

2. 主动配合

家长应加强与教师的沟通，全方面了解儿童在学校的表现和适应情况。家长应细心留意儿童的情绪变化，通过观察儿童对上学的反应和做作业的表现等来评估儿童入学适应情况。例如，儿童喜欢上学，说明儿童入学适应良好；儿童不能很好地按要求完成作业，表示儿童可能听不懂老师的要求，或者不适应学校的课堂节奏。家长要积极配合学校，形成家校合力，发现问题及时解决，遇到困难共同分析，规范儿童的言行举止和学习态度，为儿童今后的学习生活打下良好的基础。

指导任务书

入学适应指导任务书

案例描述	伟伟是小学一年级的新生，入学前家长给他报了幼小衔接班，学会了很多拼音、汉字和数字。入学后，伟伟在学习上很轻松，相比其他同学略占"上风"。一两个月后，因为他对于一年级课本不再有新鲜感，或者是觉得自己已经学会，产生了骄傲、自负的情绪，上课不专心，做作业不认真，随着学习难度的加深，伟伟学习越来越吃力，并产生了厌学情绪
案例分析	伟伟入学之初，因非"零起点"入学感觉学习很轻松，出现上课不专心、做作业不认真等现象，形成了不良的学习态度和习惯。随着学习难度的加深，"储备知识"用完了，又缺乏认真学习的习惯，这时就出现了适应困难，导致学习"没后劲"等问题

指导策略	解决流程	识别入学适应困难的表现→分析入学适应困难的原因→应对入学适应困难的对策
	指导方法	1. 识别入学适应困难的表现：伟伟入学后的学习状态
		2. 分析入学适应困难的原因：伟伟身心发展特点、幼儿园和小学的差异、家长过于关注知识学习
		3. 应对入学适应困难的对策：激发儿童喜欢上学的愿望；注重儿童早期习惯的培养；家长积极调整，主动配合

学习任务单

入学适应学习任务单

案例描述	小学一年级新生果果是个"闷葫芦"，害怕和其他孩子玩耍逗乐，完全是个"独行侠"。果果每天在学校，最盼望放学。放学前眼睛骨碌碌盯住门口，下课铃一响就冲出去找父母。上学已有一两周，果果在班上还是一个朋友都没有。她比较害羞，遇到问题，也不会找老师帮忙解决
案例分析	

指导策略	解决流程	
	指导方法	

247

课外拓展

育儿小常识

入学适应指导问和答

Q：孩子不适应新的校园环境怎么办？

A：从孩子的卧室入手转变孩子的生活风格，适当地把玩偶、贴画等移开，将含有知识性内容的物品放到孩子的卧室里，减小孩子的心理落差。

Q：孩子抗拒学习环境怎么办？

A：在孩子入学前后，家长可以带着他到文化气息较浓的地方去参观，比如当地的中小学校、博物馆、图书馆等，让孩子逐渐接受学习环境的氛围。

Q：课堂时间改变，孩子坐不住怎么办？

A：量化时间，让孩子自己做计划。刚上小学的孩子，还是以玩为最大乐趣，家长不妨把"时间"当作孩子的新"玩具"，让孩子自己规划每天的时间。有了计划，知道了自己在某段时间内该做某件事，慢慢地，孩子的注意力就会集中起来。

Q：孩子总是记不住拼音怎么办？

A：家长可以把拼音字母编成儿歌，如果不会谱曲，顺口溜也可以。也可以通过游戏学拼音。爱玩是孩子的天性，家长可以利用这种天性。比如，可以把拼音字母写在纸片上，设计一些小游戏，让孩子反复进行识记。

推荐图书

[1] 卓立.欢迎来到一年级：幼小衔接家长手册［M］.北京：化学工业出版社，2017.

[2] 刘泽田，王传娥.宝贝上学啦［M］.济南：山东教育出版社，2016.

[3] 李鹏伟，蒋兴伦.亲子习惯养成手账（入学适应版）［M］.北京：电子工业出版社，2021.

[4] 商晓娜.一年级，没问题（全5册）［M］.青岛：青岛出版社，2020.

[5] 丘修三，藤田阳生子.我爱一年级［M］.李力丰，译.北京：北京科学技术出版社，2017.

资源链接

1. 视频：小学新生入学适应，让孩子"有尊严"地开始，腾讯视频。

2. 视频：如何判断孩子入学是否适应，腾讯视频。

模块三

3

0—6 岁儿童家园共育指导

　　家园共育，是指家庭在幼儿园、托育机构等学前教育机构指导下，遵循儿童的身心发展规律，共同为儿童创造适合其成长的教育环境。著名教育家陈鹤琴先生曾指出："幼稚教育是一件很复杂的事情，不是家庭一方面可以单独胜任的，也不是幼稚园一方面可以单独胜任的，必定要两方面共同合作方能得到充分的功效。"家园之间联系得越紧密、配合得越默契，产生的教育合力就越大。健康、积极的家园关系有利于儿童的成长，也有利于园所的良性发展和教师个人的成长。教师要深刻地认识到家园共育的重要性，提高自身的专业素养，建立自身良好的社会信誉度，创设有效的家园共育渠道，了解家长的心理需求，赢得家长的信任、支持与配合，体现儿童教育的专业性和高效性。

知 识 框 架

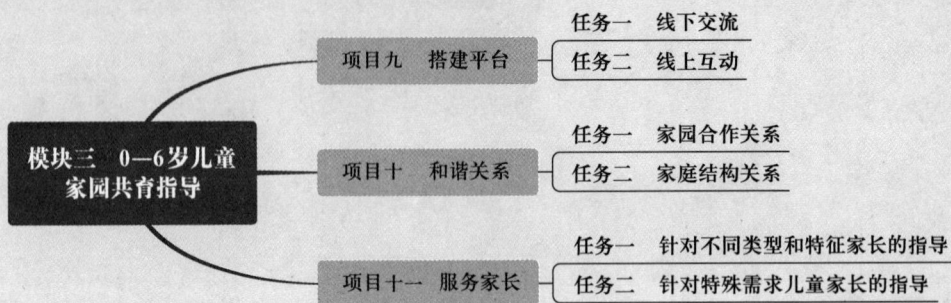

模块三　0—6岁儿童家园共育指导

项目九　搭建平台
- 任务一　线下交流
- 任务二　线上互动

项目十　和谐关系
- 任务一　家园合作关系
- 任务二　家庭结构关系

项目十一　服务家长
- 任务一　针对不同类型和特征家长的指导
- 任务二　针对特殊需求儿童家长的指导

搭 建 平 台

在建立家园共育合作关系的过程中，托育机构、幼儿园等学前教育机构是主动合作的一方，园所和教师要积极创设形式多样的合作平台，主动与儿童家庭沟通，主动进行宣传和引导，丰富家长育儿知识，提高家长育儿能力。园所和教师要围绕"儿童的全面发展"这一目标，与家庭共建儿童发展共同体，帮助家长创设良好的家庭教育环境，互相交流、互相学习，共同担负儿童教育的任务。

家园共育平台丰富而多样。从双方沟通的渠道和状态来看，大致可以分为"线下交流"和"线上互动"。

学习目标

1. **知识目标**：了解家园共育平台搭建的具体形式，掌握利用各种平台进行家园共育的原则和方法。
2. **能力目标**：能运用丰富的途径和方法搭建家园共育平台，能灵活利用平台与家长进行有效的沟通。
3. **素养目标**：具有家园共育的强烈意识和责任心，具备尊重、平等、合作精神，以儿童教育为核心，获得家长的理解、支持和主动参与，积极支持、帮助家长提高教育能力。

任务一 　**线下交流**

情境导入

严厉的父母和淘气的孩子

中班幼儿军军比较淘气，在幼儿园总是"惹是生非"。张老师发现，军军特别喜欢做手工，他用橡皮泥捏的小动物特别有趣。张老师在无意中了解到，军军的爸爸妈妈对他很严厉，在家里经常打骂他，于是张老师想找军军的父母交流一下。

思考： 张老师可以通过哪些途径与军军父母交流？请选择你认为效果最好的一种具体谈一谈。

知识学习

一、线下交流的特点和意义

线下交流，即直接交流，是指家长进入园所或教师进入儿童家庭，教师与家长面对面沟通。线下交流是家园共育的传统形式，在通信不发达的年代，也是家园沟通的主要形式。

教师与家长面对面交流时，信息传递快，信息量大，家长能感受到教师的真挚情感，教师能较快地得到反馈，能了解所传达的信息是否被家长正确理解。特别是在讨论和解决比较复杂的问题时，双方能通过面部表情、肢体动作等微妙的、情感化的非语言线索获得更多的理解，提高沟通的效果。因此，线下面对面交流具有直接性、即时性、双向性的特点。

线下交流平台的建立能让园所、教师以开放的姿态做家长看得见的教育。线下交流可以拉近教师与家长、家长与园所的距离，促进教师与家长之间的情感，更容易让家长对教师、对园所建立深厚的信任感。

二、线下交流平台的主要类型

从家园共育工作需要出发，教师可以与一位儿童的家长进行个别交流，也可以

252

与多位儿童家长甚至整个班级儿童的家长进行集体交流。两种交流类型都各自具有多种形式。

（一）线下个别交流

1. 随机交谈

在儿童每天入园、离园以及开展园所活动时，教师可以主动与家长进行简短的交谈，这是家园交流沟通最便捷、最灵活的形式。教师和家长可以相互了解儿童在家庭或在园所的表现，也可以针对一些具体问题进行简单的信息交换，便于家园密切配合。

教师与家长交谈时态度要友好、亲切、坦诚，语气要平和、轻松、柔和，谈论儿童的方式要恰当。教师要多征求家长的意愿、需求和建议，注意保护家庭隐私，妥善处理与家长、儿童的关系，对不同的家庭背景和教育问题进行有针对性的沟通。

教师在与家长交谈时，要善于倾听家长的心声，了解家长对教师工作的意见和建议；还要学会理解，理解家长心声背后的需求，分析家长意见和建议背后凸显的教育工作的不足。如果有些家长出现激动的情绪、冲动的表现，教师要学会理性冷静地应对，态度要诚恳，既要安抚家长的情绪，又要适时提出合理有效的建议。

2. 约谈

家园共育中的约谈是指教师为达到教育目的，邀请家长于约定的时间到园所来进行有针对性的专门交谈的一种方式。从交谈双方的人数来分，约谈的形式有"一对一""多对一""一对多"等。

"一对一"即一位教师与一位儿童的家长约谈。有的家长由于特殊原因很少来园，在电话、网络交谈不便的情况下，教师可以邀约家长来园进行面对面交谈。教师一般会向家长介绍孩子近期的状态和变化，听取家长对园所的意见，还可与家长共同商讨家园共育的具体措施和方法。"一对一"约谈中，教师常常会针对儿童发展过程中出现的比较严重的问题与家长进行沟通，例如儿童出现攻击性行为、情感依赖等情况时，教师约谈家长，和家长一起分析孩子出现行为问题的原因，并为家长提供家庭教育帮助。

"多对一"约谈又称微型家长会，是指在同一班级任教的所有教师（包括保育教师）与一位儿童的家长进行的交谈。交谈内容与"一对一"约谈内容相似，多位教师可以从不同角度更全面地向家长介绍儿童在园生活和学习的情况、情绪状态和思想动态，家长关于家庭教育的信息反馈也能让所有教师及时知晓，共同商议家园共育对策。

"一对多"约谈是指一位教师面对多位儿童的家长进行的交谈。"一对多"约谈可以是常规活动，也可以是特别安排。有些幼儿园和托育机构把"一对多"约谈作为家园共育的常规活动，以班级为单位，每个月进行一次，每次都有专门的主题。参加的家长由个人报名和教师邀请相结合，每次4—6名，约谈时间通常定在离园之后。常规的"一对多"约谈能帮助家长更好地了解孩子在园情况，促进家长工作的顺利开展，调动家长配合的积极性，使家庭教育与园所步调一致，达到家园共育的效果。约谈的话题可以在家长群中征集，也可以根据班级近阶段的具体情况制定，例如"正确对待孩子的哭闹""如何培养3—4岁幼儿良好的进餐习惯""节假日如何安排幼儿的一日生活""如何挑选适合婴幼儿阅读的绘本"等。当孩子之间发生负面状况、家长群体出现负面情绪无法调和时，教师要组织相关家长进行约谈，通过"一对多"约谈的特殊安排，让家长面对面沟通、交流，明辨是非，解决负面矛盾。

约谈作为联系家庭与园所的一条纽带，有着极其重要的作用。约谈前，教师要做好充分的准备工作，有明确的话题和充实的内容，与家长确定约谈的时间和地点。时间要征求家长的意见，地点要整洁、安静，对于孩子的表现和问题要了然于心。约谈中，教师要营造宽松的氛围，以平等的身份与家长沟通，避免使用专业术语。要在尊重事实的基础上陈述事件，表达教师的意见和园所的要求，并提出教育建议供家长参考。谈孩子缺点时要注意措辞和方式，交谈时不要谈及其他孩子。约谈中，要做好记录。约谈后，要进行反思和小结，做到及时自省，心有所得。

3. 家访

家访是教师亲自到儿童家中与家长、儿童进行沟通的方式，是进行家庭教育指导常用的、有效的方式。家访体现了教师对儿童的关注与关爱，对家长的尊重与理解，有助于更好地完成班级教育目标。

常规家访可以让教师深入了解儿童的家庭教育环境，了解儿童在家庭中的真实情况，了解家长的教养态度和家庭教育方法，了解家庭和周围环境对儿童身心发展的影响。同时，家访也可以针对儿童的具体表现与家长共同讨论教育措施。

新生入托、入园前的家访非常重要，可以让教师和儿童建立初步的了解和信任，为儿童入托、入园稳定情绪打下基础。通过新生家访，一方面可以让孩子提前与教师认识，有利于减少"入园焦虑"，也可以让家长了解更多入托、入园的注意事项，提前做好物质准备和心理准备；另一方面，可以让教师了解儿童的发展状况，如个性爱好、自理能力、体质情况等，便于入托、入园后开展个别化教育指导，还可以让教师了解新生的家庭情况，如家庭成员、家庭结构、家庭环境、家庭教育方式、家长对孩子的期望等，便于以后与家长沟通时寻找话题的切入点和依据。家访前，教师要提前和家长电话联系，预约时间，核对家庭住址，准备好儿童入托、入园前需要的资料。

当儿童有不良习惯需要矫正，或者在身心健康方面有需要家长配合教育和特别注意的情况时，教师就要安排特别家访。家访前，要提前准备好相关儿童的观察记录和个别教育方案，收集相关的教育理论知识；家访过程中要照顾家长的情绪和接受能力，用语要委婉，提出的建议要适合家庭特点和儿童特点，谈话时最好避开儿童。

当儿童出现意外伤害或因生病长时间未入园时，教师要进行爱心家访，了解孩子的身体状况，表达园所、教师、其他小朋友对孩子的关心和爱护，提出适合儿童身心健康发展的合理建议，同时还可以准备一些小礼物或慰问品送给孩子。

教师家访要尊重家长的生活习惯，提前预约，切勿贸然到访；要做好家访计划，明确家访目的，切勿进行告状式、谴责式、游览式家访。教师要注意仪容仪表和行为举止，讲话要严谨，不要信口开河；尽可能两位或两位以上教师同行，做好家访记录，切勿敷衍了事。同时，要注意树立良好的师德师风，拒收家长的礼物和馈赠，家访时间以半小时为宜，切勿过长或过短。

学一学

幼儿园家访记录

家访对象	天宇	幼儿班级	中二班	幼儿年龄	4岁10个月
家访时间	××××年××月××日（周五）19:00—19:30	家访地点	天宇家	家访教师	黄老师、王老师
家访目的	1. 了解天宇的家庭教育环境和在家表现。 2. 加强家园联系，共同帮助天宇改掉打人的坏习惯				
家访实录	我们来到天宇家中，天宇表现得特别兴奋，爸爸妈妈热情地接待了我们。我们跟家长反映，天宇聪明好动，在幼儿园表现很活跃，喜欢画画和体育游戏，回答问题也很积极，但是有一个坏习惯，总爱打其他小朋友，多次和他谈话仍不见效果。爸爸妈妈对老师的来访表示感谢。据家长介绍，孩子在家特别调皮，喜欢看奥特曼的动画片，不听话爸爸就打他，而妈妈就护着他，爸爸妈妈还经常为了孩子的教育问题吵架。 了解原因之后，我们对爸爸妈妈提出了几点建议：①父母的教育理念和教育方法要一致，打骂会让孩子性格暴躁，而袒护会纵容孩子的缺点。②孩子犯错很正常，父母要学会控制情绪，和孩子一起找出犯错的原因，再进行纠正、指导。③关注孩子的兴趣和爱好，增强亲子之间的沟通和交流，营造温馨、愉悦的家庭氛围				
家访心得	通过此次家访活动，家长了解到天宇的问题与父母的教育方式密切相关，意识到自己对孩子没有做到良好的示范和引导，表示愿意配合老师，接受老师的建议，帮助孩子改掉不良习惯				

家长签字：

4. 入户指导

入户指导一般是指托育机构教师到0—3岁婴幼儿家庭随访和指导。在充分了解婴幼儿的出生情况、发育水平、家庭情况等基本信息的基础上，向家长宣传早期教育的重要性，给家长提出专业建议。

学一学

晋晋家庭入户指导

晋晋是一个3岁2个月的小男孩，平时不爱说话，不愿意与陌生人接触，却爱捡地上的东西吃。入户指导教师进入晋晋家后，看到只有妈妈在照顾他。我们从妈妈那里得知，爸爸因为工作的原因，不能长时间陪伴在孩子身边。晋晋3岁前在农村老家由祖辈照顾，因祖辈干农活经常不能给孩子定时进餐，所以孩子在地上捡到什么就吃什么。晋晋长时间和祖辈一起生活，作息时间不规律，导致他目前存在明显的发育迟缓。

针对晋晋在认知、运动、语言、体格发育等方面存在的异常，我们向晋晋妈妈提供了婴幼儿家庭养育知识辅导，从运动、语言、营养、习惯、生活指导等方面提出了具体可行的方案，引导家长给孩子创造良好的家庭成长环境。

（本案例由昆明学院附属幼儿园托育中心张谷雨老师撰稿）

（二）线下集体交流

1. 家长委员会

家长委员会（简称"家委会"）是由班级推荐出来的家长代表组成的团队，在园所指导下参与园所管理。家委会是园所与家庭之间合作、沟通的纽带，在家长群体中发挥正能量的引领作用。家委会成员有相应的职责和分工，每学期召开会议，参与监督园所的教育教学、卫生保健、科学膳食和安全工作，参与园所各种大、小型活动的策划组织工作，积极配合园所、教师的工作，广泛听取家长对园所、教师工作的建议和意见，协助其他家长与园所、教师进行沟通，保证沟通渠道的通畅，提高沟通的效率和效果。家委会参与园所管理，可以增进家园之间的交流沟通，充分体现家长的参与权、知情权、发言权和评价权，进一步提高家园共育的效果。

建设家长委员会的注意事项如下。

（1）公平公正地选择家长代表，将家长自荐、互荐与教师推荐相结合。家长代表要有一定的时间、精力和能力，有责任心和公正感，热心公益活动，愿意为班级服务。

（2）班级的家委会必须在本班教师的指导下开展工作，教师要充分发挥家委会的自主性和独立性，不要包揽或替代家委会的工作，应给予充分信任、肯定和支持。在发现家委会工作偏离班级教育目标时，教师要及时纠正，并提出整改建议。

（3）教师与家委会沟通时要多用征询、协商的语言，让家长感到教师对自己的尊重和信任，从而真正发自内心地成为教师的良好合作伙伴。

（4）家委会可实行轮换制，让更多的家长有机会加入，亲身体验园所管理、儿童教育的理念和方法。

2. 家长开放活动

家长开放活动是园所和班级定期或不定期邀请家长来园观摩或参与教育教学活动。家长通过直接参与活动，可以了解园所的办园理念和教育理念、物质环境和精神氛围、教育模式和教育特色以及班级教师的教育行为特点，也有助于家长将自己孩子的发展状况与班级中其他儿童进行横向比较，全面了解和把握孩子的发展水平，以便采取适宜的教育措施。

家长开放活动的形式多种多样，有观摩半日活动、观看儿童演出、参与亲子互动活动等。教师要善于引导家长参与活动，让家长体验托育机构、幼儿园的保教过程，共同见证孩子的成长，感受家园共育的乐趣。

（1）家长开放日、成果发布会　家长开放日是托育机构、幼儿园邀请全体家长在指定时间里进入园所进行参观、观摩的家园交流活动，通常是观摩半日活动，例如学习活动、生活活动、运动活动、游戏活动等（图9-1-1）。成果发布会一般是园所在学期末面向全体家长开展的学期教学汇报展示活动。家长在观摩集体教学活动和教学展示时，可以真实感知孩子们在班级教学活动中的表现，客观地发现孩子存在的长处与不足，有助于在家庭教育中有针对性地进行引导。

图9-1-1　家长开放日活动

257

（2）亲子活动 亲子活动是指学前教育专业机构（早教中心、托育机构、幼儿园、社区等）组织的家长和孩子共同参加的活动。亲子活动的内容生动有趣，寓教于乐，是家园共育的重要形式，也是家长与孩子之间相互沟通、共同学习、一起成长的最好方式之一。相比较幼儿园的集体教学活动，亲子活动最核心的内容是教师、儿童、家长"三位一体"的关系，有利于增进家长与孩子之间的感情，培养孩子良好的个性，有利于教师、家长相互了解，从而达到家园共育的理想状态。

早教中心组织的教育教学活动多为亲子活动，托育机构、幼儿园也经常结合节庆和季节特点组织开展各种亲子活动。例如，邀请家长与孩子一起参与元旦迎新展示、"六一"儿童节联欢会等演出活动，组织亲子游园、亲子趣味运动会、亲子才艺秀等亲子互动活动，开展亲子郊游、采摘、参观等户外活动，还有宝宝生日会、社区亲子表演等活动，家园合作，共同为促进儿童的身心健康发展而努力（图9-1-2，图9-1-3）。

图9-1-2 "跳蚤互换会"活动

图9-1-3 认树活动

3. 家长会

家长会是"家""园"之间传递信息、传达理念的重要桥梁，是建立家园共育的良好基础，是家园沟通中不可缺少的一个环节。家长会一般定期举行，要求全体家长参加。班级家长会由班主任主持召开，主要是向家长介绍班级的基本情况、儿童身心发展特点、新学期的目标、教学活动安排及重要通知等，从师德师风、园所安全、后勤保障、一日常规、教育教学、保健保育等多方面对家长进行讲解，广泛听取家长对托育机构、幼儿园工作的意见，同时对家长提出相应的要求，还可以就园所的工作进行家园交流与互动。

新学期之初，教师为了向家长报告新学期的安排、主要的教学工作计划以及家园配合要求、儿童发展目标等而组织开展的新学期家长会，可以使家长做到心中有数，以便有的放矢、积极主动地配合教师的工作。

新生家长会专门面向新入托、入园的儿童家长，一般在新生入园前或者入园之初进行，由园长或教师向家长介绍园所的基本情况、日常工作、应注意的事项等。

教师也可以就班级的情况、学期工作等做介绍，引导家长重视孩子入托、入园后的情绪变化，提醒家长做好自我心理疏导，落实新生护理工作，在儿童"吃、喝、拉、撒、睡"方面下功夫，尽量降低孩子的生病率。

教师开展大班幼儿家长会时，要有目的、有计划地向家长推荐适合幼儿阶段的幼小衔接方案，帮助幼儿养成良好的学习习惯，减缓两个学段的坡度，完成两个学段的顺利过渡。

教师还可以组织每个年龄段的阶段性家长会，在学期中后阶段召开，向家长反馈开学以来儿童在园情况和其他相关工作，尽可能地就每位儿童在园所的表现与家长进行交流与分享。

召开班级家长会的注意事项如下。

（1）教师至少提前一周通知家长召开家长会的时间，发出正式的邀请函，以便家长安排时间；附上回执收集家长反馈信息；与不能出席的家长沟通，尽量争取每一位儿童都有家长参加。

（2）教师要事先做好家长会计划，确定流程，熟悉发言内容，避免"照本宣科"。家长会的计划和内容要体现园所对家长会的重视，体现对家长的尊重，展示教师自身的专业、敬业、乐业之心。

（3）教师要全面了解每一位儿童及家庭情况，抓住家长的兴趣点及担忧点，鼓励家长交流育儿困惑，介绍育儿心得，避免教师"一言堂"，促进家园沟通，共同成长。

（4）家长会结束前，教师要感谢家长的参与。

4. 家长助教

家长年龄层丰富、行业多样，是幼儿园、托育机构丰富而宝贵的教育资源。家长资源的多样性既填补了园所教育中某些资源的空缺，又丰富拓展了园所的教育内容。教师和园所可以邀请不同职业、不同身份、不同特长的家长参与园所教育教学活动，充分发挥家长的作用。例如，成立"爱心服务团"吸引家长积极参与，开展"家长进课堂"等家长助教活动，扩展儿童的视野，丰富儿童的体验，使家园互动活动更加丰富，家庭与园所的关系更加和谐。家长助教也是不断创新家园互动方式的一种常态化形式。

家长助教是家园共育工作中较高层次的合作体现，需要得到教师的指导和配合。教师要依据儿童年龄段发展需要，安排适当的家长助教活动。低幼年龄段以讲故事、行为示范、游戏活动为主，教给孩子一些生活技能；中大班幼儿对事物的探究欲望逐渐增强，可以请不同职业、不同特长的家长来给孩子答疑解惑，例如请从事警察、医生、建筑师等职业的家长介绍职业特点，请擅长种植、饲养的家长来教孩子培育植物、养育小动物。"妈妈老师""爸爸老师"讲授的内容更具有趣味性和创造性，很受孩子们的欢迎。家长助教不仅能扩展教育资源，还能让家长体验到教师职业的辛苦，提高家园合作共育的积极性和主动性。

开展家长助教活动的注意事项如下。

（1）教师要选择活泼、外向、善于表达的家长，以利于活动的顺利开展。

（2）活动前，教师要与家长充分沟通、讨论，精心备课，做足教学前的准备工作。

（3）活动中，教师要配合家长，帮助家长化解与儿童的沟通障碍，共同参与活动、共同施教。

（4）活动后，教师要安排一系列的收尾工作。例如，把儿童在家长课堂上的学习成果进行展示；开展活动延伸，强化儿童在家长课堂的所学所得；制作宣传栏，介绍家长助教的特色和效果；开展"我最喜爱的家长老师"评选，多角度多方面对家长助教进行肯定与表扬。

5. 家长志愿者

随着现代社会的发展，家长的文明程度也在不断提高，许多家长提出了当志愿者为班级义务服务的想法。家长志愿者不同于家长助教，主要是来园参与班级一日生活活动，配合和协助教师开展日常活动。家长志愿者参与班级的日常活动，会大大提高儿童的积极性，还可以使家长学会如何引导和教育孩子。对托育机构、幼儿园而言，家长志愿者可以扩充教育资源，分担教师管理班级的压力，提高班级管理的效率。

组织家长志愿者工作的注意事项如下。

（1）教师应该激发和保持家长志愿者的爱心和热情，表现出尊重和友好的态度，使他们成为班级管理重要而稳定的合作伙伴。

（2）教师要向家长志愿者详细介绍班级管理的规则和要求，使他们能与教师步调一致，轻松地、适宜地与儿童互动。

（3）教师要了解家长志愿者的兴趣所在，充分发挥其特长和优势，调动家长的积极性和主动性。

（4）教师还要带动儿童表达对家长志愿者的感激之情，并寻找适当的时机和方式回报家长志愿者的服务。

6. 家长学校

家长学校是对家长进行集中、系统教育和培训的学习场所，可以帮助家长树立正确的教养观念，创设良好的家庭教育环境，学习家庭教育知识，提高家庭教育水平。

家长学校的形式灵活多样，主要包括专家讲座和家长沙龙。专家讲座是专门为家长举办的关于家庭教育类的讲座或报告会，例如儿童教育专题讲座、儿童健康专题讲座、早期阅读专题讲座、儿童体能训练专题讲座、隔代家庭教育问题讲座等。

家长沙龙也叫家长座谈会、经验交流会，家长们在自由轻松的氛围中充分发表自己的见解，倾听其他家长、教师和教育专家的看法。家长沙龙时间紧凑、主题集中、交流及时，能够充分发挥家长自我教育的作用。

托育机构、幼儿园是家长学校的教学内容设计者、活动组织者、场地提供者。内容安排要坚持理论联系实际的原则，突出实用性和趣味性，既要向家长介绍科学的教养知识，又要结合具体案例进行分析，深入浅出，保证家长学校的教学质量和效果。还可以创设多项环节，引导家长积极参与课堂讨论、进行经验交流、开展分组辩论和实践体验等活动，穿插多种形式的游戏和互动，激发家长的学习兴趣和参与度。

7. 教育咨询

教育咨询也叫家教咨询，是一种面对面的家庭教育指导方式，由园长、有经验的教师、专业工作人员或教育专家对家长在教育子女过程中遇到的困惑和疑难问题给予解答。

家长接待日是教育咨询的一种方式，每周固定一个时间段，由园长、保教主任或各班班主任接待前来咨询的家长。通过接待咨询和答疑，教师和园所可以了解家庭教育比较集中、突出的问题，帮助家长分析原因，并根据家长的需要给予指导，帮助家长解决家庭教育难题。

指导任务书

线下交流指导任务书
幼儿园新春亲子游园会活动方案

一、设计意图

以"新春亲子游园会"为主题，让幼儿在自由欢乐的氛围下，与家长共同参与各项中国传统游戏和亲子游戏，感受过新年的喜庆气氛，欢欢喜喜地迎接新的一年。

二、活动总目标

1. 创设喜庆的新春游园会氛围，感受过新年的喜庆气氛，弘扬中国传统文化。

2. 鼓励家长和孩子一起积极地参与各项亲子游戏，体验中国传统游戏的乐趣。

3. 能够有序组织各项游戏的开展，让家长和幼儿感受幼儿园大家庭的温暖，加深亲子情、家园情、师生情。

三、活动准备及人员安排

活动总负责人：

活动分项负责人：

宣传报道负责人：

音响设备负责人：

后勤保卫负责人：

四、活动时间

20××年12月31日上午9:00—10:30

五、活动地点

幼儿园操场、各班教室

六、活动对象

全体幼儿及家长（每位幼儿由一名家长陪同）

七、活动方法及细则

1. 每个班级教室内均设有一个小型游戏活动区，幼儿园操场上设有若干大型游戏活动区，向全体幼儿和家长开放。

2. 幼儿在家长陪伴下，可以进入任何一个活动区，按照规则参与游戏，游戏成功可直接在游戏区兑奖。

八、注意事项

1. 对幼儿要求

重安全，守秩序，要排队，不拥挤。讲卫生，懂礼貌，遵守规则。

2. 对教师要求

（1）每个小型游戏安排三位教师担任工作人员，主班教师负责统筹本班教室内的活动，做好相应的活动准备及分工。

（2）每个大型游戏安排六位教师担任工作人员，由幼儿园指定的教师负责统筹和分工。

（3）各游戏区教师于12月30日16:00之前完成游戏环境布置和活动准备工作，并将本活动区的游戏名称与规则、家长须知海报张贴在游戏区醒目位置。16:00幼儿园将逐一检查。

（4）做好安全预案，活动期间维持活动区秩序，在严格遵守游戏规则的同时注意保护幼儿的人身安全，确保公共财产和个人财物不受损害。

学习任务单

线下交流学习任务单

班级亲子活动方案

设计意图	
活动目标	
活动准备	

活动时间	
活动地点	
活动对象	
活动（活动方法及细则）	
注意事项	
活动反思	

课外拓展

育儿小常识

在家园之间游走的孩子

　　孩子是像小蜜蜂一样飞来飞去，还是像蜗牛一样拖着重重的壳赶路，这取决于父母的养育方式。对每一个孩子来说，他都需要成为自己，成为一个真正的人，这需要根植于家庭，慢慢向外延伸。父母们不能太着急，更不能像对待小学生一样来对待幼儿。他还没有发展到这个阶段，他需要家的呵护以及来自父母温暖的声音。幼儿园同样像家一样温暖，老师就像妈妈，孩子就像从一个家到另外一个家。

　　3岁以后的孩子开始有向外探索的需求，我们需要给他提供一个相对安全的、离家不是太远的环境。幼儿园就是这样的一个环境，在这个环境里，大家彼此信任，相互支持。在老师的陪伴下，孩子可以开启另一个成长空间。它像家一样提供给孩子们需要的自由，自由地看来代替应该如何看，自由地听来代替应该如何听，自由地表达来代替必须如何说，还可以自由地思考和自由地行动。但无论怎样自由，都在一定范围内，所以我们把它称作规则下的自由。当然，也只有给孩子自由的空间，规则才有意义。否则，当我们用无形的枷锁把孩子捆绑起来，冠以"爱与保护"之名，那么自由和规则都没有意义。

　　所以，我们一定要明白孩子是一个人，一个独立的个体，而不是成人的缩小版，也不是一个玩偶。我们有义务为他创造一个相对健康安全的环境，但我们没有权利以"爱与保护"的名义限制他的自由。无论是家长还是幼儿园的老师，要在理念上高度统一，这样才能实现孩子在家与幼儿园之间的快乐游走，从而获得内心的安定感。

　　（资料来源：谷沛.家园共育［M］.北京：清华大学出版社，2020：39—40.）

推荐图书

[1] 刘颖，马华.家园沟通实用技巧100例 [M].长春：吉林大学出版社，2017.

[2] 晏红.幼儿教师与家长沟通之道 [M].2版.北京：中国轻工业出版社，2018.

[3] 董颖春.家园共育课程 [M].上海：复旦大学出版社，2019.

[4] 谷沛.家园共育 [M].北京：清华大学出版社，2020.

[5] 刘继勇，陆大江.亲子运动游戏 [M].上海：复旦大学出版社，2021.

资源链接

1. 视频：非暴力沟通——家园沟通的艺术，优酷网。

2. 视频：教师与家长沟通实践案例，优酷网。

3. 视频：如何策划并组织一场家园共育活动，优酷网。

4. 视频：幼儿园新生家长会，优酷网。

任务二　线上互动

情境导入

李老师的分享

李老师刚刚组织了一次非常成功的大班主题活动，她以幼儿的兴趣为出发点，精心设计教学流程，巧妙创设游戏情境，激发了幼儿的探索欲望。小朋友在玩儿中学，在学中玩儿，做出了很多令人惊喜的作品。李老师很想把这一成果分享给家长。

思考：李老师可以通过哪些形式与家长分享？请选择其中一种形式谈一谈具体做法。

知识学习

一、线上互动的特点和意义

本任务探讨的家园共育"线上互动"平台是与"线下交流"平台相对应的，特指教师与家长不直接面对面，而是通过各种媒介进行间接交流的活动。随着科学技术的不断发展，教师与家长建立间接交流的方式除了传统媒介如电话和纸质媒介之外，更多的是利用互联网平台，使家园共育"线上互动"呈现出高科技、智能化的趋势。

线上互动不受时间、空间的限制，可以让教师与家长随时随地建立联系，也能让更多的家长获得更全面的信息，拓宽了家园合作的渠道，扩展了家园信息互通的宽度。线上互动交流的信息形式多样，可以是文字、图片、音频、视频，内容更为丰富、全面、立体，更易于教师和家长收藏、留存，不仅弥补了面对面交流时信息无法完整保存的不足，还能激发家长参与家园共育的兴趣，有助于提高家长的家庭教育水平。线上互动也为儿童开启另一扇展示自我、与社会沟通的大门，可以让亲子关系更为亲密，让孩子性格更加开朗大方。

二、线上互动的常用方式

（一）利用互联网开展线上互动

1. 网络平台宣传——网站、公众号

随着网络媒介的普及，网络平台成为园所展示和宣传的重要窗口。托育机构和幼儿园可以开设官方网站、微信公众号、微博、美篇等平台，向家长宣传最新的教育政策与法规，介绍婴幼儿照护和保教知识，展示园所理念、近期活动，推荐高品质、有价值的其他教育网站。教师可以将儿童在园生活、学习情况以图文并茂的形式通过官方网站或微信公众号、朋友圈进行推送。家长足不出户就能掌握儿童养育、教育知识，感受园所教育氛围，了解孩子在园所的生活状态，与园所和教师互动，密切与园所、教师的联系。

网络宣传平台把传统的家园联系栏从校园搬到了网络，不仅保留了原有的真实性、及时性和丰富性，还在内容和形式上更加灵活。家长通过评论、留言与园所和老师隔空互动，抒发自己的感想，表达自己的感受，强化家庭教育理念。

网络宣传平台代表园所发布信息，其内容的关键点在于文字的梳理，特别是活动介绍时，不仅要用生动活泼的语言进行描述，还要传达活动对于儿童发展的价值、儿童行为背后的思考、园所理念在活动中的落实等，达到既能宣传园所的教育理念、发展状态，又能让家长深入了解孩子各阶段成长的目的。

2. 网络即时交流——QQ、微信

班级QQ群、微信群是教师与家长经常"见面"的网络平台，教师通过班级群发送园所通知、告知、提醒，开展问卷调查；及时分享前沿教育理念，为家长提供有

效的教育方法；分享班级发展情况，如常规活动、重要活动等，让家长及时、真实了解儿童在园情况。教师可以在群内组织家长就某些教育问题开展讨论，形成良好的教育研讨氛围，还可以轻松地与家长进行在线聊天、视频通话、文件共享等多种互动，通过文字、图片、语音、视频等方式与家长进行家园共育交流。

班级群一般由教师创建，是家园合作工作群，群成员不得在群内发布与教育工作无关的内容。同时教师也要在建群之初明确群规则，并告知群内所有成员。

教师在建立规则阶段，要确保以下几点。

（1）确保规则是合理的、明确的。

（2）确保规则能传递给群内全体家长（可请家长回复）。

（3）确保家长理解并接受规则。规则可以提前与家委会商议，也可以设置一定期限供家长自由发表意见。

（4）将已经确定的完整规则贴在群公告里，作为"公示"，受全体群成员监督。

教师要严格落实群规则的要求，对班级群进行日常维护，发布通知和相关信息，对有价值的发言进行回复和评价。教师在班级群里发布信息要注意哪些方面呢？以下是一些建议。

（1）除非紧急通知，否则要尽可能将每日常规的发言时间安排在固定时间，便于家长养成按时接收信息的习惯。

（2）教师的发言是职业形象塑造的一部分，措辞要根据交际语境、交际内容的变化而变化，有时需要正式庄重，有时需要亲切随意。

（3）如果需要群成员参与讨论，教师的发言设计最好具有仪式感。

（4）教师发布的信息要十分简练和完整，不要遗漏诸如时间、地点、对象等关键信息。要一次将信息说完，避免家长"挤牙膏"似的反复提问，千万不能先发一条信息再不断补充。教师要尝试从家长的角度去理解信息内容，要反复琢磨以至成为习惯。信息发出之前要检查是否有错别字，若不慎发出，要及时更正说明。

（5）被家长在群里表扬，可私下感谢，也可等待一段时间后再公开回复，公开回复时态度要谦虚低调，语言要简练，内容要从本职工作出发，在感谢部分家长的同时也要感谢全体家长，切不可在群内与少数家长进行较多的"亲密"交流，以免引起其他家长的不满。

（6）教师在班级群内宜针对集体进行评价，避免在群内点名批评儿童或家长。必须公开批评的，不能指向人，而应指向现象。需要表扬的，表扬语言要简练、重点突出，最好能介绍儿童事迹、分享儿童成果，凸显榜样的作用。如果有些孩子有不当举动或有明显进步，宜于私下与其家长交流，以免引发其他家长下意识的评价。

教师在特殊情况下，可与儿童家长通过QQ、微信进行"私聊"，需要注意以下原则。

（1）非必要不"私聊"，更不能频繁打扰家长。

（2）要考虑到家长是否能立即接收信息，紧急情况下最好通过电话联系。

（3）不发送与工作无关的私人信息和要求。

（4）发送文字比发送语音更便于家长接收。

（5）尊重家长，树立教师的良好形象；注意措辞，避免引起家长误解。

学一学

如何在班级群里回复家长？

教师要严格落实群规则的要求，对班级群进行日常维护，发布通知和相关信息，对有价值的发言进行回复和评价。

场景一：家长为孩子的事公开咨询

教师最好建立一个标准的礼貌的回复模板，每次只修改关键部分就可以了。例如，"@××家长，您好，因为根据群规则第×条（规则内容），我不便公开回复。我私下回复您了。"在私下回复时，首先提醒家长注意群规则第几条（申明规则），说明为什么如此（解释规则），然后详细解答家长的疑惑。

场景二：有家长私聊，提出的问题具有代表性

家长私下提出的问题如果具有普遍性，教师可以选择时机公开回复说明："刚才收到几位家长的疑问，……我觉得具有普遍性，统一答复如下：……。如果还有家长不明白的，可以私下留言给我。"

场景三：家长不是公开咨询，而是随意发言

教师可在群内提醒："××家长，我私下发信息给您了，请留意查收。"这句话，其实也是告知其他家长，群里不能随意发言，我已在私下提醒这位家长了。

场景四：家长公开批评甚至攻击他人（包括老师、其他家长或幼儿）

教师可以公开回复："@××家长，根据我们的群规则，这类事我们私下沟通，好吗？谢谢！"然后，私下与其进行沟通。

如果家长公开的批评或攻击会引发其他家长猜测或误解，那么可酌情选择下面几种策略：

一是在公开回复中适度提醒："@××家长，这件事不是这么简单，为了避免尴尬，我们私下沟通，好吗？谢谢！"然后迅速通过电话或QQ、微信进行私下沟通。

二是将其移出班级群，此举要谨慎，是不得已而为之。如有的家长不管不顾地继续发表情绪激烈的言辞，已经严重影响到他人，教师要立即果断地将其从班级群里移除。移除后，在群里做一个简短的说明，大意是：这位家长讲的并非事实。但是他现在情绪激动，很难沟通，为了避免影响到大家，产生更多误解，暂

时将他移出班级群，等此事解决后再邀请他入群。人难免有失控的时候，请大家相互谅解，无论如何，风雨过后，我们仍然是"一家人"。

教师切忌与家长在群里公开对抗。无论教师多么有道理，旁人只会看到教师的姿态。有些委屈，教师不好直接澄清，可以与家委会保持沟通，请家委会在适度的范围内，让信息有自然传播的机会，以正视听。当然，有些原则性的问题必须公开澄清。

3. 网络会议——线上家长会

教师可以利用网络平台组织召开线上家长会，便于不能亲自到园的家长也能及时了解孩子在园的情况，例如，组织留守儿童家长线上家长会、疫情防控下的线上家长会等。教师选择的线上会议平台要交互友好、便于家长操作，常用的有QQ群会议、腾讯会议、钉钉办公等。线上家长会的内容、流程安排、注意事项与线下家长会基本一致。

4. 电子报刊——班级小报

班级小报是班级专属的家园互动形式，教师用报纸的形式向家长介绍班级活动、儿童表现及家园共育信息。电子版的班级小报可以每个月、每个季度、每个学期为时间周期进行发布，一般用Word、WPS、PPT等办公软件和Photoshop、CAD、美图秀秀等图片软件进行编辑、排版和制作。

班级小报能细致地反映班级的生活和学习，信息量大。为了激励儿童成长，教师可在班级小报中对儿童的表现进行表扬和鼓励，对儿童的作品及童言趣语进行展示和点评。班级小报不仅是家长了解园所、了解孩子的窗口，也是家长与教师共同学习的良好媒介。教师也可以合理调动多方资源，发动家长利用自己的专长来参与班级小报的文字采写、图片编辑、排版制作，不仅能扩大教师与家长的沟通交流范围，还可以提高家园互动、信息传播的实效性。

5. 电子邮件

当教师有些重要信息需要家长保存，或者家长因为一些原因无法与教师进行即时交流的，教师可以采用电子邮件的方式与家长进行沟通。电子邮件能发送和接收各种形式的电子文件，容量大，受客观因素影响较小，信息不易丢失。与家长通过电子邮件进行交流的用语原则，与其他形式的交流用语原则相同。

（二）利用其他媒介进行的家园互动

1. 电话交谈

电话交谈，也叫电话访问或电访，是教师与家长利用现代化通信工具进行沟通、交流的常用方式。电话交谈的特点是灵活方便、快捷高效，除了用于教师与家长的日常联系之外，对处理与儿童相关的紧急事情和突发事件非常有利。家长在教育孩子的过程中遇到一些问题时，也会用电话与教师进行联系，及时讨论、交流，并一起想办法解决问题。QQ、微信出现以后，其自带的"语音通话"也与电话有同样的功能。

电话交谈的注意事项如下。

（1）电访前，教师要明确交谈的目的。非必要尽量不在家长的工作时间内打电话，以免影响家长正常工作；也不要在自己当班的时间内与家长电话交谈，以免影响班级工作的正常开展。

（2）电话接通后，先礼貌地自报家门，并询问家长是否方便接电话。电话交谈尽量简洁，围绕话题开展。结束通话前，要对家长的支持表示感谢。

（3）由于电话交谈无法看到家长的面部表情和身体动作的变化，也无法确定沟通的深入程度，所以电话交谈一般只涉及一些简单、易解决的问题。

（4）电话交谈过程中不要批评儿童，不好的消息要慎重委婉地表达。

2. 书面交流

书面交流是家园合作的传统形式之一。教师与家长通过书面方式互通儿童信息，交流教育思想，讨论教育问题，实现家园共育。

（1）家园联系栏。家园联系栏也叫家长宣传栏、家长园地，是帮助家长了解托育机构和幼儿园班级工作的重要窗口，一般设置在班级教室门口两旁的墙面上、园所走廊、大厅等公共空间，便于家长入园后驻足观看。家园联系栏主要介绍班级情况和活动安排，公布每月、每周的课程计划，展示儿童在园生活和学习的过程和结果，宣传科学育儿方法，让家长清楚地了解园所的工作重点，了解儿童发展知识、家庭营养知识、家庭教育知识，了解最新的教育理念与教育动态。

为了吸引家长的注意力，提高关注度，保证有效性，家园联系栏在设计形式和内容质量上要突出真实性、及时性和丰富性。

布置家园联系栏的注意事项：

① 刊头名称要醒目而温馨。家园联系栏的刊头名称要能引发家长的关注，突出家园共育的特点。除了常见的"家长宣传栏""家长园地""家园共育栏"之外，还可以取名为"家园彩虹桥""家园直通车"等。

② 内容要具体而实用，突出家园共育的互动性。既要具有园所、班级特色，还要符合家长的心理需求。例如，某教师设计的"家园彩虹桥"包括七大板块："周活动计划""健康快车""家教指南""请您配合""本周好宝宝""快乐学习""童言稚语"。名称一目了然，家长能顾名思义。

③ 版面设计要简洁合理。家园联系栏的颜色和图案只是起到衬托的作用，不宜

烦琐或太花哨，以免喧宾夺主，让家长产生视觉疲劳。在材料的选择上，要选择颜色鲜艳、耐用的制作材料，如万通板、泡沫板、卡纸等，这些材料操作性强，也便于定期更换。还要做到字体清晰、标题清楚、篇幅恰当、行间距适中，便于每一位家长观看和阅读。教师还可以设置家长留言板或家长信箱，鼓励家长与教师互动。

教师要让家长通过家园联系栏感受到园所和教师对家园共育工作的真诚和努力，使家长进一步关注教育、配合教育、参与教育，提高家园共育的质量（图9-2-1）。

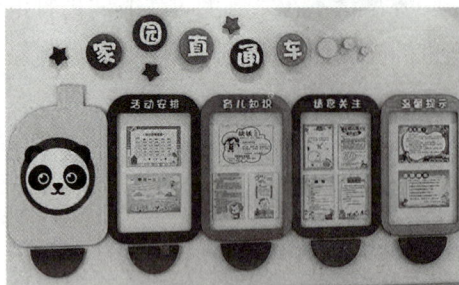

(a)

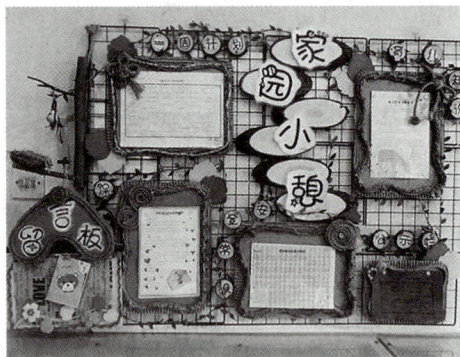

(b)

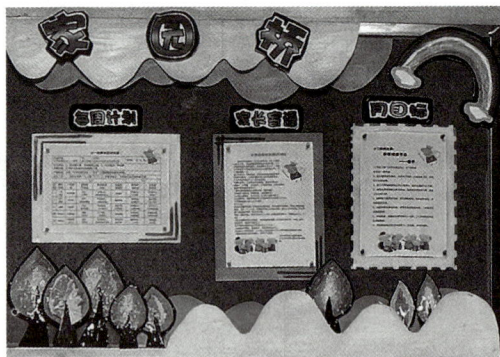

(c)

图9-2-1 各种家园联系栏

（2）家园联系本。家园联系本是一种纸质小册子，内有多个栏目供教师和家长填写，来往于教师和家长手中，便于教师与家长保持联系，相互交流儿童在园、在家的表现，交换对孩子的评价，征求家长的意见和建议，共同探讨教育幼儿的方法。

家园联系本的使用比较稳定，在园儿童每学期人手一册，保证每位家长都能看到。家园联系本的内容有两个特点：①针对性强，教师要针对儿童特点填写个性化的评语和建议；②持续性强，每周一至周五由教师填写，周末由儿童带回家请家长填写，下周一再带到园所交给教师，周而复始。学期结束还可以作为儿童的成长档案进行保存。

家园联系本给教师带来的工作量比较大，却是家长最喜欢的一种沟通方式。家长阅读教师的评语和建议，可以对孩子有更全面的了解；教师查看家长的回应，有利于掌握儿童在家的表现，判断其行为表现是否与在学校时一致，从而有针对性地与家长沟通，保持园所教育与家庭教育的一致性（图9-2-2）。有经验的教师善于从家园联系本中发现家庭教育的问题，许多矛盾也许就能在萌芽阶段被化解了。

(a)

(b)

(c)

(d)

图9-2-2 各种家园联系本

（3）书信、通知。书信适用于个别沟通。作为较为原始和传统的通信方式，书信适合处于信息比较闭塞、网络不够发达、网络交流不太方便的家庭。为了让这样家庭的儿童和其他儿童一样能够获得平等的教育，教师利用信件方式与家长进行信息沟通，使家长能及时了解孩子近期的身心发展情况和在园表现，指导家长尽可能地关心孩子，做好家庭教育工作。

通知是书信的一种特殊形式，适用于集体沟通，一般是园所和教师向家长发布活动安排、解释事件过程、介绍政策变动详细情况的书面材料，如放假通知、倡议书、告家长书、致家长的一封信、幼儿园重要政策变动告知书等。

家长也可以给教师、园所写信，发表对园所建设、活动设置、班级管理、儿童教育等方面的意见和建议。表扬信、感谢信等书面表达方式，则可以传达出家长对园所和教师的感激之情。

学一学

致家长的一封信——关于暑假安全教育

亲爱的家长：

您好！

快乐的暑假开始了！本学期放假时间是×月×日，下学期开学时间是×月×日。为了使孩子们度过一个安全快乐的假期，请家长们做好孩子暑假期间的安全教育和安全监管工作。

一、注意安全

教育孩子不到建筑工地、人多嘈杂的危险场所游玩，孩子到公共场所游玩，须有成人陪同看管。

二、预防各类传染病

教育孩子养成良好卫生习惯，做到勤洗手、勤洗澡。暑假是手足口病的高发期，家长尽量不让孩子到外面乱吃东西，提醒孩子勤洗手、多饮水。不带孩子到人群密集的地方活动，减少被感染的机会。孩子居住的房间要经常通风换气，发现疑似传染病症状要及时到医院就诊。

三、防中暑

暑假天气炎热，要注意防暑降温。高温天气时不带孩子长时间在户外活动，参加户外活动要采取降温措施，防止中暑。空调房内要注意开窗通风，室内外温差不能大于10℃，不要让孩子长时间待在空调房内，要适时带领孩子到户外散步。提供孩子与大自然接触的机会，可有目的地带孩子外出参观或游览，使孩子广泛接触社会，丰富知识，体会大自然的美，同时要时刻要注意安全，不让孩子离开自己的视线范围。

四、合理安排幼儿一日生活

请您尽量根据幼儿园的作息时间安排孩子的生活活动，做到按时起床、睡觉、活动、休息，每天适当安排一些学习活动，如看图书、画画、做手工等，特别是要保证孩子的午睡时间。不要放任孩子过多地看电视、玩电脑、玩手机，以免影响孩子的视力。培养孩子良好的生活习惯，早睡早起，加强体格锻炼，提高机体免疫力。

五、防交通事故

教育孩子不在公路上玩耍嬉戏。过马路时注意车辆，走人行道，不乱穿马路。带孩子外出时，拒乘黑车、超载车，既要提醒孩子遵守交通规则，又要以身作则，自觉遵守交通规则，为孩子起到表率作用。乘车时，要做文明乘客。自己的交通工具要保养维修好，避免安全隐患，确保出行安全。

六、防溺水事故

教育孩子必须在成人的带领下才可以去安全的地方游泳，不私自到井边、水库、没有防护的江河湖海等地嬉戏，玩耍或洗澡。不带孩子到无安全保障的水域游泳。

七、防触电事故

教育孩子不要玩电线、电源插座等，防止触电。不要将手指伸进电风扇等电器内，以免发生意外。

八、防火灾事故

教育孩子不玩火，不接触易燃易爆物品。指导孩子学会发现火灾时及时拨打119。不提倡让孩子独自使用煤气、液化气灶具等。

九、防食物中毒

购买食品时，看清商标、生产日期、保质期等，不购买和食用"三无"食品和霉烂变质的食品。药物、洗涤用品放置在孩子拿不到的地方，防止孩子误服造成中毒。同时平衡膳食，避免暴饮暴食，少吃零食，确保饮食卫生安全。

十、牢记电话

教孩子记住父母姓名、家庭住址、联系电话，不跟陌生人走、不随意开门，不随意离开亲人和家庭。

安全是身体健康的基础，多一点安全防范，多一份生命保障。祝您全家有一个愉快的暑期！

×××幼儿园

年　　月　　日

需要注意的是，"线上"与"线下"只是家园共育平台建立的不同途径，在实际教育教学过程中，"线上"与"线下"是互融互通，相互促进的。例如，某幼儿园进行户外自主游戏的探索，为了让游戏活动有效推进，幼儿园首先邀请家长入园直接参与活动，了解游戏材料、体验材料特点、使用不同材料参与游戏、发现游戏材料与传统材料的不同，让家长理解游戏、认同游戏、支持游戏。然后，召开阶段性的线上、线下家长会，针对家长担心和关注的问题，向家长及时反馈幼儿在游戏中的发展与变化，交流幼儿的收获和成长。通过幼儿回家与父母分享游戏过程，让家长深刻感受到户外自主游戏是真正受孩子欢迎的、能有效推动儿童全面发展的，最科学、最适宜的自主学习方式。活动结束后，通过幼儿园微信公众号展示教师对此次活动全过程的记录，发表教师和家长对活动效果的认识和反思，从而使家长由质疑到支持，成为共同保护孩子游戏权利的同盟军。

家园共育倡导的是"同频共振，互助共长"的家长工作理念，学前教育机构开展家园共育工作，根本目的在于整合并充分利用宝贵而丰富的家长资源，加强家园互动合作，在相互理解和深度合作中形成家园共育合力，共同促进儿童健康成长。教师应该树立为家长服务的思想，从家长需求出发，以儿童发展为切入点，态度诚恳，方法得当，赢得家长的信任与支持，达成育人目标，实现儿童全面的发展。

指导任务书

线上互动指导任务书

案例描述	出于工作需要，你所在的小（3）班组建了一个班级家长QQ群，你是管理员。请你从实际出发，拟定一个群规则，请全体群成员知晓并遵守
案例分析	群名：××幼儿园小（3）班家长群 各位亲爱的家长朋友，大家好！我是小（3）班的王老师，很高兴能与小（3）班的孩子们一起度过难忘的幼儿园时光。本群为小（3）班家长群，供全体家长与老师交流使用，为了让本群更好地为家长服务，现将群规则公布如下，请各位家长支持、配合。谢谢！ 1. 入群后，请将姓名更改为"孩子名＋爸爸或妈妈"。为防止其他人冒名进入群，本周日晚8点前未实名者，将被移出群。 2. 群内不得发布任何与班级和孩子无关的信息，如广告、投票、红包等。如果误发请立即撤回，或由管理员撤回。频繁、故意发送无关信息者，将被移出群。请家长们不要点击、转发来路不明的链接，以免上当受骗。 3. 本群主要由教师和家委会成员发送幼儿园和班级相关通知、信息等，请不要屏蔽。发送的信息，默认大家都已接收。如无特殊注明"收到需回复"，可不必回复。 4. 欢迎家长在群内给班级进言进策，班级各项重要活动需要各位支持、配合和参与。请友善发言与回复，请尊重其他家长。如有孩子之间的摩擦、冲突等纠纷，请及时和教师电话联系，沟通解决。不可在群内指责其他孩子和家长。 5. 为了给您孩子一个客观、全面、公正的评价，请不要在群内咨询孩子近期表现。如有需要，请致电或到园与教师交流。 请给孩子做好榜样，务必自觉遵守群规则。谢谢您对班级工作的配合和支持，您孩子的进步，是对老师最大的感谢

学习任务单

线上互动学习任务单

案例描述	根据幼儿园工作计划，幼儿园定于11月20日（周六）由各班组织召开线上家长会，请各班教师做好组织工作和准备工作。请你拟定一个通知，发布在本班班级群内，让每位家长知晓并按时参加

续表

案例分析	

课外拓展

推荐图书

［1］吴邵萍.家园共同体的建构——幼儿园家长工作的方法与策略［M］.北京：教育科学出版社，
2018.

［2］乔梅，张平，陈立.幼儿园半日班家园共育教师工作手册［M］.北京：中国农业出版社，2021.

［3］王东月.友爱·幸福 开放·共生——幼儿园家园共育的探索与实践［M］.北京：北京航空航天
大学出版社，2021.

［4］杨宣，刘枫耘.露滴花开——家园共育实践案例集［M］.北京：语文出版社，2021.

［5］刘畅，朱丽芳.携手未来——家园共育实践论文集［M］.北京：语文出版社，2021.

资源链接

1. 视频：家园共育中家长必做几件事，优酷网。

2. 视频：同向、同行、同心——家园共育三重境界及家庭教育有效指导，优酷网。

3. 视频：《指南》背景下幼儿园家园共育的有效策略，优酷网。

4. 视频：家园共育，携手共进——郑州市管城回族区回族幼儿园，优酷网。

和 谐 关 系

　　0—6岁儿童家庭教育根植于家庭结构和家庭环境，直接受家庭因素的影响，通常具有封闭性、非理性和随意性的特点。0—6岁儿童家庭教育往往由家长在家庭生活范围内进行，究竟如何教育儿童、以什么理念作指导、给儿童什么方式的教育，主要取决于家长的意志、爱好、思想水平、教育能力等。良好的家庭生活方式和家庭氛围会形成教育合力，积极影响家庭教育的效果，促进儿童的未来发展。儿童教育工作者应当关注到这一现实，指导家长实施科学的保育和教育，形成良好的家庭氛围，让孩子身心全面健康发展。

学习目标

1. **知识目标：**了解家园合作关系和家庭结构关系的类型和特点，掌握家园合作关系和家庭和谐关系建构的指导要点。
2. **能力目标：**能指导家长运用相关知识分析、解决家园合作关系和家庭结构关系中的实际问题。
3. **素养目标：**增强建构和谐的家园关系及合作共育的意识，把提高家长素质作为义不容辞的责任；具有较高的沟通技巧，乐意积极主动进行家庭教育指导。

任务一 家园合作关系

情境导入

困惑的李老师

开学不久，小一班的李老师就遇到了问题。她发现班级中有的家长非常积极热情地参与班级活动，而有的家长却总是"潜水"状态。积极热情的家长会主动与老师交流孩子的情况，在班级群里会经常和老师互动，但那些"潜水"的家长，即使李老师主动与他们沟通，效果也总是不理想。李老师觉得非常困惑，不知道如何调动家长的积极性，让他们一起参与班级建设与管理。

思考：1. 李老师班级的家园合作关系呈现出哪几种类型？

　　　2. 教师应该怎样建构和谐的家园合作关系？

知识学习

一、家园合作的含义

家园合作是指家庭和学前教育机构一起合作，共同促进儿童的发展。《幼儿园教育指导纲要（试行）》指出："家庭是幼儿园重要的合作伙伴，应本着尊重、平等、合作的原则，争取家长的理解、支持和主动参与，并积极支持、帮助家长提高教育能力。"可见，家园合作是学前教育工作的重要组成部分，其意义十分重大。

家庭是儿童接受教育的第一个场所。托育早教机构、幼儿园等学前教育机构是有目的和有计划地给儿童提供教育的场所，对儿童身心施以积极的教育影响，促进儿童的德、体、智、美、劳全面和谐发展。家庭和学前教育机构是影响儿童发展的两大环境，都蕴含着丰富的教育内容，需要双方以儿童为核心，积极主动地相互了解、相互配合、相互支持，通过家园双向互动，为儿童创设温暖关爱的家庭和集体生活氛围，建立良好的亲子关系和师生关系，让儿童在积极健康的人际关系中建立安全感和信任感，发展自信和自尊，在良好的社会环境及文化的熏陶中学会遵守规则，建立基本的认同感和归属感。

二、家园合作关系的类型

随着教育理念的不断更新，社会对儿童教育的关注呈现出上升趋势；同时，家长群体的儿童教育观念也呈现多样化的态势。从家长群体配合学前教育机构教育工作的态度来看，家园合作关系主要有主动合作型、被动参与型、冷漠放任型、对抗拒绝型四种类型（表10-1-1）。

表10-1-1　家园合作关系的类型、表现及成因

主要类型	表现	成因
主动合作型	1. 积极主动参与班级及园所活动。 2. 主动关注儿童教育动态。 3. 能与园所教育理念同频共振。 4. 能在家长群体中起到辐射引领作用	1. 重视儿童教育。 2. 善于接受新观念与新事物。 3. 信任园所、信任教师
被动参与型	1. 对孩子在园所的活动缺乏主动参与意识。 2. 在被邀请或要求下能参与园所及班级活动。 3. 对于教师的教育建议持"看一步走一步"的态度	1. 工作繁忙，压力较大。 2. 嫌麻烦，不愿付出精力。 3. 不善于主动沟通，不知道从何入手。 4. 不了解儿童教育的重要性
冷漠放任型	1. 不关心孩子在园所的情况。 2. 从不参加班级及园所活动。 3. 对于教师的教育建议置若罔闻	1. 工作繁忙，没有时间。 2. 不了解儿童教育的重要性。 3. 对"放养"教育方式产生误解。 4. 不信任教师和园所
对抗拒绝型	1. 从不参加班级及园所活动，而且表现出明显的反对举动。 2. 从不与教师友好沟通，一旦与教师交流即带有负面情绪。 3. 当对园所或教师不满时，不讲道理、咄咄逼人甚至令人难堪	1. 性格固执，观念落后，自以为是。 2. 不信任园所和教师。 3. 对孩子溺爱与过度保护

三、家园合作关系的指导策略

（一）建构和谐家园关系的指导思想

建构和谐家园关系需要家庭、园所、教师的共同努力。教师要运用丰富专业的教育理念和科学有效的方法指导家长认识到家园共育的重要性，有针对性地促进家园沟通，以达到家园在教育理念、教育行为上的同频共振。

I. 指导家长认识家园共育的重要性

强化家园共育的意识是建构和谐家园关系的第一步。教师要通过各种途径让家长了解：0—6岁是儿童身心发育最为快速的阶段，他们的生活习惯、规则意识、记忆能力和认知能力都是快速发展的，孩子的引导教育尤为重要。0—6岁儿童的教育主要是养成式教育，需要家园的一致配合，共同行动，共同教育。只有家庭和园所在思想和行动上保持高度一致，同频共振，才能够真正促进儿童的发展。

2. 建立健全家园沟通的机制与渠道

学前教育机构和教师要为家园合作建构完善的机制和渠道，以提升家园合作水平。家园沟通渠道的建立要确保双方沟通能做到全面、及时和有效，要确保双方的教育诉求和教育实践都能够及时得到对方的关注和回应。

学前教育机构和教师要为和谐的家园合作创设多种途径。例如，通过分享式、体验式沟通拉近家园间的距离。教师可通过线下、线上各种平台带领家长了解儿童在园所的一日生活内容，分享儿童在园状态；也可以带领家长深入园所，了解园所理念、课程内容，掌握科学的教育规律及特点；还可以将家长纳入课程资源，实现家园共育效果的最优化，如亲子活动、家长开放日、家长助教等。针对常见的儿童教育问题，园所还可以开展家长学校、专家讲座等活动，通过诊断式沟通帮助家长了解现阶段儿童发展过程中容易出现的问题，通过个别沟通、集体讨论等方式与家长共同分析原因，寻求解决策略，达成共识，促进儿童的发展与提升。将部分家长纳入园所的管理团队，组成家委会、食委会等，不仅能促进家园双向沟通了解，还能辐射更多的家长群体，也是一种很好的途径。

3. 建立家园的互信与一致

和谐家园关系的建构必须视家庭与园所教育为一种关系性存在，这种关系性存在要求不同的教育主体和教育资源都能成为促进儿童全面协调发展的支持要素。因此，和谐家园关系的建构必须明确家园合作的目标，即园所与家庭之间应该是平等合作的主体关系，应该充分利用双方的资源优势来为儿童建设良好的发展环境。

在与家庭的沟通和协作过程中，园所和教师要发挥自身的专业优势，与家长建立一致的观点。要让家长认识到，学龄前儿童的养成式教育是隐性的教育，儿童的发展难以用数值来评价、衡量，而是存在于生活的细微点滴之处。教师要引导家长了解，0—6岁儿童教育更多关注的是儿童的学习品质与习惯的养成，而非灌输式的技能学习；儿童的学习与习惯养成是在生活、游戏中进行的，需要关注儿童在生活中、游戏中的发展。教师还要帮助家长树立"不怕麻烦"的教育理念，将探索、思考、发展的机会留给孩子，杜绝成人绝对化的包办代替。

园所和教师应该规避传统家园关系中园所对家长的单向支配，赋予家长充分的话语权，让家长在参与教育的过程中能够表达其观点、想法，在共育过程的研讨中实现思想与行动上的同频共振。

（二）对主动合作型关系的家园合作指导策略

主动合作型家长十分重视儿童教育，能够与园所教育、课程理念同频共振，愿意主动参与园所及班级活动，并作为资源深度参与园所建设与课程改革。这类家长往往能够在家园合作中起主导作用，并在家长群体中起到辐射引领作用。追根溯源，能够建立主动合作型家园关系的原因，与园所及家庭都有密不可分的关系。一方面是家庭本身善于接受新观念与新事物，另一方面是园所及教师的教育方法得当，教育理念专业，沟通技巧得当，能够得到家长的充分信任与肯定。在这样的家园合作关系中，家长和教师能够时刻保持一致，实现教育利益的最大化，最终促进儿童的发展。

对于主动合作型的家长，教师在指导过程中需要把握的重点是充分肯定、尊重其教育的行为与建议，发挥其主导作用，辐射家长群体。

1. 充分肯定，加强合作

教师要充分肯定主动合作型家长的积极与配合，经常与其沟通，及时了解孩子在家情况，反馈孩子在园所的情况。通过交流，教师既可以从这一类家长身上学习到好的家庭教育方法，为其他有困惑的家长提供建议，还可以运用自己的专业知识和家长一起分析儿童行为，找到教育突破口，形成家园一致的教育策略。

练一练

托育中心的明明小朋友刚满2岁。明明妈妈十分关注孩子的身心发展，经常和老师交流。最近，妈妈发现明明吃饭有些挑食，特别表现为不爱吃水果，困惑的她去请教老师。

老师连连夸赞明明妈妈对孩子的成长观察细致入微，还耐心地和妈妈一起分析孩子不爱吃水果的原因。原来，明明曾因吃水果而拉肚子，不愉快的经历让他对水果产生了抗拒心理。豁然开朗的妈妈和老师一起制定了通过念儿歌、讲故事等方式，逐步调整孩子心理的计划……

明明妈妈很关注孩子的发展，能及时主动与教师沟通，共商解决策略。教师在这个过程中也采取了适宜的指导方式，充分肯定了家长对儿童的关注，引导家长进一步挖掘孩子挑食背后的原因；教师站在儿童心理学的角度与家长进行分析，找到问题的症结，根据孩子的兴趣寻找解决办法。

---

2. 整合资源，参与管理

主动合作型家园关系是最有利于儿童健康成长，园所和教师可以在征得家长同意的前提下，将其纳入班级管理的团队，参与到班级管理与课程建设中，充分发挥他们的积极性与主动性。

教师可以统筹这些主动积极的家长形成家长助教团，纳入课程资源；系统分析家长的优势与特长，结合学期工作计划进行归类整合；通过日常观察和交流了解家长特征，从本班儿童的发展需求出发，有针对性地安排家长进入课堂，让家长的优势和特长惠及班上所有的孩子。每次活动后和家长共同反思，总结活动的亮点与不足，使家长切身感受教师的职业价值以及园所的课程理念，达到教育功能的最大化。

> **练一练**
>
> 在开学的第一次家长会中，林老师提出后续会开展许多活动，希望家长多多参加。会后许多家长主动到林老师这里报了名，有的家长说自己会烘焙，有的家长说自己是实验室的老师，可以带领孩子做科学探索，有的家长说自己开了美术工作室，可以带孩子玩颜料……
>
> **分析**：如果你是林老师，你会如何调用这些主动积极的家长资源？

3. 发挥主导，辐射群体

主动合作型的家长群体在教育过程中往往能够起到正向积极的引导作用，园所和教师可以充分利用这种和谐关系，带动更多的家庭主动参与到儿童教育中来。

教师可以通过主动合作型家长传递课程与教育理念，如在家长沙龙活动中邀请这些家长担任主持人和小组核心发言人，在家长参加助教活动后邀请他们分享体会与感受等，让家长带动家长，从而形成积极的辐射效应。

当园所和教师的正当举措没有得到一些家长的理解和配合时，园所和教师要积极劝说、解释，也可通过适宜的方式与主动合作型家长进行沟通，与其达成共识，再由这部分家长带动引领全体家长，共同支持园所和班级建设。

（三）对被动参与型关系的家园合作指导策略

在被动参与型的家园合作关系中，家长是被动参与到园所的活动中的。这类家长往往缺乏主动参与的意识，只在被邀请或被要求的情况下参与园所活动，从不主动向教师了解儿童的发展情况。这一类家园合作关系的成因往往是因为家长工作繁忙，压力较大，极少有时间参与儿童的教育；有的家长因为不善于主动沟通，或因担心影响教师工作而不与教师联系，导致自己不了解儿童的发展与在园情况；还有的家长可能很想参与却又不知道从何入手。在这样的家园合作关系中，家长与园所不能保持自然通畅的交流，有时甚至会对教师及园所产生误会与质疑，导致对儿童的教育效果不理想，延误儿童的发展。

要想调动被动参与型家长参与园所活动的主动性，使家长真正成为有效的教育资源，成为教师得力的合作伙伴，关键在于教师的态度和方法。

1. 引导家长放下顾虑，明确理念，找准定位

教师要通过多种方式加强与家长的主动交流，沟通情感，建立信任，让家长意识到自己对于儿童、教师和园所来说是非常重要的，让家长感受到教师是非常喜欢与他们沟通的，也非常想了解他们的想法，并乐于接受他们的意见和建议。当家长感受到教师与他们是平等的关系后，就会消除顾虑，向教师敞开心扉。

2. 了解家长需求，转变家长观念，调动家长主动性

调动家长的主动性、积极性，需要教师了解家长、理解家长、能够站在家长的角度去思考问题，不断从教师和家长两方面进行反思，拓展自己的思维，以不同的方式解决不同家长的问题。教师要有针对性地帮助家长转变观念，提高他们对家庭教育的重视程度，调动他们参与园所活动的积极性。要让家长感受到，教师是他们的合作伙伴，能够帮助他们提高家庭教育的能力。家长也是重要的教育者，在儿童教育中要发挥自己的积极作用。

练一练

幼儿园马上要开展小班新学期第一次家长开放活动了，这次开放活动的主题是"阅读悦美"，旨在带领家长科学地陪伴儿童进行早期阅读。这天张老师向家长发送了邀请函。可是明明妈妈却说："老师，我的工作太忙了，实在没有时间来参加，孩子在幼儿园的时间更多，这个活动我们参不参加应该没有很大关系吧！"

分析：如果你是张老师，你该如何回复明明妈妈？

---

3. 精心设计家园互动活动，明确目标，注重实效

被动参与型家园关系中的家长不一定不重视儿童教育，很可能是不知道怎样进行儿童教育。针对这样的家长，教师就需要采取一些指导方式促使其变得"专业"，帮助其明确目标、掌握方法，与园所和教师同步向前。

教师要在条件允许的范围内尽量了解家长的实际情况，比如家庭结构、受教育程度、工作性质等，充分利用家长的特点和优势设计好每一次家园互动活动，鼓励家长积极参与，关注家长的参与过程，解决家长的实际问题。教师设计的活动要能让家长直接参与，形式和流程要简单易学，在活动准备阶段要让家长明确活动的目

的、参与的方法，在活动过程中要引导家长有意识地了解园所、了解孩子，学会正确对待孩子在成长过程中出现的种种问题。要让家长意识到，自己积极参与和配合，孩子才会健康成长，快乐进步，感受自己的"存在感"和重要性。

（四）对冷漠放任型关系的家园合作指导策略

冷漠放任型家园合作关系中的家长对孩子在园生活与发展情况表现出漠不关心的状态。这类家长往往不参与班级的任何活动，也极少与教师沟通，对孩子的不当言行放任不管，对教师的教育建议置若罔闻。冷漠放任型的家园合作关系极易导致儿童行为习惯发展出现问题，还可能贻误最佳的矫治与教育时机。

这类家园关系形成的原因主要来自家长教育理念的偏差。有的家长没有建立儿童早期家庭教育的意识，认为儿童教育是学前教育机构的任务，与家庭无关；或者认为儿童在园所里的一切都该由园所"管"，孩子在家里才归自己"管"。有的家长信奉某些"精英教育"理念中"放养"的教育方式，认为要想孩子长大"功成名就"就要在孩子年幼时减少家庭、学校、社会对他的约束，给予他广泛的自由，给他到更广阔的环境里发展的机会，将自主权、选择权大范围地交予孩子。当家长的教育理念出现偏差后，就会无视教师的沟通和建议，不愿配合家园合作。

面对冷漠放任型家长，教师需要把握的重点是通过有效的方式加强家长的参与体验，调动家长成为教育共同体的积极性，让他们"热"起来。

1. 了解家长的期望值，"投其所好"，寻求教育突破口

与冷漠放任型家长沟通，可以采取集体交流和个别沟通相结合的方式。鼓励家长进入班级群、家长会、家长开放日等集体交流环境，让他们了解其他家长的教育理念、方法，看到其他儿童的行为和发展，产生内在的关注意识。教师也要主动与家长建立联系，反馈儿童在园所的情况，充分肯定儿童的发展与进步，并在沟通过程中观察、分析，了解家长的特点，掌握家长对孩子的期望值，找到与家长交流的契合点。

2. 语气温和委婉，"顺水推舟"，引导家长注意力

与冷漠放任型家长个别沟通，要注意提高语言的有效性。

教师可以从年龄特点、环境影响等方面对儿童的兴趣或行为问题进行深层原因的分析，要注意语言措辞，多用温和委婉的语气，少用否定、责怪的语言。教师要重视家长的反应，要与家长统一立场，用客观的事例，以互动交流的方式，引导家长发现、思考，产生与教师商讨的意愿，主动去关注孩子的发展。

3. 把握教育方向，"退居幕后"，激发家长成就感

当家长初步建立对儿童的关注意识后，教师可以鼓励其在工作之余加入班级的

建设中，在参与中感受，在感受中思考，在思考中转变。

　　教师可以将家长纳入志愿者和助教团队，引导家长学会观察儿童，评估儿童，感受儿童视角的活动设计思路，关注儿童在活动过程中的进步。用轻松平和的方式与家长交流感受与体验，从对话中了解家长的想法及转变，促使家长理解、认同活动的价值及其对促进儿童发展的意义，使家长产生成就感与信任感，萌发主动意识，真正从思想上与教师的教育理念产生共鸣，从行动上支持配合。

　　对于喜欢拒绝的家长，教师可以发动儿童的力量，用孩子自己的方式邀请家长参与活动。比如2—3岁儿童可通过音频、视频进行邀请，4—6岁儿童可以自己设计邀请函，鼓励家长参与儿童的教育活动。

　　在家长参与教育活动后，教师可通过线下交流、宣传展示、平台分享、微信推送等多种方式充分肯定家长的参与，强化其过程和效果，变消极为积极，激发家长参与家园共育的热情。

练一练

　　王老师班上出现了几名喜欢故意吐口水的小朋友，其他小朋友看到后也纷纷模仿起来，一时间告状声此起彼伏。王老师向家长反映问题之后，却没有得到家长的有效回应，有的家长表示："好的，谢谢老师，我们知道了。"有的家长对此视若无睹，说道："小孩子之间，玩闹不是很正常吗？"对此，王老师十分困惑。

　　分析：你觉得王老师在这个问题的处理上有哪些误区？该如何引导这些家长？

（五）对抗拒绝型关系的家园合作指导策略

　　对抗拒绝型家园合作关系下的家长在与园所及教师交流时表现出明显的抗拒与抵触态度，主要表现为对园所及班级活动不支持、不参与，对教师的教育建议不接纳，言行带有明显的负面情绪和对抗心理。这一类型家庭的家长可能在性格上具有"逆反"性，对任何事物首先就说"不"；也可能在思想上墨守成规，固执己见，怀疑一切；还可能是对孩子过于溺爱、过度保护，不希望外界对孩子有丝毫影响。

　　这类家园合作关系对于家庭关系、儿童发展及教师教育都会产生极其消极的负面影响。家长极易将抵触情绪代入与孩子的相处过程，从而导致家庭关系、亲子关系的破裂；园所及教师的教育理念和教育方法未得到配合与支持，负面影响作用在儿童身上，往往会限制其身心的健康发展。

对待这一类家庭的家长，教师需要倾注更多的耐心，循序渐进地引导，寻找教育中的契机，尝试寻求教育方法上的共识。

1. 平和理智，公正客观，冷静得体

对待对抗拒绝型家长，教师需要多倾听，了解家长不合作的原因，了解家长对园所和教师的要求，明确家长家庭教育的目的，找到家长关注的关键点。

当家长表现出质疑和拒绝时，教师首先要检查自己在语言表达方式、活动设计思路、设计目的、流程安排等方面是否存在偏差和失误，一旦发现，必须及时纠正，并向家长解释说明、表达歉意和谢意。如果教师的安排和表达准确得当，也要尊重家长的意愿，可以使用温和得体的语言进行简单的解释，注意态度、措辞，语气要有礼貌，不要长篇大论，不要威逼利诱，也不要颐指气使。如果家长依然不接受教师的建议，教师可以暂时将其"冷处理"，不要据理力争，以免引发更大的矛盾。

"冷处理"不等于妥协。教师要分析这一类型家庭拒绝合作的原因，了解这一类家庭教育对儿童、对园所、对教师的要求，寻求家庭在儿童教育方面与园所的共同之处，有意识地创造与家庭、家长沟通的时机。

在面对一贯对抗拒绝家园合作的家长时，教师要保持良好平和的心态，不为家长过激的言语生气、动摇，不要因此产生放弃教育儿童的念头，应继续秉持公正的态度，去看待和评价儿童，发现儿童的成长变化。教师可以记录下儿童的成长轨迹，以儿童发展中的某一关键事件作为与家长沟通的切入点，等待合适的机会与家长沟通。关键事件以正面事件为主，可以是儿童在发展中某一阶段或某一次飞跃性的提升与进步，也可以是一次难忘的活动经历，抑或是家长亲身经历的儿童在生活中的某一种行为的表现等。

2. 求同存异，潜移默化，坚守初衷

教师要主动创造与对抗拒绝型家园合作关系的家庭直接沟通的机会。沟通前要对儿童、家长、家庭有一定的了解，做好各项准备和多种预案。在沟通环境上，不宜选择人员较多的场合，最好是在安静的环境，面对面地进行交流，如家访、约谈等。尽量不要使用网络聊天、电话交谈等间接方式，因为这些方式无法全面、准确传递教师的情感、态度，容易引起家长误会，导致家园关系更加恶化。

在沟通过程中，教师要态度友好、诚恳，语气平静、坚定，语言清晰、简洁，表达准确、有条理，明确双方共同的目标——促进儿童的发展，用自己的专业去获得家长的信任。

在沟通的内容方面，教师可以先心平气和地反馈儿童在园所的表现，辅以儿童

在园所的成长档案，如实地描述自己的观察和分析；接着可尝试了解家长不合作的原因，引导家长说出自己的认识和困惑；然后针对家长的实际情况做出合情合理的解释，提出可行的解决办法，征求家长的意见；也可以从家长的认识出发，与家长共商策略，从而达成共识。

在沟通频率上，教师不宜一次性向家长传递较多的负面信息，而应每次着力解决一个问题，在与家长达成某一阶段教育共识后，家园共同行动，待这一阶段过后再进行下一步的交流。

对待较为固执的对抗拒绝型家长，教师很难通过一次或几次的沟通交流使其转变观念，要做好长期交流与引导的准备。

3. 及时解困，循序渐进，逐步强化

儿童的发展是一个循序渐进的过程，家庭教育指导也是如此，要使家庭和家长的态度有根本性的转变，教师要把每一次指导的步伐走稳走好。

教师的指导要具有及时性。教师可以把儿童在园所的表现通过面对面交流、线上留言、家园联系本等方式向家长介绍，获得家长的关注，拉近家园的距离；儿童有了细微的进步时，教师要及时向家长汇报，并表示赞扬和期待；当儿童表现出某一明显的行为问题时，教师就要结合实际情况认真分析，设计解决方案，与家长面对面沟通；当家长有了合作的举动后，教师要及时肯定、鼓励，指出合作对儿童成长的帮助。

教师的指导要具有目的性。对抗拒绝型家园合作关系中的家长通常会对教师缺乏耐心，教师要学会"见缝插针""因势利导"，利用碎片时间与家长建立联系，消除家长的戒心和不信任感，引导家长领会儿童早期教育的重要性、教师指导的专业性，感受班级、园所的文化氛围，让家长直接看到教师的专业方法带给孩子的发展与转变，从而接纳教师的教育观念与教育方法。

练一练

3岁的涵涵今年刚上小班，经常出现攻击性行为。王老师观察发现，涵涵语言发展比较迟缓，往往行动快于语言。于是在开学后的第一个月，王老师多次向涵涵的父母反馈这个情况，但涵涵的爸爸妈妈认为是老师刻意针对涵涵。爸爸妈妈说："她的语言发展确实比其他孩子晚，难道老师不该给予她更多的关心吗？幼儿园不就是要把孩子教好吗？"

分析：为什么涵涵家长如此抗拒教师的反馈？教师应该如何引导这样的家长？

指导任务书

0—3岁儿童家园合作关系指导任务书

案例描述	萌萌今年2岁了，爸爸妈妈是双职工，因此将萌萌送到了托育机构，平时也极少与老师进行沟通。老师发现，萌萌平时不愿与老师和同伴进行交流，原来是爸爸妈妈极少陪伴萌萌，让萌萌觉得非常孤单，缺乏安全感。于是老师把这个情况反馈给萌萌妈妈，并建议妈妈多陪伴孩子。但妈妈说："我们上班实在太忙了，孩子还小，本身说话就晚，等上了幼儿园会好的，您只要让她吃饱睡好就好了。"
案例分析	萌萌的家长与园所的关系有被动、冷漠、抗拒的特点，这是家庭教育观念与方式不当造成的。 首先，双职工的现实情况，导致父母与孩子相处时间少，缺乏对孩子关注的机会；其次，萌萌的家长对儿童早期教育缺乏应有的认知，没有意识到缺乏父母陪伴为萌萌带来的不良影响，更未意识到儿童的心理健康发展与父母陪伴的密切关系。最后，妈妈看似礼貌的回答中隐含着拒绝，说明家长只想维持现状，不希望教师对自己提出太多建议
指导策略	**解决流程**　了解儿童行为背后原因→探索有效沟通策略，引导家长关注儿童个性发展→重视体验参与，提升家长早期教育能力→肯定家长的付出，及时强化教育行为 **指导方法** 1. 了解儿童行为背后原因：父母陪伴少，不重视家庭教育，不愿意花时间和精力进行家庭教育 2. 探索有效沟通策略，引导家长关注儿童个性发展：先"寻找"——了解父母对孩子的期待，包括生理、心理、能力等方面，寻找沟通突破口；再"暗示"——有针对性地让家长看到同龄孩子身心发展的状态，对比自己孩子的不足，促使家长产生教育内在动力；后"明示"——利用线下或线上的方式向家长传达他感兴趣的家庭教育理念和教育经验，逐渐将信息范围扩大，促进家长关注孩子成长 3. 重视体验参与，提升早期教育能力。将孩子的闪光点反馈给家长，鼓励家长给予孩子更多关注，邀请家长参与线上线下活动，合理利用业余时间进行有效的亲子陪伴 4. 肯定家长的付出，及时强化教育行为。把孩子的点滴进步告诉家长，肯定家长的努力，提出进一步帮助孩子的方案

3—6岁儿童家园合作关系指导任务书

案例描述	中班的晨晨今年4岁了，爸爸妈妈平时非常支持班级工作，作为大学建筑专业的老师，晨晨爸爸还经常带领大学生参与指导班上孩子的游戏。 与此同时，晨晨的爸爸妈妈很关注孩子在幼儿园的发展，不仅每周都会询问老师孩子的表现，还积极和老师交流晨晨在家中的表现，有问题一起商量解决办法。 每次家长会，晨晨爸爸总是作为主持人或者中心发言人，组织小组或全班性的家长沙龙。家长们笑说："晨晨爸爸都已经可以成为中二班的老师了。"

案例分析		晨晨家庭的家园合作关系属于典型的主动合作型。 首先，晨晨的爸爸妈妈重视孩子的教育，愿意付出充足的时间和精力关注晨晨的成长动态。 其次，晨晨的爸爸妈妈非常信任班级的老师，相信老师有足够的专业素养，因此才愿意每周和老师交流晨晨的发展动态。 最后，晨晨的爸爸妈妈热心班级教育工作，把无私的爱奉献给了班级所有的孩子，以身作则做好家长们的榜样
指导策略	解决流程	充分肯定，加强家园间的合作→引导家长参与管理，整合教育资源→发挥主导作用，辐射家长群体
	指导方法	1. 充分肯定，加强家园间的合作
		2. 引导家长参与管理，整合教育资源
		3. 发挥主导作用，辐射家长群体

学习任务单

0—3岁儿童家园合作关系学习任务单

案例描述		帅帅今年2岁半，妈妈把他送到了离单位比较近的一所托育机构。经过一段时间的观察，老师发现帅帅非常容易尿床，她建议妈妈慢慢调整帅帅的如厕习惯，为接下来的入园做好准备。但妈妈说："老师，我每天中午给他带个尿不湿，您帮他穿一下。"老师说："我们是出于孩子的习惯发展考虑，还是建议您培养孩子如厕的习惯。"妈妈一听便大声嚷道："你们不是号称不怕麻烦吗？连穿个尿不湿都不情愿！一点师德都没有，我要去投诉你们。"
案例分析		
指导策略	解决流程	
	指导方法	

3—6岁儿童家园合作关系学习任务单

案例描述	美美今年6岁，是一名大班的小朋友。幼儿园马上要举办毕业典礼，邀请爸爸妈妈前来参加，但美美的爸爸悄悄对妈妈说："我实在不想去参加。从小班到现在，幼儿园活动太频繁了，每次都要安排在工作日，需要请假。活动的形式又很单一，每次都要家长买好多道具和服装，就用一次，而且那么多孩子在一起，美美每次露脸的机会也很少。马上就上小学了，要不这次活动就不去了吧。"老师从美美那儿得知了爸爸的想法

续表

案例分析		
指导策略	解决流程	
	指导方法	

课外拓展

育儿小常识

如何调动家长参加家园活动的积极性

1. 明确理念，找准定位，激发兴趣

教师要通过多种方式加强与家长的沟通，向家长表明参与幼儿园活动的重要性，了解家长的需求，向家长宣传幼儿园的教育理念，让家长感受到教师是他们的合作伙伴，能够帮助他们提高家庭教育的能力，他们也是重要的教育资源，在幼儿教育中要发挥自己的积极作用，同时也可以在参与幼儿园的活动中获得科学的育儿经验。

2. 明确目标，精心设计，注重实效

考虑到幼儿发展的需要，教师要在了解家长的基础上设计好每一次家园之间的互动活动，解决家长的实际问题。比如，在开展"小班幼儿入园适应问题"的家园互动活动中，教师可以通过家长会、亲子游戏，让家长在参与的过程中体会幼儿园的教育理念、教育目标、教育方法，学会正确对待孩子刚入园时出现的焦虑情绪。要让家长感受到由于有了自己的积极参与和配合，孩子很快适应了幼儿园的生活。

3. 拓展思维，换位思考，双向反思

调动家长的主动性、积极性，需要教师了解家长、理解家长，能够站在家长的角度去思考问题，不断从教师和家长两方面进行反思，拓展自己的思维，然后以不同的方式解决不同家长的问题。如，教师对不同类型的家长要以不同的方式帮助他们转变观念，提高他们对家庭教育的重视程度，调动他们参与幼儿园活动的积极性。对于放心型家长，教师要让他们感受到有了家长的积极参与，孩子的发展会更加健康、快乐；对于茫然型家长，教师要引导他们明确每次参与活动的目的、方法，在参与的过程中，了解幼儿园、理解孩子，感受自己参与的意义；对于谨慎型家长，教师要主动与他们交流，沟通情感，建立信任，让家长感受到教师是非常喜欢与他们沟通的，也非常想了解他们的想法，并乐于接受他们的意见和建议。当家长感受到教师与他们是平等的关系后，他们就会消除顾虑，向教师敞开心扉。

（资料来源：根据网络资源整理。）

推荐图书

[1] 赵福葵.陪伴是最美的教育——我们的家园共育故事 [M].北京：北京师范大学出版社，2021.

[2] 本·富尔曼.儿童技能教养法 [M].李红燕，译.北京：华夏出版社，2019.

[3] T.贝里·布雷泽尔顿，乔舒亚·D.斯帕罗.给孩子立规矩 [M].严艺家，译.北京：化学工业出版社，2018.

[4] 董颖春.家园共育课程 [M].上海：复旦大学出版社，2019.

[5] 姜伟平，唐为宁.聚焦孩子——家园共育中的亲子关系实践 [M].北京：化学工业出版社，2022.

[6] 王普华，王明辉，王爱忠.幼儿成长揭秘——常见问题分析与家园共育策略 [M].北京：中国轻工业出版社，2018.

资源链接

1. 视频：家园互动真实案例（基于幼儿行为观察的支持性课程），哔哩哔哩。

2. 视频：如何开展家园合作，使融合效果最优化，腾讯视频。

任务二　家庭结构关系

情境导入

新老师的发现

小文老师刚从师范院校毕业进入幼儿园工作，通过与幼儿和家长的接触交流，她发现孩子的个性发展与家庭情况有着密切的联系。以父母教育为主的孩子和以祖父母教育为主的孩子有着显著差异，父母共同抚养的孩子与单独抚养的孩子在各项发展上也明显不同，教师与不同家庭开展家园合作的效果也存在较大差距。

思考：1. 小文老师的发现包含哪几种家庭结构类型？

　　　2. 小文老师该怎样缩短不同家庭结构下教育水平的差距？

知识学习

一、家庭结构的含义

家庭结构，是指家庭中成员的构成及其相互作用、相互影响的状态，以及由这种状态形成的相对稳定的联系模式。家庭结构包括两个基本方面：一是家庭人口要素，包括家庭人口数量、家庭规模大小等；二是家庭模式要素，主要指家庭成员关系的建立方式以及在这种建立方式下形成的联系模式。

家庭结构是一个抽象的概念，同时又是实际存在的，它随着社会政治、经济、文化的发展而不断发展，对家庭成员的生理、心理和行为产生巨大的影响。

二、家庭结构的类型

随着社会的变迁，家庭结构不断发生变化，由原始单一变得复杂化、多样化。从家庭的代际层次和亲属关系的特征角度划分，我国的家庭结构大致分为以下六种类型：核心家庭、主干家庭、联合家庭、单亲家庭、隔代家庭、重组家庭（表10-2-1）。

表10-2-1　家庭结构的主要类型

主要类型	家庭人口要素	家庭模式特点
核心家庭	由父母和未婚子女组成的家庭	家庭层次少、人口少、辈分少、家庭结构简单、家庭关系简单：只有夫妻关系、亲子关系和兄弟姐妹关系
主干家庭	由父母和一对已婚夫妻及其子女组成的三代同堂家庭	家庭层级多、人口多、辈分多、家庭结构复杂、家庭关系复杂、家庭生活内容丰富、家庭氛围浓厚
联合家庭	由父母和两对或两对以上已婚子女组成的家庭，或是兄弟姐妹婚后不分家的家庭	人口多、家庭结构复杂、家庭成员关系复杂：不仅有祖父母、父母，还有妯娌关系、叔侄关系、堂兄弟姐妹关系等
单亲家庭	因夫妻离异或一方去世，由父亲或母亲一人与孩子组成的家庭	人口少、家庭结构简单、家庭关系简单：只有亲子关系
隔代家庭	祖父母或外祖父母与孙辈组成的家庭	人口少、家庭结构简单、家庭关系简单：只有祖孙关系
重组家庭	由两个离异或丧偶且带有子女的人重新再婚组成的另一个完整的家庭	人口较多、家庭结构比较复杂

家庭结构类型不同，会导致家庭环境、家庭成员关系、家庭教育方式等方面的不同，会直接影响到儿童的个性发展和心理素质。结合托育机构和幼儿园的工作特点，本任务重点介绍核心家庭、单亲家庭、隔代家庭三种家庭结构类型。

（一）核心家庭

1. 核心家庭的概念

核心家庭是由父母和未婚子女组成的家庭。

2. 核心家庭教育的特点

（1）家庭关系简单，内聚力较强，容易形成良好的家庭氛围。核心家庭最多只有三种人际关系：夫妻关系、亲子关系和兄弟姐妹关系，家庭层次少，家庭结构简单，减少了家庭生活中的矛盾和纠纷。在核心家庭中，家庭成员两代人之间容易形成密切的关系、统一的思想、较强的内聚力，容易建立平等而民主的家庭氛围。

（2）父母与孩子亲子互动多，容易建立亲密的亲子感情。核心家庭中父母教育的自主权较大，在教育问题上容易协调，形成教育合力。核心家庭的孩子地位较高，与父母接触和互动的机会多，父母有更多的时间和精力去了解孩子的想法，关注孩子的身心变化，给予孩子最大限度的关心、照顾和支持。早期教育更容易实施，为孩子带去安全感和归属感，建立亲密的亲子感情。

（3）父母的教育方式直接影响孩子成长。核心家庭的成员只有父母和子女两代人，父母的教育理念和方法会直接影响孩子的成长。一旦出现父母关系不融洽、教育观念不一致、教育方式不恰当等情况，都会对孩子的身心发展产生不良影响。有的父母肩负着家庭重任，心理和身体压力大，会因忙于工作而无暇照顾孩子；有的父母经常让孩子与电视、电脑、手机、玩具为伴，不注重与孩子的直接交流；有的父母用金钱作为情感匮乏的补偿……这些做法都不利于儿童情感的发展和社会交往能力的培养。还有的父母简单片面理解儿童教育，容易出现对孩子的期望值过高、"揠苗助长"、只重视知识学习而忽略孩子精神需求的情况。

（二）单亲家庭

1. 单亲家庭的概念

单亲家庭是指因夫妻离异或一方去世，由父亲或母亲中的一方与其未婚、未成年、无独立生活能力的子女共同组成的家庭。

单亲家庭的构成类型比较复杂，有离婚式、丧偶式、未婚式和分居式等。离婚式单亲家庭是我国单亲家庭的主要类型。

2. 单亲家庭教育的特点

（1）家庭教育的一致性突出。单亲家庭的家长只有一位，因此，家庭教育的一致性更有保证，权威性更加突出，自立教育更易取得成效。

家长的思想、文化、身体基本素质是决定家庭教育成败的根本原因，单亲家庭也不例外。单亲家庭家长对待问题的心态、解决问题的能力会极大地影响子女的成长。有的家长怀有高度的责任感和良好的心理素质，重视预防、积极弥补因缺少一方家长造成的家庭教育缺陷，有利于家庭教育取得成功。例如，有些离婚的家长能正确对待子女与另一方的联系，给孩子积极、正面的教育和引导，同时特别注意增强自己与孩子之间的感情，对孩子爱的给予和教育的投入都十分强烈和专一，培养出来的孩子更容易拥有较强的独立意识、乐观情绪和自强不息的精神。

（2）家庭教育方式力度难以把握。单亲家庭教育要把握好平衡、全面和适当的原则实属不易。单亲父母面临的家庭经济压力和责任压力比其他类型家庭更大，容易产生较大的精神压力和心理压力，极易出现专制型、放任型和溺爱型教养方式，导致教育结果失衡。

专制型家长使家庭缺乏温暖，孩子没有发言权和选择权，容易让孩子变得自卑、腼腆、孤独、内向；放任型家长使家庭教育"放空"，孩子缺乏规则意识和道德意识，容易形成不良的行为习惯，难以管教；溺爱型家长对孩子百依百顺，只注重孩子的物质需求，处处迁就以弥补其感情上的缺失，忽视孩子思想、精神上的需要，会使其养成骄横、任性等习惯，无法适应社会。

（3）与儿童的情感和心理状态互为影响。家庭结构的缺损对儿童的心理发展有显著影响，如果没有通过良好的家庭教育及时加以疏导和调节，容易激发儿童的不良情绪，产生不良行为习惯，导致不良后果。同时，单亲家庭儿童的情感、心理和行为状态也会直接影响家长的情绪、心态和行为，使家庭教育出现"良性循环"或"恶性循环"的结果，应引起家长的重视。

单亲家庭的儿童因为缺少父亲或母亲的关爱，缺乏多向性的情感互动和交流，不能感受完整的家庭温暖，容易缺乏安全感，加剧亲子之间的不信任程度，导致亲子沟通出现障碍甚至恶化。有的儿童受家长的情感暗示影响，容易对家庭、对社会产生心理阴影，性格偏离正常轨道，逐渐变得孤僻、寡言、冷漠、悲观，甚至会出现一些攻击性行为、反社会行为。

（三）隔代家庭

1. 隔代家庭的概念

隔代家庭，是指祖父母或外祖父母与孙辈组成的家庭。

隔代家庭的形成主要有以下几种原因：孩子父母在异地生活工作，无法照顾孩子；孩子父母因去世、伤残、患病等个人原因，没有能力照顾孩子；孩子父母因离婚、丧偶、再婚、分居等情况放弃抚养孩子；孩子父母以工作繁忙、缺乏育儿经验等理由不想照顾孩子。

2. 隔代家庭教育的特点

（1）祖辈有比父辈更为丰富的育儿经验。相比忙于生活和事业的父母来说，祖辈有更多时间照顾和教育孩子，生活照护上更加细致，有更多的时间倾听孩子的诉说，凭借教育自己子女积累的经验，帮助没有经验的年轻父母，避免年轻父母走进误区。祖辈人保有的勤劳、朴实、节俭、诚信、孝顺的优良品质，也可以潜移默化地影响孩子。

但是，隔代家庭教育也存在一定的弊端。一些祖辈主要凭借"经验"育儿，并没有接触和了解先进的育儿知识和方式方法，往往"养而不教"或"重养轻教"，用不科学的养育方式和不当的管教方式对孩子造成无法弥补的影响。有些祖辈对孩子的生活包办代替，使孩子从小就养成衣来伸手、饭来张口的习惯；有些祖辈怕孩子受委屈，一味迁就孩子，导致孩子缺乏受挫力，接受不了任何批评；有些祖辈对孩子过度保护，或采取种种办法限制孩子活动，阻碍了孩子独立性和自信心的发展；有些祖辈思想守旧，思维滞后，不易接受新鲜事物，影响孩子创新个性的形成。

（2）祖辈和父辈有更多联系沟通的机会。隔代教育减轻了新生父母的家庭教育压力，让他们有更多的精力放在自己的事业上。父母通过与祖辈的交流了解和掌握孩子的成长情况，隔代教育让新生家庭（父辈）与原生家庭（祖辈）有了更多联系和沟通的可能。祖辈和父辈、祖辈和孙辈有更多的接触空间和交流机会，这种形式会让家庭的联系更为密切，更有利于家庭和睦关系的建立。

但是也应该注意到，隔代教育意味着孩子与父母长期分隔，或者即使和父母同住也得不到父母直接的关心和教育，会让孩子在成长过程中因为缺少父母的关爱和陪伴、缺乏亲子沟通和交流而很难与父母建立良好的亲子依恋关系，导致彼此之间缺乏信任，亲密度减弱，亲子关系淡薄。孩子对祖辈的依赖程度远高于父母，会造成亲子关系隔阂疏远，甚至导致亲子冲突，亲子间的感情受到严重影响。

（3）祖辈和父辈教育方式的差异不利于孩子健康成长。祖辈与父辈在社会经验、成长环境、受教育程度、认知能力、行为方式等方面存在一定的差异，一旦教育目标、理念和方式不一致，极容易在家庭教育问题上引发家庭矛盾。

一方面，祖辈的溺爱容易使孩子产生娇纵心理，使得孩子很难再接受父母的严格要求，从而与父母产生情感隔阂和情绪对立；同时，祖辈干扰父母对孩子的教育，也会造成孩子与父母之间的情感隔阂，不利于孩子的健康成长。另一方面，父辈和祖辈教育方式不同会让孩子处于两难之地，无所适从，产生罪恶感，还会让孩子心神不安、情绪不稳，影响人际交往。

三、对不同家庭结构关系的指导策略

核心家庭、单亲家庭、隔代家庭作为三种主要的家庭结构形式，有着各自的教育特点。不同的家庭教育特点对儿童的个性发展有着不同的影响。教师要和家长建立良好和谐的关系，必须清楚地认识到不同家庭结构的特点，发挥家庭的教育优势，帮助家长克服种种弊端，促进家庭教育良性发展，使儿童快乐、健康地成长。

（一）和谐家庭的特征

和谐家庭是以家庭成员的全面发展为基础，家庭成员之间、家庭与社会之间、家庭与自然之间相互和谐的家庭模式；是道德高尚、民主平等、学习求知、勤劳自立、环保节约的家庭追求。

1. 家庭环境温馨、和谐

家庭环境是影响儿童成长的重要因素，对儿童的身体发育、行为习惯、思想品质、心理健康等各个方面的发展具有重要作用。家长要为孩子创设轻松、愉悦的家庭环境，营造温馨、和谐的家庭氛围，积极地进行情感交流，营造良好的家庭沟通氛围和心理氛围，让孩子感受到整个家庭的关爱。

家庭成员的个人素养也是家庭环境的内容之一。家庭成员应当注重提升自身素质，努力做到举止文明、健康情趣、敬业进取、言行一致、好学善思，自觉践行社会主义核心价值观，共同建构优秀家庭文化，传承良好家风，在日常生活中言传身教，以身作则，以健康的思想、良好的品行教育影响儿童。

家风是一个家庭长期培育形成的一种文化和道德氛围，是家庭伦理和家庭美德的集中体现。家风作为一种精神力量，是家庭成员道德水平的集中体现，既能在思想道德上约束家庭成员，又能促使家庭成员在一种文明、和谐、健康、向上的氛围中不断发展。家长要注重家庭建设和良好家风传承，学会优化家庭生活，为儿童提供健康向上、丰富多彩的活动，促进亲子互动。

2. 家庭关系稳定、和睦

《全国家庭教育指导大纲（修订）》指出：家庭要倡导尊老爱幼、夫妻和睦、勤俭持家、亲子平等、邻里团结的家庭美德，创建民主、文明、和睦、稳定的家庭关系。家长要组织好家庭生活，积极进行情感交流，努力处理好各种家庭人际关系，主要包括：民主和睦、孝老爱亲的家庭成员关系，男女平等、互敬互爱的夫妻关系，相互理解、平等密切的亲子关系，互帮互助、团结和谐的邻里关系等。

整个家庭成员之间的关系，特别是夫妻之间的关系，会形成一种家庭心理气氛，这是家庭环境对孩子最直接、最明显的影响因素，不仅影响孩子的社会性发展，也影响其心理健康发展。如果家庭成员之间相互尊重、理解、关心、谦让，夫

妻之间互敬互爱、遇事乐观积极向上，那么孩子也能够妥善地面对消极情绪和特殊问题。

　　良好的亲子关系是家庭教育成功的必备条件，亲子关系密切胜过许多教育。因此，父母要树立正确的角色意识，明确自己的教育责任，积极地参与儿童的照护和教育过程，陪伴孩子成长，建立亲密的亲子关系。

　　一个家庭，除了要处理好家庭内部的关系之外，还要处理好家庭外部的关系，例如与邻里、亲戚、朋友、同事之间的关系。融洽家庭外部关系，与人为善，互帮互助，努力建构一个团结和谐的人际关系网，为儿童社会化发展提供良好的示范。

3. 家庭教育观念科学、持续

　　和谐家庭对孩子的教育是一致而持续的，包括观念上的一致和方法上的一致。父母和家庭中的其他长辈具有端正的教育态度，科学的教育观念，树立了为社会、为国家培养人才的责任感，能够深入了解儿童，按照儿童的特点进行教育，尊重儿童人格，以身示范，宽严并济，重视家庭与学校的密切合作，家园关系和谐。

（二）核心家庭的指导策略

　　核心家庭主要包括父母和子女。

1. 尊重儿童成长规律，积极学习育儿知识

　　尊重儿童成长规律是家庭教育的前提。儿童成长既有共性也有个性，家庭教育要依据儿童成长特点，采取科学的教养方式，坚持以儿童为本的原则，尊重儿童的身心发展规律和个体差异，创设适合儿童成长的必要条件，保护儿童的各项权利，促进儿童自然、全面、充分、个性地发展。

　　0—6岁是人生的奠基期，很多心理品质的形成都在这一时期打下坚实的基础。家长要意识到早期教育和学前教育对于人的一生发展的重要性，要树立科学的儿童观，尊重儿童，正确认识儿童。家长可以通过阅读有关教育学、心理学、家庭教育等方面的书籍，在遵循孩子身心发展规律的基础上认识孩子、培养孩子，还可以参加托育机构、幼儿园、社区和相关机构组织的教育讲座，学习育儿知识。在积极参加亲子活动和早期教育的同时，家长要避免开展超出儿童认知能力的超前教育和强化训练，坚决抵制和摒弃让儿童提前学习小学课程和教育内容的错误倾向。

　　0—3岁是儿童身心发展最快的时期，儿童的身高、体重、神经系统结构、感知觉、动作和语言等迅速发展。教师要鼓励家长主动学习儿童日常养育和照料的科学知识与方法，指导家长关注孩子的需求。家长要关注、尊重、理解孩子的情绪，合理对待过度情绪化行为，有针对性地实施适合自己孩子个性的教养策略，培养孩子良好情绪。同时，家长要为孩子创设充分活动的空间与条件，丰富孩子的感知经验，让孩子多看、多听、多运动、多抚触，并提供抓握、把玩、涂鸦、拆卸工具和材料

等活动的机会，让孩子在爬行、观察、听闻、触摸等活动过程中获得各种感知经验，促进感官发展，满足孩子好奇、好玩的认知需要。

3—6 岁儿童的自我独立意识增强，开始表现出一定的兴趣、爱好、脾气等个性倾向，依恋家长的同时会产生分离焦虑。教师要引导家长理解这一阶段孩子的身体及心理方面所发生的巨大变化，并根据儿童发展的年龄特点来指导家长选择恰当的家庭教育方法。家长要了解孩子身心发展的规律和特点，尊重和保护孩子的好奇心和学习兴趣，支持和满足孩子通过直接感知、实际操作和亲身体验获取经验的需要。

2. 加强亲子陪伴，建立亲密、融洽的亲子关系

良好的家庭环境是促使儿童健康成长的重要条件，家长对孩子的态度、采取的教育措施，在很大的程度上决定着孩子的发展。父母要认识到陪伴对于孩子成长的重要性，学会建立良好的亲子依恋关系，多与孩子一起交流、玩耍、阅读，不用电子产品代替家长陪伴孩子。

0—3 岁儿童对父母有强烈的依赖感，父母要了解这一阶段孩子成长的特点和表现，学会倾听、分辨和理解孩子的多种表达方式。当孩子需要关心和照顾时，父母要及时回应并满足孩子的情感需求，通过爱抚、亲近、搂抱等方式建立融洽、亲密的安全型亲子依恋关系。父母还要学习亲子沟通的技巧，掌握与孩子沟通的方法和手段，以支持、尊重、鼓励的态度与孩子对等地交流，耐心倾听，认真理解，以积极的心态体会孩子的感受，与孩子建立开放的沟通模式。教师可以建议和引导父母与孩子一起进行亲子互动游戏，促进亲子关系和谐发展。

3—6 岁儿童的学习能力开始发展，语言表达能力逐渐增强。父母要为孩子创设丰富的教育环境，带领孩子关心周围事物及现象，多开展接触大自然的户外活动。通过和孩子一起外出游玩，参观科技馆、博物馆、美术馆等多种形式，开阔儿童的眼界，丰富儿童的感性经验。同时，父母要关注孩子的合理需求，明确孩子的兴趣与愿望，增加亲子活动的形式与内容。

3. 培养儿童规则意识，增强社会适应性

儿童的秩序敏感期从出生开始，发展到第二年达到顶峰，并一直持续到五六岁。教师要指导家长利用儿童的秩序敏感期，培养规则意识、信息组织能力、理解他人的能力，增强其社会适应性。

儿童需要一个有秩序的环境来帮助他们认识事物、熟悉环境，一旦他所熟悉的环境消失，就会令他无所适从。儿童的秩序敏感力通常表现在对顺序性、生活习惯、所有物的要求上。例如，儿童对物品摆放位置、动作发生顺序、人物的呈现、物品所有权等有着几近苛刻的要求，而且逐渐上升到对规则的要求——无论在什么地方，我遵守规则，你也必须遵守规则，人人都必须遵守规则。如果成人没能提供一个有

序的环境，儿童便失去了建立对各种关系的知觉的基础。儿童秩序敏感期的表现分为三个阶段：因为秩序的破坏而哭闹，秩序一旦恢复就会安静下来；为了维护秩序而说"不"，自我意识开始萌芽；为了维护秩序而固执，要求一切重新开始。教师要指导家长正确面对孩子这样的"叛逆"与"焦躁"，家长如果利用好这个时机，对孩子进行一些教育，将会更加有助于孩子的成长。当孩子从环境里逐步建立起内在秩序时，智能也会因此而逐步建构起来。

在日常生活中，家长要关注孩子的交往行为和交往态度，及时提供帮助和辅导；结合孩子的生活实际制定日常生活规范、游戏规范、交往规范，遵守家庭基本礼仪，按要求完成力所能及的任务。要经常带孩子接触丰富的社会环境和不同的人际环境，为孩子创造交往机会，帮助孩子学会与同伴相处；还可以结合实际情境，引导孩子学会接纳差异，理解他人的情绪，关注他人的感受，了解他人的需要，并做出适当的回应；培养孩子尊重长辈、关心同伴的美德。在教育方法上，要多采用鼓励、表扬等正面教育为主的方法，当孩子遇到困难时，以认同、疏导的方法给予必要的帮助与支持。

练一练

4岁的朵朵聪明可爱、乖巧听话，可是，今天早上入园却迟到了很久，精神也不太好。老师跟朵朵妈妈沟通后了解到，朵朵爸爸经常出差，妈妈要求朵朵每天晚上九点前睡觉，朵朵总是遵守这一规则。昨晚爸爸出差回来，十点了朵朵还嚷着要看电视，妈妈不同意，朵朵就哭着向爸爸告状。爸爸一边安慰孩子，一边责怪妈妈，还对朵朵说："你喜欢看电视就去看吧！"

分析：如果你是朵朵的老师，会怎样与朵朵父母交流，帮助他们解决这个问题？

（三）单亲家庭的指导策略

单亲家庭指父母一方和子女构成的家庭。

1. 帮助单亲父母提升心理调适能力，努力创造愉快而安全的家庭氛围

单亲父母承担着整个家庭的经济压力和责任压力，常常忽视了调适自己的心理和情绪。长期保持这样的压抑状态，不但会影响自身的身心健康，也不利于孩子的健康成长。

教师要从儿童健康发展角度出发，建议单亲父母用良好的心理状态、积极乐观的态度面对孩子，避免消极情绪和沉闷气氛通过家庭生活对孩子产生不良影响。单

父辈家长工作

亲父母要学会调节和控制情绪，平衡心理状态，不要在孩子面前流露对离婚配偶的不满，避免将自身情感压力迁怒于孩子。单亲父母只有走出阴影，重新振作，才能更好地承担为人父母的责任，努力为孩子创造愉快而安全的家庭氛围，树立自强不息、坚强独立的榜样示范。对于自我心理调适比较困难的家长，教师可以用委婉的方式鼓励和支持他们向专业的心理咨询机构寻求帮助。

需要注意的是，很多单亲家庭的家长在家园沟通中存在很多顾虑，往往不愿意孩子被标签化、特殊化，面对家园沟通中涉及家庭情况时，也会回避、隐瞒、遮掩，给教师工作带来很多被动因素。教师要学会主动沟通，通过多种形式的家园联系途径，在不影响家长情绪的前提下向家长传递积极的态度和有效的策略。

2. 强化单亲父母的责任意识，弱化单亲家庭儿童的不平衡心理

单亲家庭的儿童心灵更敏感、脆弱，更容易产生不安全感，更渴望得到父母的关爱和家庭的温暖。教师要指导单亲父母给孩子传达正面的信息：即使父母不在一起生活，但还是依然爱他、关心他。

一方面，教师要给予单亲家庭儿童更多的关爱，避免负面情绪的强化，引导儿童拥有健康的心理、阳光的性格，快乐地成长。教师要鼓励他们积极参加集体活动，在他们需要时及时给予帮助，在亲子活动时主动充当他们的父母，时常用小礼物奖励他们，让他们体会到来自教师和同伴的温暖，建立自信，融入集体。教师不要刻意强化他们的"单亲"身份，在组织集体活动和家园合作活动时不要设计只能由父母一方才能完成的项目。

试一试

如何让单亲家庭的孩子和家长避免尴尬

徐老师发现，班上有些幼儿来自单亲家庭，家长不愿意让其他人知晓，很多活动都"没时间"参加，长此以往会不利于儿童的全面发展。所以，徐老师在开展工作时，运用各种方法淡化幼儿的"单亲"身份。比如，设计邀请函、调查表、报名表、活动组织等事项时，在涉及家庭成员信息方面多一些选择性的表述；在组织"我爱我家"主题活动时，把"让孩子交一张'全家福'照片"的任务换成"交一张'幸福的我'的照片"的任务；精心设计"来自世界各地的家庭""不一样的幸福之家"为主题的集体教学活动，从多元文化的视角为儿童展示不同的家庭形式，侧重引导儿童感受家庭文化多元多样的现实。一段时间后，徐老师看到，单亲家庭的家长渐渐融入了家园互动活动，孩子脸上的笑容也更多了。

另一方面，教师要经常与单亲父母交换意见，耐心细致地把孩子的表现和心理变化反映给他们，让家长意识到教育方法不对会对孩子造成严重影响，要理智、科学、用心地教育孩子。建议具有监护权一方的家长要宽容、通情达理，主动与另一方沟通，允许、支持另一方与孩子多接触、沟通、交流，尽自己的责任，使孩子得到他人无可替代的亲情滋润。在开展大型亲子活动时，教师要提前与家长沟通好，让他们意识到父母的参与对孩子心理发展的作用，邀请他们来参加活动，并给予孩子正能量。

教师在召开家长会或组织家庭教育讲座时，可以适当安排针对单亲家庭教育的内容，如邀请相关专家，组织以家庭需求为主题的学习交流活动，给予有需要的家庭具有针对性的指导；联合专业人士推荐相关问题的前沿资料，给予困惑中的家长更多行之有效的心理及行为支持；介绍成功的单亲家庭教育经验，传达科学的育儿观，先进的教育理念，让这个特殊的家长群体树立正确的教育观念，找到科学的教育方法，为孩子创造一个宽松、和谐的家庭氛围。

3. 重视单亲家庭儿童的心理健康问题，培养良好的个性品质

与其他类型的家庭一样，单亲家庭可以培养出阳光开朗的孩子，也可能培养出心理失衡、性格异常、严重缺乏社会适应性的孩子。单亲家庭儿童的教师和家长都必须重视和关注孩子的心理健康问题，积极为他们的健康成长创造有利条件。

教师要指导单亲家庭的家长在日常言行中注意维护孩子的自尊心，淡化他们与其他孩子之间的差异，帮助他们树立良好的形象，尽力发现他们身上的"闪光点"，对他们取得的点滴进步要多表扬，不要过分夸大他们的弱点、错误，尤其不能因家庭结构的特殊性而加以讽刺、挖苦，避免让他们感到压抑、尴尬和不安。

家长要有意识地带孩子走出家庭，接触丰富的社会环境，提高孩子的社会适应性。鼓励孩子参与人际交往，多与同龄的小朋友交流和分享，还可以邀请小伙伴到家里来做客，引导孩子在与人交往的过程中学会宽容，懂得理解他人，感受他人的积极情绪。为避免孩子出现性别角色方面的心理与行为偏差，家长可以调动亲戚、朋友中的性别资源给孩子适当的影响，让孩子感受异性带来的性别角色的不同，帮助其性别角色充分发展。

当孩子情绪低落、态度消极时，家长要以积极、乐观的心态对其进行耐心的开导，让孩子看到现实的美好；当孩子遇到困难或出现心理障碍时，家长要及时鼓励孩子面对困难，并给予心理疏导和必要的支持，帮助孩子渡过难关。家长要坚持正面教育，积极向孩子灌输自信乐观、坚强勇敢的生活态度；要培养孩子具有独立生活的能力，自立、自强的个性品质；尽量为孩子创造条件，发展其多方面的，并且有益于身心健康的兴趣、爱好和特长，以转移不良情绪，增强孩子与人交往的自信

心，获得成就感，养成健全的人格。

（四）隔代家庭的指导策略

隔代家庭指祖父母或外祖父母与孙辈构成的家庭。

1. 强化父母的教育责任，增加亲子交流的机会

隔代教育容易导致亲子隔阂。教师要指导隔代家庭重视父母的家庭教育责任。

儿童时期是教育的最佳时期，也是孩子与父母培养感情的最佳时期。孩子若从小就由祖辈抚养，亲子之间缺乏经常性的交流，很容易形成隔膜，无法融洽相处，不利于孩子的成长，还可能影响孩子成人之后的家庭关系。因此，在隔代家庭中，父母的角色不能缺失和被替代。

工作忙碌的父母可以利用下班后、假期等时间与孩子进行亲子沟通和交流，开展亲子游戏、亲子阅读和亲子郊游等家庭活动。长期与孩子分离的父母也要尽量让孩子感受到来自父母的关心和爱护，可以通过电话、视频等方式经常与孩子进行深入交流，熟悉孩子的生活，了解孩子内心最真实的想法，给予孩子更多的关爱，增进亲子情感。父母要提高自己的责任意识，尽量避免长期与孩子分离，更不能为了图省事把孩子长时间地交给老人照顾，自己对孩子不闻不问，要承担起照护、抚养、教育孩子的责任，增加亲子交流的机会。

家庭教育的责任分工、教育理念、教育方法等方面，父母和祖辈两代人需要进行有效的沟通与交流，达成共识。当家庭教育观点不一致时，父母要讲究沟通策略，选择恰当的方式与祖辈进行沟通协调，多一些温和的劝说。两代人发挥各自的优势，相互协作，才能形成家庭教育合力，共同促进孩子身心健康发展。

2. 了解祖辈的教育观念，引导正确的教育方向

隔代家庭教育虽然不可避免地存在着一定的弊端，但是隔代家庭产生的背后，大多隐藏着无可奈何的原因，如果在祖辈身边获得的教育资源比在父母身边获得的教育资源更好，那么把子女留在祖辈身边也不失为一种有利的选择。当"隔代教育"无法改变时，隔代家庭教育指导的重点就在于教育是否得当。

教师在与隔代家庭的家长（即祖辈）进行沟通时，不能单纯地以年龄、外貌、学历作为评价其教育能力的标准，而应该通过交谈、观察儿童行为表现、观察祖辈对孙辈的管教方式等方面来判断。祖辈家长具有抚养和教育孩子的实践经验，对孩子在不同的年龄容易出现什么问题、应该怎样处理，他们可能比父母和教师更加了解；祖辈家长在长期的社会实践中积累了丰富的社会阅历和人生感悟，也可以带给孩子愉快、宽松的学习和生活环境；祖辈家长有充裕的时间和精力，愿意花时间与孩子在一起生活，能耐心地倾听孩子的想法、陪伴孩子游戏，更有利于孩子语言、思维甚至是创造力的发展。教师要充分肯定家长的想法和做法，将科学、专业的育

儿经验与之交流，形成共识，促进其家庭教育方法更加完善。

同时，教师也要意识到，祖辈凭"经验"育儿的方式带有不确定性和不稳定性，隔代家庭教育下的儿童容易缺乏受挫力、主动性、独立性和自信心，教师要随时观察，发现问题及时干预，可以通过家访、约谈、家长学校等方式向祖辈家长介绍科学的养育方式和教育方法，列举不当方法导致的严重后果，语言要简洁明了，深入浅出，指导要具体，步骤清晰，重点突出，适合祖辈家长理解和接受。

如果有些祖辈家长由于身体状况、受教育程度或其他原因，无法对孩子进行有效的家庭教育，教师要在持续关爱孩子的同时，加强与孩子父母、孩子所在社区的联系，共同商议对策，为孩子创造良好的成长环境。

3. 培养儿童的生活自理能力，保护儿童的劳动兴趣

教师要提醒隔代家庭的祖辈，对孩子"重养"的同时也要"重教"，要重视培养孩子的独立性，提高孩子的动手能力，培养孩子自理、自立、自信、自强的心理品质，切忌包办代替，一味溺爱。

3—6岁儿童有一定的自我服务意识和动手能力，祖辈要注重培养孩子的生活自理能力和劳动意识。在家里放手让孩子做自己力所能及的事情，并教会孩子基本的生活自理方法，鼓励孩子和家人一起参与简单的家务劳动，在生活点滴中启发孩子的劳动意识，保护孩子的劳动兴趣。

祖辈家长工作

对孩子的关爱不等于溺爱，祖辈要从长远出发，学会理智地爱护孙辈。面对孩子的种种要求和特殊需要，祖辈不能一味地满足和迁就，对不合理的要求要予以拒绝。如果孩子做错了事情，要及时进行正确的引导，让孩子主动认识到自己的错误并改正。祖辈要做到严慈相济、爱而不溺，减少包办代替的行为，更不要代替孩子解决一切问题。

指导任务书

家庭结构关系指导任务书

| 案例描述 | 3岁的力力和爸爸妈妈、爷爷奶奶生活在一起。爸爸妈妈平时工作繁忙，早出晚归，每天都是爷爷奶奶接送他。周老师发现力力最近比较任性，于是利用午休时间与力力妈妈进行了电话沟通。

说起在教育孩子方面和爷爷奶奶的一些冲突，力力妈妈"滔滔不绝"：孩子吃饭挑食、撒饭，妈妈在家经常教导，但是爷爷奶奶就很惯着孩子，随着他的性子来。孩子爱打人，妈妈看到了就会制止、批评，但是爷爷奶奶不高兴了，还当着孩子的面训斥妈妈，说孩子还这么小，不用太严厉 |

案例分析		力力受到的家庭教育符合隔代教育的特点，虽然与父母一起生活，但是父母参与教育的时间较少，话语权掌握在爷爷奶奶手上。祖辈对孩子比较溺爱，任由其自然发展，犯了错误不加以提醒和制止，与父母的教育观念起冲突，在孩子面前没有维护父母形象，从而导致力力养成任性的性格。如果一味放任下去，将会对孩子的行为习惯、情感认知、社会交际能力产生极大的负面影响
指导策略	解决流程	了解儿童的家庭结构和家庭情况→分析家庭教育的问题→帮助祖父母提高家庭教育的意识→强化父母的教育责任→引导父母参与家庭教育
	指导方法	1. 了解儿童的家庭结构和家庭情况：在力力的家庭教育中，祖父母处于主导地位，父母处于附属地位
		2. 分析家庭教育的问题：父母没有时间照顾和教育孩子，平时交由祖父母照顾，属于放任型家长。祖父母缺乏必要的儿童教育知识，凭经验和个人感受教育幼儿，误导了幼儿心理和行为的发展。父辈和祖辈没有进行良好的沟通，在教育方法上形成差异让幼儿左右为难。祖辈没有在孩子面前维护父母的形象，削弱了父母的威信，造成幼儿对父母的不信任，长期发展可能会导致亲子关系破裂
		3. 帮助祖父母提高家庭教育的意识：让祖辈意识到，自己凭"经验"育儿的方式带有不确定性和不稳定性，不当的隔代家庭教育会让儿童缺乏受挫力、主动性、独立性和自信心，祖辈要与父辈两代人进行有效的沟通与交流，达成共识。面对家庭教育中观点不一致时，要选择恰当的方式进行沟通、协调，不要让孩子看到双方的矛盾。只有两代人发挥各自的优势，相互协作，才能形成家庭教育合力，共同促进孩子身心健康发展
		4. 强化父母的教育责任：告诉父母，儿童时期是教育的最佳时期，也是孩子与父母培养感情的最佳时期。孩子若从小就由祖辈抚养，亲子之间缺乏经常性的交流，很容易形成隔膜，无法融洽相处，若关系长期冷淡，则不利于孩子的成长，还可能会影响孩子成人之后的家庭关系。因此，在隔代家庭中，父母的角色不能缺失或被替代
		5. 引导父母参与家庭教育：父母在工作之余必须挤出时间陪伴孩子，陪伴要有效，不能应付敷衍。多与孩子进行室内外的亲子游戏，多与孩子交流，关注孩子需要，发现孩子特长

学习任务单

家庭结构关系学习任务单

案例描述	3岁半的康康平时和爷爷奶奶生活在一起，每天早上穿着纸尿裤入园。老师跟奶奶沟通后了解到，康康平时在家穿开裆裤，想排便了就原地大小便，爷爷奶奶再来清理。老师多次与爷爷奶奶反映康康如厕习惯的问题，他们毫不在意，只关注孙子今天在幼儿园吃饱了没，有没有被人欺负。对于康康的生活习惯和自理能力的培养，爷爷奶奶总是说：不要紧，孙子长大以后自然就会了

续表

案例分析		
指导策略	解决流程	
	指导方法	

课外拓展

育儿小常识

身心养育——亲子沟通四部曲

沟通是人与人之间互动的艺术。据心理学研究发现，孩子从出生到成人整个过程，父母80%以上的言语都被孩子模仿与吸收，并对其产生巨大的影响。

全天下的父母都爱自己的孩子。然而，父母过度的唠叨、不合时宜的言语却在无意中伤害了孩子，如何弥补这种伤害呢？亲子沟通四部曲是每一对父母的必修课。

聆听、看见、感受、发问，就像中医的望、闻、问、切。这四步如果做好了，对症下药就没问题，如果前面没有做好，那么看似美妙的积极回应，有时候可能是火上浇油。回应并非孩子的需要，很多时候是家长需要通过回应来缓解自己的焦虑。

1. 聆听

聆听的品质决定了沟通的效果，遗憾的是很多父母都不会聆听，常常因为一点小事和孩子大动干戈，最后只能是两败俱伤。聆听不只是用耳朵去听，而是用全身的感官去听；也不是听孩子说什么内容，而是听他说话的语气、语音和语调。心理学研究发现，语音和语调在沟通中占的比重完全大于语言内容。这也是为什么我们在教育中一直强调，父母一定要有温暖的声音。

2. 看见

看见这个词听起来简单，做起来却很难，看见孩子如同照见自己。比如，有的父母很喜欢赞美、鼓励孩子，但其实是因为父母小时候没有被赞美、鼓励过，内心有这样的期待和渴望。

事实上，看见是最平等的赞美。你只是看见他，看见他正在做的事、看见他画的一幅画、看见他这个人最真实的存在。你要知道孩子不是缩小版的你，而是一个人，一个生命体。所以你要真正看见这个人的存在，以及和他相关联的一切。如此，他就不会因为得到你的一点赞美而无比欢喜，也不会因为失去赞美而悲伤哭泣，更不会莫名讨好你。这样的孩子长大之后就会非常平和、安静，很清晰自己的人生方向。

3. 感受

我们大多数人都生活在自己的感受里，尤其是成人，当你已经被社会标准、价值观等层层盔甲包裹之后，你很难跳出自己来理解孩子的感受。

相反，孩子是很容易理解成人的。假如你心里很焦虑，嘴上却说鼓励他的话，他其实听不到你的鼓励，而只是感知到你的焦虑；假如你对他有所期待，想用鼓励的方式满足你自己的期待，他也有感知；假如你总是心情好的时候夸他、心情不好的时候骂他，长此以往他会觉得你的赞美很虚伪。孩子是直接用感受来沟通的，其实孩子并不缺乏语言的赞美和鼓励，而缺乏深深的关照和用心的感受。

4. 发问

答案型的父母会扼杀孩子解决问题的能力。

7岁以前的孩子有很强的好奇心，好奇心是他学习的驱动力，所以要允许他提问。在沟通中，我们也要带着好奇心，当你看见孩子哭着走进家门的那一刻，先不要着急判断他是否被"欺负"了，而是要带着好奇心问："发生了什么？我看见你在哭。"当然你可以表达自己的感受，比如说你很心疼他，或者你觉得他可能会很委屈。然后你可以抱着他、安抚他，但此刻一定要保持安静，不要嘴上唠叨个不停，在你没有搞清楚事情之前，不要轻易判断，你的每一句话，你的表情和动作都有可能对孩子未来产生影响。

6—7岁孩子的大脑会发展出来一个新功能，即照相机和摄像机的功能，他会把父母所说的每一句话、父母的表情和动作全部都录下来，作为原始样片儿储存，以备不时之需。未来当他需要饰演类似的角色时，就会以样片儿为参考，处理类似的场景事件，并扮演好他成为父母的那个角色。

（资料来源：谷沛.家园共育［M］.北京：清华大学出版社，2020：89-92.）

推荐图书

［1］姜伟平，唐为宁.聚焦孩子——家园共育中的亲子关系实践［M］.北京：化学工业出版社，2022.

［2］于光君.和谐家庭建设研究——基于社会学的视角［M］.武汉：武汉大学出版社，2020.

［3］简·尼尔森，谢丽尔·欧文，卡萝尔·德尔泽尔.单亲家庭的正面管教［M］.杨森，张丛林，林展，译.北京：北京联合出版公司，2017.

［4］黄蓓佳.亲亲我的妈妈［M］.南京：江苏少年儿童出版社，2021.

［5］孙嫡旎，罗清军.单亲家庭正面教养法［M］.北京：中国纺织出版社，2022.

［6］丁海连.完美隔代教育：爷爷奶奶如何带好孩子［M］.黑龙江：黑龙江科学技术出版社，2016.

［7］邵珊.听邵珊老师讲合力养育——教你跳出祖辈带娃的那些"坑"［M］.北京：中国妇女出版

社，2020.

［8］蔡颖卿.教养在生活的细节里：隔代不隔爱［M］.北京：北京时代华文书局，2021.

［9］晏凌羊，王静思.妈妈家，爸爸家［M］.北京：机械工业出版社，2018.

［10］塔玛拉·施米茨.分不开的爱［M］.石婧，译.北京：北京科学技术出版社，2018.

［11］恐龙小Q儿童教育中心.儿童家庭教育精选绘本（套装全8册）［M］.北京：天地出版社，

　　　2021.

资源链接

1. 视频：如何处理家庭教育中的亲子关系和隔代关系，优酷网。

2. 视频：怎样教育好单亲家庭的孩子，优酷网。

3. 视频：绘本奥斯卡：写给单亲家庭孩子的绘本，优酷网。

4. 综艺节目：隔代育儿，爱奇艺网。

服 务 家 长

服务家长是托育园、幼儿园等学前教育机构工作的重要组成部分。社会经济、文化、科技的发展对教育的影响越来越大。信息源的多渠道化，大众传播媒介的普及，家庭整体素质的提高以及现代社会人际关系的发展变化，促使家长对孩子的期待越来越多元化。家长是孩子的第一任教师，家长的文化修养、道德观念、个性特点对孩子的健康成长起着举足轻重的作用。不同的家长有不同的教育方法，有的教育有方，有的则无计可施；有的灵活多变，有的则呆板教条；有的放任自流，有的则是步步监督。不一样的教育方法会培养出不一样的孩子，这就要求教师要具备基于家长差异、儿童差异的家长服务工作能力。服务家长，就是教师与家长建立平等合作的伙伴关系，共同促进儿童最大程度发展。

学习目标

1. **知识目标：**了解家长产生不当角色意识和行为的原因，掌握针对不同类型和特征家长的服务策略。
2. **能力目标：**能针对不同类型家长进行有效沟通与指导，获得家长的认可与支持。
3. **素养目标：**以儿童为本，以教育为核，以高度的责任意识和专业精神积极投入服务家长工作，与家长建立良好的合作关系，共同探索创新家园共育的途径和方法。

任务一　针对不同类型和特征家长的指导

情境导入

他　不　冷

冬季气温直逼零度，小朋友们都穿上了厚厚的冬装，豆豆却还是穿着单薄的外套入园。午间操后，老师发现豆豆的手还是冰冰凉的，立即拿来自己的围巾给他保暖，并打电话提醒豆豆家长下午来接豆豆时给他带件厚衣服。离园时，豆豆爷爷却是空手而来。面对老师的询问，豆豆爷爷说："没关系的，他不冷，我们家一向给他穿得少。"第二天，豆豆就因感冒没有入园。豆豆再来幼儿园，已经是一周之后了。

思考：从豆豆爷爷对教师建议的反应来分析，这位家长的教育方式有什么特点？如何引导家长与老师达成一致？

知识学习

一、家园合作中家长的类型和特征

社会对家长角色的要求和期望很高。家长不仅是儿童生理意义上的陪伴者，更是具有社会意义的教育者。家长对儿童的影响是不可转移、不可替代的，也是终生的、深远的。

但是，并不是每一位家长都能恰如其分地表现和行使自己的角色行为。由于对自己所承担的角色的理解和认识不同，家长的角色实践也各不相同，产生的教育效果也良莠不齐。每个家庭都有自己个性化的教养方式，个性之中又存在着很多共性。究竟哪些共性是正确的，哪些是不正确的呢？作为中国家庭的父母应该对家庭教养方式进行必要的学习和思考。

早在1978年，美国心理学家戴安·鲍姆林德提出了家庭教养方式的两个维度，即要求性和反应性。要求性指的是家长是否对孩子的行为建立适当的标准，并坚持要求孩子去达到这些标准。反应性指的是家长对孩子的接受程度及对孩子需求的敏感程度。根据以上两个维度，可以把家长类型分为自我中心型、过度关注型、望子成龙型、自我放任型，表11-1-1就是这几种类型家长特征。

表11-1-1 家长的不同类型和特征

家长类型	家长特征
自我中心型	1. 主观意识强，自以为是，不听取他人建议。 2. 不考虑别人的感受，认为别人都要围着自己转
过度关注型	1. 过分关注孩子的情绪和心理，无条件顺从孩子的各种要求，包括不合理要求。 2. 认为孩子一切都需要自己的帮助，会因主观臆断而否定孩子的想法。 3. 伴随有一定程度的担忧、焦虑情绪，事无巨细，凡事小心
望子成龙型	1. 对儿童充满期待，希望把孩子培养成杰出人才。 2. 互相攀比，有求必应。 3. 吹毛求疵，贬损讽刺。 4. 自我补偿，自我牺牲
自我放任型	1. 不关注孩子所做的事情。 2. 不理睬孩子的要求或提问。 3. 不在乎孩子犯的错误。 4. 不对孩子做任何形式的奖励或惩罚

（一）自我中心型家长

"自我中心"是由皮亚杰提出的心理学名词，用于描述儿童六七岁之前的心理特点。随着年龄的增长，人们会逐步去自我中心化，但由于所处环境和受教育程度的不同，每个人去自我中心化的程度也不同。有部分成年人还保留着儿童时期的自我中心意识，不能很好地与他人建立联系、进行协作。

自我中心型家长在教育孩子时，完全从自己的角度、以自己的经验去认识和解决问题，要求孩子绝对听从自己的意见，不能意识到别人对同一问题的态度和看法，似乎自己的认识和方法是最正确的，并想方设法监督孩子，强制孩子按照自己的蓝图去发展，有时甚至不惜用武力来保证他们的实施效果。这种倾向从思想方法上讲是主观主义的，忽视了客观实际。如果长期以这种倾向去教育孩子，儿童会形成以自我为中心的意识和习惯，心中只有自己，不顾及他人感受，久而久之，性格也会趋向矛盾、复杂，甚至会走向偏激，会严重影响孩子的正常发展。

（二）过度关注型家长

过度关注型家长往往会过分关注儿童的情绪和心理，无条件顺从孩子的各种要求，包括不合理要求。在这类家长心中，孩子是弱小的，他们的一切都需要自己的帮助，会因主观臆断而否定孩子的想法。

过度关注型家长很看重儿童成长的方方面面，伴随一定程度的担忧、焦虑情绪，这种情绪容易导致教育行为偏差。他们认为自己所做的一切都是为孩子考虑，都是为孩子好，害怕孩子出现任何不良的状况，事无巨细，凡事小心。如果长期以这种倾向去教育儿童，儿童思考力会比较弱，语言表达能力和社会适应能力也会较差，受挫能力弱。

（三）望子成龙型家长

望子成龙型家长总是对儿童充满期待，希望把孩子培养成杰出人才，在教育的过程中，只顾盲目地按照自己的理想来要求孩子。当孩子取得不错的成绩时，家长会表现得非常高兴，并马上要求下次更好。但当孩子相对落后时，家长就会失落、愤怒，责怪孩子。久而久之，孩子就会恐惧学习。

望子成龙型家长通常会牺牲自己的一些东西去满足孩子的要求，同时，他们也会习惯性地将把孩子养大多辛苦挂在嘴边，要孩子感恩。父母长此以往，儿童会产生较大的心理压力，甚至会无故哭闹、过度恐惧，容易对所学的知识感到厌倦、反感，容易出现性格固执冲动、脾气暴躁、缺乏责任心、逆反行为严重。

（四）自我放任型家长

自我放任型家长更多的是沉浸在自己的需求当中，既不向孩子做任何承诺，也不对孩子做任何形式的奖励或惩罚。对孩子拒绝、忽视，不理睬孩子的要求或提问，亲子间缺乏沟通和互动，他们忽视孩子生活以及心理上的需求，忽视孩子的负面情绪，忽视孩子一些极端的不合理的行为。

自我放任型家长掌握的育儿知识通常较少，不了解儿童身心发展的规律，认为孩子如果出现不当行为就是因为年龄小，不懂事，长大就会好，自己不用进行干预，也不对孩子做任何要求和建议。如果长期以这种方式教育孩子，儿童容易缺乏安全感，性情多变，情绪不稳定，也会缺乏成就感，感到沮丧和无望，没有沟通意识。

二、针对不同类型和特征家长的指导服务策略

（一）针对自我中心型家长的指导服务策略

具有"自我中心"意识的家长，认识、解决问题不太考虑他人的态度和想法，在对待自己的孩子时，这种意识不但反映出来，而且更为强烈。教师与这样的家长

沟通时，注意语言要含蓄，方向要正确，不要以改变他的观点为目的，而应抓住其观点和做法中有利于儿童发展的点滴细节，因势利导，促其掌握科学的育儿理念，提高育儿能力。

1. 引导家长发现儿童的需要，调动儿童积极性

儿童的成长，内因是关键。儿童有各种需要，需要使儿童产生动机，从而行动起来去满足需要，再产生新的需要、新的动机。家长应分析儿童的需要，激发儿童的正确动机，调动儿童的积极性。家长要充分认识到儿童是受教育的主体，如果以家长的需要代替儿童的需要，以家长的动机代替儿童的动机，儿童完全成了客体，其主体精神就会被压抑、遏制。

2. 引导家长正确建立与儿童相处的方式

建议家长用心理换位的方法思考教育问题。心理换位，就是家长以儿童的身份去思考要求做和将要做的事情，如，"您自己在孩子这个年龄时经常想些什么，做些什么？"这种换位，会使家长的教育行为减少主观色彩。换位思考时，应充分体察儿童的角色地位、儿童的年龄特点和儿童的个性特点。换位思考，特别要强调把儿童当"儿童"。

3. 引导家长学会倾听儿童的心声

要让家长明白，儿童虽小，也是家庭中一个平等的成员。教育是双边行为，善于倾听受教育者的心声，是施教成功的重要因素。

倾听的前提是尊重儿童，具有民主意识。许多家长能做到无微不至地爱儿童，却做不到尊重儿童、允许儿童发表不同的意见。

良好的亲子关系是"孩子愿意说，家长愿意听"。在家庭中，要创造一种让儿童能充分吐露心声的氛围。孩子的话语，不管多么幼稚，家长都要耐心倾听；倾听之后，要分析孩子的愿望、要求，引导、鼓励积极的成分，对于儿童不妥当的想法，则应采取摆事实、讲道理的方式，引导他提高认识；儿童仍然不明白的，允许他存疑，等待时机再进行引导。

说一说

可可早上是哭着入园的，老师经了解得知，可可起床时说自己不舒服，妈妈认为孩子是在撒谎，坚持把可可送到了幼儿园，也没有向老师说明就转身离开了。早餐后，老师给可可量体温，发现可可在发烧。

分析：可可妈妈的行为有哪些不当之处？教师应如何与可可妈妈沟通？

指导任务书

自我中心型家长行为指导任务书

案例描述	明天中班的小朋友要参加幼儿园的红歌会表演，妞妞妈妈给妞妞买的表演服与其他小朋友不一样，于是妞妞妈妈给老师留言，希望老师能安排妞妞站在前排中间领舞，以保持队伍的平衡。老师因为工作忙，没有及时看到消息并回复，妞妞妈妈又补充说："你要是担心其他小朋友会有想法，我可以去问一下大家的意见，如果大部分人都不同意的话，明天妞妞就不参加表演了，以免她看了心里难受。"
案例分析	案例中的妞妞妈妈是自我为中心型的家长。当问题出现时，只考虑自己，不顾及他人感受，在与老师的交流过程中也显得比较强势。 妞妞妈妈因为自己的失误导致妞妞的表演服装与集体不统一，于是找老师商量，与其说是商量，倒不如说是她的决定，而且还认为这一想法非常完美。当意识到自己的想法有些不妥时，又以"不能满足其提出的想法就退出活动"的说法，想给老师造成压力，也表现出"达不到自己的要求就逃避"的态度

指导策略	解决流程	识别家长行为类型→分析家长行为原因→尝试与家长进行有效沟通
	指导方法	1. 识别家长行为类型：妞妞妈妈的行为是自我中心型家长的行为表现
		2. 分析家长行为原因：妞妞妈妈的性格形成可能受成长环境的影响，只考虑自己，不顾及他人感受
		3. 尝试与家长进行有效沟通：让家长意识到自己的想法对其他孩子不公平；帮助家长树立科学的育儿观，营造民主的家庭养育环境；引导家长了解自我中心型性格对孩子交往能力的影响；引导家长学会和儿童进行平等交流

学习任务单

自我中心型家长行为指导学习任务单

案例描述		中班的文文最近在幼儿园午睡时总是睡不着，还经常打扰其他小朋友。张老师给文文爸爸打电话沟通此事，文文爸爸说，老师没有尊重孩子的意愿，强迫孩子午睡会对孩子心理造成不良的影响，希望老师明天能够跟文文进行心理疏导，以后午睡文文不想睡的话就让他在一旁玩耍，也希望老师用鼓励的方式教育文文，不可以批评文文
案例分析		
指导策略	解决流程	
	指导方法	

（二）针对过度关注型家长的指导策略

过度关注型家长很看重孩子成长的方方面面，过度宠爱孩子。教师要让家长意识到过度关注对孩子长远发展的负面影响，帮助家长学会反思自己的教育观念与行为，发现问题，及时调整教育方法。

1. 帮助家长形成初步的反思性思维模式

（1）真情沟通，引导家长主动审视育儿观念。教师要理解家长过度关注孩子的心态，向家长指出问题时语言要委婉，否则不利于家长接受。教师可将儿童的典型表现作为切入点，从多角度与家长探讨其形成原因，把话题引向家庭教养方式，让家长主动审视自己的教育行为，发现问题，从而有针对性地、理性地分析自己的育儿方式是否恰当。

（2）持续沟通，帮助家长形成自我反思思维模式。当家长开始从"关注孩子"转移到"关注如何教育孩子"时，教师就可以进行下一步指导了。教师可以以孩子行为变化为话题，与家长保持经常性的互动交流，多引导家长反馈自己是如何调整的，及时赞赏家长采取的适宜策略，在表扬孩子的同时肯定家长的反思调整能力，帮助家长获得育儿的成就感，形成反思思维模式。这种交流一般通过随机面谈的形式开展，在获得家长允许的情况下可以通过网络、电话进行交流，但要掌握交流的频率和时机，不要给家长造成"任务压力"。

练一练

元宝和嘟嘟住在一个小区。在幼儿园户外活动时，嘟嘟无意中把元宝撞倒了，导致元宝额头青了一块。晚上在小区里，两个小朋友又相遇了，元宝提出想和嘟嘟一起玩，被妈妈一把拉回了家。元宝说："嘟嘟是我的好朋友，我想跟他玩。"妈妈说："不行，他欺负你，你不能跟他玩，在幼儿园也不许跟他玩，我去跟你们老师说！"

任务：你是元宝和嘟嘟的老师，请你对元宝妈妈的教育方式做出正确指导。

---

2. 指导家长学会克服过度关注的方法

（1）重视教养方式，达成统一意见。教师应提醒家长，在意识到过度关注对孩子的发展会产生不良影响后，应与其他家庭成员交流沟通，达成共识，对待孩子的教育方式尽可能保持一致，对暂时还存有分歧的观点和行为，可以摆事实、讲道理，切忌一人一种方法。只有家庭成员都认可对孩子适当减少关注的建议，才能主动有意识地去避免过度关注孩子。

（2）尊重发展规律，减少焦虑情绪。家长之所以过度关注，在很大程度上是因为爱孩子导致的内心担忧和焦虑。教师可以通过面谈、成长手册、家长开放日等形式和途径，让家长了解孩子的成长和变化，感受孩子在园与在家的不同表现，相信孩子有能力面对简单的挑战，做力所能及的事情，减少或消除不必要的担忧。让家长知道，孩子在每个成长阶段有不同的发展特点，家长需要去了解、掌握并结合孩子的具体情况做出应对。要学会鼓励、支持孩子勇敢尝试。

（3）关注孩子需求，学会适当放手。教师要引导家长学会聆听和了解孩子的需求，让孩子用自己的智慧做出合适的处理。例如，教师可以帮助家长去发现孩子的需求是什么，如何满足他们。引导家长尝试"双向预设法"：孩子要求的是什么？如果不介入，孩子能否处理？如果家长干预、回应，会对孩子的自我认知产生什么影响？家长的举动是会帮助孩子认识到自己是个有能力的人还是会导致他认为自己是一个无助、无能的人？经过双向预设后，对于孩子可能做到的事情，应放手让孩子去尝试，给儿童不断试错、获得经验的机会；对于暂时能力达不到的，可以给予适当的支持，帮助孩子增强独立性和自信心。

（4）改变表达方式，肯定鼓励孩子。过度关注型家长常以宠爱式或命令式语言与孩子交流，孩子处于被动接受状态。教师可以建议家长改用引导性或询问性语言，让孩子有选择和思考的空间。例如，把"宝贝来穿鞋子"换成"你能自己穿鞋吗？"，把"必须把青菜吃了"换成"尝尝这些青菜，告诉我什么味道？"家长要肯定、鼓励孩子的每一次尝试和进步，让孩子感受到来自家长的爱和信任。

做一做

受疫情影响，家长不能进入幼儿园拿被子，一般都是请家长志愿者来完成。到了夏天，孩子们用的都是薄被子，重量轻了很多，于是大班教师决定将这项"艰巨"的工作移交给孩子们完成（图11-1-1），并作为一个班本课程开展。

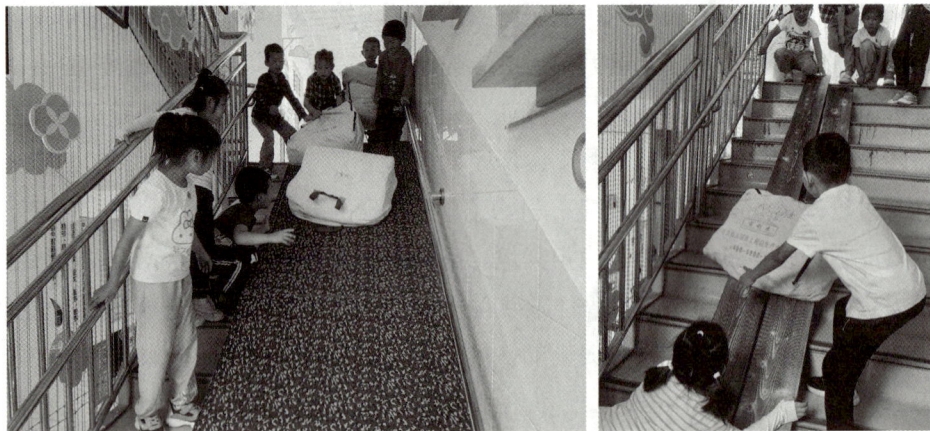

学会理性爱孩子

(a)　　　　　　　(b)

图11-1-1　幼儿园的小朋友在积极探究、尝试

请为大班教师设计一份活动方案，详细说明活动的目的、过程、要求和安全预案，发至家长群，帮助家长了解其意义和方式。

指导任务书

过度关注型家长行为指导任务书

案例描述	佳豪已经上中班了，每天早上在幼儿园门口还是缠着妈妈不肯入园，非要抱住妈妈，亲亲妈妈才愿意跟着老师进教室，有时还会出现情绪低落、哭闹的现象。妈妈经常与老师沟通，希望老师多鼓励、表扬孩子，还询问在幼儿园有没有其他小朋友欺负佳豪。在交流中老师得知佳豪是家里的二宝，由于爸爸工作繁忙，一直由妈妈照顾，妈妈在生活上照料得非常细致，导致孩子自理能力较弱，非常依赖妈妈	
案例分析	佳豪从小受到妈妈的精心呵护，形成了强烈的依赖感，家长却并没有意识到自己的过度关爱已经剥夺了孩子自理和独立成长的机会。教师要提示家长学会适度放手，巧妙指引家长，帮助孩子迈出第一步	
指导策略	解决流程	沟通了解→分析症结→采取措施→强化巩固
	指导方法	1. 与家长交流，帮助家长分析孩子不良情绪背后的原因，对家长的疑虑耐心解释，争取家长的认同
		2. 教师与家长一起采取有针对性的激励措施，解开孩子的小心结，使其对教师产生喜爱和信任之情。比如，教师每天早上在幼儿园门口等待佳豪时，可以奖励他一个"笑脸"小贴纸，同时与妈妈交流孩子在生活自理方面的点滴进步
		3. 双边合作，不断正面引导和鼓励。建议妈妈在家"放手"，让孩子自己做一些力所能及的事情，并及时表扬，允许孩子"试错"，不要否定孩子的努力

学习任务单

过度关注型家长行为指导学习任务单

案例描述	中班的珍珍是个性格内向的小姑娘，从开学到现在，妈妈已经要求老师给她换了四次座位。有时是担心同伴欺负，有时是担心得不到关注，有时是想和好朋友坐在一起……不停地调换座位让珍珍更加沉默，小伙伴因为喜欢去抱她，也被她一把推开。老师向家长反馈情况，珍珍妈妈却说："麻烦老师再帮她换个座位，这孩子胆小。"

续表

案例分析		
指导策略	解决流程	
	指导方法	

（三）针对望子成龙型家长的指导服务策略

望子成龙型家长对儿童充满期待，希望把儿童培养成杰出人才，有时会盲目地按照自己的理想来要求孩子。教师要用细致的工作获得家长的理解与支持，用专业的理念指导家长的育儿行为，让家园共育的合力促进儿童更快乐、更健康地全面发展。

1. 帮助家长正确对待儿童的个别差异

教师可以通过面谈、家长会、家园共育平台等多种途径，向家长宣传科学的儿童观和教育观，让家长意识到孩子所学的知识和技能要符合他们的年龄特点和身心发展的特点，不可急于求成。

指导家长从科学的角度去教育孩子、看待孩子。要从孩子的实际出发，多了解孩子的兴趣、需要和想法，尊重个别差异。在设定孩子的行为规范的时候，要共同讨论、协商、制定出亲子双方都能接受的规则。要给孩子自由的空间，不能24小时都安排得满满的。

2. 引导家长重点关注儿童的身心健康

教师与家长单独沟通，让家长了解儿童在现年龄段应该具备的各项能力，意识到过分管制或加重学习任务会对孩子的生理和心理造成严重影响，帮助家长树立正确的儿童发展观。

教师可主动约谈家长，也可在幼儿入园、离园时主动与家长交流。注意语言技巧，突出教育重点。

教师要鼓励孩子认真完成每件事，并把自己的努力过程和成果与家长分享，提醒家长用赞赏的眼光来接受孩子的成长。

练一练

5岁的璐璐要上大班了，妈妈对她的学习可谓是操碎了心，钢琴、美术、舞蹈、语文、数学、英语……别人学的她都学。璐璐画画时，妈妈一会儿给她削个

苹果，一会儿又给她冲杯牛奶，使她经常走神；如果背唐诗时背错了一个字、弹钢琴时弹错了一个音，妈妈轻则大声呵斥，重则揪脸蛋、拧耳朵，弄得璐璐每天担心害怕，对什么事情都没有兴趣。

分析：璐璐妈妈的行为是不是望子成龙的表现？你认为教师应如何指导璐璐妈妈正确对待孩子的学习和生活？

3. 指导家长探索良好的家庭教育方法

家庭是儿童生活最为熟悉的环境，是孩子成长的第一所学校。一个好的家庭环境对儿童的发展起着至关重要的作用。教师要让家长意识到，最好的教育就是家长的言传身教。家长不仅要为孩子树立正面的榜样，还要为孩子的身心发展和适度教育营造一个温馨、祥和、进取的家庭氛围。

（1）减轻高强压力。告诉家长，适当的压力可能会转化为动力，但过于严苛的教育模式只会带来很多副作用。有些教育伤害不会立即显现，它一定会隐伏在孩子的日常行为中，以不同的方式表现出来。当看到孩子突然变得闷闷不乐或者出现过激行为的时候，教育伤害就显现出来了，家长应及时介入干预。孩子倘若没有幸福的童年，就难有幸福的人生。每个孩子都是不同的个体，教育也应该是因人而异的，不要与别人相比，适合其他孩子的好方法未必适合自己的孩子。

（2）端正情绪状态。良好的情绪是儿童成长的最佳促进剂。教师要指导家长调整自己的情绪，从"心"开始、从"态度"开始转变，用心平气和、和颜悦色的方式与孩子交流，让孩子感受到家长的关心和爱，从而正确认识自我，接受自我，保持良好的状态。不同的方式带给孩子的感受是完全不一样的，焦虑、催促或者取笑、嘲讽会让孩子的情绪发展更加负面。

（3）制定合理目标。请家长和孩子一起商讨，制定合理的目标，让孩子通过努力可以达成。只有这样，孩子才会越来越有信心，学习的动力才会越来越强。家长要允许孩子失败，失败后要共同分析原因，寻找突破口，用良好的心态迎接下一次挑战。

（4）家庭教育意见一致。有的家庭在教育孩子时"你唱白脸我唱黑脸"，一位家长迁就、保护孩子，另一位家长则严厉、苛刻，这样会直接影响孩子自我控制能力的发展。如果家长意见不一致，只会让孩子患得患失，无所适从。儿童有本能的自我保护心理，他会利用家长对自己意见的不一致，去寻找有利于自己的一方，即"谁护着我，我就倾向谁"，因此极易导致家庭关系和亲子关系的不和谐、不平衡。所以，家长站在"同一阵线"才能让孩子的成长更加稳定，更为理想。

如何把握好教育孩子的"度"

指导任务书

望子成龙型家长行为指导任务书

案例描述	妮妮的妈妈是毕业于名牌大学的博士生,是高级知识分子,在妮妮3岁刚进入幼儿园后,就要求妮妮学钢琴、舞蹈、绘画以及英语。妮妮想和小朋友一起玩,妈妈说没时间;妮妮累得想睡觉,妈妈不让。妈妈说:"你以后要上名校,超过妈妈。"当看到培训班里有孩子比妮妮学得更好时,妈妈就很不开心,回来之后对妮妮的要求更高了
案例分析	妮妮妈妈的望子成龙型心理非常严重。她以自身为标准,认为自己能做到的孩子肯定能做到,而且还要比自己更加优秀。 家长应该尊重孩子的意愿,要顺应孩子自身的感觉需要,揠苗助长反而会引起孩子的抵触心理,极易导致孩子在生理和心理上受到伤害

指导策略	解决流程	识别家长心理类型→分析家长心理原因→指导家长解决望子成龙过程中的实际问题
	指导方法	1. 识别家长心理类型:妮妮妈妈的行为反映的是望子成龙型家长心理
		2. 分析家长心理原因:自己作为名牌大学的博士生,那自己的下一代就应该比自己更优秀,比别人更出色
		3. 指导家长解决望子成龙过程中的实际问题:易中天说,望子成龙,不如望子成人。望子成人的标准应该是真实、善良、健康、快乐。好的教育应该是让孩子去认知世界,了解生活,追求兴趣之所在。同时让家长知道,这个世界需要优秀的人,更需要一个人格健全的人,并不是父母把目标定得越高,孩子就越能够成才。有时候孩子的兴趣在哪里,他的才华就在哪里

学习任务单

望子成龙型家长行为指导学习任务单

案例描述	志伟妈妈从志伟3岁开始就有意识地培养他的独立性,还带他上各种兴趣班。志伟说自己一个人睡觉很害怕,妈妈说:"怕什么,我这是提前锻炼你。"志伟吃饭撒了一粒米,妈妈就会惩罚,还说:"对你严格要求,你以后才会有出息。"当别人夸奖志伟比别的孩子聪明时,妈妈总是笑得合不拢嘴。可是,在幼儿园里,志伟似乎很压抑,不像其他同龄男孩那样尽兴地说笑和玩闹,他很在乎别人的评价,个性非常敏感
案例分析	

指导策略	解决流程	
	指导方法	

（四）针对自我放任型家长的指导策略

苏联教育家苏霍姆林斯基曾说过："父母是孩子的第一任老师，父母若放任孩子不管，孩子恶习一旦养成，学校不知要花多少时间和精力来对他进行'再教育'，这对孩子、家庭和学校都是巨大的损失。"教师要及时发现具有这一特征的家长，尽力将他们的注意力转移到孩子身上来。

1. "关注+沟通"，主动引导家长配合，形成共育合力

自我放任型家长通常容易忽视孩子的表现，很少关注孩子的变化。所以教师要关注孩子、了解孩子的变化，选择合适的时机主动与家长交流。在交流的内容上选择家长关心的问题，多用肯定的语言，既能得到家长的信任，又能激发家长对孩子的关心之情。

练一练

肯定性的语言：

（1）您的孩子最近在交往方面有了很大的进步，愿意把自己的玩具和其他的孩子一起分享。

（2）您的孩子在这次讲故事比赛中能大胆上台表达，您一定非常想看他的精彩表现吧！

自我放任型家长常以工作忙为借口，不花时间关注孩子，也会尽量避免与教师打交道，教师应利用各种渠道、各种形式积极主动与家长保持联系。在信息化时代，电话、短信、微信、QQ等都是很好的沟通工具，可以传达声音、文字，也可以发送孩子在园活动的照片、视频等，通过多渠道、多形式逐步引导家长关注孩子，重视与孩子之间的互动和交流，同时也能让家长更加配合教师的工作，形成共育合力。

2. "理论+案例"，转变家长态度，使其形成科学的教育理念

很多自我放任型家长觉得自己的孩子爱调皮捣蛋只是因为年龄小，不懂事，长

大了就会好的。教师要向家长传达科学的育儿理念，让家长明白放任不管会让孩子缺乏是非观念，无法形成正确的价值观，会影响孩子的终生。家长也应该在孩子犯错的第一时间及时告诉他这是错误的、不应该这么做、有哪些危害、应该怎么做，注意语言要中肯，语气要亲切，不能吓着孩子。

育儿观点：

（1）"放养教育"不是"放任教育"。

（2）喜欢孩子，但不放任孩子。

（3）父母之爱子，则为之计深远。

（4）把"放任不管"当作静待花开，是教育中很可怕的事情。

教师可以通过真实案例引导家长，帮助孩子建立正确的规则意识。通过分析案例中儿童行为造成的不良影响和严重后果，让自我放任型家长直观地了解到孩子没有规则意识的弊端，让他们从别人的悲剧中认识到自己教育方式的危险性，从而转变自己的思想。教师引用的案例越真实、越生动就越有说服力，越能获得家长的认同。

案例：自我放任型家长教养下的儿童无规则意识

3. "学习+实践"，教给家长方法，使其形成正确的教育行为

有的家长在教育孩子的过程中，不是一开始就任其发展、为所欲为的，只是经过几次教育后发现孩子一点变化都没有，于是干脆就放弃了。出现这种情况的原因是家长不了解科学的育儿知识，没有掌握正确的教育方法，导致功亏一篑。面对这样的家长，教师可以通过介绍专业的育儿书籍、推送专业的育儿公众号文章，以及开展家长沙龙、专家讲座、家长学校等方式指导家长了解先进的育儿知识，提高育儿水平。天下没有天生成功的父母，也没有不需要学习的父母，每一位家长都需要学习育儿相关知识，学习得越充分，教育的效果就会越好。

试一试

一位家长向我求助："老师，我们家孩子每天在放学的路上一定要吃路边的零食，我大道理也讲了，打也打了，骂也骂了，怎么都不行，他还是躺在地上耍赖不回家，我不想管他了。"

根据家长反映的情况，我采取了以下指导方法：

（1）指导家长学习如何帮助孩子在生活中养成讲卫生的好习惯。

（2）指导家长学习如何让孩子了解吃零食对身体健康的不利影响。

（3）指导家长学习一些亲子游戏，通过游戏的方式让孩子了解"健康的食物我爱吃""龋齿的故事"等相关知识。

在家长了解了正确的育儿方法后，我还建议家长用浅显的语言和孩子交流，用愉快的情绪跟孩子互动，其效果肯定比打、骂的方式要好得多。

家长的行为对孩子的影响是直接而巨大的。家长如果长期漠视孩子，忽视孩子，孩子感受不到家长正面的行为引导，行为也会出现偏差。教师可以引导家长加强自我约束，重视言传身教，以自身良好的品德修养，正面的行为实践做"示范"，来影响儿童的行为和发展。

不要用"忽视"来惩罚孩子

4. "家庭+园所"，留存教育痕迹，为孩子创造美好童年记忆

教师还可以和家长一起为孩子建立详细的个人成长档案，用这种方式促进家长对幼儿的关注。成长档案由教师和家长分别填写，定期交流。内容主要记载孩子在家和在园的发展状况，也可以记录家长和教师各自的教育心得体会。家长通过小小的档案不仅能体验到教育的成功，还能及时发现教育中的不足，在教师的建议和指导下做孩子最好的陪伴者。

练一练

幼儿成长个案对比记录表

幼儿姓名：		班级：
观察时间	观察内容	文字或影像相关记录
学期初		
学期中		
学期末		

指导任务书

自我放任型家长行为指导任务书

案例描述	中一班区域活动开始了，妍妍和小伙伴正高兴地搭着积木，晨晨突然跑过来，一伸手把搭得高高的积木碰倒了。妍妍生气地拉住晨晨，却被晨晨推倒在地。老师听到吵闹声赶紧过来询问，晨晨说："我看她们玩得很开心，想加入她们。"老师问："那你为什么不告诉她们你想参加呢？"晨晨说："我在家里就是这样的。"
案例分析	老师和晨晨的奶奶沟通后了解到，晨晨的爸爸妈妈工作很忙，下班很晚，几乎没有与晨晨交流的时间，平时晨晨在家爷爷奶奶也不怎么管他，他想干什么就干什么。晨晨家长属于自我放任型，对孩子没有进行必要的教育和约束，导致晨晨忽视规则，不知道怎么用言语去表达自己的想法。攻击性行为产生的原因可能是想引起大人的关注，或者是不懂恰当表达自己需求

续表

指导策略	解决流程	情感交流→教育方式→家庭内部协商→家园共育
	指导方法	1. 提醒晨晨的父母，尽可能增加与孩子见面的机会，增进与孩子的情感交流。 2. 建议晨晨家长，根据孩子的特点灵活运用教育方法和策略，坚持正面引导和教育，采用以鼓励、表扬为主的教育方式。 3. 建议家庭进行内部协商，增强家庭教育的协调性。 4. 建议家长积极与幼儿园教育相配合，保持教育的一致性

学习任务单

自我放任型家长行为指导学习任务单（一）

案例描述		小一班的松松性格孤僻，不愿与其他小朋友一起玩。松松的父母都忙于经商，很少关心孩子在幼儿园的情况。老师多次打电话给松松的父母，希望他们能多关注孩子的发展，多挤出时间陪伴孩子，他们却说："我们哪有那么多的时间？教育孩子是老师的事情，我们掏钱把孩子送到你们幼儿园，就是想让他多学点东西。你们说他能力差，说明是你们没有教好。"
案例分析		
指导策略	解决流程	
	指导方法	

自我放任型家长行为指导学习任务单（二）

案例描述		午餐时保育老师在给孩子们分菜，乐乐突然大声叫起来："我还要，我还要，我喜欢吃这个蛋……"菜已经平均分完了，我立刻安抚他："下次多了再给你好吗？""不行，我就要，我就要！"经过好一番讨论，才算平息下来。 　　饭后孩子们都安安静静地看着书，乐乐吃好了，看到苗苗的书很好看，就一把抢过来，苗苗不同意，两个人就争抢起来。在我处理这个纠纷的时候，乐乐又理直气壮地说："我也要看……"每次跟乐乐家长交流孩子的表现，期望家长配合教育的时候，家长表面上态度很好地答应，但是实际上还是放任不管，所以乐乐的进步微乎其微
案例分析		
指导策略	解决流程	
	指导方法	

课外拓展

推荐图书

［1］陈鹤琴.家庭教育与父母教育［M］.上海：上海人民出版社，2016.

［2］陈昕.孩子的教养源自父母的修养［M］.北京：中国工信电子工业出版社，2016.

［3］金伯莉·布雷恩.你就是孩子最好的玩具［M］.夏欣苗，译.海口：南方出版社，2018.

［4］苏珊·施蒂费尔曼.陪伴式成长，和孩子一起成为更好的自己［M］.于娟娟，译.厦门：鹭江出版社，2016.

［5］泰勒·本－沙哈尔.幸福的方法［M］.汪冰，刘骏杰，倪子君，译.北京：中信出版社，2013.

［6］卡罗尔·德韦克.看见成长的自己［M］.杨百彦，乔慧存，杨馨，译.北京：中信出版社，2011.

［7］约翰·戈特曼.培养高情商的孩子［M］.付瑞娟，译.杭州：浙江人民出版社，2014.

［8］沈雪梅.关爱与方法：幼儿行为观察案例分析［M］.上海：复旦大学出版社，2014.

资源链接

1. 微信公众号：【快乐亲子志愿服务】武汉市教科院社区早期教育研究和志愿服务团队创办。

2. 微信公众号：【新父母在线】华中师范大学教育团队创办。

3. 微信公众号：【家长必读】济宁悦读传媒有限公司创办。

4. 微信公众号：【口袋故事家长号】上海童泰信息科技有限公司创办。

5. 视频：关于家长的望子成龙，爱奇艺。

任务二 针对特殊需求儿童家长的指导

情境导入

静姝怎么没来

　　静姝小朋友今天没有来幼儿园，张老师赶忙打电话询问家长，得知孩子在家出现咳嗽症状，所以家长带她去医院看病了。张老师和班上其他教师一起回忆静姝前几天在园的健康状况，他们想起静姝从上次生病恢复后入园开始，每天都有流鼻涕的情况，孩子每日穿衣厚实，但流鼻涕的情况一直没有好转。老师们在户外活动、进餐、午睡等环节一直对她特别关注，时时提醒和帮助她。现在孩子再次咳嗽，是不是体质较弱导致的呢？

　　思考： 1. 教师应该如何做好体弱儿童的护理？

　　　　　　2. 教师应该如何与体弱儿童家长进行良好沟通？

知识学习

　　特殊需求儿童是指因在身心发展或学习、生活中与普通儿童有明显差异，而需要给予特殊帮助的儿童。这些儿童与正常儿童存在着一些差异，表现在智力、感官、情绪、肢体、行为或言语等方面，他们的发展可能低于正常的儿童，也可能高于正常的儿童。儿童是不断发展的个体，蕴含着巨大的发展潜能。特殊需求儿童与普通儿童一样，是发展着的个体，在与环境的互动中他们也能不断获得进步。特殊需求儿童某些方面的发展较为滞后或者出现异常的情况，但通过家庭、学校的共同帮助，通过特殊的照顾和指导，甚至补偿教育，再加上儿童自身的努力，他们有取得进步、获得全面发展的可能。目前，特殊需求儿童主要有三种类型，即体弱儿童、心理失衡儿童、行为不当儿童。

一、针对体弱儿童家长的服务策略

（一）体弱儿童的概念及表现

　　体弱儿童是指由于先天不足或后天反复疾病困扰而使生长明显受到影响的儿童。《上海市儿童保健工作常规》2001年10月修订版中对体弱儿童管理的对象是：缺铁性贫血、佝偻病活动期、营养不良、生长迟缓（年身高增长速度低于正常标准，2岁后低于4厘米，智力正常）、先天性心脏病（无心脏扩大、青紫、昏厥者）、反复呼吸道感染（2岁以上儿童一年患上呼吸道感染6次以上或患肺炎2次以上）、哮喘（经常发作者）。

　　根据表现程度的不同，体弱儿童可以分为以下三种程度。

　　（1）Ⅰ类体弱儿童。包括轻度贫血、轻度营养不良、轻度肥胖、轻度佝偻病、早产孕周在35—37周且出生体重大于2 000克的婴儿、满月增重不足600克的婴儿等。

　　（2）Ⅱ类体弱儿童。包括中度贫血、中度营养不良、中度肥胖、中度佝偻病、足月小样儿、早产孕周小于35周或出生体重≤2 000克的婴儿等。

　　（3）Ⅲ类体弱儿童。包括重度贫血、重度营养不良、重度肥胖、重度佝偻病、反复呼吸道感染、哮喘、弱视、斜视，动作、语言或精神等发育迟滞，听力障碍、情绪或行为障碍、先天性心脏病和先天畸形、传染性疾病，其他生长发育异常或遗传性、代谢性疾病等（表11-2-1）。

表11-2-1　体弱儿童表现

症状	典型表现
缺铁性贫血	血红蛋白少于110克/升
佝偻病	婴儿早期可能出现多汗、易激惹神经、睡眠不安等非特异性的神经系统症状，病情发展后可能出现骨骼改变，如出现方颅、肋骨串珠、肋骨外翻、鸡胸、O形腿、X形腿等
营养不良	轻度：年龄别体重小于第3百分位，身高别体重小于第10百分位； 中度：年龄别体重小于第3百分位，身高别体重小于第3百分位
生长迟缓	身高与同龄同性别儿童相比低于平均身高两个标准差或在第3百分位下
先天性心脏病	早期可能无症状，或有杵状指、阵发性缺氧发作、喂养困难、多汗、气促、乏力、劳累后心悸、劳力性呼吸困难、心律失常等情况
反复呼吸道感染	2岁以上儿童一年患上呼吸道感染6次以上或患肺炎2次以上
哮喘	经常发作

（二）体弱儿童体弱的原因

1. 遗传因素

（1）先天不足，早产儿，容易形成体弱儿童。

（2）父母的身体素质不好，经常生病，抵抗力低下，对子女有一定影响。

2. 疾病因素

（1）儿童脾胃功能虚弱、患有慢性肠胃炎等，进食减少、消化不良、腹泻，影响对食物的消化、吸收，导致微量元素缺乏。

（2）儿童反复呼吸道感染，导致食欲下降，引发营养不良等症状。

3. 养育因素

（1）膳食结构不合理。有的体弱儿童膳食中三大营养素比例不合理，奶类摄入量高于正常水平，而其他谷类、蔬菜、豆制品摄入量严重不足。

（2）饮食习惯差。吃饭不定时、定点、定量，存在挑食、拒食现象，正食不吃，饭前零食多，摄入的营养素不均衡。

（3）睡眠不足。晚上睡得迟，早上起得晚，影响食欲与情绪。

（4）活动量不当。活动量过多导致体能消耗太大；活动过少影响食物消化吸收和进食量。

（三）针对体弱儿童家长的指导策略

托育机构和幼儿园要特别关注儿童的身体健康和生命安全。所有幼教工作者都必须具有儿童保健、护理和教养的相关知识和技能，并针对体弱儿童提供必要的有针对性的护理措施。

1. 帮助家长树立科学保育观

帮助家长树立科学保育观是提高家庭保教质量的重要支点，家长作为家庭教育的执行者，在儿童的成长中十分重要。教师要通过线下和线上等多种途径向家长介绍相应年龄段儿童的科学保育理念和方法，如，科学喂养、日常护理、常见疾病预防、意外伤害处理等，鼓励家长树立科学的保育观，引导家长采取正确的保育方式。

练一练

悦悦体质较弱，奶奶觉得悦悦容易感冒，所以从初秋开始，奶奶就会在悦悦书包里放上背心，并叮嘱老师午睡后一定要多穿一件。下午户外活动课运动量较大，有时老师就没有让她加穿衣物。离园时，悦悦奶奶发现他没有穿上背心，就与老师私聊，要求以后一定要穿上。老师们多次与悦悦奶奶沟通，告诉奶奶一定会根据实际情况为悦悦增减衣物，但是奶奶就是不同意，说无论怎样都要给悦悦加衣服。

分析：悦悦奶奶的想法是否符合科学保育的要求？如果是你是悦悦的老师，你会如何指导家长处理这一问题？

---

2. 家园科学保育保持一致

托育机构、幼儿园要做好关于科学保育的家园沟通，寻求家园保育一致。例如，家园都要注意培养儿童良好的饮食习惯，不挑食、不偏食，保证营养素均衡；鼓励儿童参加适宜的户外活动，随时观察活动量，避免剧烈运动，勤擦汗，增强体质；引导儿童养成良好的睡眠习惯，早睡早起；教育儿童建立自我保护意识，学会主动告知自己的特殊需求。

针对体弱儿童和特殊保育需求儿童，教师要做好家园对接。例如，做好儿童个案记录和定期分析；主动向家长反映儿童在园情况；向家长宣传保健护理知识，积极获得家长的配合。教师可以对体弱儿童采用随时访谈和定期体检的形式，进行科学分析，如果儿童好转要及时做好结案记录。

做一做

<h3 style="text-align:center">小兔、青蛙蹦蹦跳</h3>

［场景设置］幼儿扮成小兔子，要踩着石头小路去森林深处采蘑菇；或者扮演小青蛙，要踩着池塘里圆圆的荷叶去池塘对岸捉虫子。

这项运动需要的器材简单，训练了幼儿的跳跃能力、身体协调能力和爆发力，儿童在游戏中锻炼和增强了身体素质（图11-2-1，图11-2-2）。

图11-2-1　幼儿园的小朋友们在做游戏

(a)

(b)

图11-2-2　幼儿园组织的户外亲子活动

指导任务书

<h3 style="text-align:center">体弱儿童家长指导任务书</h3>

案例描述	沫沫体质较弱，进入冬季之后妈妈担心他生病，就很少送他上幼儿园。其实，沫沫在幼儿园进餐和睡觉都很不错，也能快乐地与同伴游戏，积极参与日常活动。沫沫容易出汗，老师们对此非常关注，户外活动时会随时查看他的出汗情况，活动一段时间会让他休息。只要沫沫来园，妈妈就担心他会出现咳嗽和其他不舒服的情况，每过一段时间，沫沫妈妈就会以沫沫咳嗽为理由不让他外出和上幼儿园

续表

案例分析		孩子体弱，妈妈担心，本属于正常现象，但是家长用不让孩子外出的方式来保护孩子是不利于儿童身体健康发展的。沫沫对幼儿园的活动很适应，教师也给予适时的照顾，这是有助于提高孩子身体素质的。教师要用真诚的态度和科学的建议引导家长正确面对儿童发展需求，让家长意识到不能忽视孩子的游戏和发展权利，鼓励孩子在身体状态良好的情况下坚持入园
指导策略	解决流程	分析原因→提出建议→强化巩固
	指导方法	1. 分析原因：与家长交流，共同分析孩子身体状况变化的原因，并对家长的疑虑耐心解释，统一双方的认识
		2. 提出建议：指导家长建立科学保育观，掌握科学养育方法。如实告知沫沫在幼儿园的情况，建议沫沫妈妈正确区分儿童常见病的症状。同时让家长明白，离开班级，离开同伴，对儿童来说也是一种发展缺失。鼓励沫沫上幼儿园，而不是一直在家休养
		3. 强化巩固，双边合作，不断正面引导和鼓励：给家长推荐一些科学育儿的文章或书籍，与家长保持经常联系，了解儿童在家情况，并让家长知晓儿童在园情况和教师在园照护儿童活动的情况

学习任务单

体弱儿童家长指导学习任务单

案例描述		今天早上，张老师接到强强妈妈的电话，说强强昨天感冒了，今天要去医院输液，输完抗生素再到幼儿园来。张老师想到，开学不到两个月，这已经是强强第三次生病打针了。强强妈妈说打针好得快，但是为什么强强还是反复感冒呢？会不会是因为孩子频繁使用抗生素治疗，形成耐药性，身体免疫力下降呢？张老师决定等强强妈妈来园时与她沟通一下
案例分析		
指导策略	解决流程	
	指导方法	

育儿小常识

"体质差" 不等于 "要保护"

良好的饮食习惯要从小培养，均衡膳食对儿童的生长发展很重要，不能因为孩子身体弱，进食受影响，就顺着儿童的喜好纵容其养成挑食、偏食的习惯。

对于不同体弱类型儿童的特殊需求，家长在养育中要有针对性提供特殊关注。如容易发生上呼吸道感染的儿童，在秋冬季就要格外注意增减衣物、观察儿童活动时是否出汗等。

鼓励家长通过户外运动增强儿童体质。不管是何种类型的体弱儿童，身体要想好转，适量的运动必不可少。不"过度保护"，合理的锻炼对于身体和心理发展都有益处。

不"过度关注"，培养良好心理。不将"弱"与"不行"等同，出现家长"包办""代办"情况。鼓励儿童正确看待自己的身体情况，积极配合家长和老师的教育引导。同时给予充足的时间和机会进行同伴交往，参与活动。

二、针对心理失衡儿童家长的指导策略

6岁前是儿童建立安全感和信任感的关键时期，受家庭教养模式和外在环境等因素的影响，有些儿童会出现心理失衡问题。家长对儿童心理健康的认识还处在一个较低的水平，儿童教育工作者必须了解心理失衡儿童的特点，掌握指导策略，帮助家长认识儿童期心理发展的轨迹，做好儿童的心理保健预防和矫正工作，及时解决儿童心理失衡的实际问题。

（一）心理失衡儿童的主要特征及行为表现

心理失衡儿童是指在社会行为表现和心理发展方面明显偏离常态，已直接影响到个人身心发展、难以与周围环境相互适应的儿童，通常表现出不顺从、好吵闹，蔑视权力、漠视他人，行为随心所欲，不信任他人、故意表现出"粗鲁"举动等行为。心理失衡会造成儿童情绪剧烈波动，长期发展将引发心理问题。

根据表现程度的不同，心理失衡可分为轻度、中度和重度。轻度心理失衡儿童在心理专家和家庭的指导下可有效控制其行为，引导其健康发展；中、重度心理失衡儿童需要在家庭或特殊班级接受特殊教育，给予长期周密的干预。判断儿童心理失衡与否，需与其年龄特点和社会文化背景相联系（表11-2-2）。

表11-2-2　心理失衡儿童的典型特征及表现

典型特征	具体表现
多动	好动，喜欢跑动，爬上爬下，摇椅子转身，离位走动，叫喊或讲话，引逗旁人，小动作不停，如咬铅笔、咬指甲、咬衣角等
	注意力不集中，上课时不能专心听讲，注意力涣散，易受环境干扰而分心，在课堂上东张西望、心不在焉或凝神发呆
焦虑	突如其来的没有明显身体原因的恐惧状态
	具体表现为缺乏自信、过于敏感、食欲低落、无端哭闹
攻击行为	这类孩子整日东奔西跑，经常搞恶作剧，喜欢讽刺挖苦别人
	喜欢动手打人，破坏物品，摔打成为癖好，表现出攻击性
过度紧张	表现在对某些事物或情境产生惧怕和逃离的心情，如怕打雷闪电，极度紧张，抱头乱窜，对事物出现回避、退缩行为
	出现过度的恐惧表现，会经常失眠、做噩梦，有的时候会装病，不喜欢去学校上学
	感到紧张，有的儿童会出现咬手指、咬指甲的现象，以此缓解自己的紧张情绪，有的儿童会出现抑郁、不爱说话
自闭倾向	与人产生交流障碍，喜欢独自玩耍，不爱与人沟通，不与人合作，对人漠不关心，缺乏同情心，不能置身于集体，与其他人格格不入
依赖	对父母过分依赖，一旦父母不在身边，就容易出现焦虑、抑郁等与年龄不相符的情绪和行为。（吮吸手指在婴儿期是一种常见的现象）
任性	屏气发作，多见于2岁以内儿童，当受到刺激哭闹时，在过度换气之后出现屏气、呼吸暂停、口唇青紫、四肢僵硬等症状，严重者可出现短暂的意识障碍，短则0.5—1分钟，长则2~3分钟

（二）儿童出现心理失衡现象的原因

引发儿童心理失衡的原因较为复杂，主要有以下几个方面。

1. 自身因素

部分儿童因为自身的生理缺陷或者身体有别于其他同龄的儿童而自卑，担心同伴取笑自己，不愿意与同伴接触，产生孤僻、忧郁、沉默、退缩等心理问题。自身因素往往是诱发儿童心理问题产生的主要原因。

2. 家庭因素

部分儿童长期生活在家庭气氛紧张的环境中，家庭成员关系不融洽，父母经常打架、吵闹、冷战，甚至家庭破裂。这些因素对正处于成长期的儿童的心理造成了严重的创伤。父母教育孩子不注意方式方法，训斥、打骂儿童，伤害了儿童的自尊心，会造成孩子孤独、压抑、忧郁、逆反的心理。家长过于溺爱儿童，对儿童要求百依百顺，儿童容易产生自利、任性、蛮横、懒惰、依赖等不良心理问题。

3. 学校因素

部分教师丧失职业道德，动辄挖苦、讽刺，甚至体罚、伤害儿童，严重损害儿童的自尊心，严重影响儿童正常心态的形成。有的教师以儿童的外貌、家境、家长行为等因素作为评价和衡量的标准，给儿童的心理健康发展造成影响。

4. 社会因素

儿童如果长期生活在不良的社会环境中，被落后的文化、错误的导向、败坏的行为道德影响，也容易导致各种心理问题。

（三）针对心理失衡儿童家长的指导策略

儿童的心理健康直接关系到儿童未来的发展，关系到全民族的素质。随着教育体制改革的不断深化、法律制度的日益完善，如何促进儿童心理健康发展，减少儿童心理问题也越来越受到全社会的关注，成为家长和教育工作者亟待解决的重大课题。

教师应和家长一起关注儿童的心理发展，帮助儿童健康成长。如果发现儿童出现明显的心理失衡情况，要建议家长及时带儿童前往儿童心理门诊，请心理医生及时干预，采取相关治疗措施。

1. 为家长搭建沟通平台，帮助家长树立科学教养观

（1）强调儿童心理健康的重要性。教师要提醒家长，身体健康固然重要，心理健康不能忽视，儿童的心理健康是儿童教育的重要内容之一，是未来社会对人才需求的基本素质。家庭是儿童生活的主要环境，早期家庭教育对儿童的心理健康形成具有重要作用。

（2）缓解心理失衡儿童家长的焦虑情绪。当孩子出现心理失衡问题时，家长是最焦虑的，大部分家长无法正确认识儿童的情况，运用科学的对策。教师要指导家长，心理失衡对儿童来说并不是一种固定不变的状态，而是一个变化的过程，在家长、教师、专业人士的正确引导下是能够改变的。教师要积极缓解心理失衡儿童家长的焦虑情绪，为家长传递正确的育儿知识，帮助家长树立正确的教养态度和教育观念。

2. 引导家长正确对待儿童，营造温馨的家庭养育环境

（1）随时关注儿童的情绪。家长要针对儿童的具体问题做出具体分析。当孩子过于顽皮或者是过于安静时，要及时观察是否发生了令他不开心的事情，帮找出原因，引导儿童走出消极情绪。如果儿童长期都是处于同一种消极的状态，就要针对儿童出现的具体状况，分析各种可能出现的诱发因素，有目的地调整，避免儿童出现心理障碍。

（2）培养孩子的爱心和耐心。爱心与耐心能让儿童的性格变得热情开朗，更乐于与他人分享和交流。家长应该鼓励儿童与同龄人一起学习、玩耍，学会与人相处

的正确方法。家长与孩子相处时，可以通过小故事、小游戏让孩子理解什么是"爱心"和"耐心"；可以指导孩子种植小植物、喂养小动物，培养孩子细心观察、耐心照顾的习惯，帮助孩子建立责任心和体验成就感；还可以与孩子一起参加社区活动，关爱社会，关爱他人。

（3）营造温馨有爱的家庭氛围。良好的家庭氛围对儿童的成长是非常有利的。家长不仅要给予他们良好的教育，更要给他们做出良好的榜样。家庭成员之间保持和谐关爱的关系，使孩子感受到来自家庭的安全感。儿童在充分的爱和关怀的环境下成长，性格、情绪都会变得积极乐观。

3. 指导家长加强亲子沟通，增进亲子感情

有效的亲子沟通能促进亲子关系，对儿童的心理发展有着至关重要的作用。

（1）要用孩子能够理解的语言进行沟通。沟通是一个双向互动的过程，和孩子沟通更是如此。如果孩子无法理解家长说的话，那么沟通就是无效的。有的家长往往会一厢情愿、喋喋不休地跟孩子说话，根本不考虑孩子有没有兴趣听、能不能理解，长此以往，孩子就会对家长的话充耳不闻。

（2）要用孩子喜欢的方式进行沟通。家长要去关注孩子的兴趣点，在与孩子沟通中采用孩子喜欢的沟通方式，如唱歌、讲故事、做游戏、进行户外活动等。如果总是一味地用说教、命令、强迫等方式让孩子听话，孩子会产生反感，并渐渐地产生抗拒心理。

（3）要用孩子愿意接受的语言进行沟通。在与孩子沟通时，要针对不同性格的孩子采用不同的用语方式，要让孩子感受到家长对他的爱。如，孩子觉得自己受了委屈而哭泣不止，家长可以说："来，妈妈抱抱，就哭一下啊，哭的时间长了嗓子会哑，眼睛也不好看，还会吵到别人。"等孩子情绪平复后再讲道理。这样孩子就会感受到家长的关心，比较容易接受家长的意见。如果家长说："不许哭！自己做错了还哭？"孩子则会感觉到家长在指责他、限制他，必然产生逆反心理。

（4）家长与孩子沟通时要注意体会孩子的感受。儿童与成人对事物观察和感受的角度和深度不尽相同，家长要尽可能站在孩子的角度去考虑问题。当孩子出现不良情绪时，不要立即否定、训斥、讽刺、挖苦，而要思考孩子出现这种情绪的原因，从孩子的立场去理解和体会，用"顺水推舟"的方式进行引导。

如，当孩子与好朋友或心爱的宠物分离时，幼小的心灵会难过很久。如果家长只是对他说"没关系，坚强一点""这没什么好难过的"，就会让孩子觉得自己不被理解，会加重心灵的负担。家长可以把话改成："你很难过吧？我要是你也会有这种感受的。我们来给他（它）画一幅画吧，或者你对他（它）说一句话，我录下来发给他（它）？"相信孩子听到这样的话一定会有不同的感受。当儿童的心理感受得到理解和认同时，心理会得到满足，不良情绪也会有所舒缓。

做一做

少言寡语的帅帅

帅帅是中三班的插班生，每天上幼儿园都哭闹不止，拉着奶奶的衣服不撒手，哭着不肯入园。在教室里，他喜欢一个人坐在角落，不愿意跟大家说话，也不参加游戏活动，好像对一切都不感兴趣。通过家访，老师了解到帅帅的爸爸妈妈工作忙，平时都是爷爷奶奶照顾他，老人只注重孩子的衣食，不懂关注孩子的内心需要。家里没人陪他说话、做游戏，父母即使在家也总是批评他、训斥他。

　　分析： 1. 帅帅出现心理失衡状态的原因是什么？

　　　　　　2. 针对帅帅的情况，教师应该指导家长采取哪些措施？

指导任务书

3—6岁心理失衡儿童家长指导任务书

案例描述	4岁的斯斯是一位聪明可爱的小女孩，老师、小朋友都很喜欢她，但她有一个坏习惯——爱吮吸手指。斯斯在幼儿园午睡、做游戏、看书时都会把示指放入嘴里。老师提醒她，她就用无辜的眼神看着老师，仿佛在说："我不是故意的，它自己要跑到我的嘴里。"妈妈说，在家里她也看到斯斯有这个习惯，妈妈提醒她，她就把手指拿出来，过一会儿又偷偷地把手指放进嘴里了	
案例分析	儿童爱吮吸手指的原因比较多，比如习惯问题，儿童在婴儿期吃奶养成了吮吸的习惯，断奶后吮吸手指成为一种本能行为转移；又如心理因素，儿童紧张和焦虑时会通过吮吸手指来缓解；再如同伴间相互模仿、缺少同伴、提醒不及时、身体缺乏微量元素锌等。教师和家长平时要进行科学的引导	
指导策略	解决流程	识别儿童的不当行为→分析儿童不当行为的原因→正面管教儿童的不当行为
	指导方法	1. 识别儿童的不当行为：提醒家长儿童吮吸手指是一种心理失衡行为，需要引起家长的重视
		2. 分析儿童不当行为的原因：与家长一起分析孩子爱吮吸手指的原因，"对症下药"
		3. 科学矫正儿童的不当行为：请家长不要担忧，也不要在孩子面前刻意强化这一行为，要用积极的干预手段改善儿童的不当行为。引导家长为儿童创设轻松的环境，缓解儿童的紧张压力；鼓励家长让儿童经常参加集体活动和户外锻炼，转移、分散儿童的注意力；指导家长培养儿童的自我控制能力，让其懂得不把手放到嘴里的道理；提醒家长通过体检，了解儿童身体微量元素是否达标

学习任务单

小手指的诱惑戒不掉怎么办?

心理失衡儿童家长指导学习任务单

案例描述	小杰是小班的新生幼儿。在新生入园时，他的分离焦虑尤其严重。大部分孩子入园时的哭闹现象在两周之后就有所缓解，但是小杰哭闹了两个月情绪还是不稳定。 　在与家长沟通后了解到，小杰平常在家里比较调皮，在未入园时，家长就以上幼儿园吓唬孩子，所以孩子在未入园前就对幼儿园有许多不好的印象，故而在入园后很难适应幼儿园生活。在其他幼儿基本都适应幼儿园生活后，他的哭闹对其他孩子也产生了影响，所以他很难融入这个大集体	
案例分析		
指导策略	解决流程	
	指导方法	

三、针对行为不当儿童家长的指导策略

（一）儿童行为不当的含义及表现

　　儿童有着各种各样的日常行为表现，有些行为是好的，有些是不好的。那些比较固定的、自动的、不良的习惯性行为，称为不当行为。例如用物体打同伴、用身体的某部位"攻击"同伴，故意摔玩具、撕书，抢夺、破坏他人物品，使同伴感到害怕或损害同伴自信心的话语等。

（二）行为不当产生的原因

　　一般来说，儿童时期的不当行为并不是以给同伴造成伤害为目的，也不是儿童过于自私、利己、任性造成的，而通常是有以下几种原因。

1. 善意的不当行为

　　儿童对他人的言行有初步的道德判断和评价，大致能区分他人言行的"好"与"坏"。当他们看到他人的"坏"行为时，往往急于纠正或制止，进而产生不当行为，令同伴对其善意产生误解。

2. 维护自己利益时的不当行为

当儿童的身体受到同伴的碰撞或自己的东西被同伴占有时，他们的内心会产生一种被侵犯感。为了竭力维护自己的利益，他们有时会做出不当行为。这是儿童自我意识心理作用较强的表现。

3. 模仿他人的不当行为

儿童的很大一部分行为是通过观察他人在一定环境中的言语、行为模仿学习而得来的。与儿童生活密切的人的行为、儿童自己所喜爱的童话形象的行为或他人在一定情境中不经意的言行出现不当的表现，都可能成为儿童模仿的对象。这种因模仿而产生的不当行为与儿童社会意识心理的养成相关，是儿童社会意识的心理暗示。

4. 希望受到他人关注的不当行为

儿童希望受到同伴、老师、家长的关注和认可，大部分儿童会用好的、积极的行为（如帮助他人、关心同伴、关心老师等）得到同伴的认可和老师家长的肯定与表扬，也有少数儿童会做出一些不当行为来吸引同伴、老师、家长的关注。当受到批评教育时，他们会表现出不以为然的态度，甚至有时候会窃喜。这是儿童的社会意识心理和自我意识心理被压抑或没有得到较好引导时所表现出来的行为。

（三）针对行为不当儿童的家长的指导策略

1. 引导家长主动反思自身行为，树立正面示范

孩子的言行在很大程度上来自于对家长言行的模仿，因此，具有不当行为儿童的家长，首先要反思自身行为是否有所偏差。

英国教育家洛克认为，在教育孩子时，与其让孩子记住规则，不如给他树立榜样。家长在与孩子共同成长的过程中，天然获得了一种权威的光晕、树立了一种富有说服力的沟通模式，家长的生活态度、学习习惯、社会交往能力、情绪处理方式等时刻影响着孩子。家长要意识到，给孩子最好的教育不是牺牲所有的时间和精力去陪孩子，而是以身作则，做孩子的榜样，努力过好自己的生活，经营好自己的人生，让孩子看到家长对待生活的态度，看到家长的人生价值。这种"做好自己"的榜样力量，比"无私"的牺牲更现实和可贵。

教师在与具有不当行为儿童的家长沟通时，要用委婉的语言、暗示的方式让家长自觉意识到孩子出现不当行为是否与自己、家人或周围人的不当言行有关。

2. 建议家长积极转变教育观念，调整教养方式

家长的教养态度和方式与孩子的个性成长、行为问题等之间存在必然的相互作用。面对孩子的行为问题，家长不应只看到其行为的结果，而应透过其不良行为表现关注到孩子的内心需要，从而对自己的教育观念和方式进行反思和调整。

教师可以建议家长在日常生活中多倾听孩子的心声，让孩子敢于表达自己的情

绪；引领孩子参与有意义的任务，让孩子获得积极的参与感和成就感；在征得孩子同意的前提下与孩子共同制定一些针对不当行为的惩罚规则，并严格执行。也许孩子会对这些规则或者界限产生愤怒、失败、困惑等一系列情绪化的反应，家长应该有这样的心理准备，并且允许他们有这一系列的反应，这也是孩子自由地表达自己感受的机会。

练一练

牛牛是大班的孩子，他的爸爸脾气暴躁，喜欢用打骂来解决问题。一次，牛牛在家乱发脾气，对奶奶拳打脚踢，爸爸立马冲上去抓住牛牛，拿起衣架打在牛牛身上，之后便把牛牛关在小房间让他自己反省。

分析：牛牛爸爸的行为是否正确？教师应该怎样指导家长处理这一类问题？

---

3. 指导家长进行正面管教，改善儿童的不当行为

家庭教育指导的目的在于能够为家长提供家庭教育的可行性建议，家长愿意学以致用，因此为家长提供一些合适的方法是十分必要的。

（1）不要害怕孩子的不当行为，也不要觉得只有自己的孩子才会出现这种不当行为。

（2）当孩子出现不当行为时，不要在孩子面前表现出担心的表情和举动，因为这可能会将偶尔出现的不当行为强化而导致孩子形成负面的潜意识。

（3）不要打骂或盲目惩罚孩子，不要给孩子贴上"坏蛋""霸王""调皮"之类的负面标签。简单直白地、就事论事地告诉孩子这样做不对，应该怎样做。打骂或惩罚只会给孩子的心灵带去不可磨灭的创伤，无法让他们知道自己到底错在哪里。

（4）从不当行为本身出发设计惩罚方式，让孩子直接体会到自己的不当行为导致的自然后果。例如，乱扔食物导致的后果自然就是吃东西的时间也到此结束了。

说一说

4岁的丽丽不小心把牛奶撒在了桌子上

家长A：对孩子发脾气、训斥孩子，说孩子笨、说孩子没用，顺手给孩子一巴掌。

家长B：安慰孩子，温和地对孩子说："我知道你不是故意的，你可以把桌子收拾干净吗？"

请说一说，哪位家长做得对？这两位家长的做法分别会产生什么结果？

指导任务书

行为不当儿童家长的指导任务书

案例描述	西西2岁，最近特别不听话，如果父母在一边说话，忽视了他，他就会大声喊叫，再不理他就摔东西。家里来客人时似乎想"独占"客人，经常围着客人说这说那，弄得妈妈很不好意思，觉得这样对客人不礼貌。平时父母都很忙，好不容易放松时跟朋友聚一下，还不够孩子捣乱的	
案例分析	西西不当的行为表现与西西父母的反应是分不开的。 　　首先，喜欢别人注意是孩子自我意识发展到一定阶段的必然反应。随着孩子知感觉的迅速提高，其表现欲不断增强，他们最不愿意被成人"冷落"。 　　其次，西西父母未站在孩子的角度与西西进行交流，没有去了解孩子内心的想法。 　　最后，家长是在孩子做出不良行为表现时才予以注意，所以逐步形成孩子不良行为的心理和行为定式，其不良行为不断出现，严重影响孩子的健康成长	
指导策略	解决流程	识别儿童的不当行为→分析儿童不当行为的原因→正面管教儿童的不当行为
	指导方法	1. 识别儿童的不当行为：西西的行为是儿童寻求关注的表现
		2. 分析儿童不当行为的原因：西西大声喊叫、摔东西与父母的处理方式有很大关系
		3. 正面管教儿童的不当行为：帮助家长转变教育观念，调整教养方式；引导家长利用共情心理，感受儿童产生不良情绪及行为的原因；引导家长学会儿童发生不当行为的处理方法；指导家长进行正面管教，改善儿童的不当行为

学习任务单

行为不当儿童家长指导的学习任务单

案例描述	4岁的洋洋是家里的独生子，家里每个人都很喜欢洋洋，只要是他想要的一定会为他准备好。在几次亲友聚会中，妈妈发现洋洋没耐心听人把话讲完，而且和人说话或拿东西给别人的时候都不太看对方的眼睛。尤其是在妈妈无法帮洋洋准备他喜欢的玩具时，洋洋就会出现很大的情绪反应，不断地吵闹直到他拿到想要的东西
案例分析	

续表

指导策略	解决流程	
	指导方法	

课外拓展

推荐图书

［1］罗伯特·S.费尔德曼.儿童发展心理学：费尔德曼带你开启孩子的成长之旅［M］.苏彦捷，译.北京：机械工业出版社，2021.

［2］华生.孩童的心理教养法［M］.惠迪人，译.上海：上海社会科学院出版社，2017.

［3］苏珊·施蒂费尔曼.陪伴式成长，和孩子一成为更好的自己［M］.于娟娟，译.厦门：鹭江出版社，2016.

［4］让－吕克·奥贝尔.读懂孩子——学生心理学手册［M］.刘敏，张自然，译.北京：教育科学出版社，2017.

［5］陈鹤琴.家庭教育与父母教育［M］.上海：上海人民出版社，2012.

资源链接

1. 微信公众号：儿童心理课堂，北京因儿宝贝信息技术有限公司。

2. 微信公众号：家庭教育和儿童心理，儿童心理学与家庭教育，湖南省迈途科技有限公司。

参 考 文 献

［1］张凤敏.婴幼儿家庭教育［M］.上海：上海科技教育出版社，2021.

［2］赵刚.家庭教育指导师（0—6岁）［M］.北京：高等教育出版社，2019.

［3］王小为.探索材料：幼儿视觉艺术创造活动的重要环节［J］.早期教育（美术版），2018，（1）：11–13.

［4］王任梅.试论0—3岁婴幼儿艺术启蒙的内涵与定位［J］.早期教育（教师版），2020，（10）：24–25.

［5］刘中一.我国托育服务的历史、现状和未来［J］.经济与社会发展，2018，16（4）：70–74.

［6］钟桂英，刘馨.婴幼儿托育机构教师指导家长的现状分析［J］.陕西学前师范学院学报，2020，36（7）：54–60.

［7］洪秀敏，朱文婷，陶鑫萌.新时代托育服务的供需矛盾与对策——基于青年家庭获得感与需求的Kano模型分析［J］.人口与社会，2019，35（6）：3–14.

［8］陈冠亚.小班幼儿入园适应现状与提升对策［J］.学前教育研究，2021，（3）：93–96.

［9］边玉芳.让孩子轻松成为小学生——测测孩子的入学适应情况［J］.中华家教，2019，（7）：12–15.

［10］侯丽.幼儿园与家庭合作关系的重构［J］.学前教育研究，2020（10）：89–92.

［11］孟繁容.幼儿家庭安全教育现状及对策研究［D］.南京：南京师范大学，2017.

［12］董茵.3—6岁幼儿独立性发展研究［D］.南昌：江西科技师范大学，2018.

［13］郭柯然.幼儿生活自理行为特点研究［D］.武汉：华中师范大学，2020.

［14］张晓纯.幼儿自理能力与父母教养方式的关系研究［D］.济南：山东师范大学，2018.

［15］张金果.0—3岁婴幼儿托育服务家长满意度调查研究［D］.长春：东北师范大学，2019.

［16］芦宏.梯度适应模式对2—3岁幼儿入园适应性影响的研究［D］.沈阳：沈阳师范大学，2019.

［17］郑青青.幼小衔接视角下小学一年级新生学习适应问题及对策研究［D］.沈阳：沈阳师范大学，2019.

郑重声明

高等教育出版社依法对本书享有专有出版权。任何未经许可的复制、销售行为均违反《中华人民共和国著作权法》，其行为人将承担相应的民事责任和行政责任；构成犯罪的，将被依法追究刑事责任。为了维护市场秩序，保护读者的合法权益，避免读者误用盗版书造成不良后果，我社将配合行政执法部门和司法机关对违法犯罪的单位和个人进行严厉打击。社会各界人士如发现上述侵权行为，希望及时举报，我社将奖励举报有功人员。

反盗版举报电话 （010）58581999 58582371

反盗版举报邮箱 dd@hep.com.cn

通信地址 北京市西城区德外大街4号 高等教育出版社法律事务部

邮政编码 100120

读者意见反馈

为收集对教材的意见建议，进一步完善教材编写并做好服务工作，读者可将对本教材的意见建议通过如下渠道反馈至我社。

咨询电话 400-810-0598

反馈邮箱 gjdzfwb@pub.hep.cn

通信地址 北京市朝阳区惠新东街4号富盛大厦1座

高等教育出版社总编辑办公室

邮政编码 100029

群名称：学前教师课程交流群

群　号：69466119